全国高职高专公共基础课规划教材

形体训练与形象设计
(第 2 版)

王　晶　张岩松　主　编
王淑华　马　蕾　高　琳　副主编

清华大学出版社
北　京

内 容 简 介

当今社会，形象魅力已经成为一种核心竞争力。本书提供了形体训练和形象设计的科学理念和有效方法，对形体基本姿态训练、形体素质训练、形体动作协调训练以及芭蕾、交际舞、健美操、瑜伽等形体训练方法和妆容、服饰、语言交际、社交礼仪、气质培养等形象设计技巧都做了较系统的阐述，可帮助读者训练仪态，塑造体型，使自身成长为具有高雅气质、不俗谈吐、文明礼仪和高尚道德的复合型人才。

本书是高职高专公共基础课规划教材，可作为高职高专院校各专业学生的形体训练和形象设计课程教材，同时也可以作为相关企事业单位的培训用书，还可以作为广大读者进行形体训练和形象设计的实用手册。

本书封面贴有清华大学出版社防伪标签，无标签者不得销售。
版权所有，侵权必究。侵权举报电话：010-62782989　13701121933

图书在版编目(CIP)数据

形体训练与形象设计/王晶，张岩松主编. ——2版. ——北京：清华大学出版社，2016(2020.2重印)
(全国高职高专公共基础课规划教材)
ISBN 978-7-302-42346-1

Ⅰ. ①形… Ⅱ. ①王… ②张… Ⅲ. ①形态训练—高等职业教育—教材 ②个人—形象—设计—高等职业教育—教材　Ⅳ. ①G831.3　②B834.3

中国版本图书馆 CIP 数据核字(2015)第 296292 号

责任编辑：桑任松
装帧设计：刘孝琼
责任校对：周剑云
责任印制：刘祎淼

出版发行：清华大学出版社
　　　　　网　　址：http://www.tup.com.cn, http://www.wqbook.com
　　　　　地　　址：北京清华大学学研大厦A座　　邮　　编：100084
　　　　　社 总 机：010-62770175　　邮　　购：010-62786544
　　　　　投稿与读者服务：010-62776969, c-service@tup.tsinghua.edu.cn
　　　　　质量反馈：010-62772015, zhiliang@tup.tsinghua.edu.cn
　　　　　课件下载：http://www.tup.com.cn, 010-62791865
印 装 者：清华大学印刷厂
经　　销：全国新华书店
开　　本：185mm×260mm　　**印　张**：20　　**字　数**：482 千字
版　　次：2011 年 9 月第 1 版　2016 年 4 月第 2 版　　**印　次**：2020 年 2 月第 10 次印刷
定　　价：49.00 元

产品编号：067257-02

Preface 前言

　　良好的形象是美丽生活的代言人,是走向人生更高阶梯的扶手,是进入成功神圣殿堂的敲门砖,是成功人生的潜在资本。形象力同智力、体力共同构成了人力资源的重要组成部分。

　　人类正在进入一个"读秒"的时代,如潮的信息令人应接不暇,这必然带来语言的"缺失症",给形象这一"此时无声胜有声"的高级而有效的沟通手段带来了空前的发展,用外在形象符号,包括仪容、服饰、体态、形体、举止等来表示自身或者判断他人的内涵、修养、学识、品位、为人,甚至价值观、道德观已成为交往中的常态。

　　个人形象对现代人来说越来越重要。在竞争日益激烈的当今社会,形象之功胜过千言万语。塑造完美的形象,不仅能彰显个人的专业实力,也是提升企业或组织整体形象的重要基础。形象魅力已经成为一种新的生产力资源,成为一种对公众的凝聚力、吸引力、感召力、诉求力和竞争力。

　　本书提供了形体训练和形象设计的科学理念和有效方法,全书对形体基本素质训练、体态训练、动作协调训练以及芭蕾、交际舞、健美操、瑜伽等形体训练方法和妆容、服饰、语言交际、社交礼仪、气质培养等形象设计技巧都做了较系统的阐述,它将帮助读者训练仪态,塑造体型,使自身成长为具有高雅气质、不俗谈吐、文明礼仪和高尚道德的复合型人才。

　　作为全国高职高专公共基础课规划教材,本书借鉴了大连职业技术学院张岩松教授的"现代交际礼仪"国家精品课程建设成果。本书可作为高职高专院校各专业学生的形体训练和形象设计课程教材,同时,可以作为相关企业和机构的培训用书,还可以作为各级各类企事业单位进行形体训练和形象设计学习与训练的手册。

　　本书自 2011 年出版以来受到数十所高校师生的热烈欢迎,被选作公共基础课教材,此次在第 1 版的基础上,融合各院校同人的意见、建议,进行了全面修订,更新了案例,补充了思考与训练题,更新了"拓展阅读"美文,使其能更好地满足各高职院校以及广大读者的需求。

　　本书由王晶、张岩松任主编,王淑华、马蕾、高琳任副主编。全书共十三章,具体分工如下:张岩松编写第九和十二章;王晶编写第一至四章;马蕾编写第五至七章;王淑华编写第八和十三章;高琳编写第十一章;车秀英、于丽娟、张朝晖、张昀、孙新雨、付强、李健、穆秀英、房红怡、陈百君、郭沁荣、唐成人、许峰编写第十章及各章"思考与训练"。本书的平面模特为王佳特、陈沁然、朱倩倩、蔺瑶、王静雯、高伟、吴佳霖;王林、王耀萱、马蕾完成了图片摄影工作,王林、王淑华完成了图片制作工作。全书由张岩松、高琳统稿。

　　在本书的编写过程中,参考了大量报刊文献,吸收了国内学者最新的研究成果,限于篇幅仅列了主要参考书目,在此,向各位专家、学者表示衷心的感谢。有些资料是参考互联网上发布或转发的信息,在此亦向各位原作者所付出的辛勤劳动表示衷心的感谢。

　　关于该书的一切问题可通过编辑 E-mail 进行联系:ltf0311@tom.com。

　　由于时间有限,书中难免有疏漏之处,敬请读者批评指正。

编　者

Contents 目录

第一章 形体训练概述 1

第一节 形体与形体训练 1
- 一、形体 1
- 二、形体训练 2

第二节 形体训练的特点 2
- 一、目的性 2
- 二、艺术性 3
- 三、多样性 3
- 四、舞蹈性 3

第三节 形体训练的内容 3
- 一、形体素质训练 4
- 二、身体基本形态训练 5
- 三、形体综合训练 6

第四节 形体训练的作用 6
- 一、健身 6
- 二、健美 6
- 三、健心 7

第五节 形体训练的基本要求 8
- 一、做好准备 8
- 二、合理安排 8
- 三、全面锻炼 8

拓展阅读 9

思考与训练 12

第二章 基本姿态训练 14

第一节 站姿训练 14
- 一、站姿的基本要求 15
- 二、常用站姿介绍 16
- 三、易出现的不良站姿 16
- 四、站姿训练方法 17

第二节 坐姿训练 18
- 一、坐姿的基本要求 18
- 二、常用坐姿介绍 19
- 三、易出现的不良坐姿 21
- 四、坐姿训练方法 21

第三节 走姿训练 22
- 一、走姿的基本要求 22
- 二、常用走姿介绍 23
- 三、易出现的不良走姿 25
- 四、走姿训练方法 25

第四节 蹲姿训练 26
- 一、蹲姿的基本要求 26
- 二、常用蹲姿介绍 26
- 三、易出现的不良蹲姿 27
- 四、蹲姿训练方法 28

拓展阅读 28

思考与训练 31

第三章 形体素质训练 33

第一节 人体各部位动作训练 33
- 一、头部动作 33
- 二、肩部动作 35
- 三、胸部动作 36
- 四、腰部动作 38
- 五、胯部动作 41
- 六、肘部动作 42
- 七、膝部动作 43
- 八、脚部动作 44

第二节 地面素质训练 45
- 一、基本动作 45
- 二、动作组合练习 50

拓展阅读 52

思考与训练 54

第四章 形体动作协调训练 55

第一节 形体韵律训练 55
- 一、基本手型 55
- 二、基本动作 56
- 三、动作组合练习 58

第二节 形体协调训练 60

目录

二、基本手位和脚位 60
二、手臂基本动作 63
三、动作组合练习 66
拓展阅读 71
思考与训练 74

第五章 芭蕾 75

第一节 芭蕾的手位和脚位训练 75
一、手的位置 75
二、脚的位置 77
第二节 擦地训练 77
一、五位擦地的做法 77
二、组合练习 78
第三节 蹲的训练 80
一、蹲的做法 80
二、组合练习 80
第四节 踢腿训练 84
一、五位小踢腿的做法 84
二、组合练习 84
拓展阅读 86
思考与训练 88

第六章 交际舞 89

第一节 探戈舞步训练 90
一、探戈简介 90
二、训练组合 90
第二节 伦巴舞步训练 92
一、伦巴简介 92
二、训练组合 93
第三节 牛仔舞步训练 95
一、牛仔舞简介 95
二、训练组合 95
第四节 华尔兹舞步训练 98
一、华尔兹简介 98
二、训练组合 98
拓展阅读 100
思考与训练 103

第七章 健美操 105

第一节 健美操简介 105
一、健美操的产生与发展 105
二、健美操训练的注意事项 106
第二节 健美操基本动作训练 106
一、头颈动作训练 106
二、肩臂动作训练 108
三、膝腿动作训练 110
四、腰背动作训练 112
第三节 健美操组合训练 114
拓展阅读 115
思考与训练 120

第八章 瑜伽 121

第一节 瑜伽体位法训练概述 121
第二节 13种瑜伽体位法 122
一、拜日式 122
二、眼镜蛇式 124
三、三角伸展式 125
四、猫伸展式 125
五、单腿交换伸展式 126
六、战士一式 126
七、战士二式 126
八、莲花坐式 127
九、山式 128
十、双角式 128
十一、增延脊柱伸展式 128
十二、倾斜式 129
十三、俯卧放松功 129
拓展阅读 129
思考与训练 132

第九章 妆容形象设计 133

第一节 化妆得法 134
一、妆前自我认识 134
二、化妆的原则 135
三、化妆工具与化妆品 136
四、化妆的基本步骤 137
五、不同脸型的化妆 139
六、化妆的禁忌 141
七、男性的妆容设计 142

Contents 目录

第二节　皮肤护理 143
 一、皮肤的构造 143
 二、皮肤分类型保养 143
 三、护肤的基本方法 144
第三节　发型美观 145
 一、护发 145
 二、美发 147
第四节　手部修饰 150
 一、护理指甲 150
 二、滋润双手 150
第五节　脚部健美 151
 一、保护双脚要做到每天洗脚 151
 二、定期修剪 152
 三、定期为脚部缓解疲劳 152
拓展阅读 152
思考与训练 158

第十章　服饰形象设计 160

第一节　着装的原则 161
 一、时间原则 161
 二、环境原则 161
 三、个性原则 162
第二节　着装的"三注意" 162
 一、注意和谐 162
 二、注意色彩 164
 三、注意场合 165
第三节　男士西装的穿着 167
 一、男士西装的选择 167
 二、男士西装的穿着 168
第四节　女士服装的穿着 171
 一、女士西装套裙 171
 二、女士连衣裙 172
 三、女士旗袍 173
 四、职业女性的着装风格 173
第五节　服装的饰物佩戴 175
 一、饰物的种类 175
 二、饰物佩戴的原则 176
 三、常见饰物的佩戴 176
拓展阅读 180
思考与训练 183

第十一章　语言交际 186

第一节　语言交际的原则 187
第二节　交谈的语言艺术 192
第三节　说服的语言艺术 204
第四节　赞美的语言艺术 208
第五节　拒绝的语言艺术 211
第六节　语言艺术修养 215
拓展阅读 220
思考与训练 223

第十二章　社交礼仪 229

第一节　见面礼仪 229
第二节　餐饮礼仪 255
第三节　接访礼仪 264
第四节　职场礼仪 269
第五节　社交礼仪修养 280
拓展阅读 282
思考与训练 287

第十三章　气质培养 291

第一节　气质概述 291
第二节　气质的培养 299
拓展阅读 303
思考与训练 308

参考文献 310

第一章　形体训练概述

人体以它生动柔和的线条和轮廓，有力的体魄和匀称的体态，滋润、光泽、透明的色彩成为在自然中最完美的部分，标志着我们这个星球上最高级生命的尊严。

——朱光潜

相貌的美高于色泽的美，而优雅合适的动作美又高于相貌的美，这才是美的精华。

——[英]培根(Francis Bacon)

本章提要

- 形体与形体训练。
- 形体训练的特点。
- 形体训练的内容。
- 形体训练的作用。
- 形体训练的基本要求。

形体训练是向学生进行素质教育，培养其综合能力和塑造其优美体态的一门基础课。通过以人体科学为基础的形体动作训练，可以改善学生形体动作的状态，提高灵活性、协调性，从而达到增强形体外在表现力与内在气质的相互融合，提高个人的综合素质和综合能力。

第一节　形体与形体训练

一、形体

形体即人身体的形态。如古人说："形体不蔽，精神不散，亦可以百数"、"七八，肝气衰，筋不能动，天癸竭，精少，肾脏衰，形体皆极"(《素问·上古天真论》)。我们可以给形体下这样一个定义：形体是指人在先天遗传变异和后天获得的基础上所表现出的身体形态上的相对稳定性的特征，是包括人的表情、姿态和体型在内的人的外在形象的总和。形体是人体美的一种艺术表现形式，而艺术是指富有创造性的方式、方法。从一定意义上来说，先天遗传对形体起着决定性的作用，同时形体与后天生活条件及科学训练也有密切关系。后天科学的形体训练，可以使个人的优点得到弘扬，不足得到改善，从而使形体变得更美。

形体由体格、体型、姿态三个方面构成。

体格指标包括人的高度(身高、坐高等)、体重、围度(胸围、腰围、臀围、臂围、腿围、颈围等)、宽度(肩宽、骨盆宽度等)、长度(上、下肢长度等)等。其中，身高主要反映骨骼的生长发育情况；体重主要反映骨骼、肌肉、脂肪等重量的综合情况；胸围则反映胸廓的大小及胸部肌肉的生长发育状况。因而身高、体重及胸围被列为人体形态变化的三项基本指标。

体型是指身体各部分的比例，如上、下身长的比例，肩宽与身高的比例，各种围度之间的比例等。形体是否美主要取决于骨骼组成与肌肉的状况，取决于身体各部分发展的均衡与整体的和谐，正如达·芬奇所说："美感完全建立在各部分之间神圣的比例上。"

姿态是指人坐、立、行等各种基本活动的姿势。人体的姿势是通过脊柱弯曲的程度、四肢和手足以及头的部位等来体现的。姿势的正确、优美，不仅能衬托、体现人的整体美，还能反映一个人的气质与精神风貌。可以说，它是展示人的内在美的一个窗口。

可见，形体美是一种综合的美，它既包含了人体外表形状、轮廓的美，又包含了人体在各种活动中表现出来的体态美。所谓形体美，就是健壮体格、完美体形、优美姿态互相融合，从而展现出来的和谐的整体美。这种美可以通过形体训练来获得。

二、形体训练

形体训练是一个外来语，狭义上认为形体训练是形体美训练；广义上则认为只要有形体动作的训练就可以叫作形体训练，这样各式各样的动作都可以称为形体训练，甚至某些服务行业的程式化动作，如迎宾、礼仪姿势等，也被称为形体训练。一般情况下，我们用形体美训练来定义形体训练，这也符合大多数形体训练者的意愿。形体训练是一项比较优美、高雅的健身项目和艺术项目，它起源于芭蕾、舞蹈、体操等的基本功训练，主要通过舒展优美的舞蹈基础练习(以芭蕾为基础)，结合古典舞、民族民间舞蹈进行综合训练，塑造人们优美的体态，培养高雅的气质，纠正生活中不正确的姿态。

所谓形体训练，是以人体科学为基础的形体动作训练，是以改变练习者形体动作的原始状态、增强可塑性为目的的形体素质的基本训练，是以提高练习者形体的灵活性和艺术表现力为目的的形体技巧训练。它既注重外在美的训练，又注重内在美的情操培养。形体训练是一个有目的、有计划、有组织的教育过程。练习者在旋律优美的乐曲伴奏下，进行经常性的形体艺术训练会使身心得到全面发展，不仅能获得健康美，还能获得体型美、姿态美和气质美，使形体更富有艺术魅力。

第二节 形体训练的特点

形体训练是以人体形态科学为基础，以美的标准进行的一项运动，所以形体训练有其区别于其他体育运动的不同特点。

一、目的性

形体训练的根本目的是培养良好的身体形态。它是以培养良好形态的身体练习为主要特征的科学。形体训练的内容多为周期性的静力性活动和控制能力的练习，而非剧烈的体育运动，形体训练是一种以其严格规范的形体控制练习和舒展优美并符合人体运动的自然规律而进行徒手练习为基础的运动形式。

二、艺术性

形体训练具有强烈的艺术性。形体训练是一种具有美的性质的运动，所以其对美的感受较于其他体育运动要强得多，可以说是一种具有艺术特征的身体运动。形体训练常以其丰富多彩的练习内容及形体美的表达形式、舒展优美的姿态、矫健匀称的体型、集体练习中巧妙变换的队形等方式展示强烈的美感。在形体训练中常加入音乐，将整个形体训练生动地组合起来，还可以根据不同风格的乐曲，选择创造出不同风格、形式的形体训练动作，使整个形体训练变得生动、优美。在形体训练中，还提高了形体训练者的音乐素养，培养其良好的气质和修养。值得强调的是，形体素质训练中多采用旋律优美的钢琴曲伴奏，而钢琴的表现力是所有乐器中最为突出的，钢琴是感受音乐美感的首选乐器，也是最好的乐器，所以形体训练对于训练音乐素养起了很大的作用。

三、多样性

形体训练的方法、形式、项目等多种多样，适用于不同水平的练习者。

从形体训练的方法上看，它是在人体解剖学、运动心理学、运动训练学、运动生理学、美学等学科理论指导下进行的。可根据不同的年龄和性别、不同的体型和体制、不同的训练目的和各自的水平，选择不同的训练方法。

从形体训练的形式上看，有局部练习，也有全身性的练习；有单人练习，也有双人练习，还有集体练习；有徒手练习，也有器械练习；有站姿练习，也有坐姿练习；有节奏柔和缓慢的练习，也有节奏快、动感强的练习。

从形体训练的项目上看，有健身强体的练习；有健美体形的练习；有训练正确的站、坐、行走姿态的专门练习；有塑造形象的着装、发式、化妆及言谈、举止、礼仪等形体语言练习；有适合胖人减肥的锻炼；有适合瘦人丰腴健美的锻炼等。

四、舞蹈性

形体训练是各项以身体表现为主的舞蹈和运动项目的基础训练内容，也是培养现代礼仪的主要手段。芭蕾、体操、艺术体操和舞蹈等运动项目的基础就是形体的训练，而这些项目又促进形体的训练，两者相辅相成，对提升个人形体美、培养个人艺术素养有着重要的作用。

第三节 形体训练的内容

形体训练包括形体素质训练、身体基本形态训练和形体综合训练。

一、形体素质训练

形体素质训练具有高密度、低强度的特点,主要是训练形体的控制力和表现力,它包括身体力量、柔韧性、协调性、耐力和灵活性的训练。[①]

1. 力量

力量是指人体肌肉收缩时表现出来的一种克服阻力的能力。力量的大小取决于以下几方面:肌肉的生理横断面;支配肌肉收缩的神经中枢的作用程度;肌肉组织的生化积极性;完成动作的技术。在训练中,对肌肉活动的不同形式形成了不同的力量概念,即绝对力量、速度力量和耐力力量。绝对力量取决于肌肉最大限度地任意收缩的能力;速度力量取决于肌肉迅速收缩时克服外部阻力的能力;耐力力量取决于人的肌体在做长时间的耐力活动时对抗疲劳的能力。在形体训练中,培养局部力量(如前、侧、后控腿的力量)具有特别的重要意义,但必须合理适度,其目的是发展腿部肌肉的速度力量和耐力力量。

培养力量的基本手段有极限训练法、重复训练法、动力训练法和静力训练法。极限训练法不适于形体训练,高负荷和中等负荷训练也都不适宜。对形体训练者来说,重复训练法是非常有效的。动力训练法适用于培养速度力量素质,其具体表现是弹跳力。弹跳力是一种综合素质,这种素质的基础就是在保持动作最大幅度的情况下,使肌肉收缩的力与速度相结合并在形体训练中表现出来。弹跳力有着非常重要的意义,如各种大跳动作,它是表明练习者技术水平与素质的一种指标。静力训练法就是使肌肉经受长达 56 秒最大的、重复性紧张。为了有目的地培养人体某块肌肉群,形体艺术训练中广泛采用静力训练法,如各种控制动作和各种平衡姿势的腿部动作。

2. 柔韧性

柔韧性一般称为"软度",它是指肌肉、韧带的弹性和关节的活动范围及灵活性。柔韧性的好坏在形体训练中起着重要的作用。良好的柔韧性能够增加形体动作的幅度,使动作更加舒展、优美、完善,是高质量完成动作的基本保证。要使形体艺术训练的动作更加完善,必须全面发展身体各部位的柔韧性,否则就无法发挥出动作的优美表现力和塑造力,也无法提高动作的技术。关节的灵活性差往往会使动作受到局限或变得僵硬,因此,在形体训练中提高脊柱的柔韧性(如腰椎、胸椎和颈椎的柔韧性)具有特殊意义。脊柱的柔韧性对掌握波浪、摆动和结环等动作非常重要。

柔韧性有主动柔韧性和被动柔韧性两种。主动柔韧性是练习者不借助外力,只靠自身的肌肉力量独立完成的关节最大可能的灵活性。被动柔韧性是靠同伴、器材或负重等外力作用所完成的最大幅度的动作。只有同时发展主动和被动这两种柔韧性,才能使身体各关节获得适宜的灵活性。但是,发展柔韧素质要与放松练习交替进行,以利于韧带和肌肉的伸展和放松,避免损伤。

---

① 钱立安,王华. 金融职业形体礼仪. 北京:中国金融出版社,2009

3. 协调性

协调性是指练习者身体各部位在时间和空间上相互配合,合理有效地完成动作的能力。它是身体素质中最不好练习、最不容易提高的一项素质,但它是形体训练中必须具备的素质之一。协调性可通过各种舞蹈组合(如爵士舞组合、现代舞组合等)及健美操和形体动作组合来提高,因为这些练习需要全身大小肌肉都参加运动,而许多肌肉是日常生活和其他运动项目活动不到的。这些练习的动作有对称的,有不对称的,变化较多。在安排一些动作的组合练习时应选择那些需要上下肢、躯干、头等多部位相互配合,具有一定复杂性的动作,这样可锻炼大脑支配身体各部位同时参与不同运动的能力。要提高协调性,还应让练习者尽可能多地学习和掌握各种类型的动作。学习的动作越多,神经、肌肉的支配能力就越能得到锻炼和提高。

4. 耐力

耐力就是在尽可能长的时间内,坚持完成某种规定动作的能力。耐力有一般耐力和专项耐力之分。形体的一般耐力是指持续完成某项动作的能力,这项动作往往可使许多肌群参与活动,而且会对心血管系统、呼吸系统和中枢神经系统提出更高的要求。有了一般耐力,就能使练习者顺利地完成大负荷的动作。形体的专项耐力是指完成某种非常剧烈但为时不长的动作的能力。有了这种能力,练习者就能够轻松自如、连贯流畅、动作优美和富于表现力地完成无比精彩、复杂和新颖的表演动作。

5. 灵活性

灵活性在身体素质训练中占有特殊的位置,它与其他身体素质的联系最为广泛,是一种最综合的素质。灵活性有一般灵活性和专项灵活性之分。一般灵活性是指一种能正确协调自身动作与合理完成动作的能力。专项灵活性则是一种能根据项目的特点,合理运用该项运动技术的能力。灵活性的基础在于运动技能的灵巧、高度发达的肌肉感和神经系统的可塑性。练习者对自己所做动作的领悟能力越高、越正确,就越能更好地掌握新动作的要领。

身体素质训练的内容较多,但其中力量、柔韧性、协调性和灵活性是形体基本素质训练中最主要的内容,它们的好坏影响身体形态的控制力和表现力的提高。因此,在形体艺术训练中,每个动作都和增强形体专项素质的能力有密切的关系,练习者尤其需要加强基本体质的训练,以利于良好身体形态的形成,从而达到形体训练的目的。

二、身体基本形态训练

身体基本形态训练主要是指在音乐伴奏下进行大量的徒手练习、地面练习和把杆练习,其目的是培养练习者正确的体态和完成动作的协调性、准确性,进一步改善身体形态的原始状态,逐渐形成正确站姿、坐姿、走姿及优雅举止,提高形体动作的灵活性和表达能力。

三、形体综合训练

形体综合训练主要是以有节奏的形体动作作为主要练习手段，一般采用基本舞步、舞蹈组合、韵律操、健美操、体育舞蹈等多种项目进行练习。形体综合训练可提高练习者的有氧代谢能力，促进其身体全面均衡的发展，提高节奏感、音乐表现力、形态表达能力，增强练习者的兴趣，陶冶情操，培养高雅的气质和风度，提高练习者对美的感受和欣赏能力，丰富其想象力和创造力，保持健美体形，促进优美体态的形成。

第四节　形体训练的作用

一、健身

形体训练是以身体训练为基本手段，均匀和谐地发展人体，增强体质，促进人体形态更加健美的一种体育运动。通过形体训练，诸如健美操锻炼、体态训练、柔韧练习等都能增强运动系统的功能，有益于肌肉、骨骼、关节匀称与和谐地发展，有利于形成正确的体态和健美的形体，还能增强心血管系统及呼吸系统的功能，提高体能素质，实现健身的目的，为良好形象气质的形成奠定坚实的基础。

形体训练通过基本动作和成套动作练习，对身体各关节、韧带、各重要肌肉群和内脏器官施加合理的运动负荷，对心血管功能、身体柔韧性、协调性、力量、耐力、体重、体质等的改善都有十分显著的作用。例如，采用压、拉肩及下腰等练习来发展柔韧性；采用舞蹈、徒手及成套动作练习来锻炼大脑支配身体部位同步运动，发展身体的协调性；采用健美操中的仰卧起坐、快速高踢腿、跳步等来发展力量和弹跳力素质，提高动作的速度和力度；采用跑跳操等练习来提高耐力素质，增强体能。

人的身体是由骨骼、关节和肌肉组成的，骨骼、关节和肌肉的发育正常与否，将直接影响一个人的身体基本素质情况。经常性的形体训练能使骨密质增厚，骨径变粗，骨周围的血液循环得到改善，肌肉的控制能力增强，关节更加灵活。经常进行形体训练，还将使身体变得强壮有力，改善心肺功能，提高消化系统的功能，增强皮肤的血液循环，促进新陈代谢，从而加强人体的防御能力，真正实现健身的目的。

二、健美

健美主要是指人体的形体美，即人体外形的匀称、和谐。形体美基本上是由身高、体重和人体各部分的长度、围度及比例所决定的。通过形体锻炼的力量练习，可使身体各部分的肌肉得到协调、匀称地发展，其主要特征是身体部分肌肉特别发达、线条清晰。通过健美操的练习，可使身体各部分的脂肪减少，肌肉的协调性、灵活性增强，其主要特征是动作优美动人。进行系统的形体训练还能为良好的站姿、坐姿、走姿的培养打下坚实的基础，而且对于矫正身体的不良姿态、形成优美的体态有着特殊的功效。长期坚持形体锻炼可以使少年儿童形成正确的身体姿态，使青年人动作优美，体态矫健；使中年人延缓身体的衰老，保持良好体形。

健美的形体是通过运动锻炼出来的。通过科学、系统的形体锻炼，使身体协调发展，塑造自己理想的形体，可以达到良好的健美效果。

三、健心

形体训练的健身价值是显而易见的，而它的健心价值对青年人的健康成长有着不可替代的作用。

1. 增强乐感

在形体训练的过程中，我们一般根据不同的训练内容，安排一些节奏舒缓或者节奏鲜明的音乐。形体训练的教学实践也证明：初接触形体训练的学生中，大多数节奏韵律感差，听不出音乐的节奏，对于一拍一动、二拍一动更是摸不着头脑，只有少数学生能合拍有节奏地练习，而通过一段时间的形体训练后，大部分学生都能跟上音乐的节奏，较好地表达音乐的内涵。

2. 丰富想象力、创造力

想象，是在表象重新组合的基础上，反映未直接感受过的事物新形象的过程。其在形体训练中具有一定的随意性，练习者在音乐的伴奏下可以进行各种练习，情绪随意发挥，尽情欢跳。如在韵律操的创编中，不得多次重复某个动作，音乐的选配也与动作的表现力相吻合。此时，同学们可以充分发挥自己的想象力和创造力。

3. 锻炼顽强意志

意志是人们自觉地确定目标，并支配行动，克服种种困难而实现目的的心理过程。形体健身的意义及其锻炼身体的价值，是把它作为一项健身、健心的娱乐项目来进行身体锻炼，始终保持充沛的精力、愉快的心情，来培养良好的身体姿态，促进生理、心理健康发展。对于从未接触过舞蹈、体操的人来说，刚开始训练时会遇到许多困难，如动作不协调、柔韧性差、动作无法到位、体力跟不上、姿态差等。可形体训练以其独特的魅力吸引着练习者去克服困难，咬紧牙关，坚持下去。良好的意志品质不是自发产生的，而是在教育和学习中形成的。形体训练要有成效，必须有一个量的积累过程，即从量变到质变，那就需要一定的耐力和顽强的意志。这就是意志的表现，是长期训练的结果。

4. 培养正确的审美观

形体训练不仅仅是身体素质的训练，也是精神文明教育和审美教育。人体美的表现形式是外在美，但人体美脱离不开内在美。"人的外表和纯洁应是他内心的优美和纯洁的表现。"形体训练，以自己丰富的内容和独特的形式，培养训练者正确的审美意识，陶冶美的情操，形成正确的审美观。由漂亮的木地板、宽敞的落地镜组成的体操房和舞蹈教室，优美、欢快的音乐，丰富多彩的动作，矫健匀称的体型，五颜六色的服装，构成一幅美的图画。在形体练习中，练习者不仅心情愉快，精神上得到了满足，而且可以懂得什么是美的动作、美的仪表、美的心灵，提高对美的感受、鉴赏、表现和创造能力。

总之，形体训练可以陶冶情操、美化心灵，培养热爱生活、乐观积极的品格，激发对生活的自信心和进取心，形成豁达、乐观、开朗的良好心境，极大地促进身心的健康。

第五节　形体训练的基本要求

一、做好准备

训练前必须做好准备活动，唤醒神经、肌肉与韧带。准备活动要安排轻松自如、由弱到强的适度练习，一般10～15分钟为宜。

训练时要穿有弹性的紧身服装或宽松的休闲服，穿体操鞋、舞蹈鞋或健身鞋，并保持整洁。

二、合理安排

形体训练要遵循人体发展和适应环境的基本规律，根据练习者身体的实际情况来确定训练方法，有计划、有步骤地循序渐进，逐步提高，不能急于求成，更不能虎头蛇尾，要持之以恒，较完整地掌握形体训练的有关知识和方法。

一般来说合理的锻炼时间是每次1～1.5小时，每周至少练习两次。

参加形体训练还要有恰当的生理和心理负荷。运动时达到最大心率的70%～80%效果最好，训练结束后要作调整。

在做器械练习时，要有专人指导和帮助，要注意训练的安全。

训练中和训练后要注意补充适当的水。同时要注意糖、脂肪、蛋白质、维生素、矿物质等饮食营养的合理搭配，以保证足够的营养和营养之间的平衡。

音乐选配得合适与否，直接影响形体训练的效果。形体训练的音乐要旋律优美，格调高雅，富于动感，符合形体动作特点，且易于被人们理解和接受。

三、全面锻炼

全面锻炼要求在训练时做到力量与速度、耐力、协调性、柔韧性等素质相结合，动力性与静力性练习相结合，大肌肉群和小肌肉群相结合，主动性运动部位与被动性运动部位相结合，负重练习与徒手练习相结合，全身训练与身体某部位的强化训练相结合，无氧运动与有氧运动相结合，呼吸与动作节奏相配合等，从而使全身肌肉群匀称，促进心肺功能的改善和肌肉群的协调发展，使身体形态、机能等各种身体素质以及心理素质等诸方面都得到和谐的发展。

在全面锻炼的基础上，有目的、有意识地加强职业实用性形体训练，效果更佳。

小知识1-1

形体训练的常用术语

(1) 主力腿。主力腿是指动作过程中，或者形成姿态时，支撑身体重心的一条腿。它与动力腿的配合，对身体平衡以及动作姿态的优美有着重要作用。

（2）动力腿。动力腿是指与主力腿相对而言，非重心支撑的一腿，可做各种屈伸、摆动等动作。

（3）身段。身段是指在舞台表演或训练中，各种形体动作的统称。从最简单的比拟手势到复杂的武打技巧，如坐、卧、行、走、甩袖、亮相等都称为身段。

（4）造型。造型是塑造人物外部形象的艺术手段之一。人们将雕塑性强的动作姿态称为造型。

（5）亮相。亮相是指表演时在一个短促的停顿中所做的姿态，它也是戏曲表演中的一种程式动作。

（6）韵律。韵律是指在动作表演过程中，人体运动的自然规律造成欲左先右，欲纵先收，以及动与静、上与下、高与低、长与短等辩证的规律，形成了动作的韵律。

小知识 1-2

舞蹈中眼睛看的"点位"

舞蹈中的 1 点=钟表的 12 点

舞蹈中的 2 点=钟表的 1 和 2 点之间（就是右上指向的 45°）

舞蹈中的 3 点=钟表的 3 点

舞蹈中的 4 点=钟表的 4 和 5 点之间（就是右下指向的 135°）

舞蹈中的 5 点=钟表的 6 点

舞蹈中的 6 点=钟表的 7 和 8 点之间（就是左下指向的 135°）

舞蹈中的 7 点=钟表的 9 点

舞蹈中的 8 点=钟表的 10 和 11 点之间（就是右下指向的 45°）

拓 展 阅 读

人体形体美的标准

著名国画大师刘海粟曾说过："人体美乃美中之至美。"确实，世间美好的东西太多，但创造万物的人体是最美的。爱美之心，人皆有之，社会需要美，人类更需要美。人体美是人们追求的目标之一，不朽的传世之作"维纳斯""大卫""掷铁饼者"等留给人们极深的印象，其根本原因是这些作品体现了人体美。我们认为，人体美是健、力、美三者的有机结合。它包含了肌肉、骨骼的发育情况，机体的完善程度和人体的外形美以及人的精神气质。形体美的标准包括如下几个方面。

1. 肌肉发达、健壮有力

在人类学家、艺术家和体育家的眼里，骨骼发育正常，身体各部分之间比例适宜、匀称，肌肉发达、体魄健壮是人体美的重要因素。正常的脊柱弯曲度形成一个端庄的上体姿势，加上一个前后较扁的圆锥形的胸廓，大小适中而扁平的骨盆以及长短比例适中的上下肢骨，就构成一副匀称而协调的身材雏形。但仅有一副匀称而协调的骨架还不能显示出形体的优美,还需要有发达、健壮的肌肉。肌肉是运动器官,它们在神经系统的支配下,在循环系统和其他系统的密切配合下,起着保护、支持和运动作用。人的全身肌肉约500块,重量约占体重的40%。健美的形体、健壮的体魄和发达的肌肉密切相关。发达的颈肌及胸锁乳突肌能使人的颈部挺直、强壮有力;发达的胸大肌(含胸小肌)能使人的胸部变得坚实、健美;发达的肱二头肌和肱三头肌能使人的上肢线条鲜明、粗壮有力;发达的三角肌能使肩膀变得宽阔起来,再加上发达的背阔肌,就会使人体呈美丽的"V"字形。骶棘肌是脊柱两侧的最长肌肉,它的发达能固定脊柱,使人的上体挺直;发达的腹肌有利于缩小人的腰围;发达的臀肌和有力的下肢肌(股四头肌、股二头肌、小腿三头肌)能固定人的下肢,支持全身,构成健美的曲线。总之,发达而有弹性的肌肉是力量的源泉,是美的象征。

2. 体型匀称、线条鲜明

体型有不同分类,我们一般把体型分成胖型、肌型(或运动型)和瘦型三类。

(1) 胖型:其特点是上(肩宽、胸围)下(腰围、臀围)一般粗,躯干像个"圆水桶",腰围很大。腰两侧下垂,腹部松软脂肪很厚,肚脐很深,胸部的脂肪多而下坠,颈部短而粗,体重往往超过标准体重约30%~50%。

(2) 肌型(运动型):其特点是肩宽、背阔、腰细、臀小且上翘,上体呈"V"形,腹壁肌肉垒块明显、四肢匀称、肌肉发达、无双下巴,颈部强壮有力,体重在标准体重±5%的范围内。

(3) 瘦型:其特点与胖型相反,上下都细、肩窄、平胸、腰细、四肢细长、脂肪极少、肌肉消瘦,胸腹部可见肋骨,背部可见肩胛骨,体重小于标准体重25%~35%。

女性和男性在体型分类上大体相同,但由于女性有其自身的特点,强调身体比例匀称,线条流畅,整个体型呈曲线形。如女性的骨盆通常比男性要大,所以,躯干一般呈上小、下大的正三角形。女性的脂肪普遍比男性多5%左右,而肌肉发达程度及肌力只能达到同级男性的75%~80%。因此,女性肌型(运动型)体型的特点是躯干呈三角形(少数为倒三角形),四肢匀称、肌肉圆滑、胸部丰满、腰细臀圆、颈长腹平。从侧面看,运动型的女性的胸、腰、臀富于曲线美。

胖型的女性躯干多为上下一般粗(或上小下大)的水桶形,胸厚、腰粗、臀部大而宽、腹壁脂肪厚,即使仰卧在床上,腹部隆起高度仍超过胸高,颈部普遍短粗,四肢多为上粗下细。

瘦型的女性和胖型相反,胸部扁平、四肢干瘦、不丰满、无线条。

3. 精神饱满、坚韧不拔

精神饱满的外在表现是皮肤美、容貌美、姿态美、动作美,其内在表现则是朝气蓬勃、勇敢顽强、坚韧不拔。

(1) 皮肤美。皮肤是健康状况的镜子,是人体美的重要表征。"红光满面"、气色好的人才有精神。

(2) 容貌美。容貌美常常是人们见面时的第一感觉。它是指由面部骨架(脸型)、眼睛、眉毛、耳朵、鼻梁和口唇共同构成的一种美丽、丰富而生动的面部形象。根据人们对女性美的审美实践,眼大眸明、眼皮双褶、口唇红润、牙齿皓白整齐、鼻子竖直、颈脖颀长、耳郭分明等都是女性容貌美的特征。而男子的容貌美有别于女性的秀美、妩媚的审美特征,在现代女性眼中,以方圆脸形、五官端正、浓眉大眼、明亮有神、前额宽广、鼻梁端正、嘴型大小适度的男性为美。

(3) 姿态美,动作洒脱。优美的姿态和洒脱的动作,既符合人体解剖学和生理学的规律,又给人以美的印象。我们中华民族有悠久的文明历史,很重视自己的一举一动,要求坐有坐相、走有走相、站有站相、卧有卧相、吃有吃相。总之,衣食住行均应有规矩,讲究文明礼貌。

(4) 勇敢顽强,坚韧不拔。古希腊人很崇尚力量和勇敢无畏的精神,把这种精神称之为"奥林匹克精神"。我国优秀的体育运动员,他们的形体普遍是健美的,他们的身手是矫健的,他们的成绩是惊人的,他们在赛场上的拼搏精神更是人们敬崇的,正如中国女垒姑娘们说的那样:"掉皮、掉肉、不掉队,顽强拼搏争胜利。"他们为了祖国的荣誉拼搏,这种美发自心灵深处。他们的健美英姿和勇敢无畏的精神在中国人民和世界人民心中留下了极深的印象。他们是形体美和内在美的代表。

(资料来源:陈宝珠. 形体训练与形象塑造. 北京:清华大学出版社,2008)

形体测量与衡量指数

形体健美在很大程度上取决于身体各部位体围的尺寸和相互间的比例。

身高主要反映人体骨骼的发育程度。体重是反映人体发育状况的重量指标。胸围反映胸廓的大小和胸部肌肉与乳房的发育情况,是人体厚度和宽度最有代表性的测量值,也是身体发育状况的重要指标。腰围反映一个人的腰背健壮程度和脂肪状况。上臂围反映一个人肱三头肌和肱二头肌的发达程度。大腿围反映一个人股四头肌及股后肌群的发育状况。臀围反映一个人髋部骨骼和肌肉的发育情况。

1. 测量方法

准备一条软尺,把全身主要的地方正确地测量出来并记录,判断自己的形体。

(1) 身高,体重:身高和体重在一日之内就有微妙的变化,故要在早晨起床后,身体还没活动之前测量为宜,尤其是体重,饭前饭后差别很大。

(2) 胸围:测量时,身体直立,两臂自然下垂。皮尺前面放在乳头上缘,皮尺后面置于肩胛骨下角处。先测安静时的胸围,再测深吸气时的胸围,最后测深呼气时的胸围。一般成人呼吸差为6~8厘米,经常参加锻炼者的呼吸差可达10厘米以上。呼吸差可反映呼吸器官的功能。测量未成年女性胸围时,应将皮尺水平放在肩胛骨下角,前方放在乳峰上。测量时不要耸肩,呼气时不要弯腰。

(3) 腰围:测量时,身体直立,呼吸保持平稳,两臂自然下垂,不要收腹,皮尺水平放在髋骨上、肋骨下最窄的部位(腰最细的部位)。

(4) 臀围:测量时,两腿并拢直立,两臂自然下垂,皮尺水平放在前面的耻骨联合处。

(5) 臂围:手臂与手腕是比较纤细的部分,基本而言,上臂围是肘至肩部最粗的部位，比颈围(下巴抬起颈部细长的状态)细 4.5 厘米是最理想的。

(6) 颈围：测量时，身体直立，测量颈的中部最细处。

2. 形体美的衡量指数

女性形体美的衡量指数与男性形体美的衡量指数有所区别，它们分别如下。

(1) 女性形体美的衡量指数。

标准体重计算公式为：[身高(厘米)-100]×0.85(千克)。

上下身比例：以肚脐为界，上下身比例应为 5∶8，符合"黄金分割"定律。

胸围应为身高的 1/2。

腰围的标准围度比胸围小 20 厘米。

臀围应较胸围大 4 厘米。

大腿围应较腰围小 10 厘米。

小腿围应较大腿围小 20 厘米。

足颈围应小于小腿围 10 厘米。

手腕围应较足颈围小 5 厘米。

颈围应等于小腿围。

肩宽即两肩峰之间的距离，应等于胸围的 1/2 减去 4 厘米。

(2) 男性形体美衡量指数。

标准体重计算公式为：[身高(厘米)-100]×0.9(千克)。

身体的中心点应在股骨大转子顶部。

向两侧平伸两臂，两手中指尖的距离应等于身高。

肩宽应等于身高的 1/4。

胸围应等于身高的 1/2 加 5 厘米。

腰围应较胸围小 15 厘米。

髋围应等于身高的 1/2。

大腿围应较腰围小 22.5 厘米。

小腿围应较大腿围小 18 厘米。

足颈围应较小腿围小 12 厘米。

手腕围应较足颈围小 5 厘米。

上臂围等于大腿围的 1/2。

颈围应等于小腿围。

(资料来源：陈宝珠. 形体训练与形象塑造. 北京：清华大学出版社，2008)

思考与训练

1. 什么是形体？什么是形体训练？
2. 形体训练有哪些特点？

3. 形体训练的内容有哪些？
4. 形体训练的作用是什么？
5. 进行形体训练应注意什么？
6. 作为一名职业技术学院的学生，进行形体训练有何意义？
7. 结合你的职业岗位谈谈学习形体训练的必要性。

第二章　基本姿态训练

优雅之于体态，犹如判断力之于智慧。

——[法]拉罗什富科(La Rochefoucauld)

凡人之所以为人者，礼义也。礼义之始，在于正容体、齐颜色、顺辞令。容体正、颜色齐、辞令顺，而后礼义备。

——《礼记·冠义》

本章提要

- 站姿训练。
- 坐姿训练。
- 走姿训练。
- 蹲姿训练。

人体的基本姿态包括站姿、坐姿、走姿、蹲姿等，当这些基本姿态呈现在人们面前时，会给人不同的感受，如身体形态所显示的端庄、挺拔与高雅，会给人以赏心悦目的美感。古人云："站如松、坐如钟、行如风。"人们在日常工作和生活中的各种姿态正确与否，直接影响人们的工作和生活质量，良好的姿态展现的是个人内在修养和综合素质的完美外部表现。随着人类社会文明程度的不断提高，对人们姿态的要求已不是简单的正确与否，社会文明呼吁人们姿态美的不断发展和提高。

本章主要讲授站姿、坐姿、走姿、蹲姿训练的内容。在课堂教学中，教师要注意以下几个方面。

(1) 教师要准确、清晰地讲解动作要领并进行标准示范，学生根据教师语言提示认真进行姿态练习。

(2) 教师要注意课堂气氛的调动，使学生保持饱满的精神状态。

(3) 训练过程中注意个别指导，及时纠正错误。

(4) 教师要运用具体情境来讲授不同姿态的要求。

(5) 训练过程中要灵活运用教学方法，使学习者保持良好的学习兴趣。

(6) 根据学习者的实际情况适时调整训练内容和强度。

(7) 注意在训练过程中选择典型音乐进行辅助教学。

第一节　站姿训练

站姿是静态的造型动作，是指人的双腿在直立静止状态下所呈现出的姿势。站姿是建立个人形象最重要的前提，它是走姿和坐姿的基础。一个人要想表现出得体雅致的姿态，首先要从规范站姿开始。所谓"站如松",就是指人的站立姿势要像松树一样直立挺拔,双腿均匀用力。

日常交际中,根据不同的场合,需要呈现不同的站姿。良好的站姿,对人的社会交际、工作、生活等方面起着很好的促进作用。女士站姿应体现优雅秀美,男士站姿应体现俊朗洒脱。

一、站姿的基本要求

站姿的总体要求是正直挺拔、舒展大方、庄重自信,具体要求如下。

1) 头正

两眼平视前方,脖颈挺直,下颌微收,嘴角上扬,表情自然,面带微笑。

2) 肩平

肩部微微放松,稍向后下沉,自然呼吸,两肩平齐、舒展。

3) 臂垂

两臂自然下垂于体侧,虎口向前,手指自然弯曲。

4) 躯挺

后背正直,挺胸收腹,提臀,立腰。

5) 腿并

双腿膝盖夹紧,大腿内侧收紧。

6) 脚稳

站正步,脚跟靠拢,脚尖并拢,身体重心落在两脚中间。

标准站姿如图 2-1 和图 2-2 所示。

图 2-1　　　　　　　　　　图 2-2

站姿的要领是:一提,二收,三沉。一提,是指髋骨上提,膝盖拉长;二收,是指腹肌收紧,臀部收紧,两处有相夹的感觉;三沉,是指肩部下沉,头部向上延展。

二、常用站姿介绍

根据不同场合、不同礼仪规范的要求,站立姿态也有所不同。以下简单介绍最常用的三种站姿。

1. 体侧垂手式

体侧垂手式站姿的做法是:在基本站姿的基础上,双手垂直于体侧,两眼平视前方,女士双脚并拢向前,如图2-3所示。男士可在此基础上,双脚跟分开与肩同宽,脚尖向前。

适用场合:一般用于较为正式或庄重的场合,如升国旗、奏国歌、出席庆典仪式、聆听贵宾讲话、商务谈判后的合影、接受领导和尊者接见等。

2. 体前交叉握手式

体前交叉握手式站姿的做法是:在基本站姿的基础上,双手体前相握,右手在前,左手在后,稍向上提,放于小腹前。两脚呈左丁字步(左脚在前,右脚在后)。根据需要可做相反方向的动作,如图2-4所示。男士有时也可以采用这种姿态,但两脚要略微分开,脚呈大八字步。

图2-3

图2-4

适用场合:仪式主持、晚会主持、礼仪迎宾,也可用于前台的站立服务。

3. 体后背手式

体后背手式站姿的做法是:在基本站姿的基础上,双手背在体后,交叉相握,双脚呈小八字步站立,如图2-5所示。男士可在此基础上,双脚跟分开同肩宽,脚尖略分开。

适用场合:酒店或其他服务行业,保安服务也较多地采用这种站姿。

三、易出现的不良站姿

1. 身体松懈,肌肉紧张状态不够

这种姿势会造成身体直立程度不够,重心歪斜,含胸驼背,肩斜头歪的现象,直接造

第二章 基本姿态训练

成人体的直立线条美被破坏,会给人以精神状态不佳、颓废消沉、态度不认真的感觉。

2. 双手摆放位置不佳

双手放置位置应保持规范,给人以优雅或庄重的感觉。切忌出现以下姿势:手臂交叉抱肘、双手或单手叉腰、双手置于裤袋或衣袋中、双手支于某处(如手支下巴)、手握私人用品等。

3. 双腿摆放位置不准确

双腿、双脚的姿势或位置不当,如一腿直一腿弯曲、两腿叉开很大距离、两腿交叉或倚墙靠桌、两脚前后蹬踏等,都是十分不雅的姿态,会给他人造成不尊重的感觉。

四、站姿训练方法

形成正确站姿,不仅要掌握基本理论要求,更要进行科学的训练。练习者从最初的基本状态,到养成正确的站立姿态,需要进行耐心、认真和持之以恒的练习。

1. 对镜练习

在明确站姿要求的基础上面对镜子进行训练,从镜子中观察自己的姿态是否准确、优美,必要时可请他人进行协助和指导。在找到标准站姿的感觉后,再坚持每次 20 分钟左右的训练,以巩固动作技能,形成习惯性动作姿态。

2. 靠墙站立练习

靠墙站立练习要求五点成一条线,即脚后跟、小腿、臀部、双肩、后脑勺都要紧贴墙壁,如图 2-6 所示。每次训练控制在 20～30 分钟,直至延长至 40 分钟。

图 2-5

图 2-6

3. 工具辅助练习

在前两项练习的基础上，加强训练难度，使用工具辅助练习，工具为书籍。要求将一本厚度适中的书放在头顶中心，为使书不掉下来，头、躯须挺直，自然保持平衡。这种训练方法可以纠正低头、仰脸、晃头及左顾右盼等不良习惯。每次训练控制在 20~30 分钟之间。

第二节 坐 姿 训 练

坐姿是一种基本的静态体位，是指人在就座以后身体所保持的一种姿势。正确而优雅的坐姿是一种文明行为，它既能体现一个人的形态美，又能体现其行为美。端庄优美的坐姿会给人以文雅、稳重、大方的美感，给人留下良好的印象。所谓"坐如钟"，就是指坐姿要像钟一样端庄沉稳、镇定安详。

一、坐姿的基本要求

坐姿包括入座、落座和离座三个过程，每个过程又有其相应的基本要求。

1. 入座

入座要求保持轻、稳、缓。入座有如下两种方式。

(1) 侧身走近座椅，从座椅的左侧轻轻落座。一般坐在椅面 2/3 的位置，不要坐满或只坐很少一部分。

(2) 面向座椅，直接走到座位前，转身后站稳，右脚向后撤半步，用小腿确定座椅的位置，轻稳地坐下，收回左脚与右脚并拢。如果女士着裙装，落座前，应先用手将裙装下摆收拢一下，不可在落座后再整理衣裙。

2. 落座

落座时同站姿一样，上体总体要求正直、舒展，下体依据不同场合的要求形成不同姿态，具体要求如下。

(1) 两眼平视前方，嘴唇微闭，微收下颌。

(2) 两肩平正放松，立腰、挺胸，上身自然挺直。

(3) 双脚并拢，左右大腿大致平行，膝弯曲大致成直角，双脚平放在地面上，手轻放在大腿上，如图 2-7 和图 2-8 所示。男士可在此基础上，膝盖稍分开一拳的距离，双脚分开。

3. 离座

离座前，先以语言或动作向周围的人示意或暗示，请他们做好心理上的准备；右脚向后收半步，轻稳站起，站稳后从座椅左侧离座。

第二章　基本姿态训练

　　图 2-7

　　图 2-8

二、常用坐姿介绍

　　根据不同场合、不同礼仪规范的要求，坐姿也有所不同。以下简单介绍一下最常用的几种坐姿。

1. 双腿垂直式

　　双腿垂直式坐姿的做法是：双膝并拢，小腿垂直于地面，双脚跟和脚尖靠拢，双手放置于膝盖上，如图 2-7 所示。男士双脚稍分开。

　　适用场合：谈判、谈话、会谈等比较严肃和正式的场合。

2. 双腿前后式

　　双腿前后式坐姿的做法是：大腿靠拢，膝盖夹紧，两脚前后放在一条线上，右脚在前，左脚在后，双手交叉相握，放置于腿上，如图 2-9 和图 2-10 所示。

　　图 2-9

　　图 2-10

适用场合：在比较轻松、随便的非正式场合，如谈话、倾听他人教导等。

3. 双腿转体式

双腿转体式坐姿的做法是：双脚并拢放在右侧，上身和双腿同时向左转 45°，双手交叉相握，放置于腿上，眼看一点，如图 2-11 所示。

适用场合：在特定的礼仪场合和与旁边的人交谈时，可采用此坐姿。

4. 双腿交叉式

双腿交叉式坐姿的做法是：双腿双膝并拢，双脚在脚踝部交叉。此坐姿双腿不能向前方直伸，双手交叉相握，放置于腿上，眼看一点，如图 2-12 所示。

图 2-11

图 2-12

适用场合：适用于各种场合。

5. 双腿重叠式

双腿重叠式坐姿的做法是：双腿上下叠放在一起，两腿之间要夹紧、没有缝隙，叠放在上面的脚尖朝向地面，如图 2-13 和图 2-14 所示。

图 2-13

图 2-14

适用场合：适用于娱乐主持人或穿裙装的女性，也可在比较随意的场合或比较熟悉的朋友面前运用。

三、易出现的不良坐姿

1. 动作幅度过大、过急

在入座过程中，节奏太快，动作不轻稳，易给人造成做事潦草、忙乱的不良印象；离座时出现急、快的情况，易挂倒座椅、发出响声等，也会影响个人形象。

2. 坐姿不端正

上身放松，半坐半躺在座椅上，或者完全瘫坐在椅子上；上身在坐立的过程中不停地晃动、左右歪斜、前仰后合等，以上坐姿均是素质低、没修养的表现。

3. 手臂位置不恰当

双臂应根据脚位摆放在适合的位置上，以表现优雅的姿态。以下是不恰当的手臂位置：手夹在两腿之间、双手抱在腿上、手插在衣袋中、手摆弄物件等。

4. 双腿姿态不规范

两腿叉开很大距离，两脚并拢，而两膝距离较大，两腿向前伸度太大，两腿不停抖动，双腿交叉时没有收紧，两膝之间有距离，双腿重叠式，一条腿跷起(俗称二郎腿)。在日常工作和生活中应尽量避免以上不规范的坐姿。

5. 脚位不雅观

双脚没有平放在地面上，脚尖翘起；以脚蹬踏别的物体。这种姿态会给人造成轻浮、粗俗的印象。

四、坐姿训练方法

坐姿的常用方式较多，在基本坐姿训练的基础上，可以利用具体情境进行训练，同时加强入座和离座的训练，使整体就座过程连续、流畅，更富感染力。

1. 重视基本坐姿训练

在明确坐姿的基本要求和进行站姿训练的基础上，进行坐姿训练。在训练过程中，可以采用对镜规范训练、工具辅助训练(如头顶书籍)等方式。初级练习，每次的训练时间应保持在 20~30 分钟；以后可随技能的掌握水平，逐渐减少连续练习的时间。

2. 运用具体情境练习

为提高学习者的兴趣，调动其学习积极性，可模拟具体情境进行训练，如招聘会、见面会、校友会等，把坐姿与情境相结合，由学习者自行设计并保持姿态，达到强化的目的。每次训练控制在 10~15 分钟，可分多次进行。

3. 加强入座和离座训练

在坐姿训练时，往往较重视姿态训练，忽略过程训练，因此学习者会表现出动作过程不完整或缺失的现象。入座和离座应分别进行单一动作训练，每次训练控制在 5～10 分钟，单一训练后再合成动作，保持动作的连贯性和准确性，达到体现优雅、庄重坐姿的目的。

第三节　走姿训练

走姿也称步态，是指一个人在行走过程中的姿势。它以人的站姿为基础，是站姿的延续，始终处于运动中。走姿体现的是一种动态美，能直接反映出一个人的精神面貌，表现一个人的风度、风采和韵味，对个人社会性的塑造起着重要的作用。有良好走姿的人会显得年轻有活力。所谓"行如风"，就是指行走动作连贯，从容稳健。步幅、步速要以出行的目的、环境和身份等因素而定。协调和韵律感是步态的最基本要求。

女士走姿要轻盈飘逸，似"淑女"般窈窕婀娜；男士走姿要潇洒阳刚，似"绅士"般庄重稳健。

一、走姿的基本要求

走姿的训练是在站姿训练基础上进行的，上体要求与站姿相近，重点要加强动态中下体和手臂的训练。

1. 上体

后背正直，挺胸，双肩平齐、舒展；收腹，提臀，立腰；两眼平视前方，嘴角上扬，面带微笑。

2. 两臂

两臂以肩为轴，大臂带动小臂，前后自然摆动，似柳叶摆动，前后摆臂不超过 30°，手自然半握拳，两手手心相对，如图 2-15 所示。

3. 腿部

大腿带动小腿，脚跟迅速过渡到全脚落地，落地轻盈(提气落地)，两脚交替踏在一条竖线上，重心略向前脚移送，如图 2-16 所示。

4. 步幅

步幅是指前后脚的距离。在行走时，男士步幅约 25 厘米，女士步幅约 20 厘米。一般来说，前脚的脚跟距离后脚的脚尖应为一脚长，如图 2-17 所示。步幅同时要根据服饰做适当调整，如女士穿裙装时，步幅可以适当缩小。

第二章 基本姿态训练

图 2-15

图 2-16

图 2-17

5. 步速

步速是指人体行进时的速度。在行走时，步速要均匀、稳定，一般每分钟 100～120 步较适宜，不宜太快或太慢，特殊情况除外。

6. 步态

走路的姿态应有韵律感，同时具有较好的柔韧性。上体正直挺拔，步伐有力而富有弹性，双臂摆动轻松自如。

二、常用走姿介绍

环境不同，走路的姿态也应有所不同。下面介绍最常见的几种走姿。

1. 前进式走姿

前进式走姿是方向向前的行走姿势，具体做法是：精神饱满，步态轻盈，步幅适中，速度适宜，如图 2-18 所示。在行进过程中若与人交谈或问候，上体和头部可有适当的转动。

适用场合：适用于所有环境。

2. 后退式走姿

后退式走姿是方向向后的行走姿势，具体做法是：在后退时，小腿抬起幅度不宜过高，以不拖擦地面为准，步幅应缩小，两腿之间距离要小，重心要平稳，如图 2-19 所示。

适用场合：特定环境中适用，如与人告别时，为了表现礼貌，应后撤几步再转身离开等。

图 2-18

图 2-19

3. 侧行式走姿

侧行式走姿的具体做法是：与前进式走姿基本相同，不同之处在于上身要向左或右转体，面向交谈对象或任务对象，适当加以手势辅助，如图 2-20 所示。

图 2-20

适用场合：特定环境中适用，如引导他人或在较窄地方行进、礼仪服务等。

三、易出现的不良走姿

1. 上体姿势不正

上体的不正确姿态主要有：在行走时上身左右摇晃，重心上下起伏；上体不挺拔，缩脖端肩，含胸驼背等。

2. 手臂摆动幅度过大

手臂在行进过程中起辅助作用，前后摆动幅度要适中，不能过大。大幅度的摆臂动作会使人感觉不稳重。

3. 走路方法不正确

（1）踢着走：走路时身体前倾，只有脚尖踢到地面，然后膝盖弯曲，脚跟往上提，腰部很少出力，使整条腿变胖。

（2）压脚走：走的时候身体重量压在脚尖上，然后再抬起来。双脚着地的时间比踢脚走的人长，使腿肚的肌肉越来越发达，出现"萝卜"腿现象。

（3）内八字走法：双脚落地时，脚尖向里扣呈内八字走法，长久下来会形成 O 形腿。

（4）外八字走法：双脚落地时，脚尖过分向外分呈外八字走法。外八字走法会使膝盖向外，使腿部动作变形，也会导致 O 形腿的产生。

4. 步态不规范

在行走时，还会出现以下问题：步速太快或太慢、步幅过大或过小、精神状态不饱满、动作僵硬、神情颓丧等。

四、走姿训练方法

行走姿态必须经过科学训练，进行一定量的练习，才能形成良好的走姿。

1. 分步骤基本练习

初级训练阶段应采用分解式练习，把走姿分成三个过程训练：即提、迈、落。"提"是指行进腿大腿向上提 45°，形成膝盖上提，脚尖向下，如图 2-21 所示；"迈"是指行进腿以膝盖为轴，大腿保持不动，小腿向前伸长，脚尖稍离地，如图 2-22 所示；"落"是指行进腿落地，后脚推前脚，重心前移，如图 2-23 所示。

练习时，先分解练习，再整合动作。节奏可以由三拍过渡至两拍，速度由慢到快。

2. 工具辅助练习

为保持走姿的平稳性，可使用"书籍"作为工具辅助练习。要求在行进中将一本厚度适中的书放在头顶中心，头、躯干挺直，自然保持平衡。这种训练方法可以纠正身体出现的不良习惯，如身体左右摇摆、头部晃动等。每次训练控制在 20 分钟左右。

图 2-21　　　　　　　　　图 2-22　　　　　　　　　图 2-23

3. 音乐体验练习

当行走姿态基本正确后，可以配合音乐进行练习。音乐可采用慢速和中速节奏。这种训练方法不仅可以起到调节学习情绪的作用，同时可以培养动作的韵律感和表现力，陶冶学习者的艺术素养。

第四节　蹲姿训练

俗话说"蹲要雅"，蹲姿是指人体在下蹲时呈现的基本姿势，是站姿的变换动作，也是日常生活中的辅助姿态，人们在低处取物、拾物、整理物品、整理鞋袜等特定的场合或条件下会运用蹲姿，它是人体静态美与动态美的综合。蹲姿要动作美观，姿势轻稳优雅。

一、蹲姿的基本要求

上身要求与站姿相同，即后背正直，收腹，立腰，挺胸，两眼平视前方，嘴角上扬，面带微笑；腿部动作根据需要进行不同的位置变化，在位置上要注意两腿内侧收紧。

下蹲时要注意身体方位，面对人下蹲或合影留念时，要侧身相向；捡拾物品时，要走到物品左侧蹲下；整理鞋袜或整理低处物品时，可正身下蹲。

下蹲时要注意蹲速，不能太快，速度要适中。

二、常用蹲姿介绍

根据不同场合和条件，蹲姿主要包括以下三种。

1. 高低式蹲姿

高低式蹲姿的做法是：两膝一高一低，左脚在前，右脚在后。下蹲时，上体保持正直，左脚全脚着地，右脚脚掌着地，脚跟抬起；右膝低于左膝，两腿内侧相夹，臀部靠在右脚跟处，重心在右腿上，两手交叉放在膝盖上，如图 2-24 和图 2-25 所示。可以做相反方向做动作。男士两腿间可保持适当的距离。

图 2-24

图 2-25

2. 交叉式蹲姿

交叉式蹲姿的做法是：两腿交叉在一起下蹲。下蹲时，右脚在前，左脚在后；右脚全脚着地，小腿垂直于地面，左膝从右膝下方伸出，左脚脚掌着地，脚跟抬起；臀部靠在左脚跟处，两腿夹紧，重心在两腿上，如图 2-26～图 2-28 所示。可以做相反方向的动作。

图 2-26

图 2-27

图 2-28

3. 单膝点地式蹲姿

单膝点地式蹲姿适用于男士，其特征是双腿一蹲一跪。这是一种非正式的蹲姿，多在下蹲时间较长或为了用力方便时采用。下蹲后，右膝点地，臀部坐在脚跟之上，以前脚掌着地。另一条腿全脚掌着地，小腿垂直于地面。双膝同时向前，双腿尽力靠拢。西方男士在向女子求婚时采用的就是这种蹲姿。

三、易出现的不良蹲姿

1. 方位不准确

应根据具体的场合和需要选择蹲姿，注意方位的准确运用，如对人下蹲时，采用正面下蹲就是很不礼貌的行为。

2. 蹲速不当

在下蹲时速度不能过快，要轻稳，同时速度适中。特别是女性穿旗袍等服饰时，更要注意。

3. 不注意动作的隐蔽性

蹲姿因重心过低，因此要十分注重腿部动作的控制。要收紧腿部动作，两腿之间不能有缝隙，特别是穿裙装时，更要注意下蹲动作的隐蔽性。

4. 随意滥用

不要在工作中随意采用蹲姿，也不可蹲在椅子上或蹲在地上休息。

四、蹲姿训练方法

要有意识地、经常地、主动地进行标准蹲姿训练，形成良好习惯。可以运用压腿、踢腿、活动关节等方式加强腿部膝关节、踝关节的力量和柔韧性训练，这是优美蹲姿的基础。

平时在进行蹲姿训练时可以配上优美的音乐，放松心情，减轻单调、疲劳之感。

拓 展 阅 读

舍宾简介

舍宾是20世纪90年代初出现的一项新兴运动。所谓"舍宾"，是英文Shaping的音译，含有形体雕塑的意思，是人体美化系统工程的代名词。当时，俄罗斯的一批专家，包括体育科研人员、营养专家、心理学家和舞蹈家等在体育运动的改革中合作开发了舍宾运动，这项运动借助现代信息技术和最新的科研成果，将人体测评、设计、训练雕塑和整体形象美化融为一体，从健康、静态形体美(外形、肢体围度、脂肪百分比、皮肤护理等)、动态美(姿势、表情、动作等)、气质美、整体美(整体协调美，包括服饰、发型、化妆的协调搭配)几个层次来满足现代人对人体美的追求。

由于舍宾运动是目前世界上唯一一项以其系统的专利许可权进行连锁发展的运动，因而它的普及明显快于其他的运动项目。如今，全世界已有200多个城市建立了连锁俱乐部，在我国的北京已建立了10多家舍宾俱乐部，会员已有5000多人，另外，深圳、杭州、上海等地也相继开办了俱乐部。

1. 舍宾的特点

舍宾不同于其他的健美运动。它首先要对参加舍宾的人进行健康状况、心理状态、饮食结构的调查和身体整体状况的测试，然后将测得的数据输入电脑进行分析归类，最后给每个人开出合理的饮食和训练计划，根据这些计划和个人自身素质可能达到的目标，去塑造一个自内至外完全不同的自我。

舍宾没有剧烈的动作和节奏强烈的音乐，所有练习动作在极其舒缓的音乐下完成。舍宾运动以健身为基础，同时又根据每个人的具体状况分别在人体语言、身体形状、皮肤护理、服装服饰、化妆等方面进行综合训练和服务，最终让人展示出一种健康的姿态和人体美的魅力。

2. 舍宾的系统构成

（1）形体测评。舍宾系统的创造者通过大量的人类形态数据的调查和处理，以人类不易改变的骨骼结构特征为依据，将人分成 9 种不同的骨骼结构类型，并以此为基础，在这 9 种不同类型的群体中取得标准模特数据。每个骨骼结构类型的人在标准模特中都可找到自己通过努力即可能达到的标准。

（2）运动处方。舍宾系统的测评不仅仅是形体测评，还包括体能测评和医学测评。将所有测评所得到的信息输入电脑，即可得到一个只属于被测者个人的，并完全针对被测者个人的形体训练计划。在依计划训练的过程中，对脂肪的局部消耗和全身消耗兼而有之。通过舍宾系统锻炼可使体脂降低，而体脂较低的人安静时的代谢功能更高，因此舍宾运动的体重反弹是各种减肥方法中最少、最慢的。

（3）营养处方。舍宾的营养处方不是一般的营养原则，也不是凭医生和专家经验得出的饮食配方，它是综合每个舍宾参加者的营养测评、身体测评及运动处方等信息后，针对每个人形体雕塑和基本健康需要而制定的科学化配餐表。营养处方和运动处方配合可以起到最佳的形体锻炼效果。舍宾的营养处方的另一原则是以人类的自然饮食为基础，各种合成的减肥营养品只能作为万不得已时的辅助减肥用品。

（4）形体语言训练。舍宾的创造者认为，人仅有健康和静态的外形美是不够的。与静态美相比，动态美(包括步态、姿势、表情、动作优美协调等)更能体现出人的气质和魅力。因而动态的训练在舍宾系统中占有十分重要的位置。舍宾为动态美练习设计了专门的"舍宾形体语言教程"。这种教程特别强调步态、姿势、表情及形体动态的性别感、节奏感和优美感。在形体雕塑程序训练中，舍宾为女子设计的形体雕塑动作均注意拥有女性化动态魅力。舍宾舞蹈是一种专门的舞蹈训练，强调舞蹈与健身的结合，它是在舍宾训练的基础上发展起来的。节奏明快的音乐，配上充满女性味道的舞蹈，动作细腻柔美，一步步由简到繁，将你带入形体舞蹈的最高境界，在不知不觉中达到了形体美与自然美的统一。在练习舍宾舞蹈之前，最好先进行舍宾的经典训练和模特训练，有了一定的舞蹈基础后，再进行舍宾舞蹈的训练，效果会更好。

（5）形象设计。舍宾系统的形象设计概念包括健康、形体、形体语言、气质、整体形象设计(服装、发型、美容化妆)以及与整体美有关的各种细节设计、养护及教育。

3. 舍宾与传统的健美运动

舍宾与传统的健美运动有着天壤之别。过去，人们走进健身房的目的单纯明了：男子为了长块儿，让肌肉结实饱满；女子为了去掉多余的脂肪，使身材苗条匀称。然而，舍宾健美运动并不是一般着眼于体重增减式或增加人体纤维组织的健美运动，而是在个人形体类型的基础上，力求达到最佳化形体设计的新概念，使得受训者从身材到外表都有一种新感觉。

传统的健美训练方法，只不过是使人体的脂肪比例有所降低，令松弛囊软、非常难看的体形小一圈或紧绷、结实一些。而参加舍宾训练的人，首先要进行医学、营养、功能、形体和运动测试。只要把测试的数据输入电脑，电脑评价系统便会根据每个人的骨骼类型，自动设计出相应的标准体形模型，找出个人与标准体型之间的差距。然后，以此为依据，为每个人制订出不同的训练计划和营养计划。对于肥胖者，它制订出分解训练方案；而对于瘦弱者，则制订出合成训练方案。一旦进入这个系统，你就可以得到一个只属于你个人的、完全适合于自己的形体训练计划。可以说，舍宾与传统健美方法的最大区别就在于针对每一个训练者，当增则增，当减则减，服务突出个性，而这些恰到好处地达到了现代社会中人们普遍追求个性的心理需求。

在舍宾健美训练中，教练会随时进行解答和指导，并且对每一位参加者呵护有方。与此同时，还会不时地给每个训练者测量脉搏。因为舍宾运动的理论规定是，脉搏每分钟跳动160次，练习的是肌肉；每分钟跳动130～140次，消耗掉的才是脂肪。而这些也正是传统的健美方法所欠缺的。

(资料来源：佚名. 舍宾. 体育师友，2003(6)；陈健生. 全新的健美运动——舍宾. 今日中学生，2006(34))

从站姿、坐姿看心理

1. 从站姿看性格和心理

(1) 问题。

你平时的站姿是以下哪种？

A. 背脊挺直、胸部挺起、双目平视

B. 弯腰曲背、略现佝偻状

C. 两手叉腰而立

D. 两腿交叉而立

E. 将双手插入口袋而立

F. 靠墙壁而立

G. 背手站立

(2) 答案分析。

选择 A：说明有充分的自信，给人以气宇轩昂、心情乐观愉快的印象，属开放型。

选择 B：属封闭型，表现出自我防卫、闭锁、消沉的倾向，同时，也表明精神上处于劣势，有惶惑不安或自我抑制的心情。

选择 C：是具有自信心和精神上优势的表现，属于开放型动作。对面临的事物没有充分心理准备时绝不会采用这个动作。

选择 D：表示一种保留态度或轻微拒绝的意思，也是感到拘束和缺乏自信心的表示。

选择 E：具有不袒露心思、暗中策划、盘算的倾向；若同时配合有弯腰曲背的姿势，则是心情沮丧或苦恼的反映。

选择 F：有这种习惯者多是失意者，通常比较坦白，容易接纳别人。

选择 G：多半是自信力很强的人，喜欢把握局势，控制一切。一个人若采用这种姿势出现在人面前，说明他怀有居高临下的心理。

2. 从坐姿看心理反应

一个人的坐姿，不仅反映他惯常的性格特征，而且反映他此时此刻的心理。

重重地坐下去的人，此时的心情一定是烦躁的。

轻轻地坐下去的人，此时的心情一定是平和的。

侧身坐的人，此时的心情除了舒畅外，还觉得没有必要给你留下什么更好的印象。

在你面前猛然坐下的人，其内心或隐藏着不安，或有心事不愿告诉你。

双腿不断相互碰撞或不断地拍打地板的人，此时一定有什么事使他紧张和焦躁。

喜欢与你对着坐的人，是由于他希望能够被你理解。

喜欢与你并排坐着的人，是由于他认为与你有共同感。

有意识从并排坐改为对着坐的人，或是对你抱有疑惑，或是对你有了新的兴趣。

有意识挪动身体的人，是想在心理上与你保持一定的距离。

斜成一个半躺姿势或深深坐入椅内，腰板挺直、头高昂的人，是由于他在心理上对你有优越感。

把身体尽力蜷缩一堆，双手夹在大腿中的人，是由于他在心理上对你有劣势感。

正襟危坐、目不斜视的人，其或是对你恭敬并力图留下个好印象，或是此刻内心有什么不安。

把椅子调个个儿，椅背朝前，双腿叉开，跨骑在椅子上的人，此刻的心情只想显示自己对你的讲话感到厌烦。

跷起二郎腿的女性，或是她对自己的容貌有信心，或是她想引起你的注意。

(资料来源：佚名. 站姿看你的性格和心理. 呼和浩特文苑，2008(9)；佚名. 从坐姿看心理反应. 医药保健杂志，2006(3))

思考与训练

1. 站姿的基本要求有哪些？
2. 常用的站姿包括哪些内容？
3. 进行各种站姿训练(每种姿势保持10分钟，每次站姿训练合计30分钟)。
4. 坐姿的基本要求有哪些？
5. 常用的坐姿包括哪些内容？
6. 进行各种坐姿训练(每种姿势保持5分钟左右，每次坐姿训练合计30分钟)。
7. 走姿的基本要求有哪些？
8. 常用的走姿包括哪些内容？
9. 进行走姿训练(每种训练方法依次进行，共计30分钟)。
10. 蹲姿的基本要求有哪些？
11. 常用的蹲姿包括哪些内容？
12. 进行各种蹲姿训练(每种姿势保持5分钟左右，每次蹲姿训练合计15分钟)。

13. 将全班同学按每组五人进行分组，分组时男生和女生分开。要求同学根据站姿、坐姿、走姿、蹲姿的基本要领进行训练，纠正不正确的姿势，以养成良好的姿态习惯。

14. 案例分析。

最好的介绍信

一位经理录用了一个没带任何介绍信的年轻人，很多人感到奇怪。经理说："其实，他带来了不止一封介绍信。他精神抖擞、神态清爽、服饰整洁，他在进门前蹭掉脚上带的泥土，进门后随手轻轻地关上了门，这说明他很懂礼貌，做事很仔细；当看到那位残疾老人时，他立即起身让座，这表明他心地善良，知道体贴别人；那本书是我故意放在地上的，所有的应试者都不屑一顾，只有他俯身捡起，放在桌上；当我和他交谈时，他谈吐温文尔雅，思维十分敏捷。这些难道不是最好的介绍信吗？"

（资料来源：杨友苏，石达平. 品礼：中外礼仪故事选评. 上海：学林出版社，2008）

思考题

(1) 本案例对你有哪些启示？
(2) 你已经拥有哪些"介绍信"了？
(3) 反省自身一天的举止，看看有哪些忽略的细节，并注意及时改进。

15. 案例分析。

面试的表现

一次，有位老师带着三位毕业生同时去应聘一家酒店总台接待职位，面试前老师怕学生面试时紧张，同人事部经理商量让三位同学一起面试。三位同学进入人事部经理的办公室时，经理上前请三位同学入座。当经理回到办公桌前，抬头一看欲言又止，只见两位同学坐在沙发上，一个架起二郎腿而且两腿不停地抖动，另一个身子松懈地斜靠在沙发一角，两手攥握手指咯咯作响，只有一位同学端坐在椅子上等候面试。人事部经理起身非常客气地对两位坐在沙发上的同学说："对不起，你们的面试已经结束了，请退出。"两位同学茫然相对，不知何故，面试怎么还没问，就结束了呢？

（资料来源：http://wenwen.soso.com/z/q64796231.htm）

思考题

(1) 面试怎么还没问就结束了呢？请分析其中的原因。
(2) 本案例对你有哪些启示？

第三章　形体素质训练

每种首创事业的成功，最要紧的还是所有当事人的基本训练。

——[俄]马明·西比利亚克

宝剑锋从磨砺出，梅花香自苦寒来。

——《警世贤文》

本章提要

- 人体各部位动作训练。
- 地面素质训练。

形体素质训练是形体训练的最重要内容之一。通过对人体的肩、胸、腰、腹、腿等部位进行动作训练，可以较大程度地提高人体的支撑能力和柔韧性，为塑造良好的人体形态、改善形体的控制力打下良好的基础。

形体素质训练的内容较多，在训练时，应本着从易到难、从简单到复杂的原则；同时也要注意自身的承受能力，不能幅度太大或者运动过量，以免发生伤害事故。

在形体素质训练中要注意如下几点。

(1) 教师示范要准确，讲解要清晰明确。教师对新授的动作要尽量做到师生一一对应指导，避免学生出现错误理解和不准确动作。

(2) 要根据学生个体素质条件循序渐进，动作幅度逐步加大。

(3) 训练过程中注意个别指导，及时纠正错误。

(4) 注意动作与音乐的协调配合。

第一节　人体各部位动作训练

人体各部位动作训练主要是以人体各部位为一个训练体系进行规范训练。通过基本动作训练，可以增强各部位肌肉的力量，扩大关节的活动范围，提高动作的灵活性、柔韧性，同时还能促进身体的发育，预防和克服各部位的畸形发展，以形成优美的体态。

一、头部动作

1. 头部单一动作

(1) 低头：头向前低，下颌用力向下，眼看地面，如图 3-1 所示。

(2) 仰头：在抬头位置上，头向后仰起，下颌用力向上，颈部肌肉尽量向上拉长，如图 3-2 所示。

图 3-1

图 3-2

(3) 歪头：头向左或右歪，耳朵向肩靠近，眼看一点，如图 3-3 所示。
(4) 扭头：头向左或右直转 45°，下颌扭向肩上，眼看 7 点或 3 点，如图 3-4 所示。

图 3-3

图 3-4

(5) 转头：头正直，向左或右转 90°，使鼻尖对左或右肩，如图 3-5 所示。

图 3-5

(6) 涮头：头由正前经低头、左歪头、仰头、右歪头至低头向左转一圈抬起；也可向右转一圈。
(7) 摇头：身体正直，头左、右两面摇晃。
(8) 点头：同低头，节奏比低头快，按节奏往下点头。
(9) 移动头：身体不动，肩正直，头左右移动，眼始终看向一点。

2. 动作组合练习

准备姿势：正步，双手叉腰，眼平视前方。

动作做法：

【1×8】1、2 拍，低头；3、4 拍，还原；5、6 拍，仰头；7、8 拍，还原。

【2×8】1、2 拍，左歪头；3、4 拍，还原；5、6 拍，右歪头；7、8 拍，还原。

【3×8】1、2 拍，左扭头；3、4 拍，还原；5、6 拍，右扭头；7、8 拍，还原。

【4×8】1、2 拍，左转头；3、4 拍，还原；5、6 拍，右转头；7、8 拍，还原。

【5×8】向左涮头一圈。

【6×8】向右涮头一圈。

【7×8】1～4 拍，点头四次；5～8 拍，摇头四次，先左后右。

【8×8】移动头四次，先左后右。

动作要领：上身要立直，颈部要放松，动作要准确，尽量做到最大幅度。

二、肩部动作

1. **肩部单一动作**

(1) 耸肩：肩向上抬高至最大限度，然后轻松放下。一肩抬起称为单耸肩，如图 3-6 所示；两肩同时抬起称为双耸肩，如图 3-7 所示。

图 3-6

图 3-7

(2) 前、后推肩：一肩向前同时肘向后，一肩向后同时肘向前。两肩同时前后交替移动，练习时由慢到快，由柔到刚，如图 3-8 所示。

图 3-8

(3) 前、后圆肩：两肩同时由前向后(也可由后向前)环动或交替环动练习。

(4) 弹肩：同耸肩，小的上下耸动称为弹肩。

2. 动作组合练习

准备姿势：正步，双手叉腰，眼平视前方。

动作做法：

【1×8】1、2拍，左耸肩；3、4拍，还原；5、6拍，右耸肩；7、8拍，还原。

【2×8】1、2拍，双耸肩；3、4拍，还原；5～8拍，动作同1～4拍。

【3×8】1、2拍，左推肩；3、4拍，还原；5、6拍，右推肩；7、8拍，还原。

【4×8】1、2拍，左肩前、右肩后同时推肩；3、4拍，右肩前、左肩后同时推肩；5～8拍，动作同1～4拍。

【5×8】向前圆肩两次。

【6×8】向后圆肩两次。

【7×8】弹肩八次，一拍一次。

【8×8】动作同【7×8】。

动作要领：做肩部动作时，肩部要放松，身体其他部位保持不动。

三、胸部动作

1. 胸部单一动作

(1) 收胸：两肩向前扣，胸部正中心开始向里缩，头稍低，双臂稍向前摆，如图3-9所示。

(2) 挺胸：在收胸的位置上，胸部向前挺起，两肩向后展开，抬头，双臂稍向后摆，如图3-10所示。

图 3-9

图 3-10

2. 动作组合练习

准备姿势：大八字步，双手叉腰，眼平视前方。

动作做法：

【1×8】1～4 拍，收胸；5～8 拍，挺胸。

【2×8】1、2 拍，收胸；3、4 拍，挺胸；5～8 拍，动作同 1～4 拍。

【3×8】动作同【1×8】。

【4×8】动作同【2×8】。

【5×8】1～4 拍，双手从体侧撩至身体斜上方，如图 3-11 所示；5～8 拍，双手胸前交叉，收胸，眼看 1 点下方，如图 3-12 所示。

图 3-11　　　　　　　　　　图 3-12

【6×8】1～4 拍，双手从胸前分掌至身体斜上方，如图 3-13 所示；5、6 拍，双手落至斜下方，收胸，如图 3-14 所示；7、8 拍，手位不变，挺胸，左脚向前迈步成弓箭步，眼看 1 点上方，如图 3-15 所示。

图 3-13　　　　　　图 3-14　　　　　　图 3-15

【7×8】动作同【5×8】。

【8×8】1～4 拍，双手从胸前分掌至身体斜上方，如图 3-13 所示；5、6 拍，双手落至斜下方，挺胸，左脚向前迈步成弓箭步，眼看一点上方，如图 3-15 所示；7、8 拍，还原成准备姿势。

动作要领：做收胸时，上身要放松；做挺胸时，要保持收腹、立腰状态。

四、腰部动作

1. 腰部单一动作

(1) 前弯腰。前弯腰有两种做法。

第一种做法：准备姿势正步站立，两腿伸直，两臂上举掌心向前，如图 3-16 所示；动作时上体前屈，尽量头触膝，胸贴腿，双手可抱腿，如图 3-17 所示。

图 3-16　　　　　　　　图 3-17

第二种做法：准备姿势大八字步，上身正直、手臂两侧平伸，如图 3-18 所示；动作时上身向前弯腰，同时双臂向下摆至身前交叉，如图 3-19 所示。

图 3-18　　　　　　　　图 3-19

(2) 后弯腰。后弯腰有两种做法。

第一种做法：准备姿势跪立，两膝分开 25～30 厘米，双手体侧下垂，如图 3-20 所示。动作时，上体后屈(头部先后仰)，尽量以头触脚，如图 3-21 所示；然后双手按臀，按胸头顺序依次回到开始的部位。

第二种做法：大八字步站立，双臂上举，如图 3-22 所示。动作时，上体后屈，由头部开始，肩、胸、腰、骨盆依次后仰，力争手指触地，如图 3-23 所示；然后由骨盆开始相反的顺序还原到站立姿势。

第三章 形体素质训练

图 3-20

图 3-21

图 3-22

图 3-23

(3) 旁弯腰：小八字步或大八字步直腿站立，双臂体两侧下垂。动作时，右手上举掌心向左，骨盆向右移动，上体向左侧屈，然后还原，如图 3-24 所示；再做相反方向的动作。

图 3-24

(4) 涮腰：大八字步直腿站立，双臂体两侧下垂。动作时，先做前腰，然后旁腰、后腰，另一方向旁腰环绕回原位。同时双臂随上身动作做双晃手。

(5) 扭腰转体练习：大八字步直腿站立，双臂山膀位。动作时，上体左转 90°，右臂屈肘胸前按掌位，左臂屈肘于腰后，手心向外，重心移至左脚。然后向右转 180°，动作同上，方向相反，如图 3-25 所示。

2. 动作组合练习

准备姿势：大八字步，双手体侧下垂，眼平视前方。

动作做法：

【1×8】1、2 拍，向前弯腰，双臂向下摆至身前交叉收胸；3、4 拍，上身正直，手臂两侧平伸；5～8 拍，动作同 1～4 拍。

【2×8】动作同【1×8】。

【3×8】1、2 拍，向左旁弯腰，左手胸前平伸，右手上举；3、4 拍，上身正直，手臂两侧平伸；5～8 拍，动作同 1～4 拍，方向相反，如图 3-26 所示。

图 3-25

图 3-26

【4×8】动作同【3×8】。

【5×8】1、2 拍，双手上举，向后弯腰，如图 3-27 所示；3、4 拍，上身正直，双臂落至体前，如图 3-28 所示；5～8 拍，动作同 1～4 拍。

【6×8】动作同【5×8】。

【7×8】向左涮腰一次。

【8×8】向右涮腰一次。

动作要领：涮腰要在一个水平面上进行，要求动作连贯、速度均匀，手臂带动腰部进行动作。

图 3-27　　　　　　　　图 3-28

五、胯部动作

1. 胯部单一动作

(1) 摆胯：上身保持不动，重心在左腿上，左胯向左摆动，同时右腿抬起脚跟，向左屈膝，如图 3-29 所示；可做相反方向练习。

(2) 提胯：重心放在右腿上，左脚起脚跟同时把左胯提起；脚跟放下，胯回原位，如图 3-30 所示。与此相反，提右胯。

图 3-29　　　　　　　　图 3-30

(3) 转胯：转右胯，重心放在左腿上，右脚跟提起，右胯可顺时针方向向外转，也可逆时针方向向里转；可做相反方向练习。

2. 动作组合练习

准备姿势：正步，双手叉腰，眼平视前方。

动作做法：

【1×8】1、2 拍，向左摆胯；3、4 拍，向右摆胯；5～8 拍，动作同 1～4 拍。

【2×8】动作同【1×8】，动作速度加快一倍。

【3×8】1、2 拍，左脚向 8 点脚掌点地，向左提胯；3、4 拍，脚位还原，身体正直；5～8 拍，动作同 1～4 拍，方向相反。

【4×8】动作同【3×8】。

【5×8】1～4 拍，左胯逆时针转一圈；5～8 拍，左胯顺时针转一圈。

【6×8】动作同【5×8】，方向相反。

【7×8】动作同【5×8】。

【8×8】动作同【6×8】。

动作要领：做胯部动作时，腰部要放松。

六、肘部动作

1. 肘部单一动作

(1) 屈肘：站大八字步，双臂弯曲于胸前，双手五指交叉，手心对胸，如图 3-31 所示。

(2) 前屈肘：双手掌向前推出，手心向外，肘部用力伸直，然后双臂再收回准备位，如图 3-32 所示。

图 3-31

图 3-32

(3) 上屈肘：双手掌向头上推出，手心向上，然后双臂再收回准备位，如图 3-33 所示。

(4) 下屈肘：双手掌向下推出，手心向下，眼睛看手，然后双臂再收回准备位，如图 3-34 所示。

(5) 旁屈肘：身体不动，双手向左旁推出，手心向外，将右臂尽量推直，然后收回准备位，再向右旁推出，将左臂尽量推直，然后收回准备位，如图 3-35 所示。

图 3-33　　　　　　　　图 3-34　　　　　　　　图 3-35

2. 动作组合练习

准备姿势：大八字步，双手屈肘，眼平视前方。

动作做法：

【1×8】1、2 拍，向前屈肘；3、4 拍，双臂收回准备位；5～8 拍，动作同 1～4 拍。

【2×8】1、2 拍，向上屈肘；3、4 拍，双臂收回准备位；5、6 拍，向下屈肘；7、8 拍，双臂收回准备位。

【3×8】1、2 拍，向左旁屈肘；3、4 拍，双臂收回准备位；5、6 拍，向右旁屈肘；7、8 拍，双臂收回准备位。

【4×8】动作同【3×8】。

动作要领：做肘部动作时，要有内在的柔韧性，要把肘部动作伸展到最大限度。

七、膝部动作

1. 膝部单一动作

(1) 屈膝：双膝并拢向下弯曲，如图 3-36 所示，然后直立。随音乐节拍由慢速、中速到快速进行练习。

(2) 转膝：双膝弯曲，以膝为动力，由左经前向右转动一圈回原位，还可由右经前向左转动一圈回原位。

2. 动作组合练习

准备姿势：正步，双手叉腰，眼平视前方。

动作做法：

【1×8】1、2 拍，向下屈膝；3、4 拍，直立；5～8 拍，动作同 1～4 拍。

【2×8】动作同【1×8】，动作速度加快一倍。

【3×8】1、2 拍，向左转膝；3、4 拍，直立；5、6 拍，向右转膝；7、8 拍，直立。

图 3-36

【4×8】动作同【3×8】，动作速度加快一倍。

动作要领：膝关节要放松，身体重心可上下起伏，但不要左右晃动；要有内在的控制力，不要僵硬。

八、脚部动作

1. 脚部单一动作

(1) 双脚压脚跟：双脚跟同时提起离地，如图 3-37 所示；双膝直，然后落脚跟，如图 3-38 所示。

图 3-37　　　　　　　　　图 3-38

(2) 交替压脚跟：右脚全脚着地为主力腿，左脚跟提起离地，屈膝，如图 3-39 所示。右、左脚交替进行。

图 3-39

2. 动作组合练习

准备姿势：正步，双手叉腰，眼平视前方。

动作做法：

【1×8】双脚压脚跟两次，4 拍一次。

【2×8】双脚压脚跟四次，2 拍一次。

【3×8】交替压脚跟四次，2 拍一次。

【4×8】交替压脚跟八次，1 拍一次。

动作要领：交替压脚跟时蹬地要有力。

第二节　地面素质训练

地面素质训练是指运用坐姿或卧姿进行的动作训练。因为地面动作采用的姿态重心较低，较容易掌握动作要领，更有利于学习者掌握动作技能。通过地面素质训练，可以逐渐增强四肢和躯干的力量，有效地培养学习者动作的软度和力度，培养动作协调性和表现力，为进一步学习舞姿等动作奠定基础。

一、基本动作

1. 脚部动作

准备姿态：坐在地上，两腿向前并拢，直膝绷脚，上身正直，收腹、挺胸、展肩，眼睛平视前方，双手在身体两侧轻轻扶地，如图 3-40 所示。

（1）勾、绷脚：按准备姿态坐好。双脚由脚趾开始向上勾起，如图 3-41 所示；经脚掌再继续勾到全脚，脚跟用力向前蹬为勾脚，如图 3-42 所示；然后从脚背开始向下绷起，至伸直脚趾绷全脚为绷脚，如图 3-43 所示。

图 3-40　　　　　　　　　　图 3-41

图 3-42　　　　　　　　　　图 3-43

（2）脚腕环动：分为向外环动和向里环动。

① 向外环动：从绷脚的准备姿态开始，双脚先勾脚，如图 3-44 所示；然后双脚保持勾脚，分别向两旁打开，脚跟靠拢，小脚趾尽量贴地面，如图 3-45 所示；再原位绷脚成脚背外开状态，如图 3-46 所示；脚背向上转回，还原成准备姿态，如图 3-47 所示。

② 向里环动：从绷脚准备姿态开始，两脚绷脚分别向外转成脚背向两侧，如图 3-46

所示；双脚在前一位置上勾脚，如图 3-45 所示；然后勾脚向里转并拢，如图 3-44 所示；最后绷脚还原成准备姿势，如图 3-47 所示。

图 3-44　　　　　　图 3-45　　　　　　图 3-46　　　　　　图 3-47

要求：做动作时，脚趾与脚背都要做到最大限度的勾与绷。

2．膝部动作

准备姿态：仰卧在地面上，两腿直膝，绷脚并拢，两手放在身体两侧的地面上，如图 3-48 所示。

图 3-48

（1）前吸、直腿：一条腿绷脚用脚趾向里划地，贴紧地面和膝盖内侧，弯膝成前吸腿，如图 3-49 所示；再以膝盖为轴，用脚背带劲将小腿向上伸直成前抬腿，如图 3-50 所示；然后弯膝收回成前吸腿；再用脚趾向前划地直膝回准备姿势。另一条腿保持准备姿势不动。两条腿交替进行。

图 3-49　　　　　　　　　　　　图 3-50

(2) 旁吸、直腿：一条腿贴地面旁吸上划，脚保持绷脚，脚趾沿着另一条腿内侧向上划至该腿膝旁成旁吸腿，如图 3-51 所示；再以膝盖为轴，小腿向旁伸直成旁直腿，如图 3-52 所示；然后旁直腿收回成旁吸腿；再向下顺原路线伸直回准备姿态。另一条腿保持准备姿态不动，两条腿交替进行。

图 3-51　　　　　　　　　　　　　　图 3-52

要求：主力腿要保持伸直状态，不能屈膝或晃动，胯部要贴紧地面，两腿要尽量屈伸。吸腿时，小腿要用力向大腿靠拢，直腿时膝盖一定要挺直。

3．胯部动作

准备姿势：仰卧于地面上，两腿直膝，绷脚并拢。两手放在身体两侧地面上。

(1) 单吸腿开胯：一条腿先做前吸腿，保持吸腿姿态向旁打开成旁吸腿；然后再回前吸腿向下伸直，回准备姿态。也可以先从旁吸腿开始，保持吸腿状态，起成前吸腿，再经旁吸腿，向下伸直，回准备姿态。

(2) 双吸腿开胯：双腿同时成前吸腿，如图 3-53 所示，再同时向两旁打开成旁吸腿，如图 3-54 所示；然后双腿回前吸腿，双腿向下伸直，回准备姿态。也可以双腿先从旁吸腿开始，保持吸腿姿态成前吸腿，再双腿打开成旁吸腿，双腿向下伸直，回准备姿态。

图 3-53　　　　　　　　　　　　　　图 3-54

(3) 单直腿开胯：一条腿直抬起 90°成前直腿，如图 3-50 所示，向旁打开成旁直腿，如图 3-52 所示，再抬起成前直腿落下回准备姿态。

要求：单腿动作时，上身、臀部和另一条腿要贴紧地面。双腿动作时，臀部不能离开地面。

4．腿部动作

(1) 踢前腿。

准备姿态：仰卧于地面上，如图 3-48 所示。

动作：一条腿直膝，绷脚向上迅速踢起 90°以上，然后落下，如图 3-55 所示。

(2) 踢旁腿。

准备姿态：侧卧于地面上。右手放在胸前扶地，左手伸直放在头上扶地，双腿直膝绷脚，面向 1 点。也可做反面动作。

动作：右(左)腿绷脚直膝向旁踢起 90°以上，再轻轻落下，如图 3-56 所示。

图 3-55　　　　　　　　　　　　图 3-56

(3) 踢后腿。

准备姿态：俯卧于地面上，两腿直膝并拢，两臂弯曲，小臂贴于地面支撑上身，挺胸，抬头。

动作：一条腿由大腿直膝绷脚用力向后上方踢起到最高点，如图 3-57 所示。

要求：踢腿时速度要快，落时要轻，另一条腿要紧贴地面。踢后腿时，胯尽量保持不动。

5．腰部动作

准备姿态：坐在地面上，两腿向前并拢，直膝绷脚，上身正直，眼睛平视前方，双手在身体两侧轻轻扶地，如图 3-58 所示。

(1) 前弯腰：双手由两侧向头上方抬起，两手手心、指尖相对，如图 3-59 所示。保持以上姿态向前弯上身，要将上身尽量贴在两腿上，如图 3-60 所示。然后抬起上身。

(2) 旁弯腰：右手向头上方抬起，左手不动。以右手带动上身向左弯腰，如图 3-61 所示。然后上身起直，右手落下扶地。再做反面动作，左、右交替进行。

(3) 后弯腰：呈俯卧姿势准备状态，双手推地，上身由头、颈、肩、胸，一节一节弯曲到最大限度，如图 3-62 所示。然后回来还原成准备姿态。

第三章 形体素质训练

图 3-57

图 3-58

图 3-59

图 3-60

图 3-61

图 3-62

(4) 扭腰：上身从腰开始，保持直立姿态，向右扭身，面向 3 点，双手在身体两侧，如图 3-63 所示，然后再扭向左侧。左、右交替进行。

要求：前弯腰和扭腰都要保持上身直立。旁弯腰和后弯腰要有一节一节弯曲和直立的感觉。

图 3-63

二、动作组合练习

准备姿势：坐姿，双腿伸直并拢，双绷脚，上身正直，双手放在体侧，如图 3-57 所示。

第一遍音乐：

【1×8】1～4 拍，左脚勾绷一次；5～8 拍，右脚勾绷一次。

【2×8】双脚同时勾绷两次。

【3×8】双脚向外环动一次。

【4×8】双脚向里环动一次。

第二遍音乐：

【1×8】1～4 拍，深呼吸，同时双手从身体两侧向上撩臂，如图 3-64 所示，身体向下做前弯腰，如图 3-65 所示；5～8 拍，上身起直，双手从两侧收回。

图 3-64

图 3-65

【2×8】动作同【1×8】。

【3×8】1、2 拍身体转向 4 点拧腰，右手 4 点扶地，右腿做前吸腿，左手抱右腿外侧，如图 3-66 所示；3、4 拍，还原成准备姿势；5～8 拍，动作同 1～4 拍，方向相反。

【4×8】1、2 拍，后弯腰一次，如图 3-67 所示；3、4 拍，还原成准备姿势；5～8 拍，慢慢躺下，成仰卧式。

第三章 形体素质训练

图 3-66　　　　　　　　　　　图 3-67

第三遍音乐：

【1×8】1、2 拍，吸左腿；3、4 拍，向上前左直腿 90°；5、6 拍，还原成吸左腿；7、8 拍，左腿伸直并拢。

【2×8】动作同【1×8】，方向相反。

【3×8】1、2 拍，双腿同时吸腿，如图 3-53 所示；3、4 拍，双腿向上前直腿 90°，如图 3-68 所示；5、6 拍，直腿双勾脚，如图 3-69 所示；7、8 拍，直腿双绷脚，如图 3-70 所示。

【4×8】1、2 拍，双腿伸直并拢，在空中交叉两次，如图 3-71 所示；3、4 拍不动；5～8 拍同 1～4 拍。

结束动作：

【1×8】1～4 拍，双腿并直，绷脚落下，起上身；5～8 拍，收腿，双腿盘坐，如图 3-72 所示。

图 3-68　　　　　　　　　　　图 3-69

图 3-70

图 3-71

图 3-72

拓 展 阅 读

形体训练的呼吸方法

1. 呼吸的作用和方式

生命离不开呼吸这一不断交替的运动,呼吸直接影响生命的活力。人的生命力来源于身体的能量,能量通过呼吸来吸收,渗透到人体的每个细胞,使细胞不断更新,恢复活力。呼吸习惯和呼吸方式既可以增加也可以减少人体的能量储备。

呼吸方式与我们的感情和心态有着密切联系。例如,呼吸平稳而有节奏就不会觉得焦躁不安,反过来如果呼吸急促、快慢不均,心情就很难平静。有意识地控制呼吸可以抑制情绪的波动,与姿势练习结合起来有助于动作的流畅,并能集中注意力。有意识的呼吸也可以单独进行。其实,不管在什么情况下,都可以有意识地让自己的呼吸更均匀平稳和更深入一些。但是要记住,虽然呼吸深入能够有效地增加体内能量,但并不是说呼吸得越深越好。

2. 呼吸练习基本要求

(1) 除非有特殊情况,一般用鼻呼吸,嘴唇微闭。
(2) 每次吸气和呼气都要舒缓、深入并均匀。
(3) 呼气时间比吸气时间稍长,这样有利于放松,呼吸练习中常常用到这一点。

（4）练习开始和结束时都要配合呼吸，动作之间的衔接也要配合呼吸。

（5）呼吸的次数可以用来计算做某一姿势的时间。

（6）练习时，若想加快练习速度，也要加快呼吸，但注意呼吸要配合动作之间的衔接。正确的姿势要求正确的呼吸，这样才能保证呼吸顺畅，使横膈膜尽量运动到最大限度。在一次完整的深呼吸过程中，横膈膜的上升和下降运动都会刺激淋巴系统，起到去除体内毒素的作用，有加强免疫系统的功能。

3. 局部型呼吸

局部型呼吸有助于增加肺活量，同时使身体平静。局部型呼吸可以作为胸腹式呼吸的前导。方式如下：吸气至肺下部，将手指平放在肚脐两侧，两手的肘关节落在地板上，呼吸三次，让手指感觉腹部的起伏。吸气至肺上部，将手指平放在锁骨下方。吸气时，感到胸部上方轻轻升起。两肩放松，不要抬升或拉紧双肩。吸气至肺中部，将手指平放在胸腔两侧。呼吸三次，感觉吸气时胸腔向两旁扩张，呼气时放松。

4. 胸腹式呼吸

手臂平放在身体两侧，掌心向上或向下。吸气一次，先将空气吸入下腹部，然后到胸腔，最后进入胸部上方。呼气时放松。

(资料来源：徐桂云. 形体训练教程. 济南：山东大学出版社，2009)

形体训练中的音乐选择

音乐是动作的灵魂。形体训练就是学生在音乐伴奏下进行的各种练习。充分调动音乐的各种艺术表现功能来为形体教学服务，能使形体动作的编排具有明确的目的性，能鲜明地表现各类动作的性质和风格特点。形体训练的过程离不开音乐，只有将动作和音乐有机地结合起来，才能赋予动作以生命和美感，没有音乐，就会失去其光彩和美的魅力。音乐选配得合适与否，直接影响训练的效果。因此，在形体训练的教学中，音乐的选择也是一门艺术。

1. 选择的音乐应该旋律优美、格调高雅、富于动感

形体训练是一个有计划、有目的的教育过程，它不仅是人体的动态造型运动，更要在美的音乐旋律的感受下，引导人们去塑造美、表现美、创造美。各个方面都体现出一个"美"字，那么从音乐的角度来讲，旋律的选择也应该强调"美"。音乐应优美动听且格调高雅，富有表现力，这样更能激起学生内心的兴奋，启发她们内在的美感，有效地调动学生学习的积极性和主动性，使她们能随着乐曲的旋律把形体动作完成得更准确、更优美，从而达到训练的目的。

2. 选择的音乐应该易于被学生理解与接受

对于初学者，应该选择她们较为熟悉，节奏适中且又相对简单、清晰的乐段或乐曲，如一些具有民族风格的抒情曲或现代乐曲等，可以催人向上，有利于身心健康，学生喜闻乐见，易于接受。这个阶段不适合速度太快、太激烈或节奏太复杂的乐曲，如果她们找不到音乐的感觉，就不可能更好地展现形体动作。有了一定基础后就可以选择结构较为复杂、速度稍快的乐曲，使她们在练习中进一步掌握动作并体会所要表现的情绪和风格。另外，在学生能够理解的基础上，应不断更新形体课堂的音乐，从而产生一种新鲜感，同时也促使学生了解和熟悉多种不同风格的节奏和旋律，这将对学生在形体训练中完成动作起到潜移默化的积极作用。

3. 选择的音乐应该符合形体动作的特点

音乐和动作的风格特点要相吻合，不同种类的动作应选用不同旋律的音乐。每首乐曲有它的旋律节奏和风格特点，可体现各种情绪和不同的强、弱、快、慢节奏。各种动作组合也有其个性特点，有大、小、快、慢的不同律动。特点各异的动作可以体现不同的情感和不同的风格。这样在教学中，通过生动形象的语言描绘和悦耳动听的音乐欣赏，学生就可以加深对动作的理解，从而能够尽情自如地表现动作，抒发出细腻的艺术情感，自觉地进入美的意境，使动作更加优美。

音乐给动作以灵魂，使其更富有韵律感和节奏感。音乐对于提高形体教学是有帮助的，它促进了形体教学的进步和提高。因此，我们应该让音乐发挥出最大的艺术表现功能，来为形体训练服务。

(资料来源：李晓帆，张绍荣. 形体训练三要素——综合性、科学性和艺术性. 湖南税务高等专科学校学报，2009(4))

思考与训练

1. 身体各部位的动作训练包括哪些内容？
2. 各部位动作要领有哪些？
3. 进行各部位动作组合练习各5次。
4. 地面素质训练包括哪些内容？
5. 地面素质训练各部位动作要求有哪些？
6. 进行地面素质训练组合练习5～10次。

第四章　形体动作协调训练

舞蹈不过是和自然运动保持和谐一致的人体运动罢了。

——[美]邓肯(Lsadora Duncan)

凡人之动而有节者，莫若舞。疑舞所以动阳气而导万物也。

——[明]朱载堉

本章提要

- 形体韵律训练。
- 形体协调训练。

在形体素质训练的基础上，进行形体动作协调训练，可以使学习者掌握基本身体韵律的要求，找到体态的不同变化规律，较好地控制身体各部位的动作，展示出良好的姿态美，提高自身动作的表现力。

(1) 单一动作训练要强调动作与呼吸的结合；组合动作训练要注意动作的连贯性。

(2) 在形体动作协调训练中可适当增加眼神的训练。

(3) 学习时，要注意单一动作的练习，强调准确性。

(4) 要注意舞姿表演规律的运用，即手臂要圆；眼随手走；动手先动腕；动作与呼吸相结合。

(5) 口头节奏训练与运用音乐训练相结合。

第一节　形体韵律训练

通过形体动作韵律训练，掌握身体运动时的韵律要求，初步感受和体验呼吸与动作、呼吸与身体的密切关系，增强动作时自然呼吸的能力，加强身体的灵活性，不断提高动作的韵律感和美感。

一、基本手型

1. 兰花指

四指伸直，中指稍向下按，其余三指靠拢，虎口收紧，拇指向中指靠拢，如图 4-1 所示。整体感觉细长柔美，像"兰花"一样，此手型适用于女性。

2. 虎口掌

四指伸直，虎口张开，拇指向手心靠拢，如图 4-2 所示。整体感觉刚劲有力，此手型适用于男性。

图 4-1

图 4-2

二、基本动作

1. 提沉

此组元素表现身体上下的韵律，其动作做法如下。

(1) 提：深吸气，气息由丹田提至胸腔，上升至头顶，再向上延伸。气息带动从腰椎一节节立起，分别是腰椎→胸椎→颈椎→头顶→延伸，如图 4-3 所示。

(2) 沉：呼气，气息下沉到丹田。气息带动腰椎一节一节下压成胸微含，身体呈弯曲状，如图 4-4 所示。

图 4-3

图 4-4

训练要求如下。

(1) 动作要保持连续性。呼吸要连绵不断，不能憋气。

(2) 动作要与呼吸密切配合。

2. 冲靠

此组元素表现身体斜移的韵律，其动作做法如下。

(1) 冲：腰发力，肩的外侧和胸大肌向 2 点或 8 点冲出，肩与地面要保持平行，腰部侧肌拉长，头与肩的方向相反，眼睛看冲出的方向，如图 4-5 所示。

(2) 靠：腰发力，后肩和后肋带动上身向 4 点或 6 点靠，肩与地面要保持平行，感觉前肋向里收，后背侧肋拉长，眼睛看向 8 点或 2 点，如图 4-6 所示。

训练要求：冲靠是在沉的基础上做的动作，动作时身体不能前倾或后仰。

图 4-5　　　　　　　　　　　图 4-6

3. 含腆

此组元素表现身体前后的韵律，其动作做法如下。

(1) 含：气息下沉，过程同"沉"。但是力量要向腰椎后拉，形成低头、双肩向里合挤、含胸，腰椎成弓形的姿态，如图 4-7 所示。

(2) 腆：在含的基础上提气，在提的过程中，双肩后掰，胸向前探，抬头，如图 4-8 所示。

图 4-7　　　　　　　　　　　图 4-8

训练要求：含腆是在提沉的基础上做的动作，含腆是里合外开的动作。

4. 横移

此组元素表现身体水平运动的韵律。其动作做法为：腰发力，肩颈向左或右移动，腰肋肌肉向旁拉长，头与运动方向相反，如图 4-9 所示。

图 4-9

训练要求：上身要垂直，不能前倾或后仰；动作要有延伸感。

三、动作组合练习

1. 提沉组合

准备姿势：双腿盘坐，膝盖下压。后背正直，肩胸放松，眼睛平视前方。双手搭在膝盖上，肘部放松，如图4-10所示。前奏最后两拍，身体沉下去。

动作做法：

【1×8】1～4拍，慢吸气"提"；5～8拍，慢呼气"沉"。

【2×8】1、2拍，"提"；3、4拍"沉"；5拍，"提"；6～8拍，保持不动。

【3×8】1～4拍，慢呼气"沉"；5～8拍，慢吸气"提"。

【4×8】1、2拍，"沉"；3、4拍"提"；5拍，"提"；6拍，保持不动；7、8拍，"沉"。

【5×8】1、2拍，"提"，同时左手从身体左侧向上撩臂至体旁，眼看向手臂方向，如图4-11所示；3、4拍，"沉"，同时左手从身体左旁侧落至体旁，眼随手走，如图4-12所示；5～8拍，动作同1～4拍，方向相反。

图4-10

图4-11

图4-12

【6×8】动作同【5×8】。

【7×8】1、2拍，"提"，同时双手从体侧撩到斜上方提腕，如图4-13所示；3、4拍，"沉"，双手落至胸前交叉位，如图4-14所示；5、6拍，"提"，双手分开到斜上方延伸，如图4-15所示；7、8拍，"沉"，双手从两侧落下。

【8×8】动作同【6×8】。

结束动作：【1×8】1～4拍，"提"，双手提至膝盖处扶膝(准备姿势)；5～8拍，保持动作不变。

2. 冲靠与含腆移组合

准备姿势：双腿盘坐，后背正直，眼睛平视前方。双手搭在膝盖上，肘部放松，如图4-10所示。前奏最后两拍，身体沉下去。

第四章　形体动作协调训练

图 4-13　　　　　　　图 4-14　　　　　　　图 4-15

动作做法：

【1×8】1、2 拍，上"提"；3、4 拍，向 2 点前"冲"，如图 4-16 所示，眼看 2 点；5、6 拍，上"提"；7、8 拍，下"沉"。

【2×8】1、2 拍，上"提"；3、4 拍，向 6 点后"靠"，如图 4-17 所示，眼看 8 点；5、6 拍，上"提"；7、8 拍，下"沉"。

图 4-16　　　　　　　　　　　　图 4-17

【3×8】1、2 拍，上"提"；3、4 拍，向 8 点前"冲"，如图 4-18 所示，眼看 8 点；5、6 拍，上"提"；7、8 拍，下"沉"。

【4×8】1、2 拍，上"提"；3、4 拍，向 4 点后"靠"，如图 4-19 所示，眼看 2 点；5、6 拍，上"提"；7、8 拍，下"沉"。

图 4-18　　　　　　　　　　　　图 4-19

【5×8】1、2拍，上"提"；3、4拍，向3点"横移"，如图4-20所示；5、6拍，上"提"；7、8拍，下"沉"。

【6×8】1、2拍，上"提"；3、4拍，向7点"横移"，如图4-21所示；5、6拍，上"提"；7、8拍，下"沉"。

图4-20　　　　　　　　　　　图4-21

【7×8】身体顺时针、水平方向移动一圈，分别经过腆、右横移、含、左横移。

【8×8】动作同【7×8】，方向相反。

结束动作：【1×8】1、2拍，"提"；3、4拍，"沉"；5～8拍，身体慢提，坐直。

第二节　形体协调训练

通过形体动作协调训练，可以使学习者掌握身体动作配合的规律，掌握动作内部韵律的表现方法；通过组合练习，可以培养动作的控制能力，增强舞姿的美感，提高动作的表现力。

一、基本手位和脚位

1. 基本手位

(1) 山膀：手臂平抬于体侧，略低于肩，开度与胸平，手臂成弧形，略扣腕，掌心对斜下方，如图4-22所示。

(2) 按掌：手按于胸前，大臂与小臂弯曲成弧形，掌心对斜前下方，按掌的位置在胸窝处，手与胸的距离约一掌，从肩到手形成一个斜坡式弧线，如图4-23所示。

(3) 端掌：动作位置同按掌，手心向上，如图4-24所示。

(4) 托掌：手臂保持弧形举在头前上方，掌心对斜上方，指尖不能超过头顶中线，如图4-25所示。

(5) 提襟：手在体侧握虚拳，稍压腕，拳眼向前，指对胯部。手臂保持弧形，手距离胯部一拳远，如图4-26所示。

(6) 扬掌：手臂举至头部斜后方，伸直，掌心对斜前上方，如图4-27所示。

第四章　形体动作协调训练

图 4-22

图 4-23

图 4-24

图 4-25

图 4-26

图 4-27

2. 基本脚位

(1) 正步：两脚靠拢，脚尖向正前方 1 点，重心在两脚之间，如图 4-28 所示。

(2) 八字步：两脚跟靠拢，脚尖分开，分别朝向 2 点和 8 点，重心在两脚之间，如图 4-29 所示。

图 4-28　　　　　　　　　　图 4-29

(3) 大八字步：在八字步的基础上，两脚分开，两脚之间相距一脚的距离，重心在两脚之间，如图 4-30 所示。

(4) 丁字步：分为左、右方向。以左丁字步为例：左脚在前，右脚在后；左脚脚尖朝 8 点，脚跟靠在右脚脚心处，右脚脚尖朝 2 点；重心在两脚之间，如图 4-31 所示。

图 4-30　　　　　　　　　　图 4-31

(5) 踏步：分为左、右方向。以左踏步为例：在八字步的基础上，右腿直立为主力腿，左腿向 6 点后撤，左脚掌踏地，膝盖稍弯，左腿膝盖靠在右腿膝盖后侧，重心在前腿上，如图 4-32 所示。

(6) 大踏步：分为左、右方向。以右大踏步为例：在右踏步的基础上，左腿屈膝半蹲为主力腿，右腿向 6 点伸直，脚尖点地，两腿大腿根内侧收紧，重心在前腿上，如图 4-33 所示。

(7) 弓箭步：分为左、右方向。以右弓箭步为例：在右丁字步的基础上，右脚向 3 点迈一大步，脚尖向 3 点，屈膝，小腿垂直于地面；左腿伸直，脚尖向 1 点；重心在两腿之间，如图 4-34 所示。

(8) 点步：包括前点步、旁点步、后点步，每个动作分为左、右方向。以右前点步为例：在右丁字步的基础上，右腿向 1 点伸直，脚尖点地，重心在后腿上，如图 4-35 所示；

右旁点步，如图 4-36 所示；右后点步，如图 4-37 所示。

图 4-32　　　　　　　　　　图 4-33

图 4-34

图 4-35　　　　　　图 4-36　　　　　　图 4-37

二、手臂基本动作

1. 双山膀

双山膀的做法是：丁字步或踏步，动作时眼随右手拉成单山膀，然后眼随左手拉成双山膀，眼看 8 点上方，如图 4-38 所示。

2. 顺风旗

顺风旗的做法是：踏步，双手左手撩到山膀位，同时右手直接向上撩至托掌位，眼随右手亮相于 8 点斜上方，如图 4-39 所示。

3. 双托掌

双托掌的做法是：丁字步或踏步，双手经体侧撩掌至头上托掌位，眼随右手亮相于 8 点下方，如图 4-40 所示。

4. 托按掌

托按掌的做法是：丁字步或踏步，双手交替由外向里晃手至右托按掌位，眼随右手亮相于 8 点上方，如图 4-41 所示。

图 4-38　　　　　　　　　图 4-39

图 4-40　　　　　　　　　图 4-41

5. 山膀按掌

山膀按掌的做法是：动作同托按掌，只是最后姿态为右山膀左按掌，如图 4-42 所示。

6. 斜托掌

斜托掌的做法是：丁字步或小踏步，双手经体前分撩掌至顺风旗位，掌心向上，伸长手臂，眼看 8 点上方，如图 4-43 所示。

7. 晃手

晃手的做法是：双手保持同肩宽进行晃动，方向是：立圆(左旁→上→右旁→下)，带动晃手的力量在手腕上，如图 4-44～图 4-47 所示。

图 4-42　　　　　　　　图 4-43

图 4-44　　　　图 4-45　　　　图 4-46　　　　图 4-47

8. 冲掌

冲掌的做法是：丁字步，右手掌心向上与左手掌心相对准备，如图 4-48 所示，然后右肘后提左掌向 8 点下方推出，眼随左手亮相于 8 点下方，如图 4-49 所示。

9. 穿掌

穿掌的做法是：双山膀准备。左手经体旁由头上方落下，手心向外，右手从旁落下经端掌手心向里，指尖向上；两手在胸前交叉，左手在外向下，右手在里迅速向上穿成右托掌，左手提襟。也可在相反方向做。

10. 盘手

盘手的做法是在托掌位，以手腕为轴，手心向上，指尖带动，向外转一圈。要有身体的配合，头和身体都要随动，眼随手走。

图 4-48　　　　　　　　　　　　图 4-49

三、动作组合练习

1. 基本手位组合

准备姿势：左丁字步，双手背在体后，眼睛看 8 点，如图 4-50 所示。

图 4-50

动作做法：

(1) 第一遍音乐。

【1×8】右手经撩掌到山膀位，眼随手走，第 5 拍亮相，眼看 8 点上方，如图 4-51 所示。

【2×8】右手经下弧线提腕至胸前按掌位，眼随手走，第 5 拍亮相，眼看 8 点上方，如图 4-52 所示。

【3×8】右手经下弧线撩掌到托掌位，眼随手走，第 5 拍亮相，眼看 8 点上方，如图 4-53 所示。

【4×8】右手从头顶经面前切到按掌位，稍提腕成端掌，眼随手走，第 5 拍亮相，眼

看 8 点上方，如图 4-54 所示。

图 4-51　　　　　　　　　　图 4-52

图 4-53　　　　　　　　　　图 4-54

　　【5×8】右手在胸前按掌，经撩掌到扬掌位，眼随手走，第 5 拍亮相，眼看 8 点上方，如图 4-55 所示。

　　【6×8】双手配合，做右穿掌，眼随手走。

　　【7×8】第 1 拍在右托掌提襟位亮相，眼看 8 点上方，保持舞姿，如图 4-56 所示。

　　【8×8】左手背在体后，右手经盘手收回体后，第 5 拍亮相，眼看 2 点，同时换位成右丁字步。

　　(2) 第二遍音乐：动作同第一遍音乐，方向相反。

2. 形体协调组合

　　准备姿势：左丁字步，双手背在体后，身体面向 1 点，眼看 1 点，如图 4-57 所示。

形体训练与形象设计(第2版)

图 4-55　　　　　　　图 4-56

图 4-57

动作做法：

【1×8】左脚向 7 点横迈一步，右脚跟上成右踏步；左手不动，右手经体旁撩到托掌，再经面前切到按掌位，向右平拉开至山膀位，眼随手走，第 7 拍亮相，眼看 8 点上方，如图 4-58 所示。

【2×8】右脚向 3 点横迈一步，左脚跟上成左丁字步；右手保持不动，左手同前八拍动作，成双山膀位，眼随手走，第 7 拍亮相，眼看 2 点上方，如图 4-59 所示。

【3×8】左脚向 7 点横迈一步，右脚跟上成大踏步；双手同时经体旁撩到托掌，再经面前切到按掌位，最后经体旁撩到顺风旗位，身体面向 2 点，略向前倾，眼随右手走，第 7 拍亮相，眼看 8 点上方，如图 4-60 所示。

【4×8】右脚向 3 点横迈一步，左脚跟上成左丁字步；双手同时经体旁撩到托掌，再经面前切到按掌位，最后经体旁撩到双托掌位，身体面向 1 点，略向左旁倾，眼随右手走，第 7 拍亮相，眼看 8 点下方，如图 4-61 所示。

第四章 形体动作协调训练

图 4-58　　　　　　　　　图 4-59

图 4-60　　　　　　　　　图 4-61

【5×8】左脚向 7 点横迈一步,右脚跟上成踏步,慢慢下蹲成右踏步蹲;双手交替经体旁撩到托掌,再经面前切到按掌位,最后经体旁撩到托按掌位,身体略左旁倾,眼随右手走,第 5 拍亮相,眼看 8 点下方,如图 4-62 所示。

【6×8】右脚向 3 点横迈一步,成右弓箭步;双手交替经体旁撩到托掌,再经面前切到按掌位,最后经体旁撩到右山膀按掌位,身体面向 1 点,略向右移重心,眼随右手走,第 5 拍亮相,眼看 8 点上方,如图 4-63 所示。

【7×8】左脚向 8 点迈一步,右脚跟上成左丁字步;双手由左向右双晃手一周于右胯侧,如图 4-64 和图 4-65 所示,在右肋下右手掌心向上与左手掌心相对,向 8 点下方冲掌,眼随右手走,第 5 拍亮相,眼看 8 点上方,如图 4-66 和图 4-67 所示。

【8×8】右脚向 4 点回撤一步,左脚成左前点步;双手在体侧经内绕成提襟位,身体面向 2 点,眼随右手走,第 5 拍亮相,眼看 8 点下方,如图 4-68 所示。

图 4-62

图 4-63

图 4-64

图 4-65

图 4-66

图 4-67

第四章 形体动作协调训练

图 4-68

拓 展 阅 读

延伸训练与形体塑造

人体不论是外形的健美，还是举止的优雅，都可以通过特定的形体训练来实现。好的训练方法，能使学习者学习有关知识和技能的时间大大缩短。延伸训练教学方法，是依据形体训练中对人体姿态美的要求和标准，逐步在教学实践的基础上建立起来，并不断得到深化、提高和完善的，对人体优美姿态的塑造非常有效。

1. 人的优美姿态呈现取决于身体部位的延伸

延伸就其本意而言，就是一种舒展和拉伸，即把原本的长度有意识地拉长扩展。延伸训练是通过特定的训练方法，使人体肌肉、部位、动作或意识等得到有效的舒展延长，以锻炼体魄和塑造人体美。显然，从定义上来看，延伸训练与舒展延长必然存在着特定的关系。

一个人不管是处于静止状态还是活动状态，所表现出来的身体姿势和举止美都是一种延伸美。苏联文艺评论家卢纳察尔斯基说过："我们所说的姿态优美是指那种自由伸展的动作，没有任何明显的紧张吃力之感。"形体姿态美就是身体部位或动作延伸外在自动表象的特征显现，必定包含了延伸的成分。

生活中有的人站、坐、走之所以能带给人美感，关键在于姿态上给人一种由内而外的挺拔感，使人体线条更加修长、更加柔美。在形体站立姿态练习中，有的教师提醒学生做动作，要求肩部下沉，突出胸部和颈部的美好线条，腿部收紧，腰部直立，感觉像一位公主，整个人感觉长高了几公分，姿态挺拔，仪态端庄。由此可见，优美姿态的来源在于身体的"挺、直、高"。挺就是身体各主要部位尽量地舒展；直就是腰直、膝直，不能弯曲；高就是站立时身体重心要尽量提高。身体重心提高常常使人有种健康而精神的感觉，而身体重心过低常常使人有种"老弱病残"的感觉。时下，形体芭蕾能成为许多女性热衷的塑形运动，就是因为形体芭蕾不仅能使人变得身姿优美挺拔，而且更能培养人高雅的气质。经过训练的人都能体会到，练习完形体芭蕾都会感觉身体舒展，精神抖擞，感觉自己长高了。所以在一些女性的心目中，甚至认为芭蕾是训练优美姿态的最好方法。其实这种认识也不为过，是有据可依的。

芭蕾形体之所以在女性心目中有这么巨大的魅力，主要在于它能造就人的一种高贵端庄的特殊之美。芭蕾所有的身体部位动作都建立在开、绷、直、立的基础上，突出表现人体最大限度地向四个外部空间伸展的能力。开是由于髋关节的打开，舒展了人体下肢的线条，增强了人体下肢部位的美感；绷是由于脚腕伸展，脚背上拱，脚心下窝，脚趾并拢向远向下无限伸展，增强了人体腿部线条的美感；直是由于人体重心的垂直延伸，增强了人体上体部位的美感；立是由于人体各关节、肌肉向上提起，像是人体受外力向上拉起，可以就地腾起，形成一种提升的感觉，增强了人体整体的美感。由此可见，芭蕾形体能呈现出人体与众不同的优美姿态，主要是由于身体部分或全部部位的延伸配合。

2. 延伸训练能提高身体的柔韧性

延伸训练分主动延伸训练和被动延伸训练。主动延伸训练就是依靠自身积极运动，主动使身体部位肌肉和韧带或动作线条向远伸展的训练。被动延伸训练就是依靠外力(被动力)的作用，使身体部位肌肉和韧带或动作线条拉长的训练。从两者的比较中可以看出，不管是主动的还是被动的，两者都跟肌肉和韧带拉伸有着紧密的关系。

延伸训练本身就是柔韧性的一种训练。诸如形体训练把杆上的前擦地练习——延伸脚部的练习，要求动力腿沿着地面向前擦出，渐渐地脚跟离地推起脚背，尽可能地伸展使脚背推至最高点，脚掌点地，此时脚背的韧带拉伸到最长。把杆上的下腰练习(前、旁、后)——延伸腰部练习，前腰练习主要是训练背部韧带，旁腰练习主要是训练侧腰的韧带，后腰练习主要是训练腹部的韧带。还有压把、勾绷、开胯、直立等都是让四肢和躯干在做最大限度的圆周运动，体验身体向各方向"延长"的感觉，从而使身体的韧带得到有效的伸长。下肢的"开"动作，不能只看学习者的脚是否打开，要看大腿是否外旋，腿伸直时要看腿部肌肉是否充分伸长。

柔韧是形体美的关键所在，对女性而言更为重要，有一定的柔韧性会使你的形体更加优雅动人。优美体态必建立在身体一定的柔韧度上，柔韧性差的人，自然会影响身体的动作，甚至还会限制人的灵敏、协调等能力。一个身体硬邦邦的，缺乏一定弹性的，要打打不开，要收收不了，肌肉群高度紧张的人，何谓美。站的美是因为有"顶天立地"之象，整个人体上下极度的伸长，即头颈部、腰部向上提升，肩部向下沉拉。走的美是整个人体在站的上下极度拉伸的基础上，结合了腿部向前迈进时适时角度的延伸，以及髋部、腰部、臂部部分肌肉的伸展而呈现出来的。

3. 延伸训练能强化人的表现力

人体优美的姿态离不开身体部位肌肉动作的物理延伸和人体内在的感觉延伸，也就是意识感知延伸。为什么有时候人体动作同样有延长拉伸时，却没有给人造成美的感觉？这就是缺乏人体意识感知延伸，要真正达到人体姿态的优美必须突破这一关，这是延伸训练的难点，同时也是形体训练培养人体美的核心所在。因此，在形体训练中的延伸训练，并不是想象中简单的拉伸延长，而是包括更深层次的内在的延伸，由心而发的一种感觉延伸，具备一定的精神气度的延伸。

延伸训练的延伸并不是表面单纯字眼上的舒展拉长，它还有重要的一点，就是人体在形成动作时，动作末梢要在细腻牵引感和无限延伸感的同时，找到一个休止符般的静止点。换句话说，就是人体动作延伸要在终极点得到有效制动，使人形成良好的本体感觉。而这种制动其实是一种特殊的"动中见静，长中见短，伸中见收"的表现度的把握，也是个人姿态动作美表现的最高境界，更是气质感觉的完善表现。

曾经有人说过："感觉是动作美的延伸，是客观事物的个别特性在人脑中引起的反映，是动作作用于我们的视觉，使我们看到动作的完整性的一种感悟。"延伸训练就是充分利用感觉延伸，开掘出千姿百态的人体美，最大限度地发挥出人体的表现能力。如芭蕾形体训练中的手位，强调圆弧形的拉长对手臂动作延伸时的韧性感觉，以凸显姿态的精气神韵，不僵不懈，恰如其分，手臂要竭尽所能地达到最长，当然不是外在动作的直长，而是一种感觉上的极度伸长。感觉极度伸长的完成又需要个人强大的精神表现力。再如坐姿造型优美，既需要依靠人体头部和上体极度地向上拉长拔高，又需要肩部极度地向下拉沉使整体配合，形成人体情感和精神，再外化为感性风韵，把表现力发挥到极致。有了这些情感动力的发力基础，就可以使人在自然状态下，形成富有表现力的艺术坐姿。

总之，延伸训练之所以在形体训练中尤为重要，关键的一点就是它能充分开发人体蕴藏的潜力，不仅能从动作上延长人的肢体线条，而且能从感知上延长身体线条，增强人体丰富的举止神情和自然表现力，突出人体的美感。

(资料来源：徐丽玲. 论延伸训练对塑造形体的重要性. 浙江纺织服装职业技术学院学报，2009(3))

形体训练中的合理营养与膳食平衡

1. 合理营养

"民以食为天"，食物是人们赖以生存的最重要的条件。人们通过饮食获取营养，维持生命活动。营养对人体的影响是巨大的，大致可以归纳为以下两个方面。

(1) 当营养物质不能满足身体需要时，会造成营养不良并引起营养缺乏症。

(2) 当身体摄取的营养物质比例不合理或营养过剩时，也同样有碍健康，甚至导致疾病的发生，因此合理的营养对训练者来说至关重要。

所谓合理营养是指膳食中应该含有人体所需要的各种营养素，摄入体内的食物易被消化、吸收，并能促进食欲，对机体无害。食物中对机体有生理功效的成分称为营养素。构成机体组织的营养素有几十种，概括为七大类——糖、脂肪、蛋白质、水、矿物质、维生素、食物纤维。合理的营养是维持人体生命活动的物质基础。人体的生长发育受遗传、营养、运动、环境和疾病等许多因素的影响，营养是其中重要因素之一。因为营养素是构成机体的物质保证。合理营养不仅能够增进健康，也可作为防治疾病的手段。营养缺乏不仅使人衰弱，而且可引起营养缺乏病。

美国的统计资料表明，妇女的癌症60%与营养有关，男子的癌症40%与营养有关。而适量的某些营养素(如维生素 A、C 等)则有一定的抗癌作用。另外，营养不良，会导致抵抗力下降，容易感染疾病。营养还对集体的应激状态和伤病后的康复有重要影响，良好的营养能提高机体的应激能力，促进康复。

营养还可以从神经和体液两个方面影响人体机能。生理机能的体液调节是靠人体的激素、酶、矿物质和维生素等完成的。其中的矿物质与维生素必须直接从食物中摄取，而激素与酶则需要蛋白质、脂肪、矿物质、维生素等营养素参与合成，这些营养素也需要从食物中摄取。所以，营养的好坏对体液调节的物质基础有直接影响。如蛋白质的质量优劣，可影响血液比重和肝脏中酶的活性，脂肪可影响雌性激素，高蛋白膳食和维生素C可促进肾上腺功能等。因此合理的营养要求是必须符合个体生长发育和生理状况等特点，含有人体所需要的各种营养成分，且含量适当，不缺乏，也不剩余，全面满足身体的需要，能维持正常的生理功能，促进生长发育和健康。这种膳食称为"平衡膳食"。摄取食物是人的本能，而合理摄取食物则是科学。应做到科学地利用食物，充分发挥食物的营养作用，达到合理的营养要求。

2. 膳食平衡要素

（1）学会计算每日需要摄入的热量，做到"收支"平衡，保持体重，警惕肥胖。具体的方法是：第一步是根据一天的活动内容详细记录全天的能量消耗数值；第二步是计算出每日摄入能量的数值，计算出两者之差。

（2）每日饮食中三大营养成分所提供热量的最佳比例为：50%的热量来自碳水化合物（谷物的淀粉），20%应来自蛋白质，30%应来自脂肪。

（3）一日三餐的时间要准时，掌握早餐饱、午餐好、晚餐少的进食原则。

（4）食物要多样化。

（5）参加耐力性的持续运动时，因运动量较大，可适当补充一些碳水化合物食品，而一般健身运动只需多加一杯低糖饮料即可。

（6）在烹调中尽量少用热油炒、炸等，坚持食物的低盐（每日10 g以内）和清淡。

（7）饮酒适度。饮酒会刺激代谢，增进食欲，易使人增胖，所以饮酒要适度。

（资料来源：刘丽. 形体健美训练的科学安排. 体育世界(学术版)，2008(2)）

思考与训练

1. 基本手型包括哪些？
2. 身体韵律包括哪些元素？
3. 提沉组合、冲靠与含胸移组合各练习5次。
4. 基本手位包括哪些？
5. 基本脚位包括哪些？
6. 手臂基本动作包括哪些？
7. 进行手位、脚位、手臂动作练习30～60分钟。
8. 基本手位组合和形体协调组合各练习5次。

第五章　芭　蕾

不读诗书形体陋。

——[清]吴嘉纪

心灵的基本意蕴是通过外在现象的一切个别方面而完全体现出来的，例如仪表、姿势、运动、面貌、四肢的形状等。

——[德]黑格尔(Friedrich Hegel)

本章提要

- 芭蕾的手位和脚位训练。
- 擦地训练。
- 蹲的训练。
- 踢腿训练。

第一节　芭蕾的手位和脚位训练

手的位置从一位到七位，两手臂始终要保持椭圆形，注意不要让手腕和肘关节下塌，手的七个位置运动路线要规范。熟练手的七个位置之后，要头、手、身体各部位协调配合，要体会手位中的内在力量，尤其是后背肌群在动作中起到的平稳、稳定作用，要运用手的表现能力传情达意。

脚位的开度要保持从大腿根、膝盖、脚腕、脚尖的上下一致。如果胯部不开，脚位可以站大八字或小八字，切忌某个局部开、某个局部关，造成上下扭曲而损伤。五位和三位站立要保持胯部正，不要因为某只脚在前，而一边的胯歪向前。胯不正是因为在前五位或前三位的脚没有伸直而造成的，所以五位和三位站立不但要伸直两膝，而且要夹紧大腿。

一、手的位置

手形：手自然放松，中指、无名指和小指并拢，食指外开，拇指自然放松，如图 5-1 所示。

一位：从肩到手指尖在身体前呈椭圆形，手心朝上，两手相距一拳左右，小指边离大腿约二寸距离，如图 5-2 所示。

二位：保持一位手状态，两手臂向上抬至手心与胃部平行，如图 5-3 所示。

三位：保持二位手状态，两手臂向上抬至头顶斜上方，如图 5-4 所示。

图 5-1　　　　　图 5-2　　　　　图 5-3　　　　　图 5-4

四位：一只手臂保留在三位，另一只手臂从三位回至二位，如图 5-5 所示。

五位：一只手臂仍保持在三位，二位手臂向旁打开，如图 5-6 所示。

图 5-5　　　　　　　　　图 5-6

六位：打开到旁的手不动，三位手下到二位，如图 5-7 所示。

七位：打开到旁的手仍不动，二位手打开到旁呈七位，如图 5-8 所示。

图 5-7　　　　　　　　　图 5-8

二、脚的位置

一位：两脚脚后跟相靠，两脚脚尖向外打开呈一字形，如图 5-9 所示。

二位：在一位的基础上，两脚脚后跟分开，相距约一只脚的距离，如图 5-10 所示。

三位：保持在二位的基础上，一只脚的脚后跟向另一只脚的脚心靠拢，如图 5-11 所示。

图 5-9　　　　　　　图 5-10　　　　　　　图 5-11

四位：保持两脚尖外开状，一只脚在另一只脚的正前方或正后方，形成两条平行线，如图 5-12 所示。

五位：在四位的基础上，两脚合拢并紧，如图 5-13 所示。

图 5-12　　　　　　　　　　　图 5-13

第二节　擦地训练

一、五位擦地的做法

擦地绷脚可以在一位和五位脚的位置上向前、向旁、向后方向做。擦地主要通过擦地绷脚背，立脚趾，整条腿向远处、向下延伸，伸展整条腿的肌肉，然后收回。通过擦出收回的不断运动来锻炼腿部力量，尤其是踝关节和脚趾的力量。

1. 向前擦地的做法

五位站立准备向前擦地，一条腿支撑并固定好重心，另一条腿保持与支撑腿平行的状态，沿地面向前擦出，同时脚跟渐渐离地推起脚背，在动作腿不影响支撑腿重心的情况下，尽可能向远处伸展，脚掌点地，将脚背推至最高点。然后再将脚趾向远处伸展立起，用脚趾尖轻轻点地后，再一次收回原位。

2. 向旁擦地的做法

一条腿支撑并固定好重心，另一条腿向旁沿地面擦出，同时脚跟渐渐离地推起脚背，在不影响支撑腿重心的情况下，动作腿尽可能向远伸展，脚掌点地，将脚背推至最高点。然后再将脚趾向远伸展立起，用脚趾轻轻点地后再依次收回原位。

3. 向后擦地的做法

一条腿支撑并固定好重心，另一条腿保持与支撑腿平行状态沿地面向后擦出，同时脚跟渐渐离地推起脚背，在不影响支撑腿重心的情况下，动作腿尽可能向远伸展，脚掌点地，将脚背推至最高点。然后再将脚趾向远伸展立起，用脚的大趾外侧点地，然后依次再收回原位。

二、组合练习

共 4 个 8 拍，每次练习动作重复两遍，每次配合动作的播放音乐为 8 个 8 拍，左脚为主力脚，右脚为动力脚。

预备拍：

【1～4】五位站立，左手扶把，准备向前擦地，如图 5-14 所示。

【5～6】右手由一位抬至二位，如图 5-15 所示。

【7～8】右手从二位至七位，如图 5-16 所示。

图 5-14　　　　　图 5-15　　　　　图 5-16

第 1×8 拍：

第二拍出脚，如图 5-17 所示。

【1～2】右脚 1 收回至五位脚，2 向前擦出，如图 5-18 和图 5-19 所示。

【3～4】右脚 3 收回至五位脚，4 擦出，如图 5-18 和图 5-19 所示。

【5～7】重复 3～4 拍的动作。

【8】左脚向后擦出，如图 5-20 所示。

图 5-17　　　　　图 5-18　　　　　图 5-19　　　　　图 5-20

第 2×8 拍：

【1～2】左脚 1 收回 2 擦出，如图 5-21 和图 5-22 所示。

【3～4】左脚 3 收回 4 擦出，如图 5-21 和图 5-22 所示。

【5～6】左脚 5 收回 6 擦出，如图 5-21 和图 5-22 所示。

【7～8】左脚 7 收回，右脚 8 向旁擦出，如图 5-23 所示。

图 5-21　　　　　图 5-22　　　　　图 5-23

第 3×8 拍：

【1～2】右脚 1 收回 2 擦出，如图 5-24 和图 5-25 所示。

【3～4】右脚 3 收回 4 擦出，如图 5-24 和图 5-25 所示。

【5～6】右脚 5 收回 6 擦出，如图 5-24 和图 5-25 所示。

【7～8】右脚 7 收回 8 收至后五位，如图 5-26 所示。

第 4×8 拍：

【1～2】右脚向旁擦出，如图 5-27 所示。

【3～4】动力腿压脚跟，如图 5-28 和图 5-29 所示。

【5～6】重复 3～4 的动作，如图 5-28 和图 5-29 所示。

【7～8】动力腿收到主力腿前面，呈五位脚，左脚在后，右脚在前，如图 5-30 所示。

图 5-24　　　　　　　图 5-25　　　　　　　图 5-26

图 5-27　　　　　图 5-28　　　　　图 5-29　　　　　图 5-30

第三节　蹲的训练

一、蹲的做法

蹲分半蹲和全蹲，蹲在脚的五个位置上都可以做。蹲主要是通过膝关节在不同的脚位上做各种不同节奏的快和慢的半蹲和全蹲，来锻炼膝关节的柔韧性和腿部的肌肉。蹲是训练中重要的一部分，通过蹲的训练能使训练者轻松地腾空而起，轻盈落地，屈伸有力，富有弹性。

1. 半蹲的做法

一位站立，保持人体的基本形态，两膝逐渐下蹲，蹲到脚腕与脚背有挤压感，跟腱(即脚跟与小腿之间一条很粗壮结实的肌腱)略有一点紧张的位置为半蹲。

2. 全蹲的做法

在半蹲的基础上，继续往下蹲，脚跟可以略微抬起一点(只有二位大蹲不容许起脚后跟)，蹲到底，臀部不能坐在脚后跟上，保持开度和后背挺直。起来时先落下脚跟，再慢慢站起来。

二、组合练习

组合练习共 8 个 8 拍，左脚为主力脚，右脚为动力脚。

第五章 芭蕾

预备拍：

【1～4】一位站立，左手扶把，右手向旁边出手，呼吸，再收回一位手准备，如图 5-31 和图 5-32 所示。

【5～6】右手由一位抬至二位，眼随着动力手走，如图 5-33 所示。

【7～8】右手从二位至七位，眼随着动力手走，如图 5-34 所示。

图 5-31　　　　图 5-32　　　　图 5-33　　　　图 5-34

第 1×8 拍：

【1～4】一位半蹲，同时右手由七位收回一位，如图 5-35 所示。

【5～8】慢慢由一位半蹲提起还原，同时右手由二位打开至七位，如图 5-36 和图 5-37 所示。

图 5-35　　　　图 5-36　　　　图 5-37

第 2×8 拍：

【1～4】重复图 5-36 和图 5-37 的动作。

【5～6】一位半蹲，同时右手由七位收回一位，如图 5-35 所示。

【7～8】由一位半蹲提起还原，同时右手由二位打开至七位，同时向旁擦出右脚，如图 5-38 所示。

第 3×8 拍：

【1～4】二位半蹲，右手由七位收回一位，如图 5-39 和图 5-40 所示。

【5～8】慢慢由一位半蹲提起还原，同时右手由二位打开至七位，如图 5-41 和图 5-42 所示。

图 5-38

第 4×8 拍：

【1~4】重复以上动作，如图 5-41 和图 5-42 所示。

【5~6】二位半蹲，同时右手由七位收回一位，如图 5-39 和图 5-40 所示。

【7~8】由二位半蹲提起还原，同时右手由二位打开至七位，如图 5-41 和图 5-42 所示。

图 5-39　　　　图 5-40　　　　图 5-41　　　　图 5-42

第 5×8 拍：

【1~2】在二位的基础上，向旁摊手，如图 5-43 所示。

【3~4】动力腿绷脚，右手到三位手向左下旁弯腰，如图 5-44 所示。

【5~8】动力脚由二位划向前五位，右手由二位划向七位手，如图 5-45 和图 5-46 所示。

图 5-43　　　　图 5-44　　　　图 5-45　　　　图 5-46

第 6×8 拍：

【1～4】五位蹲，手由七位收回到一位，如图 5-47 所示。

【5～8】起身，手由二位回到七位，如图 5-48 所示。

图 5-47　　　　　　　　　　　图 5-48

第 7×8 拍：

【1～4】经五位半蹲起来，同时右手由二位收回七位，如图 5-48 所示。

【5～8】重复以上动作。

第 8×8 拍：

【1～4】五位半脚尖立，手在三位手的位置，如图 5-49 所示。

【5～8】结束落在五位脚上，呼吸，右手收至一位手，如图 5-50 所示。

图 5-49　　　　　　　　　　　图 5-50

第四节 踢腿训练

一、五位小踢腿的做法

小踢腿是在擦地的基础上向空中有控制地踢起,特点是急速、有爆发力,比擦地动作速度快、力度大,可以锻炼腿部肌肉,提高动作的速度和控制力及后背力量。

五位向前擦地,脚尖离地 25°。落地经脚尖点地收回前五位。小踢腿向旁和小踢腿向后与擦地动作不同,在不同方向点地的基础上,再向远延伸踢出,离地 25°停住。

二、组合练习

组合练习共 4 个 8 拍,每次练习动作重复两遍,每次音乐为 8 个 8 拍,左脚为主力脚,右脚为动力脚。

预备拍:

【1～4】五位站立,左手扶把,准备,如图 5-51 所示。

【5～7】右手由一位抬至二位再打开到七位手,如图 5-52 和图 5-53 所示。

【8】右脚向前踢腿至 25°,右手从二位至七位,如图 5-54 所示。

图 5-51　　　　图 5-52　　　　图 5-53　　　　图 5-54

第 1×8 拍:

【1～6】右腿向前小踢腿三次,手七位,如图 5-55 和图 5-56 所示。

【7】右脚收回前五位,七位手,如图 5-57 所示。

【8】左脚向后小踢腿 25°,七位手不动,如图 5-58 所示。

第 2×8 拍:

【1～6】左腿向后小踢腿三次,手七位,如图 5-59 所示。

【7】左脚收回后五位,手七位,如图 5-60 所示。

【8】右脚向旁小踢腿 25°,七位手不动,如图 5-61 所示。

第五章 芭蕾

图 5-55　　　图 5-56　　　图 5-57　　　图 5-58

图 5-59　　　　　图 5-60　　　　　图 5-61

第 3×8 拍：

【1～6】右腿向旁小踢腿三次，手七位，如图 5-62 所示。

【7】右脚收回前五位，手七位，如图 5-63 所示。

【8】右脚向旁悠踢腿 25°，七位手不动，如图 5-64 所示。

图 5-62　　　　　图 5-63　　　　　图 5-64

第 4×8 拍：

【1~2】右脚向旁悠踢腿 25°，收回后五位，如图 5-65 所示。

【3~4】右脚向旁悠踢腿 25°，收回前五位，如图 5-66 所示。

【5~6】右脚向旁悠踢腿 25°，收回后五位，如图 5-65 所示。

【7~8】动力腿收到主力腿前面，呈五位脚，手收回一位，如图 5-66 所示。

图 5-65

图 5-66

拓 展 阅 读

1. 芭蕾的发展历程

"芭蕾"在西方剧场舞蹈艺术中占统治地位达 300 余年，至今已历四个多世纪。中国的芭蕾自 1958 年北京舞蹈学校成立引进俄罗斯芭蕾至今，也已半个世纪。

芭蕾在数百年的发展过程中演变出多种学派，主要有意大利学派、法兰西学派、俄罗斯学派、丹麦学派和法国学派等。这些学派之间风格与动作略有差异，例如：意大利手臂基本是直的，但平腕有些下垂；而法国肘和平腕都是弯曲的；俄罗斯的线条则强调圆弧形等。芭蕾的发展过程是一个日趋成熟和日臻完善的过程。"芭蕾"在其发展过程之中经历了五个阶段，也称五大发展时期，这就是"早期芭蕾""古典芭蕾""浪漫芭蕾""现代芭蕾"和"当代芭蕾"。这五大时期是以芭蕾在不同的国家形成的发展主流而言的，每个后来的时期都汲取和保留了前一个时期的精彩部分，取其精华，去其糟粕，是对前一个甚至前几个时期的继承和发展，而不是简单的否定或取代。芭蕾在其漫长的发展过程中逐渐形成了芭蕾中所特有的脚和手的基本位置、一些固定的舞姿以及相应的美学原则。

2. 芭蕾的基础训练

芭蕾的基础训练以科学性、规范性、严谨性为特点，芭蕾舞通过对"开、绷、直、立"等严格的舞蹈磨炼，逐渐形成挺拔、匀称、完美的体态，并且使心与形相交融，在意念与感觉的延伸中，使演员们在"气质"上得到培养。芭蕾有一套比较科学的规范要求和训练法则，正是依靠这些法则，培养出了一大批出类拔萃的优秀舞蹈家，形成了许多著名流派，推出了上百个优秀的舞蹈作品。但不管它如何发展和演变，多年来，芭蕾基础训练中的"开、绷、直、立"是一直要严格遵循的，它是芭蕾的基本元素。

第五章 芭蕾

(1) 开。

芭蕾最基本的审美特征是对外开、伸展、绷直的追求，包括脚的五种基本位置。这五个位置中表现出"向外"的本质，通常是指两条腿于髋关节处外旋，即"外开"。外开不是人们自然而然形成的动作习惯，但对于一种发源于皇家宫廷中的、极具贵族风格的舞蹈来说，"外开"的体征却是必不可少的，各种舞姿的跳跃、旋转和转身，各种舞步和连接等一系列的动作，都要求其具有"外开"的特征。例如做单腿旋转动作时，腾空腿就必须是外开的，而不能出现勾脚和绷脚现象，否则就会丧失本来具有的高雅气质。"外开"是构成古典芭蕾风格的基本要素，训练舞蹈者的外开性功能，不仅可以使舞蹈者的造型美观、气质优雅，而且可为舞蹈中很多技巧的完成奠定基础。

(2) 绷。

绷也是芭蕾的基本要素之一。在基础训练中，绷脚是教师经常提醒学员的话题之一。可以这么说，一般情况下腿只要离开地面，就必须绷脚。绷脚有两个重要作用：一是毫无疑问地延长了腿的长度，强化了腿的流线型的美；二是绷脚训练能使踝关节得到强有力的锻炼，增强了踝关节以下到趾关节的能力和灵敏性。绷脚必须从踝关节开始把力量一直贯入到脚趾，让脚趾去找脚心，实际上脚背脚趾绷得越紧，腿部膝盖也会越收紧。一个舞蹈演员必须反复地进行绷脚练习，在绷脚中寻找芭蕾基础训练的真谛。

(3) 直。

在基础训练中，要求人体的直有两个目的：一是从精神气质角度，要求身体挺拔直立，不能塌腰凸臀，不能挺胸叠肚，也包括腿在需要直的时候，必须收紧膝盖，绷直脚背，使人有一种精神倍增、赏心悦目的潇洒、帅气和高雅的气质，给人一种朝气蓬勃的青春美的享受；二是从技能技术训练的角度，在任何情况下，上身因舞姿造型的需要而出现离开轴心线的动作时，人体的重心必须严格保持垂直，重心的垂直是人体在直立状态下的必需，唯有这样才能保证动作的稳定性。人在舞蹈中身体的形态是千变万化的，只有在动作中不断地调整重心，才能使身体的重心始终保持垂直，去完成一些旋转和高难度的技巧动作。

(4) 立。

在基础训练中强调最多的就是"立"了。芭蕾的美就是建立在直立基础上的，只有先找到立，才能完成更美更高的技巧和艺术表现。"立"是在直的基础上的升华，是从形体美到舞蹈美的整体概念。首先"立"是一种延伸感，是指身体要拉长，在训练中脚用力踩向地面，脖子向上拉伸，找一种立地顶天的感觉，是一种轻盈、敏捷和精神气质的美。其次是指腰椎到颈椎部位的立，这是"立"的真髓，因为从腰椎到颈椎这一部位是躯体中活动范围最大的部位，只有把这一部位控制住，才能够真正立起来，也就不会出现松腰、懈胯的现象了。

(资料来源：岳婷婷. 浅谈芭蕾基础训练及其重要性. 成功(教育)，2009(6))

思考与训练

1. 简述芭蕾的发展历程。
2. 芭蕾的基础训练包括哪些方面?
3. 进行芭蕾的手位和脚位训练。
   (1) 练习芭蕾手形态的正确做法 5 遍。
   (2) 练习芭蕾七个手位的做法 5 遍。
   (3) 练习芭蕾五个脚位的做法 5 遍。
4. 进行芭蕾的擦地练习。
   (1) 练习五位向前擦地 10 次,慢擦。
   (2) 练习五位向旁擦地 10 次,慢擦。
   (3) 练习五位向后擦地 10 次,慢擦。
   (4) 练习五位擦地组合两遍。
5. 进行芭蕾蹲的练习。
   (1) 练习芭蕾一位半蹲 5 遍。
   (2) 练习芭蕾二位半蹲 5 遍。
   (3) 练习芭蕾五位半蹲 5 遍。
6. 进行芭蕾踢腿练习。
   (1) 练习向前小踢腿 15 次。
   (2) 练习向旁小踢腿 15 次。
   (3) 练习向后小踢腿 15 次。
   (4) 练习小踢腿组合 5 遍。

第六章 交际舞

说之故言之；言之不足故长言之；长言之不足故嗟叹之；嗟叹之不足，不知手之舞之足之蹈之也。

——《礼记》

舞蹈是有节拍的步调，就像诗歌是有韵律的文体一样。

——[英]培根(Francis Bacon)

本章提要

- 探戈舞步训练。
- 伦巴舞步训练。
- 牛仔舞步训练。
- 华尔兹舞步训练。

交际舞是最具有艺术性的社会娱乐，同时也是最具有社会性的艺术消遣。在任何社会，交际舞都是生活中不可或缺的部分。交际舞不仅是生活的反映，同时也是人类表达生活态度的一种方式。人们跳舞的最初动机是追求社会娱乐，然而一旦冲破难关开始真正体验交际舞，融入音乐、舞蹈氛围及舞步中，许多人就会发现交际舞为他们提供了一个机会，让他们得以扮演一个全新的角色。舞者可以在短短的瞬间，全心全意投入到任何他们所期待的场景中。音乐和舞蹈场所共同营造了一种氛围，而舞者以交际舞为媒介张扬着自己的独特个性。

交际舞是一种全身性的运动。跳舞确实可以锻炼气质，在跳舞的时候身体的各个部位都会得到锻炼，久而久之，变化就出来了：经常跳舞的人的站姿就与平常人有所不同，其站姿比较好看，抬头挺胸，男士给人一种器宇轩昂的感觉，女士给人一种自信而且大方的感觉；练过交际舞的人腰部和胯部比较灵活，腿上和脚上比较有力量，很稳当，她们走姿更好看、更优雅；练过交际舞的人的手势也是比较柔和的。当然练交际舞只是锻炼气质的一个方面，更重要的在于内心修养与品质的锤炼。

本章主要介绍探戈舞、伦巴舞、牛仔舞和华尔兹。教师在教学中要注意如下几方面。

(1) 教师在讲解动作过程中要准确地做好示范动作。
(2) 教师在教学中应该注意学生的自身能力，不要训练"过激"。
(3) 注意调节课堂气氛，调动学生学习的积极性。
(4) 注意选择合适的音乐配合教学。

第一节　探戈舞步训练

一、探戈简介

探戈(tango)是一种双人舞蹈,源于非洲,流行于阿根廷。其伴奏音乐为 2/4 拍,但因是顿挫感非常强烈的断奏式演奏,所以在实际演奏时,将每个四分音符化为两个八分音符,使每一小节有四个八分音符。目前探戈是国际标准舞大赛的正式项目之一。

跳探戈舞时,男女双方的组合姿势和其他摩登舞略有区别,叫作"探戈定位",双方靠得较紧,男士搂抱的右臂和女士的左臂都要更向里一些,身体要相互接触,重心偏移,男士主要在右脚,女士主要在左脚。男女双方不对视,定位时男女双方都向自己的左侧看。探戈音乐节奏明快,独特的切分音是它鲜明的特征,舞步华丽高雅、热烈狂放且变化无穷,交叉步、踢腿、跳跃、旋转令人眼花缭乱。跳舞时,男士打领结穿深色晚礼服,女士着一侧高开叉的长裙。

探戈舞步最显著的特点是"蟹行猫步"。当舞步需要前进时,舞者却做横行移动;当舞步需要后退时,舞者却做横向向前斜移。同时,探戈舞者的舞步常常随音乐节拍的变化而时快时慢,探戈也因此被称为"瞬间停顿的舞蹈"。这样,探戈舞步就形成了欲进还退、快慢错落、动静有致的特点。此外,探戈舞者讲究上身垂直,两脚脚跟提起,两膝微弯,所有的动作都是力量向下延伸的感觉,舞姿十分沉稳有力。优秀的探戈舞者舞蹈时我们几乎看不到动作,只看到动作结束时的位置,只看到线条、速度以及不停变换的重心,给人以斩钉截铁、棱角分明的感觉。阿根廷探戈以小腿的动作为主,男女舞者以娴熟的配合跳出一系列令人眼花缭乱的舞步,互相缠绕的肢体充分展示出人体之美。探戈舞者面部表情严肃,互相深情凝视,但又时不时快速拧身转头、"左顾右盼"。

探戈据说是情人之间的秘密舞蹈,所以男士原来跳舞时都佩带短刀,现在虽然不佩带短刀,但舞蹈者必须表情严肃,表现出东张西望,提防被人发现的表情。其他的舞蹈跳舞时都要面带微笑,唯有跳探戈时不得微笑,表情要严肃。探戈舞的肢体语言非常丰富,但目前应用于体育舞蹈比赛中经规范了的探戈舞已经比阿根廷本地的探戈舞简单多了。

二、训练组合

第一组：第 1×8 拍。

【1～4】男士右脚后退一小步,女士左脚前进一小步,如图 6-1 所示。

【5～8】男士左脚往左侧迈一步,脚步略大;女士右脚往右侧迈一步,脚步略小,如图 6-2 所示。

第二组：第 2×8 拍。

【1～2】男士右脚前进一步,停在两人之间;身体不要转动;女士右脚后退一步,如图 6-3 所示。

【3～4】男士左脚向前迈一步,同时身体稍向右转;女士右脚向后迈一步,动作稍慢

一些，同时身体稍微右转，保持与男士肩并肩，如图 6-4 所示。

【5～8】男士右脚向左并拢，结束时身体重心在左脚；女士左脚交叉在右脚前方，两脚之间的距离不必太近，结束时身体重心在左脚，如图 6-5 所示。

图 6-1　　　　　　　　　　　图 6-2

图 6-3　　　　　　图 6-4　　　　　　图 6-5

第三组：第 3×8 拍。

【1～2】男士左脚前进一步，女士右脚后退一步，如图 6-6 所示。

【3～4】男士身体重心在左脚，右脚交叉在左脚后方轻轻踏地；女士身体重心在右脚，左脚交叉在右脚前方轻轻踏地，如图 6-7 所示。

【5～6】男士右脚后退一步，女士左脚前进一步，如图 6-8 所示。

【7～8】男士身体重心在右脚，左脚交叉在右脚前方轻轻踏地，身体重心在左脚，右脚交叉在左脚后方轻轻踏地，如图 6-9 所示。

第四组：第 4×8 拍。

【1～2】男士左脚前进一步，身体开始向左转；女士右脚后退一步，身体开始向左转，如图 6-10 所示。

【3～4】男士右脚往右侧迈一步，身体继续左转；女士左脚往左侧迈一步，身体继续左转，如图 6-11 所示。

【5～8】男士左脚向右脚并拢，女士右脚向左脚并拢，如图 6-12 所示。

图 6-6　　　　　图 6-7　　　　　图 6-8　　　　　图 6-9

图 6-10　　　　　图 6-11　　　　　图 6-12

第二节　伦巴舞步训练

一、伦巴简介

伦巴是英文 Rumba 的音译，用 R 表示，也被称为爱情之舞，是拉丁舞项目之一。它是源自 16 世纪非洲黑人歌舞的民间舞蹈，流行于拉丁美洲，后在古巴得到发展，所以又称古巴伦巴，舞曲节奏为 4/4 拍。它的特点是较为浪漫、舞姿迷人、性感与热情；步伐曼妙、缠绵，讲究身体姿态、舞态柔媚，是表达男女爱慕情感的一种舞蹈。伦巴是拉丁音乐和舞蹈的精髓和灵魂，引人入胜的节奏和身体表现使得伦巴成为舞厅中最为普遍的舞蹈之一。伦巴舞的风格和动律特点，可以归纳为稳中摆、柔中韧、快合慢。

1. 稳中摆

伦巴舞的动律产生于劳动，劳动的黑人头顶大筐搬运香蕉等水果时，要求上身平稳，走起来上压、下顶,形成臀部的摇摆。因此跳伦巴舞时,要求保持脊椎直和两肩平,臀部的摇摆则是由于重心的转移自然形成的,而不是故意摆动臀部。当脚出步时,脚掌用力踩地,膝部稍屈,这时一条腿的膝部是直的,当重心移到出步的脚时,脚后跟放下,胯部随之向侧后方摆动,另一条腿则放松稍屈。整体感觉是平稳地控制住上身,而臀部则不停地摆动。

2. 柔中韧

出步后,膝部使劲顶直,臀部的摆动看起来轻快柔和,而实则内部用力,有一股内在的韧劲,因此跳伦巴舞时间长了臀部会有酸涨感。

3. 快合慢

伦巴舞用四拍走三步,节奏为快快慢,快步一拍一步,慢步两拍一步。臀部是走三步摆三下。它的出脚动作迅捷,无论快步或慢步都是半拍到位,而臀部的摆动则是快步占一拍,慢步占两拍。实际上是四拍三步中,每步都是半拍脚步到位,而臀部则是连绵不断地左、右摆动。这种上、下、慢、快矛盾统一的运动,形成了伦巴舞有特色的动律。

二、训练组合

第一组:第 1×8 拍。

【1~2】男士左脚前进一步,脚尖稍微向外移,右脚维持原位置不变;女士右脚后退一步,左脚维持原位置不变,如图 6-13 所示。

【3~4】男士身体重心后移到右脚,左脚维持原位置不变;女士身体重心前移到左脚,脚尖稍微向外移,右脚维持原位置不变,如图 6-14 所示。

【5~8】男士稍微左转,同时左脚掌内侧向外移,身体重心转移到左脚;女士稍微左转,同时右脚掌内侧向外移,身体重心转移到右脚,如图 6-15 所示。

图 6-13

图 6-14

图 6-15

第二组:第 2×8 拍。

【1~2】男士右脚后退一步,左脚维持原位置不变;女士左脚前进一步,脚尖稍微向外移,右脚维持原位置不变,如图 6-16 所示。

【3~4】男士身体重心前移到左脚，脚尖稍微向外移，右脚维持原位置不变；女士身体重心后移到右脚，左脚维持原位置不变，如图6-17所示。

【5~8】男士稍微左转，同时右脚掌内侧向外移，身体重心转移到右脚；女士稍微左转，同时左脚掌内侧向外移，身体重心转移到左脚，如图6-18所示。

图6-16　　　　　　　　图6-17　　　　　　　　图6-18

第三组：第3×8拍。

【1~2】男士右脚后退一步，左脚维持原位置不变，引导女伴靠近自己；女士左脚前进一步，如图6-19所示。

【3~4】男士身体重心前移到左脚，脚尖稍微向外移，右脚维持原位置不变，松开右手，准备身向外侧；女士右脚前进一步开始左转，如图6-20所示。

【5~8】男士稍微左转，同时右脚掌内侧向外移，身体重心转移到右脚，在身体转身向外的时候，左手臂在腰部的高度向外侧伸；女士左脚后退一步，右脚维持原位置不变，与男伴成90°角；两人松开左手同时伸向外侧，如图6-21所示。

图6-19　　　　　　　　图6-20　　　　　　　　图6-21

第四组：第4×8拍。

【1~2】男士身体重心前移到左脚，脚尖稍向外移，右脚维持原位置不变；女士右脚向左脚并拢，最终身体重心在左脚，如图6-22所示。

【3～4】男士身体重心后移到右脚，左脚维持原位置不变，开始引导女伴靠近自己；女士左脚前进一步，如图6-23所示。

【5～8】男士左脚向右脚并拢，身体重心移到左脚，调整握持姿势结束曲棍步，女士右脚前进一步，如图6-24所示。

图6-22　　　　　　　　图6-23　　　　　　　　图6-24

第三节　牛仔舞步训练

一、牛仔舞简介

牛仔舞又称为捷舞，是拉丁舞项目之一，用 J 表示。牛仔舞原是美国西部牛仔跳的一种踢踏舞，盛行于 20 世纪二三十年代。50 年代爵士乐的流行，加速和完善了这种舞蹈，但风格上还保持着美国西部牛仔刚健、浪漫、豪爽的气派。

牛仔舞旋律欢快，强烈跳跃，节奏为 4/4 拍，每分钟 42～44 小节、六拍跳八步。牛仔舞由基本舞步踏步、并合步，结合跳跃、旋转等动作组合而成，要求脚掌踏地，腰和胯部作钟摆式摆动。其特点是舞步敏捷、跳跃，舞姿轻松、热情、欢快。

二、训练组合

第一组：第 1×8 拍。

【1～2】男士左脚往左侧跳摇滚步，步子较小，右脚维持原位置不变；女士右脚往右侧跳摇滚步，步子较小，左脚维持原位置不变，如图6-25所示。

【3～4】男士右脚往右侧跳摇滚步，步子较小，左脚维持原位置不变；女士左脚往左侧跳摇滚步，步子较小，右脚维持原位置不变，如图6-26所示。

【5～6】男士左脚摇滚步，停在身体下方，左脚尖位于右脚跟后方，右脚稍微抬离地面；女士右脚摇滚步，停在身体下方，右脚尖位于左脚跟后方，左脚稍微抬离地面，如图6-27所示。

【7～8】男士身体重心前移到右脚,女士身体重心前移到左脚,如图6-28所示。

图6-25　　　　　图6-26　　　　　图6-27　　　　　图6-28

第二组:第2×8拍。

【1～2】男士左脚往左侧跳摇滚步,步子较小,身体开始向左转,左手放置臀部位置,引导女伴准备转身;女士右脚往前跳摇滚步,靠近男伴的左侧,如图6-29所示。

【3～4】男士右脚往右侧跳摇滚步,步子较小身体完成左转90°,左手往前方移动,停在腰部的高度,引导女伴进入分开式位置;女士以右脚为支点转身面对男伴,左脚往后跳摇滚步,离开男伴进入分开式位置,如图6-30所示。

【5～8】男士跳牛仔基本步的步骤3和步骤4(即左脚后退然后复正位),女士跳牛仔基本步的步骤3和步骤4(右脚后退然后复正位),如图6-31所示。

图6-29　　　　　图6-30　　　　　图6-31

第三组:第3×8拍。

【1～4】男士左脚往左侧跳摇滚步,左手上抬引导女伴向下转身;女士在男伴的左手下方转身,右脚往前跳摇滚步,身体开始向右转,如图6-32所示。

【5～8】男士右脚往右侧跳摇滚步,身体向左转90°,左手恢复到腰部的高度;女士

左脚往后跳摇滚步,在男伴的手臂下方继续右转,如图 6-33 所示。男士跳牛仔基本步的步骤 3 和步骤 4(左脚后退然后复正位);女士跳牛仔基本步的步骤 3 和步骤 4(右脚后退然后复正位),继续转身,最终面向男伴,如图 6-34 所示。

图 6-32　　　　　　　　图 6-33　　　　　　　　图 6-34

第四组:第 4×8 拍。

准备:男士左脚往左侧跳摇滚步,靠近女伴,右手上抬就像是在梳理头发;女士右脚往右侧跳摇滚步,靠近男伴,右手跟随男伴的右手上抬。

【1～2】男士结束的时候右手放在肩膀上,女士身体稍微左转,位于与男伴肩并肩的位置,如图 6-35 所示。

【3～4】男士右脚往右侧跳摇滚步,离开女伴,松开右手,让女伴的右手沿着男士的左臂往下滑动,到达左手的时候恢复握手姿势;女士左脚往后跳摇滚步,右手沿着男士的左臂往下滑动,恢复握手姿势,如图 6-36 所示。

【5～8】男士照常跳后退以及复位步,恢复分开式面对面位置;女士照常跳后退以及复位步,恢复分开式面对面位置,结束时身体重心在左脚,如图 6-37 所示。

图 6-35　　　　　　　　图 6-36　　　　　　　　图 6-37

第四节　华尔兹舞步训练

一、华尔兹简介

华尔兹根据速度分化为快慢两种。人们把快华尔兹称为维也纳华尔兹，而不冠以"维也纳"三字的即为慢华尔兹，它是由维也纳华尔兹演变而来的。

快慢两种华尔兹都以旋转为主，因而它有"圆舞"之称。慢华尔兹的风格典雅大方，热烈兴奋，动作流畅，步伐起伏连贯，旋转性强。它包含了交际舞中几种动作的基本技巧，掌握这些技巧对学其他舞也有很重要的作用。因此在当代国际标准交际舞的教学中，常以它为第一舞种，用它来打好基础。作为三步舞的华尔兹，舞曲是 3/4 拍，其基本步法为一拍跳一步，每小节三拍跳三步，每分钟 30～32 小节。但在变化中也有每小节跳两步甚至是跳四步的时候。

华尔兹舞步在速度缓慢的三拍子舞曲中流畅地运行，加上轻柔灵巧的倾斜、摆荡、反身和旋转动作以及各种优美的造型，使其具有既庄重典雅、舒展大方，又华丽多姿、飘逸欲仙的独特风韵。它因此而又享有"舞中之后"的美称。

维也纳华尔兹(Viennese Waltz)即快华尔兹，在交际舞中它的历史最悠久，19 世纪就成为交际舞中的"舞蹈之王"。它的步伐简单，但技巧很高，要在快速的音乐中把反身、摆动、倾斜、升降等技巧动作完成。它的舞曲也是 3/4 拍，但每分钟要有 50～60 小节。由于它的难度很大，在学习中通常是放到其他几种舞学完之后再学。

二、训练组合

第一组：第 1×8 拍。

【1～2】男士右脚前进一步，身体稍向右转(顺时针)；女士右脚后退一步，身体稍向右转，如图 6-38 所示。

【3～4】男士左脚往左侧迈一步，右脚尖着地，从之字线转换成 Z 字线；女士右脚往右侧迈一小步，左脚尖着地，从之字线转换成 Z 字线，如图 6-39 所示。

【5～8】男士现在站在 Z 字线上，右脚向左脚靠拢，右脚全脚着地；女士现在站在 Z 字线上，左脚向右脚靠拢，左脚全脚着地，如图 6-40 所示。

图 6-38

图 6-39

图 6-40

第二组：第 2×8 拍。

【1～2】男士左脚沿着 Z 字线后退一步，不转身；女士右脚沿着 Z 字线前进一步，不转身，如图 6-41 所示。

【3～4】男士右脚往右侧迈一步，脚尖着地，不转身；女士左脚往左侧迈一步，脚尖着地，不转身，如图 6-42 所示。

【5～8】男士左脚向右脚并拢，左脚全脚着地；女士右脚向左脚并拢，右脚全脚着地，如图 6-43 所示。

图 6-41　　　　　　　　　图 6-42　　　　　　　　　图 6-43

第三组：第 3×8 拍。

【1～2】男士右脚后退一步，身体稍向左转(顺时针)；女士左脚前进一步，身体稍向左转，如图 6-44 所示。

【3～4】男士左脚往左侧迈一步，脚尖着地，从 Z 字线转换成之字线；女士右脚往右侧迈一步，脚尖着地，从 Z 字线转换成之字线，如图 6-45 所示。

【5～8】男士现在站在之字线上，右脚向左脚并拢，右脚全脚着地；女士现在站在之字线上，左脚向右脚并拢，左脚全脚着地，如图 6-46 所示。

图 6-44　　　　　　　　　图 6-45　　　　　　　　　图 6-46

第四组：第 4×8 拍。

【1～2】男士左脚沿着之字线前进一步，不转身；女士右脚沿着之字线后退一步，不转身，如图 6-47 所示。

【3～4】男士右脚往右侧迈一步，脚尖着地，不转身；女士左脚往左侧迈一步，脚尖着地，不转身，如图 6-48 所示。

【5～8】男士左脚向右侧并拢，左脚全脚着地；女士右脚向左脚并拢，右脚全脚着地，如图 6-49 所示。

图 6-47

图 6-48

图 6-49

拓 展 阅 读

交际舞的起源与发展

国际标准交际舞，又称交谊舞或"体育舞蹈"，原名称作"社交舞"，英文为"Ballroom Dancing"，是人们沟通情感的一种形体语言，是任何语言都无法代替的艺术，是生活中的一种情趣，也是一种有益身心健康的体育活动。学习交际舞，可以培养美感，陶冶情操，增进友谊。

标准交际舞是一种双人的交际舞，经历对舞、圈舞、行列舞、集体舞等演变，由英国发起，欧美舞蹈界人士在广泛研究传统宫廷舞、交谊舞及拉美国家的各式土风舞的基础上，对此进行了规范和美化加工，成为流传广泛的社交舞蹈。英国人是最热衷于这种舞蹈的国家，在第一次世界大战以前，英国凭其强大的国势，将交际舞传播到世界各地。19 世纪 20 年代后，英国皇家舞蹈教师协会对原"舞种""舞步""舞姿"等进行规范整理，制定比赛方法，始形成国际标准交谊舞。这种舞蹈首先在西欧推广，继而又推广到世界各国和地区，受到了许多国家的欢迎和喜爱。

随着在世界的不断推广，舞蹈本身也得到了发展，流行于欧洲的摩登舞成为比赛中的一个项目群，它包括华尔兹、维也纳华尔兹、探戈、狐步和快步舞五项。同时，拉丁舞也

第六章 交际舞

受到大众的热爱。1960年,人们在对非洲和拉美一些国家的民间舞进行规范和加工后又增加了拉丁舞的比赛,拉丁舞也有五种舞:伦巴、恰恰恰、桑巴、牛仔、斗牛。摩登舞和拉丁舞风格迥异。摩登舞除了探戈外,都源于欧洲大陆,它的音乐时而激情昂扬,时而缠绵性感,动作细腻严谨,穿着十分讲究,体现欧洲国家男士的绅士风度和女士们的妩媚。拉丁舞除斗牛舞外,都源于美洲各国,它的音乐热情洋溢、奔放、节奏感强并以淋漓尽致的脚法律动引导,充分展现女性优美线条,活泼动人,气氛迷人,热情奔放,自由流畅,表达了青春欢乐的气息。

交际舞比赛分团体赛和个人赛两种,按预赛(淘汰赛)、复赛(选拔赛)、半决赛(资格赛)、决赛(名次赛)的程序进行。团体赛由每个参赛单位的8对男女运动员组成,按顺序进行比赛。个人赛分职业组和业余组,分别进行不同要求的比赛。对比赛舞种也有不同规定。比赛场地长23米,宽16米,最小尺寸为长20米,宽15米。比赛按音乐节奏配合、身体基本姿势、舞蹈动作、旋律的掌握以及对音乐的理解、舞步等方面评定运动员的成绩。体育舞蹈的音乐不超过4分30秒。比赛视规模设5~9名裁判员,按国际评判标准规定的基本技术、音乐表现力、舞蹈风格、舞蹈编排、临场表现、赛场效果等六个方面进行评分。交谊舞于20世纪30年代传入中国,而竞技性体育舞蹈则在20世纪80年代开始在中国推行。

1987年5月,中国舞协举办了首届"中国杯"国际标准舞比赛,比赛地点在北京交谊舞学校,参赛者约200对,主要来自北京和广州。1988年4月,中国舞协群众舞蹈研究会在北京主办了"牡丹音响杯"全国第二届国际标准舞大赛,比赛地点在北京体育馆,参赛者约300对,分别来自20个省、市、自治区。通过这两次全国比赛,国际标准舞在中国特别是在北京、广州、上海等城市流传,中国舞协培养的第一批舞者和两次比赛的获奖舞者自发成为推广的主力军。在政府的关心和指导下,全国各省市(包括一些中小城市)都成立了国际标准舞协会,跳国标舞,学国标舞的人越来越多。北京电视台播放的国际标准交谊舞教学节目收视率很高,有关人员保守估计,北京就有80万~100万人喜欢跳交谊舞,而且跳舞的人越来越年轻化。近年来,广州、北京、上海、郑州、南京、哈尔滨、武汉、重庆、宁波、深圳、南昌等地国标舞事业发展迅猛。

舞蹈可以给烦躁不安的心灵世界慰以平静,它是解除人们身心疲劳,获得心灵陶醉的自我抒发方式。交谊舞是人体外在美与内在美相统一的高雅的文艺活动形式。伴随轻松、悠扬的乐曲翩翩起舞,给人带来欢快和美的享受。在舞场听听音乐,跳跳交谊舞不仅能有效地调节神经系统、消除疲劳,还能够增强体质和培养健康向上的情绪。

目前,世界各国将国际标准舞易名为"体育舞蹈",欲将舞蹈运动纳入体育运动项目。拥有74个会员国的国际舞蹈运动总会(International Dance Sport Federation)于1997年9月4日正式成为国际奥林匹克委员会会员,体育舞蹈于2000年成为悉尼奥运会表演项目,2008年已成为正式比赛项目。

(资料来源:邹奇.世界艺术经典:交际舞卷.长春:吉林文史出版社,2006)

舞会的礼仪

1. 参加舞会的一般礼节

交际舞会会场是高雅文明的场所，是较能充分表现一个人的风采和修养的地方，所以也应该注意自己的行为举止。

(1) 服装要整洁。参加舞会者，一定要注意着装。正式的较高级的舞会，若对方邀请时对着装有一定的要求，则一定要按要求着装。即使没有特殊要求，也应注意服装整洁，颜色搭配协调。男士一般穿西装或中山装、皮鞋，女士穿长裙、西服或晚礼服。在舞会中，无论是天气热还是因跳舞过多而出汗，都不可随便脱去外衣。若是冬天，进入舞池前，应先到衣帽间脱去大衣，摘去帽子、手套、口罩等，然后再进入舞池。

(2) 言行举止彬彬有礼。参加舞会者应注意仪表美，讲究清洁卫生。舞会之前不要吃葱、蒜等带有刺激性气味的食物，也不应喝酒、抽烟等。若正患病最好辞谢邀请，以免将病菌传染给其他客人。进入舞场后，说话尽量轻声，不可高声大叫，更不可嬉戏打闹，满口脏话。走路脚步要轻，不可在舞池穿行。一首舞曲完毕后，应有礼貌地让女士先就座。在舞场上坐姿要端正，不可跷起"二郎腿"或"抖脚"。舞场上禁止吸烟。参加舞会一般是男女成对前往，如果没有异性舞伴，也可以单独前往。一般情况下，在舞池中是不可以男士与男士、女士与女士跳舞的。

(3) 邀舞的礼仪。在比较正式的舞会上，第一支舞曲响起时，往往是主人夫妇、主宾夫妇共舞。第二支舞曲响起时，往往是由主人邀请主宾夫人，主宾邀请主人夫人共舞。第三支舞曲响起时，参加舞会者可纷纷入场跳舞。在一般的交谊舞会上没有以上要求。音乐声响起，男士主动走到女士面前，点头或鞠躬，右手前伸，以示邀请；男士也可轻声问候并征求女士"请您跳舞可以吗"或"您喜欢这支舞曲吗"，女士同意后起身离座，与男士一起步入舞池。女士一般不要邀请男士跳舞。女士若想和某位男士跳舞，可以用目光或语言暗示。男士邀请女士跳舞时，如果女士的丈夫和亲人在一旁，应向他们招手致意，以示礼貌和尊重。一般情况下，女士不应拒绝男士的邀请。如若女士确实累了或其他原因决定拒绝，应站起身来，委婉地说明原因并致歉。无所表示，让对方难堪是失礼的行为。女士拒绝和男士跳舞之后，一般不可再与别人跳舞，即使再想跳，也必须等到下一支舞曲开始才能接受他人的邀请。舞场上切忌争风吃醋，在舞会上抢舞伴是极不礼貌的。

(4) 舞姿力求优美。跳舞时应注意舞姿。交谊舞的步法以男方为主轴，因此，男士必须熟悉舞步，否则不可贸然邀请，以免踩到对方脚或碰撞他人。跳舞时的姿势是：女士的左手轻轻地搭在男士的右肩上，右手轻轻地放在男士的左手掌心上，男士的左手应与女士的右手轻轻相握，右手应轻放于女士的腰部。起舞时动作要轻松、柔和、自如，女士应尽量适应男士的舞步，女士不可过于主动，否则会使男士感到吃力，动作难以协调。如果一方由于不慎无意间踩了对方的脚，应立即道歉。男女双方之间应保持一定的距离，通常间距在 15～46 厘米为宜。即使是夫妇、恋人也不可靠得太近，以免给人以轻浮之感。跳舞时，眼睛不应目不转睛地盯着对方，这样会使对方感到拘谨、不自在。在舞场上，不要一味地邀请同一个舞伴跳舞，以避免另有所图之嫌。

第六章 交际舞

(5) 礼貌地交谈、致谢。跳舞时，男女双方可以边跳边自由地交谈双方共同感兴趣的话题，但不可询问对方的年龄、收入、婚姻等隐私问题。当音乐结束时，舞步立即停止。男士应陪伴女士坐好后道谢，然后或交谈或离开。

舞会结束后，应邀者应主动向邀请者致谢，然后握手道别。

2. 交际舞场地与设施要求

(1) 场地：长23米，宽15米。木制地板场地最好，地面不能反光，要防滑、平整、四周有界线。一般的社交舞适用于舞厅、晚会等社交场合。比赛或表演时选手按逆时针方位运行。

(2) 灯光：各类灯光齐备，大小、色彩、图案、追光等能及时变化，适用于比赛、表演等各种用途。

(3) 音乐：采用专业音响、CD舞曲伴奏，并配备音响师。

3. 筹办舞会的注意事项

(1) 确定舞会的时间、地点、规模、邀请对象的范围。组织舞会应尽早确定时间，尽早发出通知。舞会一般安排在晚餐后7～11点为宜，时间一般不要超过三个小时，否则会使客人感到疲劳以至于影响休息和工作。舞会的场地要宽敞、雅洁。舞场的选择应视舞会的规模来确定。舞会邀请的男女客人应大致相等。被邀请的对象一经确定，就应及时发出请帖。正式舞会的请帖至少要提前一个星期发出，以便客人及早做出安排或回复。举办舞会，最好准备一些茶点、水果、饮料等，以备客人休息时取用。

(2) 邀请乐队，布置舞场。舞会的音乐伴奏十分重要。节奏明快、旋律优美的音乐，会使人心旷神怡、悠然自得。因此，舞会最好请一个乐队伴奏，有条件的也可以请两个乐队轮流伴奏。若请一个乐队，也可以准备一些唱片及音响设备，以便于乐师们休息时使用。如受条件限制，也可采用放音乐的形式，但应注意音响效果，这对舞会的成功与否有着直接的影响。舞场除了应有一个足够客人跳舞的舞池外，还应有衣帽间、饮料室以及场外停车场。舞场应宽敞雅洁，在场边应安放桌椅，供客人交谈、休息。舞场的灯光应柔和、暗淡，不宜明亮。

(3) 确定主持人和接待服务人员。大型的较正式的舞会或有特定内容的舞会需要确定一名主持人，一般舞会可不设主持人，但必须有接待服务人员，做好迎送、接待、引导、协调等方面的服务工作。

(资料来源：黄琳. 商务礼仪. 北京：机械工业出版社，2005)

思考与训练

1. 了解交际舞的起源与发展。
2. 参加舞会应注意哪些礼仪？
3. 交际舞场地和设施有怎样的要求？
4. 怎样成功地筹办一场舞会？

5. 进行探戈舞的练习。

(1) 男士左脚往左侧迈一步，脚步略大；女士右脚往右侧迈一步，脚步略小(练习5次)。

(2) 男士右脚向左并拢，结束时身体重心在右脚；女士左脚交叉在右脚前方，两脚之间的距离不必太近，结束时身体重心在左脚(练习5次)。

(3) 男士左脚向右脚并拢，女士右脚向左脚并拢(练习5次)。

6. 进行伦巴舞的练习。

(1) 男士左脚前进一步，脚尖稍微向外移，右脚维持原位置不变；女士右脚后退一步，左脚维持原位置不变(练习5次)。

(2) 男士右脚后退一步，左脚维持原位置不变；女士左脚前进一步，脚尖稍微向外移，右脚维持原位置不变(练习5次)。

7. 进行牛仔舞的练习。

(1) 男士左脚往左侧跳摇滚步，左手上抬引导女伴向下转身；女士在男伴的左手下方转身，右脚往前跳摇滚步，身体开始向右转(练习5次)。

(2) 男士照常跳后退以及复位步，恢复分开式面对面位置；女士照常跳后退以及复位步，恢复分开式面对面位置，结束时身体重心在左脚(练习5次)。

8. 进行华尔兹的练习。

(1) 男士站在之字线上，右脚向左脚并拢，右脚全脚着地；女士站在之字线上，左脚向右脚并拢，左脚全脚着地(练习5次)。

(2) 男士左脚沿着之字线前进一步，不转身；女士右脚沿着之字线后退一步，不转身(练习5次)。

第七章 健美操

健全的身体；健全的头脑；健全的人格；健全的灵魂。

——赵竹光

生活多美好啊，体育锻炼乐趣无穷。

——[俄]普希金

本章提要

- 健美操简介。
- 健美操基本动作训练。
- 健美操组合训练。

健美操是一项融体操、舞蹈、音乐于一体，以有氧练习为基础，以健、美、力为特征的体育运动项目。它以身体训练为内容，以人体自身为对象，以艺术创造为手段，经过长期科学和系统的练习，可以达到健身、健心和健美的目的。人们经常进行健美操的练习可以加速人体各组织的血液循环，减低动脉压，提高心血管系统的活动能力，加大肺的活力，建立起正常的新陈代谢过程，提高中枢神经系统和神经—肌肉运动器官的活动能力。同时健美操对人们的心理也起着良好的影响，使人朝气蓬勃，增强自信心，保持心情舒畅。

在健美操训练中要注意如下几点。

(1) 在讲解动作过程中，教师要准确做好示范动作。
(2) 教师在教学中应该注意学生的自身能力，不要"过激"地训练。
(3) 注意调节课堂气氛，调动学生学习的积极性。

第一节 健美操简介

一、健美操的产生与发展

现代健美操真正兴起是在 20 世纪 70 年代末，并以它强大的生命力和不可抑制的势头在世界各国蓬勃发展。1981 年，美国著名影星简·方达(Jane Fonda)根据自己的健身体会和经验，编写了《简·方达健美术》，该书主张以实用和新颖的运动形式来保持身体健美，再加上她卓越的名人效应，使健美操迅速在全世界流行起来，形成全球性的"健美热"。该书自出版以来，一直畅销不衰，并被翻译成 20 多种文字在世界许多国家出版。人们逐渐认识到了健美操作为一项运动具有的强大生命力，同时，也看到了健美操运动在诸多体育项目的市场竞争中有良好的运动前景，具有潜在的商业价值。

1983 年国际健美操联合会(简称 LAF)成立，总部设在日本，共有 20 多个会员国，每年举办世界健美操比赛。20 世纪 80 年代中期，国际健美操与健身联合会(简称 FISAF)成立，总部设在澳大利亚，有 40 多个会员国，每年除举办健美操专业比赛之外，还组织各种健美操培训班。1990 年，国际健美冠军联合会(简称 ANAC)成立，总部设在美国，每年举办世界健美操冠军赛。

我国健美操的发展步伐也很快，20 世纪 80 年代初健美操传入我国，反应迅速的是高等院校。1984 年北京体育大学成立了健美操研究组，1989 年上海体育学院成立了健美操研究室，并迅速推广至全国。社会健美操也得到了不同程度的发展，各种健美操俱乐部、健美操中心和健美操培训班如雨后春笋般地涌现，这种现象在北京、广州、上海等大型城市尤为突出。1986 年，在广州举办了第一次"全国女子健美操表演赛"。1991 年，"全国大学生健美操、艺术操大奖赛"在北京举行。1992 年 9 月，中国健美操协会在北京成立，极大地促进了我国健美操运动的发展。

健美操按照不同的目的和任务分为健身性健美操、表演性健美操和竞技性健美操；按照对象的不同可以分为中老年健美操、少儿健美操、青年健美操、女性健美操等。健美操形式多样，运动量可大可小，不受场地的限制，所以各个年龄层次的人均可以积极参加，具有广泛的群众基础，它可以使人的心理、生理、素质和气质得到全面发展。

二、健美操训练的注意事项

1. 做好热身和适当的伸展运动

天冷时，热身时间要长。初学者以每周两三次，隔日为宜。然后可适当增加次数，直到自己感觉适量为止，千万不要勉强。

2. 注意着装和脚步护理

做健美操时，应穿合身透汗的服装，要及时更换汗湿的衣服，避免着凉。不要赤脚穿普通皮鞋。健身鞋应有较厚的护垫，以减缓足部与地面撞击而造成的震荡，鞋身不宜太软，可采用半高筒式，以保护脚踝。要留心自己的脚部，常修剪脚趾甲，保持脚部皮肤干燥。

3. 练习时符合动作要求

进行健美操动作练习时要求肩部放松，头部绕环时尽量幅度大一些，含胸展胸动作要充分，要有一定的幅度，速度稍微慢一些。腰的转动不易太快，动作幅度要大而缓。

第二节　健美操基本动作训练

一、头颈动作训练

预备姿势：双脚大二位站好，双手叉腰，头向前看。

第 1×8 拍：1～4 拍头部向前屈两次，如图 7-1 所示。5～8 拍头部向后屈两次，如图 7-2 所示。

第 2×8 拍：1～4 拍头部向左侧屈两次，如图 7-3 所示。5～8 拍头部向右侧屈两次，见图 7-4 所示。

图 7-1　　　　　图 7-2　　　　　图 7-3　　　　　图 7-4

第 3×8 拍：1～4 拍双手交叉提至胸前，头向下低，如图 7-5 所示。5～8 拍双手交叉，手掌朝外向前推，身体向前趴，成 90°角，如图 7-6 所示。

第 4×8 拍：1～4 拍双手继续交叉手掌朝外向上推，抬头向上看，如图 7-7 所示。5～8 拍身体向下，双臂向两边斜上方向打开，如图 7-8 所示。

图 7-5　　　　　图 7-6　　　　　图 7-7　　　　　图 7-8

第 5×8 拍：1～4 拍身体向下，双臂向两边斜下方向打开，如图 7-9 所示。5～8 拍身体起来站直，双手环抱身体，低头，如图 7-10 所示。

第 6×8 拍：1～4 拍身体向下，头向上看，用右手去抓左脚，左手向上，如图 7-11 所示。5～8 拍身体向下，头向上看，用左手去抓右脚，右手向上，如图 7-12 所示。

第 7×8 拍：1～4 拍左脚向斜前迈出，双手握拳在胯两旁，头向前看，如图 7-13 所示。5~8拍右脚向斜前迈出，双手握拳在胯两旁，头向前看，如图7-14所示。

第8×8拍：1~4拍右腿弯，左脚向旁上步，右手向旁边伸平，左手向上，如图7-15所示。5~8拍右腿弯向前迈，后腿伸直，双手握拳在右胯前，如图7-16所示。

图7-9　　　　图7-10　　　　图7-11　　　　图7-12

图7-13　　　　图7-14　　　　图7-15　　　　图7-16

二、肩臂动作训练

第1×8拍：1~4拍左腿弯向后迈步，右腿伸直，身体朝后双手举过头顶，如图7-17所示。5~8拍左脚向旁迈步，双臂弯回在胸前，头向左边看，如图7-18所示。

第2×8拍：1~4拍向左转身朝后右脚上步，双臂弯回在胸前，头向右看，如图7-19所示。5~8拍向右转身吸左腿，双手在胸前击掌，如图7-20所示。

第3×8拍：1~4拍左脚向旁迈步蹲在二位上，双手握拳举过头顶，如图7-21所示。5~8拍双脚跳起同时向里收回正步，双手收回身体两侧，如图7-22所示。

第4×8拍：1~4拍右脚向旁迈步，左手到右斜下右手在体后，如图7-23所示。5~8拍右脚收回正步，双臂交叉在体前，低头，如图7-24所示。

第七章 健美操

图 7-17　　　　　图 7-18　　　　　图 7-19　　　　　图 7-20

图 7-21　　　　　图 7-22　　　　　图 7-23　　　　　图 7-24

第 5×8 拍：1～4 拍右脚向旁点地，双手举过头顶，如图 7-25 所示。5～8 拍右脚经跳收回正步，双臂弯回到胸前，如图 7-26 所示。

第 6×8 拍：1～4 拍右脚向后迈，左腿弯，双手握拳，右手向前，左手向旁，如图 7-27 所示。5～8 拍右脚经跳收回正步，双臂弯回到胸前，如图 7-28 所示。

第 7×8 拍：1～4 拍左脚向后迈，右腿弯，双手握拳，左手向前，右手向旁，如图 7-29 所示。5～8 拍左脚经跳收回正步，双手在身体两侧，如图 7-30 所示。

第 8×8 拍：1～4 拍右脚绷脚向旁踢，高度在 45°左右，左手在右胯前，右手抱头，如图 7-31 所示。5～8 拍右脚伸直向后迈，左腿弯，右手向斜下出手，左手在左胯旁，如图 7-32 所示。

图 7-25　　　　图 7-26　　　　图 7-27　　　　图 7-28

图 7-29　　　　图 7-30　　　　图 7-31　　　　图 7-32

三、膝腿动作训练

第 1×8 拍：1～4 拍脚二位身体朝前，左手背手，右手举过头顶，如图 7-33 所示。5～8 拍双腿蹲，双手握拳在头顶交叉，头向左侧倒，如图 7-34 所示。

第 2×8 拍：1～4 拍双脚正步站好，双手在身体两侧，如图 7-35 所示。5～8 拍左脚往前迈身体朝右侧站，双手握拳高度在 25°左右，头向前看，如图 7-36 所示。

第 3×8 拍：1～4 拍在正步的基础上左腿伸直右腿弯，右手在头上，如图 7-37 所示。5～8 拍左脚向前迈身体朝右侧站，双手向两边打开，头往前看，如图 7-38 所示。

第 4×8 拍：1～4 拍右脚收回到正步踮脚，左手向前右手向后，如图 7-39 所示。5～8 拍左脚向旁边迈步，后腿伸直，左手向旁边打开，右手在胯旁，头向前看，如图 7-40 所示。5～8 拍右脚收回正步，双手在体旁两侧，如图 7-41 所示。

第七章 健美操

图 7-33　　　　　图 7-34　　　　　图 7-35　　　　　图 7-36

图 7-37　　　　　图 7-38　　　　　图 7-39　　　　　图 7-40

第 5×8 拍：1～4 拍正步站好，身体朝前，如图 7-41 所示。5～8 拍右脚向后迈，左腿弯，双臂弯曲在胸前，如图 7-42 所示。

第 6×8 拍：1～4 拍左腿向旁伸直绷脚右腿弯，双臂弯曲在两旁，如图 7-43 所示。5～8 拍左脚收回，正步，左手叉腰，右手到左胯前，如图 7-44 所示。

第 7×8 拍：1～4 拍正步站好，左手叉腰右手斜上举过头顶，如图 7-45 所示。5～8 拍右手经头顶划一圈，如图 7-46 所示。

第 8×8 拍：1～4 拍右手划一圈回来，双手到头顶击掌，如图 7-47 所示。5～8 拍右脚向后，双臂打开举过头顶，如图 7-48 所示。

图 7-41　　　　　图 7-42　　　　　图 7-43　　　　　图 7-44

图 7-45　　　　　图 7-46　　　　　图 7-47　　　　　图 7-48

四、腰背动作训练

第 1×8 拍：1～4 拍收回正步，双臂弯曲到胸前，如图 7-49 所示。5～8 拍右脚向前迈左腿伸直，双手打开在两旁，如图 7-50 所示。

第 2×8 拍：1～4 拍正步站好，身体朝前，如图 7-51 所示。5～8 拍右臂弯曲，左臂不动，如图 7-52 所示。

第 3×8 拍：1～4 拍右臂保持弯曲不动，左臂弯曲，如图 7-53 所示。5～8 拍左臂保持不动，右臂向上举过头顶，如图 7-54 所示。

第 4×8 拍：1～4 拍右臂不动，左臂举过头顶，如图 7-55 所示。5～8 拍左腿向旁迈步二位蹲住，双手握拳，右手向前，左手向旁，如图 7-56 所示。

第七章 健美操

图 7-49　　　　图 7-50　　　　图 7-51　　　　图 7-52

图 7-53　　　　图 7-54　　　　图 7-55　　　　图 7-56

第 5×8 拍：1～4 拍正步站好，双手在身体两侧，如图 7-57 所示。5～8 拍右脚向旁迈步二位蹲住，左手向前右手向旁伸直，如图 7-58 所示。

第 6×8 拍：1～4 拍右脚收回到正步，如图 7-59 所示。5～8 拍双脚二位站好，双臂交叉双手握拳，如图 7-60 所示。

第 7×8 拍：1～4 拍正步站好，左脚脚掌点地，双手握拳双臂平举，如图 7-61 所示。5～8 拍向左转身右脚点地，双手在头顶击掌，头往前看，如图 7-62 所示。

第 8×8 拍：1～4 拍右脚向旁迈成二位脚，上身向前呈 90°，右手叉腰，左手五指张开接触地面，如图 7-63 所示。5～8 拍右脚收回，正步面朝前，双手握拳在身体两侧，如图 7-64 所示。

图 7-57　　　　　图 7-58　　　　　图 7-59　　　　　图 7-60

图 7-61　　　　　图 7-62　　　　　图 7-63　　　　　图 7-64

第三节　健美操组合训练

第 1 小节：原地踏步，先走左脚，双手摆臂，共做两个 8 拍，如图 7-65 所示。

第 2 小节：前后三步一点，双手叉腰，往前先走左脚，一拍上一次脚。在第 4 拍时右脚点地，往后先退右脚，第 4 拍时左脚点地，共做两个 8 拍，如图 7-66 所示。

第 3 小节：在第 2 小节步伐的基础上加手，前后走步时，双臂在身体两侧摆臂，第 4 拍时双臂上举，在头上击掌，共做 4 个 8 拍，如图 7-67 所示。

第 4 小节：前后三步一吸，双手叉腰，往前先走左脚，在第 4 拍时，右脚吸腿，往后先退右脚，在第 4 拍时左脚吸腿，共做 4 个 8 拍，如图 7-68 所示。

第七章 健美操

图 7-65　　　　图 7-66　　　　图 7-67　　　　图 7-68

第 5 小节：在第 4 小节步伐的基础上加手，前两拍双手握拳胸前转手，第 3 拍时打开双臂平举，第 4 拍吸腿的同时击掌，如图 7-69 和图 7-70 所示。

第 6 小节：侧点，双手背后，先上左脚右点，然后再上右脚左点，共 4 次，1 个 8 拍，如图 7-71 和图 7-72 所示。

第 7 小节：踏步后退，双手摆臂，共 1 个 8 拍，如图 7-73 所示。

图 7-69　　　图 7-70　　　图 7-71　　　图 7-72　　　图 7-73

第 8 小节：反复第 6、7 小节 1 次，结束。

拓 展 阅 读

健美操的指导思想与创编原则

1. 健美操的指导思想

健美操的宗旨是提高人的健康水平，我们在进行创编时除了要把握住具体的操作外，还应明确健身健美操的健身性、安全性、娱乐与艺术性的总体指导思想。

(1) 健身性：我们的一切动作与设计都应围绕健身性这一指导思想进行。编排动作应根据人体特征使人的头颈、躯干、四肢都得以充分锻炼。我们应当注意有意识地、科学地使用各关节的各种运动形式，促进肌力的增长、关节灵活性的提高，以及通过改变运动位置、方向、节奏、路线来影响不同的肌群；可以通过动作路线、节奏、位置、方向与单一动作、复合性动作的变化来培养人的协调性，同一动作重复越多，对同一肌肉及关节的影响就越大，但并不是越多越好。因此，恰如其分地运用这些因素才能达到促进健康的目的。

（2）安全性：它是保证健康的前提条件，同时也是这一项目真正为大多数人服务与发展的有力保障条件之一。因此，创编健美操必须坚持有益健康为基础，避免那些容易造成伤害的方法与手段。我们应做到：第一，确保有氧，避免无氧现象的出现；第二，遵循人体自然运动规律，杜绝违反人体自然活动的动作出现；第三，减少运动对关节的冲击力，保护关节；第四，避免肌肉的过度牵拉，防止对肌肉造成损伤；第五，确保成套整体风格的积极向上的精神，以带给人们朝气蓬勃、轻松愉快、积极向上的精神状态。

（3）娱乐与艺术性：人们在音乐的伴奏下进行健美操的练习，不仅锻炼躯体，身心也可以得到愉悦。优美动听的音乐可以陶冶人的情操，舒展大方的动作使人有美的享受，人们在音乐的衬托之下释放了压抑的情绪，从而获得良好的情绪与状态。因此，我们设计动作之前，要反复地聆听音乐，去感受它、去分析它，感受音乐到底给人们带来了什么，分析音乐的风格、节奏、乐句与乐段等再配以适当的动作进行练习。

2. 健美操的创编原则

健美操的创编包括：制定目标、构思成套结构、音乐的选择与确定、素材的选择与确定、分段组合动作、成套组合动作、修改和定稿七大程序。在这一过程中应坚持如下原则。

（1）规律性原则。动作的编排是有规律的，表现为以 32 拍为单位，即 4 个八拍动作为一组，并且每一八拍的动作也应是完整的，这与音乐的结构完全相同。

编排动作首先确定基本步伐，它是组成动作组合的最小单位，再配以上肢、躯干的动作形成完整动作。在一组动作中，步伐越多，可能的组合方式也就越多。通常来说，5~6 种步伐一组的为中等难度，可加入一些变化。2~4 种步伐一组的动作适合于初学者。如果在一个组合中编排的步伐太多，容易使练习者跟不上，从而失去锻炼的信心，影响锻炼的效果。

（2）锻炼性原则。动作的编排要有利于进一步发展心肺功能。其方法有：通过加大动作幅度和力度，特别是加大移动步幅，可以有效地改善心肺功能；设计上肢动作超过心脏水平位也能达到提高心率的效果；在基本动作中加入不同方向的变化和移动，充分利用空间达到提高心率的目的；把低冲击力步伐改为高冲击力步伐也能提高心率。

（3）流畅合理性原则。根据人体基本生理解剖结构，动作之间的搭配要合理、科学，动作之间的衔接要自然流畅。动作是否连贯、自然、流畅十分重要，练习者不易掌握不连贯流畅的动作，特别是步伐的流畅，练习时它影响成套动作的完整性，练习者跟不上，就会停下来，势必影响心肺功能的提高。当整套操形成一定的规律，就可以使锻炼者尽快掌握动作，加强锻炼的实效性。

第七章 健美操

　　动作流畅是指活动部位的有序流畅以及动作与动作前后连接的规律有序流畅，如按解剖的位置由上至下或由下至上，由外向内或由内向外，从一种步伐合理连接至另一种步伐，由局部至全部，由单一到综合与复杂。为了利于学习者掌握，我们在创编时可以有意识地分解复合性动作并对动作进行分析，并使动作有序流畅。健美操动作由下肢步伐配以上肢、躯干的运动而成，在形成一个复合性动作时，我们可以把这一动作分成若干个单一动作之后再逐步加以组合，例如先做下肢动作再做上肢动作，最后组合成一个完整动作，或是先做动作原形，再在原形的基础上加以变化等。

　　要使动作连贯合理，就要了解动作中有哪些类型，第一是步伐，步伐流畅能保证运动中身体重心的把握，如果能在运动中使身体重心平衡，做到流畅就不难了。步伐的主要形式有以下几种：一是双脚同时运动，二是双脚依次运动，三是同脚多次运动。在步伐与步伐的转换中，重心的变化是其中的关键。双脚同时运动时重心在中间，这样的步伐让我们的身体可以移动自如。当单脚运动时，人体重心倒向同侧一边，接下一步伐时动作相同，方向相反。第二是手臂动作，手臂动作的运动形式与运动范围比较复杂与多样，但归纳起来有对称运动、不对称运动、单手运动、双手运动；运动形式有伸、举、摆、绕、振等。对于初学者来说，对称运动比不对称运动容易接受，我们要有规律、有目的地使用这些形式。

　　(4) 从实际出发原则。动作的选择要符合练习者的水平。在编排组合或成套动作时，选用哪些动作，或在组合中如何改变方向、加大移动、节奏加快重复做相同的动作，选择转身动作和转身的度数及跳跃动作等这些变化时，我们一定要考虑练习者的接受能力、协调性、方向平衡感、身体的肌肉力量等，了解这些身体素质情况才能使学习者领会设计意图，较快地掌握动作，以达到锻炼的目的。

　　(5) 合理的运动负荷原则。健身健美操要严格地把运动负荷控制在中小强度，使之确保运动当中的呼吸供氧。为了有效地达到最佳锻炼价值，我们应把负荷控制在健身所需的负荷之内。专家们推荐：当运动者的平均心率达到运动者最高心率的 60%～80% 时为健身区，此时，心率越高对身体的影响越大，锻炼的效果越明显；高于 80% 为强化区，表明运动强度大，且影响身体更剧烈；低于 60% 为消遣区，只起到一般性活动的作用。

　　在健身健美操练习中，最高心率的计算办法为：220-年龄=最高心率。

　　通常运动负荷受下列因素影响：动作速度、重复次数、时间、动作幅度、肌肉用力。相同的时间内，动作速度越快，重复次数越多，幅度越大，肌肉用力越大，强度就越大；反之则越小。

　　编排的动作组合或成套动作要做到丰富多彩，还得充分利用基本动作的变化因素来设计、丰富动作内容。例如同一动作可以有方向的变化、节奏的变化、重复次数的变化、动作移动的变化、单双侧动作的变化、动作模式的变化以及动作平面的变化等。

(资料来源：向智星. 形体训练. 北京：高等教育出版社，2009)

健美操的内涵美

健美操是融体操、舞蹈、音乐于一体的一项体育项目。它起源于生活，起源于人类对人体健与美的追求。健美操不仅秉承了体育中的"健"和"力"，更强调艺术中的"美"。它将人体语言艺术和体育美学融为一体，使健美操成为一个极具审美价值的体育运动项目。健美操之美的内涵体现在以下几个方面。

1. 创造美

创造是一切美的根源。健美操美的本质是人的力量在健美操运动实践中的感性显现，而人的力量最重要的体现就是自由自在地创造活动。健美操是区别于跑步、游泳等单一动作结构的运动项目，从属于多元动作结构类型，其动作特点就是变化多样，它有层出不穷、花样翻新的全部人体所能达到的自由形式和丰富内容。健美操的美从根本上区别于自然美，是因为它绝不是一种纯客观的存在，而是一种由主观参与创造的、凝聚着主观力量和智慧的社会性存在。它的美是一种不断超越、不断变化的美。很难想象，一种陈旧的、落后的事物能给人以美感。只有那些符合人类进步和社会发展需要的、新的、正确的、革命的事物才充满生机，富有创造性，才是美的。

无论是竞技健美操还是大众健美操，创造是其存在的唯一依据。竞技健美操竞赛规则中这样描述成套动作的创编："成套动作必须展示出创造性，动作设计必须展示竞技健美操的特殊内容，动作变化以及音乐动作与运动员的表演紧密相连。'世界级'的成套动作必须具备独一无二的创造性特征。"风靡全世界的莱美健身课程，之所以始终处于集体健身领域的领头位置，就是因为其专家开发小组每三个月就会对所有健身项目进行一次从音乐到技术动作上的全面更新，这种持续创新能力充分保证了莱美健身的生命力。

因此，健美操并不是被动地反映对象的美，而是积极地创造美，即通过审美体验创造性地把对象的有关内容表现出来，产生审美效果。美的创造既不受原有概念的制约，也不能模仿他人，而是通过自己的方式表现出来的，是通过独自的方式所产生和完成的审美意识的表现。

2. 健康美

世界卫生组织给健康所下的定义为：健康是指生理、心理及社会适应三个方面全部良好的一种状况，而不仅仅是指没有疾病或者体格健壮。因此，健康的标准并不仅仅是生理意义上的"健康"，而是兼备心理和适应能力的健康。

随着经济的发展和社会的进步，"健康美"作为一种积极的健康观念和现代意识，已被越来越多受现代文明病所困扰的人们所追捧，它是人类对自己生命价值的肯定。"健康美"是肌体最有效发挥其机能的状态，是运动所带来的体格健壮、无疾病与良好的精神状况相协调的美的状态。大众健美操又称为健身健美操，顾名思义，其目的就是健身，这个风靡全球的运动项目能充分地表现出健康美。

研究表明，系统的健美操锻炼，可使人体达到肌体的最佳状态。

在外部形态上，肌肉的塑造和脂肪的消除，使人体各组成部分协调一致，肌肉、骨骼等形体结构呈优化组合，使之趋向人的理想尺度。

第七章 健美操

在身体内部,良好的心肺耐力可以使心脏与循环系统有效运作,将肌体所需的营养物质、氧气及生物活性物质运送到肌肉与各组织器官,从而促进有机体在生命活动中发挥重要作用。

在心理方面,轻松、活泼的运动状态,配之以节奏欢快的音乐,通过热情奔放的动作与音乐的完美结合,可产生烘托气氛、激发情绪的心理效应,使锻炼者的注意力从烦恼的事情上转移开,忘掉失意与压抑,调节工作、生活中所产生的紧张情绪,内心受到艺术熏陶,极大地改善心理状态。

3. 融合美

健美操的美是融合之美。从其最早产生来看,它融合了体操、音乐和舞蹈才产生了真正意义的健美操。在成为独立的运动项目后,健美操并不孤立于其他项目独立发展,而是融合了多种元素,使其不再"操化"、死板,表现内容和形式更加丰富。竞技健美操,作为独立的竞赛项目,必然要突出健美操本身的特色,在健美操操化动作的基础上,融入武术、舞蹈等感觉动作,成为健美操艺术性表现的有力支撑。此外,在健身房,人们所热衷的已不再是单纯的健身操,而是与健身操融合的各种各样新的形式,不同特色的健身操项目可以适应人们不同的健身需求。有氧搏击操融合了拳击、空手道、跆拳道、中国功夫,甚至一些舞蹈动作,速度和节拍都比较劲爆。在直拳、勾拳、摆拳、正踢、侧踢、侧蹬等搏击动作中,身体的侧腰、腹部、大腿、手臂、肩背等区域的每一块肌肉都参与了运动,发力要求迅猛、有爆发性,使身体的弹性、柔韧性及灵敏度都得到了提高。

拉丁健美操结合风靡世界的拉丁舞蹈动作,充分展现拉丁舞奔放热烈的特点,将舞蹈和美感与健身的力度相结合,在热力四射的拉丁音乐中,人们跳动的欲望立刻被唤起,情不自禁地伴着音乐扭动,沉醉在健美的快感与拉丁舞蹈的动感中。

踏板操则是将体能测试中的台阶练习与健美操的动作和步伐融合,放在特制踏板上完成。踏板操的最基本动作就是上板、下板,臀部肌肉可以得到充分按摩,对于长期坐着工作的人特别有好处,在改善大腿形状的同时还可以使臀部更加紧致结实。通过各种踏上踏下带有转体和跳跃的动作,达到锻炼心肺功能的目的。在重心移动的过程中,腰腹可以得到有效的锻炼。

4. 表现美

在其他体育运动项目中,往往充满着竞赛意识,如田径中的田赛与径赛,球类活动中的胜负之分,而这些在健美操运动中发生了质的变化。健美操是一项倡导自我表现的项目,将人的内在情绪通过外部动作表现出来,是自信心、自我陶醉、热情感染力的综合反映。

健美操以刚柔相济的动作、轻盈健美的姿势展现人们的运动激情与生命力,展示身体最美的面、角、线,反映人们对音乐的感悟,对美的追求。抹去竞争,健美操所倡导的是自我表现,是自己与自己的比较,它引导练习者了解自己要做什么。练习者在练习健美操的过程中,要从混乱、无序开始,经历困惑、烦恼,最终实现动作的完成。这个过程完成后,练习者在健美操运动中将以自己的联想,表现出个性化的动作,充分展现自我的能力，增强自我的自信心。在长期的健美操练习后，练习者会发现自己的身体由内到外发生了奇妙的变化。翘起的嘴角、自信的脸庞、优雅的气质、完美的表现，而这些正是当今社会所需要的。

5. 艺术美

一项竞技项目，竞赛规则的规定，决定着项目发展的方向。竞技健美操，作为评分类项目，其评分内容包括艺术性、完成、难度。规则规定，如果两者最后得分相同，则艺术分高者名次在前。由此可见艺术性在健美操中的重要地位。

健美操艺术美，既综合了画家、剧作家、音乐家、文学家和诗人等所创作的艺术形象的美，还蕴涵了人体生命的律动。它充满了活力、韵律和激情，其表现性是通过具有自由创造能力的人自身来完成的，是由运动员的形体美和动作技巧美结合而成的艺术造型系统。人们观赏健美操比赛时，时而如欣赏一幅活动的画面，时而又如聆听一首动听的诗歌，那种感觉美不胜收。健美操艺术美是其具有巨大感染力的基本保证。通常将健美操称为健美操表演，其实就是将赛台看作了舞台，将运动员当作了演员。在观赏健美操比赛的时候，不仅要欣赏力量和技术构成的完美场面，更需要得到艺术上的享受，作为健美操运动员，则具有各自不同风格特点和精神风貌，并通过动作的编排表现出来。通过优美动作和形体既表达了运动员内心的欢快、明朗的心境，又表现出一个民族的风俗和气节，达到一种健美操层次的艺术感染美。

艺术美是健美操区别于其他运动项目的突出特征，也是深受人们喜爱的重要原因。在受到健美操的艺术感染后，人们会自觉投入到健美操的练习中，因为在练习中，锻炼身体与享受艺术两不误。

(资料来源：陈晓洁. 浅谈健美操的内涵美. 新西部，2010(18)，有改动)

思考与训练

1. 进行健美操头颈动作训练5次。
2. 进行健美操肩臂动作训练5次。
3. 进行健美操腿膝动作训练5次。
4. 进行健美操腰背动作训练5次。
5. 进行健身操组合训练。
   (1) 练习原地踏步15次。
   (2) 练习双臂上举击掌15次。
   (3) 练习左右吸腿15次。
6. 请谈一下健美操的起源和发展。
7. 健身健美操的编排原则和指导思想有哪些？
8. 根据已掌握的健美操知识，自编一套适合自身锻炼的简便易行的健美操。

第八章 瑜 伽

有四种人达到他们此生的目的：第一种是勤劳的人，通过不懈地辛劳获得觉悟，即业道；第二种是感性的人，通过敬神寻找到神性，即虔道；第三种是聪慧的人，通过获取知识觉悟，即慧道；第四种是沉思的人，通过冥想控制自己的精神得到觉悟，即瑜伽道。

——[印度]艾扬格(K.B.Slyengar)

本章提要
- 瑜伽体位法训练概述。
- 13种瑜伽体位法。

健美的身体不仅是指锻炼出一个好身材，它还应该包括靓丽的肌肤、健康的体魄、充沛的精力等。瑜伽就是通过精神的修养与身体的训练，配合正确的饮食及生活习惯来达到养身美体的效果。

第一节 瑜伽体位法训练概述

1．瑜伽体位法训练原理

瑜伽体位的目的在于锻炼脑部、脊柱、肌肉、腺体与内脏器官，改进新陈代谢和提高体能。这里设计的体位综合考虑到时间的经济性和健身的有效性，这些体位姿势大多数既锻炼了肌肉组织，使我们肌肉组织的活性增强，达到矫形塑体的作用，又有利于脊柱、肾上腺、肝、胰脏、肾脏之间的平衡与健康。

瑜伽姿势做得缓慢而步骤分明，轻柔地按摩和伸展使身体每个部分都得到益处，帮助人保持身体健康，并经常处于有利内心平和、善于创造以及冥想深思的精神状态，瑜伽的每个姿势都经过连绵的动作缓慢地完成，是一种节能的有氧运动。

2．练习瑜伽的注意事项

(1) 练习瑜伽时遵循安全性原则，即在安全的范围内缓慢地完成动作，做到自己的极限。

(2) 练习前排空体内便尿。

(3) 瑜伽应在空腹时练习，进餐后三小时方可练习。

(4) 赤脚在瑜伽垫上练习，保证练习时身体的稳定性。

(5) 做瑜伽之前要做好热身运动，舒展筋骨以防拉伤。

(6) 摘下手表、首饰、腰带、发饰等物品。

(7) 禁止大病初愈和手术后练习瑜伽。

(8) 孕妇、高血压患者、心脏病患者、眩晕症患者、经期时练习需谨慎，上体往下倒立的姿势、强度难度大的姿势不要做，以免头部充血发生危险。

(9) 练习后注意放松休息，半小时内不要沐浴和进食。

3．瑜伽体位法的排毒美颜纤体功能

瑜伽体位法透过身体四肢的伸展、扭动、折叠，能令闭塞的淋巴管道得以畅通，脂肪及水分在体内得以正常运作，同时有效按摩五脏六腑，刺激体内分泌腺，将原来失调的荷尔蒙分泌恢复正常，从而提高新陈代谢；锻炼肌肉软化脂肪，分解脂肪，并加速体内脂肪的燃烧。此外，不少瑜伽动作要求练习者在某个姿势保持一段时间，过程中需要肌肉进行静态的等长收缩，从而加强锻炼四肢的肌肉，提高肌肉的耐力，令松弛的肌肉纤维收紧，变得更富有弹性和更结实，因此练习瑜伽的过程，就是淋巴排毒、减肥、美颜塑身纤体的过程。经过一个月的瑜伽体位姿势的练习，肢体经常练习的部位变得紧致而有弹性，效果非常明显。

第二节　13种瑜伽体位法

一、拜日式

拜日式通常作为瑜伽体位练习时的热身动作，它能有效地调节人体各个系统功能(消化、骨骼、呼吸、内分泌、神经、肌肉等)，使人精力充沛，心情愉悦。具体步骤如下。

(1) 直立，双手胸前合十，正常呼吸，如图8-1所示。

(2) 吸气，上半身以腰部为轴向后仰，髋关节向前推，夹紧臀部肌肉，如图8-2所示。

(3) 呼气，上半身向前下弯，伸直双腿，双手抱双脚踝，如图8-3所示。

(4) 吸气，左腿向后伸展，右腿向前弓步，如图8-4所示。

(5) 头向后弯，胸部向前挺出，背部成凹拱形，如图8-5所示。

(6) 呼气，同时右脚后移与左脚并拢，脚跟向上，臀部向后方和上方收起，双臂双腿伸直，如图8-6所示。

(7) 呼气，臀部向后上方抬起，背部下压，重心在两臂和两腿上，如图8-7所示。

(8) 呼气，臀部前移，弯曲两肘，胸部朝向地板放低，腹部、大腿接触地面，如图8-8所示。

(9) 吸气，伸直两臂，上身从腰部向上升起，头部后仰，如图8-9所示。

(10) 呼气，臀部回升高空，如图8-10所示。

(11) 吸气，左腿向前弓步，右腿向后伸展，如图8-11所示。

(12) 吸气，左腿向前弓步，头向后弯，胸部向前挺出，背部成凹拱形，如图8-12所示。

(13) 呼气，收回右腿与左腿并拢，伸直双腿，双手抱双脚踝，如图8-13所示。

图 8-1　　　　　图 8-2　　　　　图 8-3　　　　　图 8-4

图 8-5　　　　　图 8-6　　　　　图 8-7

图 8-8　　　　　图 8-9　　　　　图 8-10

图 8-11　　　　　图 8-12　　　　　图 8-13

(14) 吸气，身体缓慢恢复正直，上半身以腰部为轴向后仰，髋关节向前推，夹紧臀部肌肉，如图 8-14 所示。

(15) 呼气，身体恢复正直，双手胸前合十，正常呼吸，如图 8-15 所示。

图 8-14　　　　　　　　图 8-15

拜日式连续动作演示如图 8-16 所示。

图 8-16

二、眼镜蛇式

眼镜蛇式瑜伽体位法具有补养脊柱、消除便秘、有效调节女性月经失调的神奇功效。其具体动作如下。

俯卧,双手放于胸部两侧,掌心向下,吸气同时依次抬起头、肩、上身躯干,眼睛向上看。正常呼吸,坚持 30 秒,呼气还原,如图 8-17 所示。

第八章 瑜伽

图 8-17

三、三角伸展式

三角伸展式瑜伽体位法能够有效地消减腰部多余脂肪，同时使脸部焕发出动人的健康色泽。其具体练习步骤如下。

(1) 双腿宽阔地分开，脚尖微微向外。吸气双手成侧平伸，如图 8-18 所示。

(2) 呼气，向右侧弯腰，右手抓住右脚踝，保持两臂成一条直线，保持姿势 10 秒，正常呼吸，如图 8-19 所示。

(3) 吸气，慢慢回复基本三角式。然后做反向练习，如图 8-20 所示。

图 8-18　　　　　　图 8-19　　　　　　图 8-20

四、猫伸展式

猫伸展式瑜伽体位法具有消除腹部多余脂肪、增强消化功能、消除月经痉挛、治疗白带过多和月经失调等神奇功效。其具体步骤如下。

(1) 双手双膝着地，吸气抬头塌腰保持 10 秒，如图 8-21 所示。

(2) 呼气垂头拱背 10 秒，如图 8-22 所示。

图 8-21　　　　　　图 8-22

五、单腿交换伸展式

单腿交换伸展式瑜伽体位法能够有效地消除腰部多余脂肪，促进消化，并能根除女性性功能失调的毛病。其具体步骤如下。

(1) 基本坐姿，如图 8-23 所示。
(2) 收左脚至腹股沟，双手抓右脚趾，吸气挺腰保持 10 秒，如图 8-24 所示。
(3) 呼气，向前伏身，胸部尽量贴近大腿，保持 10 秒，如图 8-25 所示。
(4) 换脚练习，如图 8-26 所示和图 8-27 所示。

图 8-23　　　　　图 8-24　　　　　图 8-25

图 8-26　　　　　图 8-27

六、战士一式

战士一式瑜伽体位法能够有效地增强肺活量，减少髋部脂肪，同时增强平衡感与注意力。其具体步骤如下。

(1) 双手合掌高举过头，吸气，两腿分开，呼气，右脚和上半身向右转 90°，左脚右转 15°，右腿前屈左腿后绷，眼睛看手的方向，正常地呼吸，保持 20～30 秒，如图 8-28 所示。
(2) 换另一侧练习，如图 8-29 所示。

七、战士二式

战士二式瑜伽体位法能够有效地锻炼双腿、背部、腹部，使腿部肌肉变柔韧，并消除腿部抽筋的毛病。其具体步骤如下。

(1) 基本站姿，吸气，两脚大大分开，双手侧平举，左脚左转 90°，右脚左转 15°，如图 8-30 所示。

(2) 呼气，屈左膝，正常呼吸 30 秒，如图 8-31 所示。
(3) 吸气回位，换边练习，如图 8-32 和图 8-33 所示。

图 8-28　　　　　　　　　　　图 8-29

图 8-30　　　　　　　　　　　图 8-31

图 8-32　　　　　　　　　　　图 8-33

八、莲花坐式

莲花坐式瑜伽体位法具有增加上半身的血液循环，强壮脊柱、内脏，预防和治疗疾病的功效，使心态平和。

其基本坐姿为：左脚放在右腿上，贴近肚脐，右脚放在左腿上，接近肚脐，脊柱伸直正常呼吸，如图 8-34 所示。交换练习。

九、山式

山式瑜伽体位法除了具有莲花坐的功效以外，还有扩张、发展胸部，消除双肩僵硬强直和风湿痛等功效。

其步骤为：莲花坐，十指相交，向上翻转，垂头、下巴靠锁骨。正常呼吸 60 秒，如图 8-35 所示。交换腿练习。

图 8-34

图 8-35

十、双角式

双角式瑜伽体位法具有伸展两腿腿肚子、腘旁腱和手臂的肌肉、补养和增强背部和肩部的肌肉群的功效，能够有效地锻炼颈项和扩展胸部。其具体步骤如下。

(1) 基本站姿，两脚微微分开，吸气，手臂背后十指交握，如图 8-36 所示。

(2) 呼气，上身向前弯腰，头部贴近大腿，两臂向后上方伸展，保持 20 秒，如图 8-37 所示，吸气，回复基本站姿。

图 8-36

图 8-37

十一、增延脊柱伸展式

增延脊柱伸展式瑜伽体位法能够有效地补养和增强脊柱，纠正女性月经失调，对于抑郁沮丧或过分激动的人，是一个极好的姿势。其具体步骤如下。

第八章 瑜伽

基本站姿，呼气，身体以腰部为轴向前弯身，双手抱双脚踝，到达极限时保持 30 秒，正常呼吸，如图 8-38 所示。

十二、倾斜式

倾斜式瑜伽体位法具有补养和增强背部肌肉群、滋养内脏、促进血液循环，同时塑造美丽臀部的功效。其具体步骤如下。

(1) 仰卧，双手掌扶地，双脚收至臀部，如图 8-39 所示。

(2) 吸气，挺起上身躯干，正常呼吸，保持姿势 10 秒，如图 8-40 所示。

图 8-38

图 8-39

图 8-40

十三、俯卧放松功

俯卧放松功瑜伽体位法能够给人以全面的休息、松弛和心灵警醒的感觉。轻微地伸展背部、双肩和双臂，有助于消除颈项失枕、纠正弯腰驼背和脊椎盘错位。其具体步骤如下。

俯卧地上，两臂伸直到头顶之前，闭上双眼，放松全身，如图 8-41。注意力放在呼吸上，感受自己在吸气、呼气。保持这种姿势 5～10 分钟。

图 8-41

拓 展 阅 读

时尚健身美体术——瑜伽简介

1. 瑜伽的起源

瑜伽起源于 5000 年前古老的印度，当时的印度神秘思想的倾向很浓厚，瑜伽绝大多数是以口诀的方式，由师父传给徒弟。瑜伽唯一的教典，为纪元前 2 世纪左右一名瑜伽行者遗留下来的《瑜伽行法》。

五千年前古印度的高僧们为求进入心神合一的最高境界，经常僻居原始森林，静坐冥想。在长时间单独生活之后，他们仔细观察动物，看它们如何适应自然的生活，如何实施有效的呼吸、摄取食物、排泄、休息、睡眠以及克服疾病。他们从观察生物中体悟了不少大自然法则，再从生物的生存法则，验证到人的身上，逐步地去感应身体内部的微妙变化。于是人类懂得了和自己的身体对话，从而知道探索自己的身体，开始进行健康的维护和调理，以及对疾病创痛的医治本能。几千年的钻研归纳下来，逐步衍化出一套理论完整、贴切实用的养身健身体系，这就是瑜伽。

2. 瑜伽流派简介

瑜伽的流派很多，主要有以下几个。

(1) JNANAYOGA(智慧瑜伽)：热心于研究工作，用其天赋智慧，探求人生的哲理。

(2) HATHAYOGA(哈达瑜伽)：包括 ASANA(体位法)和 TPRANAYAMS(呼吸法)，为追求身心健康的瑜伽科学。哈达瑜伽为世界上最普及的健康美容法，被广泛应用。哈达瑜伽或译"日月瑜伽""阴阳瑜伽"和"健美瑜伽"。

(3) KARMAYOGA(行动瑜伽)：包括 PRATYAHARA，或译劳动瑜伽，以服务社会，不计较成果，在为民众服务中得到快乐。

(4) RAJAYOGA(冥想瑜伽)：包括 DHARANA(凝念)、DHYANA(静虑)及 SAMAEHI(静坐)，为精神集中及静坐的瑜伽流派。

(5) BHAHTIYOGA(拜神瑜伽)：不拘何种宗教，有归依、仰慕神主之意义。

(6) KUNDALINIYOGA(军荼利瑜伽)：以练气为主，当全身气脉贯通，无论是肉体健康、精神健康都会达到天人合一的境界。这里介绍的瑜伽是哈达瑜伽，即健美瑜伽。

3. 瑜伽的内涵

瑜伽的含义为"结合"，"平衡"，"统一"，不仅是知性的、感性的，而且要理性地去实践"它"，瑜伽是让我们去身体力行的运动。简单地说，瑜伽是一套完美的净化程序、自然健康的生活方式，让我们的身心彻底排毒，重回零污染的完美状态，达到天人合一的境界。人的心神一旦处在宁定觉知的状态中，心会变得柔软而谦和，在一呼一吸的自然律动中，你会感知自己生命的小宇宙和外在的大宇宙其实是息息相关的生命共同体。我们无时无刻都依赖着整体宇宙生命的运作而得以存活。

瑜伽的姿势或练习可能看起来像体操、杂技等体育锻炼，而且体操运动员确实可能凭着经常练瑜伽姿势来改进其体操技能，但是，瑜伽姿势并不是体操。体操是一种表演，为了表现一种造型可能对其身体健康有害，例如，出现肌肉拉伤等问题，我国好多体操运动员，为了完成某一体操姿势，身体都有各种各样不同程度的损伤。早期的瑜伽练习，多数是为了修复国家体育运动员的身体损伤。瑜伽是由精神、呼吸和肢体运动三者相结合而构成的，肢体的伸展与静止都是在意识关注和自然呼吸下完成的，而且动作舒缓优美完全没有拙力。具体有如下优势：第一，肢体的运动符合人体运动的基本规律，不造成人体内脏和肢体的损伤；第二，肢体的这种舒缓的伸展和静止的运动符合中医学的经络学理论，能够有效地防止肌纤维损伤，并能促进气血在脉道里流动；第三，全部的肢体运动都是在意识关注下完成的，因此对集中注意力、净化思想有一定作用。

所以，瑜伽姿势练习是一种有益于身心健康、行之有效的方法。通过学习训练，可以塑造身体形象，净化心灵，培养高尚的道德情操。

(资料来源：张惠兰，柏忠言. 瑜伽气功与冥想. 北京：人民体育出版社，1986；
科雯. 瑜伽52式健康功效图谱. 北京：中国纺织出版社，2006)

第八章 瑜伽

瑜伽健身运动的特点

(1) 古朴自然的运动方式。瑜伽体位法，许多姿势都冠以动物或植物的名称，如猫式、虎式、鱼式、树式等。为什么这样命名呢？原来，约 5000 年前，古印度的瑜伽师们在森林里静坐时无意中发现各种动物患病时能不经任何治疗而自然痊愈，因此他们认为动物身上有着非常神奇的、强大的自然康复能力，便仔细观察动物的习性，模仿动物的典型姿态，然后，将此种动物紧张及松弛的姿势运用于人体时发现对提高人体的免疫力和自愈能力有显而易见的效果。后经历代瑜伽师的重整与创作，瑜伽姿势发展到 84 000 种左右，并将这些姿势称为"体位法"，而适合当今社会现代人的常用"体位法"约 100 个。

(2) 对全身照顾最全面的运动方式。瑜伽常用的 100 多个动作，对全身各处弯、伸、扭、推、挤、折、叠、提、压等，按摩人们日常生活难以触及之处，活化僵硬的关节部位，舒筋活络、全面提升身体免疫力，同时还可矫正不良体态，减少赘肉和脂肪，使体形更为紧凑、凸凹有致。

(3) 适合每个人的运动方式。瑜伽体位法，梵文为 asana，意为保持在很舒适的姿势中。也就是说，瑜伽练习温和、舒缓，不透支你的心肺功能和体力。瑜伽常用的姿势有近百种，而且每个动作都可以从简易式做起，逐渐提高难度。所以无论年龄大小、身体强弱、身材如何，都可以找到适合自己的姿势进行练习。瑜伽的练习原则是：在个人极限范围内，安全地伸展身体，也就是说一个人在练习任一姿势时，只要伸展到自己的限度或感到舒适为止，就是把练习做正确了。因此无论你有无运动基础，都能练习。

(4) 时尚的运动方式。爱美之心，人皆有之。拥有匀称健美、凸凹有致的身材是爱美人士心中的梦想。瑜伽备受世界各国的明星们推崇。麦当娜生完孩子后以第一速度恢复了产前的体型和体能。那英、王菲、赵薇产后都在练习瑜伽减肥塑身。影帝陈坤在大学最后一年开始练习瑜伽，至今已有 10 年之久。对容颜、体形的追求和对精神压力的排解，都可以通过练习瑜伽来调理。善于捕捉时尚潮流的白领丽人、成功的商务男士、大学生及热爱生活崇尚健康的人们，都受明星们的影响，喜欢练习这项温和而时尚的运动。

(5) 可伴随一生的运动方式。瑜伽姿势，是从大自然里提炼出来的，最自然的，历史悠久的，经过时间考验的，对人体骨骼从头到脚照顾得最全面、最均匀、最安全的运动，不受年龄、性别的限制，婴幼儿可以练，孕妇可以练，老人可以练；不受时间的限制，随时都可以练习；不受地点的限制，可以在家里练习，在办公室练习，在会馆里练习；练习体位姿势时，只要伸展到自己的最大限度或感到舒适为止，就达到功效了。因此，瑜伽是所有健身项目中最适合练上一生的运动方式之一。

(资料来源：香港金珠(国际)瑜伽教育学院大连分院. 金珠瑜伽教育宝典. 香港金珠(国际)瑜伽教育学院编，2007)

思考与训练

1. 简述瑜伽的起源与内涵。
2. 瑜伽功法的基本原理是什么?
3. 瑜伽练习时应注意哪些事项?
4. 请练习13种瑜伽体位法。

第九章　妆容形象设计

面必净，发必理，衣必整，纽必结；头容正，肩容平，胸容宽，背容直。气象：勿暴，勿傲，勿怠；颜色：宜和，宜静，宜庄。

——张伯苓

世界上没有难看的人，只有不懂得如何让自己打扮得体的人。

——靳羽西

本章提要

- 化妆得法。
- 皮肤护理。
- 发型美观。
- 手部修饰。
- 脚部健美。

妆容设计是个人形象设计的重要方面。在社交中，交往对象对自己发自内心的好恶亲疏，往往都是根据其在见面之初对于自己妆容的基本印象"有感而发"的，这种对他人妆容的观感除了先入为主之外，在一般情况下还往往一成不变，其作用可谓大矣。日本松下产业电器产业株式会社创始人松下幸之助一次到银座的一家理发厅去理发。理发师对他说："你毫不重视自己的容貌修饰，就好像把产品弄脏一样，你作为公司代表都如此，产品还会有销路吗？"一席话说得他无言以对，以后他接受了理发师的建议，十分注意自己的仪表并不惜破费到东京理发。妆容仪表的作用是很大的，是不可忽视的。

小故事 9-1

尼克松因何败北

1960 年 9 月，尼克松和肯尼迪在全美的电视观众面前，举行他们竞选总统的第一次辩论。当时，这两个人的名望和才能大体上相当，棋逢对手。但大多数评论员预料，尼克松素以经验丰富的"电视演员"著称，可以击败比他缺乏电视演讲经验的肯尼迪。但事实并非如此，为什么呢？肯尼迪事先进行了练习和彩排，还专门跑到海滩晒太阳，养精蓄锐。结果，他出现在屏幕上时，精神焕发，满面红光，挥洒自如。而尼克松没听从电视导演的规劝，加之那一阵十分劳累，更失策的是面部化妆用了深色的粉，因而在屏幕上显得精神疲惫，表情痛苦，声嘶力竭。正如一位历史学家所形容的："他让全世界看来，好像是一个不爱刮胡子和出汗过多的人带着忧郁感等待着电视广告告诉他怎么不要失礼。"正是妆容仪表上的差异和对比，帮助肯尼迪取胜，使竞选的结果出人意料。

(资料来源：http://www.loveliyi.com/society/gerenliyi/yirong.html，2009-06-30)

一个人的妆容，大体上受到两大因素的左右：其一，是本人的先天条件。一个人相貌如何，通常主要受制于血缘遗传。不管一个人是"天生丽质难自弃"，还是长得丑陋不堪，实际上一降生到人世便已"命中注定如此"，其后的发展变化往往不会与之相去甚远。其二，是本人的修饰维护。每个人的先天条件固然头等重要，但这并不意味着一个在妆容方面先天条件优越的人，便可以过分地自恃其长，而不去进行任何后天的修饰或维护。事实上，修饰与维护，对于妆容的优劣而言往往起着一定的作用。在任何情况下，一个正常人倘若不注意对本人的妆容进行合乎常规的修饰与维护，往往在他人的心目中也难有良好的个人形象可言。所以，我们在平时必须时刻不忘对自己的妆容进行必要的修饰和整理，做到"内正其心，外正其容"。

第一节 化 妆 得 法

化妆适度是指在职业活动中，适当化妆，这不仅是职业工作的需要，同时也是对他人尊重的一种表现。做任何事情都贵在适度，化妆也不例外。过分醉心于美容，妆化得不甚浓艳，不仅有损于皮肤的健康，而且还有碍于别人的观瞻。

一、妆前自我认识

一个人要让别人觉得美，全身的整体比例很重要，因为只有符合比例的才是和谐的，只有和谐的才是美的。

1．"黄金分割"

美学上个人的形式比例关系，是著名的"黄金分割"，指事物各部分间的一定数学比例关系，即：将一条线段一分为二，其较短一段与较长一段之比等于较长一段与全线段之比。按照此种比例关系组织的任何对象，都表现了变化的统一，内部关系的和谐。因此，许多哲学家与美学家认为，无论在艺术界还是自然界中，"黄金分割"都是形式美中较为理想的关系。对于人类而言，通常人的脸型是接近黄金矩形的，女性的椭圆形脸之所以被较多数人视为理想的脸型，就是因为脸型的长宽之比近似黄金矩形。然而生活中的人们并不都是这样的脸型，于是我们可以从美的比例出发，利用发型和化妆弥补脸型的比例不足，使整个头部形象形成一种新的比例关系。

2．"三庭五眼"

除了脸型的长宽之比之外，"三庭五眼"也是对人的面部长宽比例进行测量的一种简单方法。五官端正就是指符合"三庭五眼"的比例要求。

"三庭"是指上庭、中庭和下庭。①上庭：从额头发际线到两眉头连线之间的距离；②中庭：从两眉头连线到鼻头底端之间的距离；③下庭：从鼻头底端到下颌(下巴尖)的距离。理想的比例是上庭：中庭：下庭=1：1：1，即三者长度相等。

"五眼"是指：①左太阳穴处发际至左眼尾的长度；②左眼长度；③左眼内眼角至右

眼内眼角的长度;④右眼长度;⑤右眼眼尾至右太阳穴处发际的长度。

"三庭"、"五眼"见图 9-1(选自:http://www.cnzz.cc/edu//photo/photoshop/pssl/668.html.2006-05-24)。

图 9-1 "三庭""五眼"结构对比示意图

理想的比例是这五者长度相等,即从左太阳穴发际到右太阳穴发际之间的横向连线长度正好是五只眼睛的长度,并且均匀分布。

"三庭五眼"是人的脸长与脸宽以及颜面器官布局的标准比例,如不符合这个比例,就会与理想脸型产生距离,那么,在化妆时就要运用一定的技巧进行调整和弥补。

通过自我形象分析,我们便可以了解自己容貌上的优点与不足,虽然人的相貌在很大程度上依赖于遗传,但是后天的努力、科学的保养及恰到好处的修饰确有举足轻重的作用。

二、化妆的原则

美容化妆必须坚持美化、自然、协调的原则。

1. 美化原则

每一个化妆的人都希望化妆能使自己变得更美丽,这是无疑的,但事实上,这些人以为把各种色彩涂抹在脸的相应部位就自然美了,这是错误的。我们看到许多幼儿园的孩子被阿姨化妆化得脸上一团红、眼睛一团黑,变得又凶又老气,孩子的天真可爱荡然无存,这样的化妆不是美了,而是丑了。因此,美化的原则是从效果来说的。要使化妆达到美的效果,首先必须了解自己的脸的各部位特点,孰优孰劣要心中有数;还要清楚怎样化妆和矫正才能扬长避短,变丑陋为俏丽,使容貌更迷人。这些,要在把握脸部个性特征和正确的审美观的指导下进行。

2. 自然原则

自然是化妆的生命,它能使化妆后的脸看起来真实而生动,不是一张呆板生硬的面具。化妆失去了自然的效果,那就是假,假的东西就无生命力和美了。自然的化妆要依赖正确的化妆技巧、合适的化妆品;要一丝不苟,井井有条;要讲究过渡、体现层次;要点面到位、浓淡相宜。总之,要使化妆说其有,看似无,就像被化妆的人确确实实长了这样一张美丽的面容，像真的一样。化妆时不讲艺术技法手段，胡来一气，敷衍了事，片面追求速度，都有可能使妆面失真。

3. 协调原则

协调原则包括：①妆面协调，指化妆部位色彩搭配、浓淡协调，所化的妆针对脸部个性特点，整体设计协调。②全身协调，指脸部化妆还必须注意与发型、服装、饰物协调，如穿大红色的衣服或配了大红色的饰物时，口红可以采用大红色的。它力求取得完美的整体效果。③身份协调，指礼仪人员化妆时要考虑到自己的职业特点和身份，采用不同的化妆手段和化妆品。作为职业人士，应注意化妆后体现端庄稳重的气质；作为专门从事各种关系建立和协调的从业人员出头露面的机会多，与有身份、有地位、有权力的人打交道频繁，要表现出一定的人际吸引魅力，化妆就不能太艳俗或太单调，而应浓淡相宜、青春妩媚，适合人们共同的爱美之心。④场合协调，是指化妆要与所去的场合气氛要求一致。日常办公，妆可以化得淡一些；出入宴会、舞会场合，妆可以化得浓一些，尤其是舞会，妆可以化得亮丽一些；参加追悼会，素衣淡妆，忌使用鲜艳的红色化妆。不同的场合不同的化妆，相得益彰，不仅会使化妆者内心保持平衡，也会使周围的人心理融洽。

三、化妆工具与化妆品

1. 化妆工具

化妆工具主要包括：①化妆纸。一般是购买专用的化妆纸(棉)，或用质地柔软的纸巾，用于吸汗、吸油、净手、卸妆等。②棉签。可购买或自制。用于细小化妆部位的清理，如涂唇膏、描眉、染睫毛等。③海绵。用于上底色、拍涂胭脂和定妆。④胭脂刷。用于化妆时涂抹胭脂和定妆，可准备两个以上便于涂抹不同色彩时使用。⑤眼影刷。涂抹眼影时使用。因为眼部分为主色和副色，为了在使用不同颜色的眼影时颜色之间不相互影响，所以要多备几个刷子。

此外还须备有睫毛夹、眉笔、眉刷、美容剪等。

2. 化妆品介绍

化妆时，必须准备化妆品。国际上，根据不同功能，化妆品一般分为两大类：一类是调整肌肤、使之润滑的基础化妆品，如爽肤水、雪花膏、润肤露等；另一类是美容化妆品，如眉笔、唇膏、胭脂、粉饼(底)等。我国的美容化妆界又根据国民的皮肤构造和消费水平，将化妆品分为六大类，它们分别是：①护肤类化妆品，包括爽肤水、面霜、润肤乳、润唇膏等；②清洁类化妆品，包括洁肤皂、洗面奶、沐浴液等；③修饰类化妆品，包括粉底液、唇膏、唇彩、腮红等；④美发类化妆品，包括洗发水、护发素、发乳、发蜡、发胶等；⑤芳香类化妆品，包括香水、香精等；⑥营养类化妆品，包括人参霜、珍珠霜、粉刺(雀斑)霜等。

现代职业女性化妆要准备的必需品有：香粉、粉饼、粉底、腮红、眼影、眉笔、眼线笔、唇膏、睫毛液、妆前霜、爽肤水、卸妆油等。

四、化妆的基本步骤

化妆前要认真掌握化妆的方法。化妆大体上应分为打粉底、画眼线、施眼影、描眉形、上腮红、涂唇彩、喷香水等步骤。每个步骤均有一定之法必须认真遵守,讲求化妆的方法。

1. 打粉底

打粉底又称敷底粉或打底。它是以调整面部皮肤颜色为目的的一种基础化妆。在打粉底时,有四点应予特别注意。一是事先要清洗好面部,并且拍上适量的化妆水、乳液。二是选择粉底霜时要选择好它的色彩。通常,不同的肤色应选用不同的粉底霜。选用的粉底霜最好与自己的肤色相接近,而不宜使二者反差过大,看起来失真。三是打粉底时一定要借助于海绵,而且要做到取用适量、涂抹细致、薄厚均匀。四是切勿忘记脖颈部位。在那里打上一点儿粉底,才不会使自己面部与颈部"泾渭分明"。

小知识 9-1

化妆水介绍

化妆水是爽肤水、紧肤水、调理水、柔肤水和洁肤水的统称。

(1) 爽肤水。涂抹的感觉比较清爽,能补充肌肤的水分。

(2) 紧肤水,也称收敛水。其最大的功效在于细致毛孔,有效平衡油脂分泌。特别针对需要收敛毛孔的油性皮肤或缓和性肌肤的 T 字部位,其他肌肤并不适合使用,因为通常含有酒精成分。

(3) 调理水。其作用是调整肌肤的酸碱值,肌肤在正常状态下是呈弱酸性,洗完脸后,用调理爽肤水将肌肤恢复到弱酸性。

(4) 柔肤水。比较起来,它比较滋润,给予肌肤细致的呵护,可以软化角质层,增强肌肤吸收滋润护肤品的能力。

(5) 洁肤水。除了洗脸可以清洁肌肤之外,有一些"水",还能再次清洁脸部的残余污垢,等于是洁肤的保障。

购买的时候可以这样区分:油性皮肤使用紧肤水,健康皮肤使用爽肤水,干性皮肤使用柔肤水。对于混合皮肤来说,T 字部位使用紧肤水,其他部位使用柔肤水和爽肤水皆可。敏感皮肤则可以选用敏感水或修复水,而要想美白的话就可以选用美白化妆水。

2. 画眼线

画眼线这一步骤在化妆时最好不要省掉。它的最大好处是,可以让化妆者的一双眼睛生动而精神,并且更富有光泽。在画眼线时,一般应当把它画得紧贴眼睫毛。具体而言,画上眼线时,应当从内眼角朝外眼角方向画;画下眼线时,则应当从外眼角朝内眼角画,并且在距内眼角约 1/3 处收笔。应予重点强调的是,在画眼线时,特别要重视笔法。最好是先粗后细,由浓而淡,要注意避免眼线画得呆板、锐利、曲里拐弯。画完之后的上下眼线,一般在外眼角处不应当交合。上眼线看上去要稍长一些,这样才会使双眼显得大而充满活力。

3. 施眼影

施眼影的主要目的是强化面部的立体感，以凹眼反衬隆鼻，并且使化妆者的双眼显得更为明亮传神。施眼影时，有两大问题应予注意。一是要选对眼影的具体颜色。过分鲜艳的眼影，一般仅适用于晚妆，而不适用于工作妆。对中国人来说，化工作妆时选用浅咖啡色的眼影，往往收效较好。二是要施出眼影的层次之感。施眼影时，最忌没有厚薄深浅之分。若注意使之由浅而深、层次分明，将有助于强化化妆者眼部的轮廓。

4. 描眉形

一个人眉毛的浓淡与形状，对其容貌发挥着重要的烘托作用。任何有经验的化妆者，都会将描眉视为其化妆时的重中之重。在描眉时，有四点需要注意。一是先要进行修眉，以专用的镊子拔除那些杂乱无序的眉毛。二是所描出的整个眉形，必须兼顾本人的性别、年龄与脸型。三是在具体描眉形时，要对逐根眉毛进行细描，而忌讳一画而过。四是描眉之后应使眉形具有立体感，所以在描眉时通常都要在具体手法上注意两头淡，中间浓；上边浅，下边深。

5. 上腮红

上腮红是化妆时在面颊处涂上适量的胭脂。上腮红的好处是，使化妆者的面颊更加红润，面部轮廓更加优美，并且显示出其健康与活力。在化工作妆时上腮红，需要注意四点：一是要选择优质的腮红，若其质地不佳，便难有良好的化妆效果。二是要使腮红与唇膏或眼影属于同一色系，以体现妆面的和谐之美。三是要使腮红与面部肤色过渡自然。正确的做法应是，以小刷蘸取腮红，先上在颧骨下方，即高不及眼睛、低不过嘴角、长不到眼长的 1/2 处，然后才略作延展晕染。四是要扑粉进行定妆。在上好腮红后，即应以定妆粉定妆，以便吸收汗粉、皮脂，并避免脱妆。扑粉时不要用量过多，并且不要忘记在颈部扑上一些。

6. 涂唇彩

化妆时，唇部的地位仅次于眼部。涂唇彩，既可改变不理想的唇形，又可使双唇更加娇媚迷人。涂唇膏时的主要注意事项有三：一是要先以唇线笔描好唇线，确定好理想的唇形。唇线笔的颜色要略深于唇膏的颜色。描唇形时，嘴应自然放松张开，先描上唇，后描下唇。在描唇形时，应从左右两侧分别沿着唇部的轮廓线向中间画。上唇嘴角要描细，下唇嘴角则要略粗。二是要涂好唇膏。用唇线笔描好唇形后，才能涂唇膏。选择唇膏时，既可以选彩色，也可以选无色。但要求其安全无害，并要避免选用鲜艳古怪之色。女性一般宜选棕色、橙色或紫色，男性则宜选无色唇膏。涂唇膏时，应从两侧涂向中间，并要使之均匀而又不超出早先以唇线笔画定的唇形。三是要仔细检查。涂完唇彩后，要用纸巾吸去多余的唇膏，并细心检查一下牙齿上有无唇膏的痕迹。

7. 喷香水

喷香水主要是为了掩饰不雅的体味，而不是为了使自己香气袭人，这一点很重要。喷香水要注意的问题有：一是不应使之影响本职工作，或是有碍于他人。二是宜选气味淡雅清新的香水，并应使之与自己同时使用的其他化妆品在香型上大体一致，而不是彼此"窜味"。三是切勿使用过量，产生适得其反的效果。四是应当将其喷在或涂抹于适当之处，如腕部、耳后、颌下、膝后等，而千万不要将它直接喷在衣物上、头发上或身上其他易于出汗之处。

完成上述化妆过程后要进行妆后检查：①检查左右是否对称。眼、眉、腮、唇、鼻侧等，两边形状、长短、大小、弧度是否对称，色彩浓淡是否一致。②检查过渡是否自然。脸与脖子、鼻梁与鼻侧、腮红与脸色、眼影、阴影层次等过渡是否自然。③检查整体与局部是否协调。各局部是否缺漏、有瑕疵，要符合整体要求，该浓该淡是否达到应有效果。整个妆面是否协调统一。④检查整体是否完美。化妆要忌"手镜效果"，即把镜子贴近脸部检查。虽然这样会看清细小的部分，但一般人是在一米之外的距离与你面谈或招呼，所以要在镜前50厘米处审视自己，对脸部整体的平衡做出正确的判断。

小知识 9-2

如 何 卸 妆

(1) 卸除睫毛膏。首先将假睫毛取下，如果你戴了假睫毛或隐形眼镜，一定要首先将其取下。将化妆棉用眼部专用卸妆液沾湿后对折。闭上双眼，两手各用两根手指将化妆棉上下压住眼睫毛，夹紧包住，注意，睫毛根处也不要忽略。等待约三至五秒后，让化妆棉上的眼部专用卸妆液将睫毛上的睫毛膏完全溶解。然后轻轻将化妆棉往前拉出，以便顺势将溶解的睫毛膏拭去。通常睫毛膏无法一次完全去除，你可以更新化妆棉将上面的步骤再重复一次，直至完全清除为止。

(2) 卸除眼影及眼线。取一片化妆棉，同样以眼部专用卸妆液将其沾湿。闭上眼，将化妆棉用食指、中指与无名指夹紧，覆盖于眼皮上约两三秒钟。然后将化妆棉轻轻地往眼尾拉，以顺势拭去眼皮上的眼影。如果因为使用了防水眼线而没有去除干净，可再重复一次。

(3) 卸除不沾杯唇膏。用面纸按压嘴唇，吸掉唇膏里的油分。将两片蘸满卸妆液的棉片叠落轻敷嘴唇，微笑使唇纹舒展。由外围向唇部中心垂直卸除，不要来回搓。打开嘴角，将棉片对折，清理容易遗落的残妆。

(4) 卸除面部妆容。将卸妆产品适量涂抹于脸上，用指腹轻轻按摩脸部，让卸妆产品将脸上的彩妆充分溶解。注意细小的地方，如鼻梁两侧、嘴角、发际等处也要彻底卸除。用面纸将脸上所有的东西拭去，如果一次不干净，同样的步骤可再来一次。

五、不同脸型的化妆

靳羽西说："世界上没有难看的女人，只有不懂如何把自己打扮得体的人。"脸部化妆一方面要突出面部五官最美的部分，使其更加美丽；另一方面要掩盖或矫正缺陷或不足的部分。经过化妆品修饰的美有两种：一种是趋于自然的美，另一种是艳丽的美。前者是通过恰当的淡妆来实现的，它给人以大方、悦目、清新的感觉，最适合在家或平时上班时使用；后者是通过浓妆来实现的，它给人以庄重高贵的印象，可出现在晚宴、演出等特殊的社交场合。无论是淡妆还是浓妆，都要利用各种技术，恰当使用化妆品，通过一定的艺术处理，才能达到美化形象的目的。

1. 椭圆脸化妆

椭圆脸可谓公认的理想脸型，化妆时宜注意保持其自然形状，突出其可爱之处，不必通过化妆去改变脸型。

涂胭脂，应涂在颊部颧骨的最高处，再向上向外揉化开去。

使用唇膏时，除嘴唇唇形有缺陷外，尽量按自然唇形涂抹。

眉毛，可顺着眼睛的轮廓修成弧形，眉头应与内眼角齐，眉尾可稍长于外眼角。

正因为椭圆形脸是无须太多掩饰的，所以化妆时一定要找出脸部最动人、最美丽的部位，而后突出之，以免给人平平淡淡、毫无特点的印象。

2. 长脸型化妆

长脸型的人，在化妆时力求达到的效果应是：增加面部的宽度。

涂胭脂时，应注意离鼻子稍远些，在视觉上拉宽面部。抹时，可沿颧骨的最高处与太阳穴下方所构成的曲线部位，向外、向上抹开去。

施粉底时，若双颊下陷或者额部窄小，应在双颊和额部涂以浅色调的粉底，造成光影，使之变得丰满一些。

修正眉毛时，应令其成弧形，切不可有棱有角的。眉毛的位置不宜太高，眉毛尾部切忌高翘。

3. 圆脸型化妆

圆脸型予人以可爱、玲珑之感，若要修正为椭圆形并不十分困难。

涂胭脂：可从颧骨起始涂至下颌部，注意不能简单地在颧骨突出部位涂成圆形。

涂唇膏：可在上嘴唇涂成浅浅的弓形，不能涂成圆形的小嘴状，以免有圆上加圆之感。

施粉底：可用来在两颊造阴影，使圆脸削瘦一点。选用暗色调粉底，沿额头靠近发际处起向下窄窄地涂抹，至颧骨部下可加宽涂抹的面积，造成脸部亮度自颧骨以下逐步集中于鼻子、嘴唇、下巴附近部位。

修眉毛：可修成自然的弧形，可作少许弯曲，不可太平直或有棱角，也不可过于弯曲。

4. 方脸型化妆

方脸型的人以双颊骨突出为特点，因而在化妆时，要设法加以掩蔽，增加其柔和感。

涂胭脂：宜涂抹得与眼部平行，切忌涂在颧骨最突出处。可抹在颧骨稍下处并往外揉开。

施粉底：可用暗色调在颧骨最宽处造成阴影，令其方正感减弱。下颚部宜用大面积的暗色调粉底造阴影，以改变面部轮廓。

涂唇膏：可涂丰满一些，强调柔和感。

修眉毛：应修得稍宽一些，眉形可稍带弯曲，不宜有角。

5. 三角脸型化妆

三角脸的特点是额部较窄而两腮较阔，整个脸部呈上小下宽状。化妆时应将下部宽角"削"去，把脸型变为椭圆状。

涂胭脂：可由外眼角处起始，向下抹涂，令脸部上半部分拉宽一些。

施粉底：可用较深色调的粉底在两腮部位涂抹、掩饰。

修眉毛：宜保持自然状态，不可太平直或太弯曲。

6. 倒三角脸型化妆

倒三角脸型的特点是额部较宽大而两腮较窄小，呈上阔下窄状。人们常说的"瓜子脸"、"心形脸"，即指这种脸型。化妆时，掌握的诀窍恰恰与三角脸相似，需要修饰部分则正好相反。

涂胭脂：应涂在颧骨最突出处，而后向上、向外揉开。

施粉底：可用较深色调的粉底涂在过宽的额头两侧，而用较浅的粉底涂抹在两腮及下巴处，造成掩饰上部、突出下部的效果。

涂唇膏：宜用稍亮些的唇膏以加强柔和感，唇形宜稍宽厚些。

修眉毛：应顺着眼部轮廓修成自然的眉形，眉尾不可上翘，描时从眉心到眉尾宜由深渐浅。

六、化妆的禁忌

化妆有很多禁忌，很多都是日常生活中我们不经意的化妆习惯，千万别小看这些小习惯，如果不注意，就会有损形象。

1. 切忌在公共场合化妆

在众目睽睽之下化妆是非常失礼的，这样做有碍于别人，也不尊重自己。

2. 女士不能当着男士化妆

如何让自己更加妩媚，应是每个女性的私人问题，即便是丈夫或男朋友，这点距离也是要有的，从某种意义上来说"距离"就是美。

3. 不能非议他人的化妆

由于个人文化修养、皮肤及种族的差异，每个人对化妆的要求及审美观是不一样的。不要总认为只有自己的化妆才是最好的。在和他人交往的过程中，即便是好朋友，也不要主动去为别人化妆、改妆及修饰，这样做就是强人所难和热情过度。

4. 不要借用别人的化妆品

如确实忘了带化妆盒而又需要化妆，在这种情况下除非别人主动给你提供方便，否则千万不要用人家的化妆品，因为这是极不卫生的，也是很不礼貌的。

5. 男士使用化妆品不宜过多

目前，男士化妆品也越来越多，但男女有别。男士不能使用过多的化妆品，否则会给人带来不良的印象，不要让人感到你化妆后有"男扮女装"的感觉。

七、男性的妆容设计

以上几点主要针对女士而言，其实男士也应注意妆容设计。职业男性的妆容修饰应注意如下几个方面[①]。

1. 维护自己的面部皮肤

男性也应像女性一样精心维护自己的面部皮肤。要勤洗脸，以保持面部皮肤的清洁与卫生。可适量使用保湿液，以保持面部皮肤的湿润。

2. 注意选用合适的修面液和香水

适合办公场合用的修面液和香水一般应是淡雅，并有一种清爽的味道的。这样的味道能使周围的人感到愉悦。

3. 注意眉毛的修饰

改变眉毛存在的缺陷，修整多余的眉毛或不规则的形状。

4. 修剪鼻毛

外露的鼻毛让人讨厌，应买一把修剪鼻毛的专用剪刀经常修剪。

5. 勤于修面

勤于修面的男士在工作中更容易被他人接纳。德高望重的长者，如果有蓄须的习惯，应注意对胡子的修剪，尤其要注意将脖子上的胡须处理干净。

6. 注意牙齿清洁

保持牙齿和齿龈健康是每日必须优先考虑的事情。每天最好能刷三次牙，尤其要注意养成午餐后刷牙的习惯。一次专业性的牙齿清洗能为你带来惊人的变化。

7. 注意手部护理

手总是不可避免地要暴露在别人面前的，应注意保持手和指甲的清洁，并选用合适的护手霜护理双手。

---

① 吴雨潼. 职业形象设计与训练. 大连：大连理工大学出版社，2008

8. 去除烟味

吸烟的男子要注意吸烟后要嚼口香糖等去除烟味。

9. 去除脚臭

有"汗脚"的男士应注意保持鞋袜清洁,鞋最好两双以上,换着穿。

男士的形象与其精神面貌有很大关系,如果外表各方面都处于最佳状态,但目中无人,精神不振,这个人的形象也就谈不上好,所以,男士在精神面貌上要保持对生活的乐观和追求,少些抑郁忧愁,多些爽朗欢笑。

第二节 皮肤护理

皮肤护理是指要对皮肤,尤其是面部皮肤的长期护理和保养,这是实现妆容美的首要前提。正常健康的人皮肤具有光泽,且柔软、细腻洁净、富有弹性;而当人处于病态或衰老的时候,其皮肤就会失去光泽、弹性,出现皱纹或色斑。对皮肤进行经常性的护理和保养,有助于保持皮肤的青春活力。

一、皮肤的构造

皮肤是由表皮、真皮和皮下组织三部分构成的。表皮就是我们眼睛能看得见的部位,它能防止体内水分过分蒸发,并能阻止外界有害物质的侵入,尤其是防止紫外线的侵入。真皮位于表皮的内侧,与表皮弯曲相连,真皮的机能如果衰退,皮肤就会呈现老化。真皮的弹力缩小,皮肤的皱纹就会增加。人们受伤后,皮肤的更生力也来源于真皮层。皮下组织是皮肤的最下层,含丰富的皮下脂肪。全身皮肤含脂肪量各不相同,其中,眼圈的含量最少,所以眼周肌肤最显脆弱,因为缺乏皮脂膜保护,加班、熬夜过多,作息不正常,眼周就容易出现黑眼圈、细纹等症状,看上去精神不济,就会给职场、社交带来困扰。眼圈最易松弛,也最易老化。职业女性为保持良好的精神风貌,应注意保护眼周肌肤。

为了让皮肤的新陈代谢正常运作,我们应在晚上十点至凌晨两点这一段时间睡觉休息。因为这段时间是细胞分裂最旺盛的时候,此时人如果处于睡眠状态,心跳平缓,血管扩张,血液循环遍及全身,营养及能量较易供给细胞分裂时使用,有利于新陈代谢。反之,此时人如果熬夜,对皮肤的保养最为不利。

二、皮肤分类型保养

皮肤一般分为干性皮肤、中性皮肤、油性皮肤、混合性皮肤、敏感性皮肤。对于不同类型的皮肤需用不同的方法加以护理和保养。

(1) 干性皮肤红白细嫩,油脂分泌较少,经不起风吹日晒,对外界的刺激十分敏感,极易出现色素沉着和皱纹。有些干性皮肤的人苦于自己的皮肤少了一份"亮光",使劲往脸上涂抹"增亮"的油脂。殊不知,此举减少了皮肤的透气性。对于这种皮肤,每天在洗脸的时候，可以在水中加入少许蜂蜜，湿润整个面部，用手拍干。坚持一段时间，就能改善面部肌肤，使其光滑细腻。保养的要点是补充油脂和保湿。

(2) 中性皮肤比较润泽细嫩，对外界的刺激不太敏感。这种皮肤比较易于护理，可以在晚上洗脸后，再用热水捂脸片刻，然后轻轻抹干。保养要点是维持水油平衡。

(3) 油性皮肤肤色较深，毛孔粗大，油光满面，易生痤疮等皮脂性皮肤病，但适应性强，不易显皱。洗脸时可在热水中加入少许白醋，以便有效地去除皮肤上过多的皮脂、皮屑和尘埃，使皮肤富有光泽和弹性。保养要点是控制油脂分泌和保湿。

(4) 混合性皮肤看起来很健康且质地光滑，但 T 形区(额头、鼻子、下巴的区域)有些油腻，而两颊及脸部的外缘有一些干燥的迹象。混合性皮肤在护肤时可考虑分区护肤的法则，对于干燥的部位除了更多地补水保养外，可以适当地选择一些营养成分较丰富的护肤品，而偏油部分可以使用清爽护肤品。保养要点是控制 T 形区的油脂分泌，消除两颊的干燥现象并保湿。

(5) 敏感性皮肤表皮较薄，毛细血管明显，使用保养品时很容易过敏，出现发炎、泛红、起斑疹、瘙痒等症状。保养要点是适度清洁、不过度去角质、不频繁更换保养品、不使用含有致敏成分的化妆品。

确定皮肤类型的简单方法是：在早晨起床前，准备三张干纸片，分别贴在额头、鼻子、面颊上，两分钟后揭下，放在亮处观察，就可判断自己的皮肤类型，如果满纸油迹即为油性皮肤，极少油迹即为干性皮肤；如果额头、鼻子有油迹，脸颊上几乎没有即为中型皮肤；额头、鼻子有较多油迹，脸颊上没有为混合性皮肤。

三、护肤的基本方法

1. 合理的饮食

合理的饮食是美容保健的根本。人体需要多种养分，有了养分，皮肤才有自然健康的美。因此，我们在日常生活中应注意饮食上的多种多样，多吃富含维生素的食物，少吃刺激性食物，保持吸收、消化系统的畅通。一项研究表明：美好容颜的养成，内在营养占 80%，外在营养占 20%。

2. 保持乐观情绪

乐观的情绪是最好的"润肤剂"。俗话说"笑一笑，十年少"，笑是一种化学刺激的反应，它激发人体各器官，尤其是激发头脑、内分泌系统的活动。笑的时候，脸部肌肉舒展，使面部皮肤新陈代谢加快，促进血液循环，增强皮肤弹性，起到美容作用。经常笑能使面色红润，容光焕发，给人年轻健康的美感。放松是保持乐观情绪的一剂良药，每天平躺在床上，使脚比头高，什么也不想，可以听轻音乐，10 分钟后，即可增加面部的供血量，收到护肤的功效。

3. 保证良好的睡眠

保持卧室的良好环境，对卧室的温度、床垫和枕头的软硬，都要适合自己入睡的要求。如有可能，特别是北方的冬季，可在室内装置加湿器，防止皮肤干裂。良好的睡眠使皮肤可以获得更多的氧气，满足代谢的需要。

4. 保持皮肤适度的水分

皮肤的弹性和光泽是由含水量决定的。要使皮肤滋润，每天要保证喝水 2000 毫升。每天晚上睡前饮一杯凉开水，睡眠时，水分会融入细胞，为细胞所吸收。早晨起床后，也要饮一杯凉开水，使胃肠畅通，让水随血液循环分布全身，滋润皮肤。皮肤角质层水分也可以从体外吸收，保持环境湿度，在化妆品中配合上保湿剂，是保持皮肤水分的好方法。坚持每天用冷水浸脸一次，约 2 分钟，必有成效。

5. 正确地洗脸

正确洗脸，保持皮肤清洁卫生是不可或缺的。正确的洗脸方法是：洗脸水温不要太高，一般应低于 35℃；洗脸应从下往上洗，从里向外的方向洗，这样有助于皮肤血液循环；要使用温和的洗面奶，少用或不用香皂；洗脸的动作要轻柔。

6. 避免不良刺激

紫外线对皮肤有破坏作用，过度暴晒会使皮肤变黑、粗糙并出现皱纹，因此阳光太强的天气，要注意防晒。应化淡妆，不要浓妆艳抹，以减轻对皮肤的刺激。不要使用伪劣化妆品。

7. 按摩皮肤

具体方法是：两手掌相互摩擦发热，然后两手掌由前额顺着脸的两旁轻轻向下擦，擦至下巴时，再上擦至前额，如此一上一下将脸的各处擦周到，上下共 36 次，每天早晚洗脸后进行。在按摩时手法要轻柔，不可过分用力。

总之，只有自觉地、习惯地在日常生活和工作中保养皮肤，坚持皮肤"锻炼"，才能使皮肤细腻、光泽、柔嫩、红润，富有弹性，青春永驻。

第三节 发型美观

头发位于人体的"制高点"，俗话说"美丽从头开始"，发型构成了妆容美的重要内容。现代社会，发型的功能不仅是区分性别、美化容颜，更能反映一个人的道德修养、审美水平、知识层次。有时，人们可以通过一个人的发型准确地判断出他的职业、身份、受教育程度、生活状况和卫生习惯，更可感受出其是否身心健康以及对生活和事业的态度。美观的发型能给人一种整洁、庄重、洒脱、文雅、活泼的感觉。

一、护发

要想拥有健康秀丽的头发，就要靠平时的保养和护理，如果不保养和护理，头发就会受到损伤，影响头发的健康，有一头健康的头发，才能实现美发。健康是美的前提。

1. 发质

头发因不同种族、不同肤色、不同年龄、不同健康状况而有着不同的发质。头发因其皮脂腺分泌量的不同而大体上可分为以下四种发质：油性发质、中性发质、干性发质和劣质发质。

油性发质：头发常有油腻的感觉，虽常常洗头，洗后仍易排出油脂，头屑较多。

中性发质：头发感觉柔软平顺，看上去光亮润泽，是较理想的发质。

干性发质：头发表面干燥，洗后无光泽和润滑的感觉，发型不易保持。

劣质发质：头发感觉粗糙，摸起来质感不好，梳理时头发会断裂、开叉或打结。

判断自己头发的软硬，可以从烫发后头发是否容易保持卷性来断定，较硬的头发保持卷性较好，较软的头发保持卷性较差。

2. 护发用品[①]

在商场，我们看到用于保护头发的美发用品琳琅满目，可将其分成三大类。①发乳：适用于一般头发，对发质较软者尤为适用。它能保护头发，使之不易断裂和脱落，保持自然光亮与润泽，还可随意梳理成自己需要的发型。发乳中的药性发乳则可以去屑、止痒、防脱发。②发蜡：又称头蜡，是由凡士林为原料制成的，所以黏度较高，适于头发较多或硬性头发的人使用。由于这类头发难以梳理成型，使用发蜡后再用电吹风吹发则易于梳理成型，保持头发整齐，同时还能减少水分对头发的软化作用，增加头发的光泽。③喷雾发胶：是一种使头发定型的用品。其方法是：在使用电吹风吹发后，将发胶均匀地喷在头发上，从而使发型固定，不怕风吹或震动，可较长时间地保持发型不变。

3. 头发护理的方法[②]

(1) 洗发：头发要定期清洗。洗发可清除头屑和污垢，防止头皮的皮脂分泌物堵塞毛孔而发痒。洗发时应选择适合自己发质的洗发水和护发素，水温在 37℃ 左右最适合，不可用力摩擦和抓揉头发，只可用手指肚轻轻按摩，然后用清水清洗干净，不要让洗发精、护发素残留在头发上。最后将头发用毛巾擦干或者用电吹风吹干。使用电吹风时，应距头发 20～25 厘米。洗发的间隔时间要根据具体情况而定：中性发质的人冬天四到五天洗一次发，夏天三到四天洗一次发；油性发质和干性发质的人则要分别缩短和延长一至两天。

(2) 护发：焗油是最好的护发方法。有关专家研究发现，头发表层是由无数鳞片组成的，这种鳞状表层排斥头油、蛋白质、维生素、人参、当归等物质，只吸收与纤维质相关的特殊物质，而焗油膏中则含有这种头发易于吸收的营养素物质。它们对于头发可以起到营养和修复作用，增加头发的弹性、柔软性和保湿性，使头发看起来光亮照人、如丝绸一般，并易于梳理。焗油一个月一次即可，可以自己焗也可以到发廊焗。

---

① 薛晶，杨玉霞. 现代礼仪. 北京：中国商业出版社，1993

② 贾孟喜，陈开梅. 职业女性形象设计教程. 武汉：华中师范大学出版社，2009

第九章 妆容形象设计

(3) 养发：现代职业女性若想拥有一头秀发，还要注意养发，即在人体自身内部吸收营养及适当调节上要做到四个注意。

第一，注意保持饮食中营养均衡，提高自身的健康素质。多吃含蛋白质、铁、钙、锌、镁的食物和鱼类、贝类、橄榄油、坚果类(核桃)等干果。

第二，注意多参加运动，坚持锻炼。有规律的运动可消除工作、学习、生活紧张带来的压力。

第三，注意掌握并运用正确的梳头和洗头方法，勿损伤头发；还要注意按摩和擦发，早晚用梳子梳发 3 分钟，约 100 次左右，这样既可以刺激头发的神经末梢，调节头部神经功能，促进内分泌和头发的新陈代谢，有利于头发的新生，还可以刺激头皮活力，防头屑和脱发。

第四，注意防止和降低自然环境中损伤头发的因素，如注意防干燥、防曝晒、防潮湿、防寒冷。夏天游泳后要及时用清水清洗干净，再让头发自然风干。夏天外出用遮阳伞，冬天外出戴防寒帽。

二、美发

当我们对自身头发的发质、护发、保养有了一定的了解后，还要选择一个有魅力的，与自己性别、发质、服装、身材、脸型等相和谐一致的发型，从而表现出与众不同的良好仪容——发型美。

1. 发型与性别

对于男士来讲，头发的具体长度，有着规定的上限和下限。所谓上限，是指头发最长的极限。按着常规，一般不允许男子在工作时长发披肩，或者梳起辫子，在修饰头发时要做到：前发不覆额，侧发不掩耳。男士头发长度的下限是不允许剃光头。对于女士来讲，在工作岗位上头发长度的上限是：不宜长于肩部，不宜挡住眼睛。长发过肩的女子在上岗之前，可以采取一定的措施，如将超长的头发盘起来、束起来、编起来，不可以披头散发。女士头发长度的下限也是不允许剃光头。

2. 发型与发质、服装

一般来说，直而硬的头发容易修剪得整齐，故设计发型时应尽量避免花样复杂，应以修剪技巧为主，做成简单而又高雅大方的发型。比如梳理成披肩长发，会给人一种飘逸秀美的悬垂美感；用大号发卷梳理成略带波浪的发型或梳成发髻等，会给人一种雍容、典雅的高贵气质。

细而柔软的头发，比较服帖、容易整理成型，可塑性强，适合做小卷曲的波浪式发型，显得蓬松自然；也可以梳成俏丽的短发，能充分体现你的个性美。

在现代美容中，一个人的发式与服装有着十分密切的关系。什么样的服装应当有什么样的发式相配，这样才显得谐调大方。假如一个高贵典雅的发髻配上一套牛仔服系列就显得不伦不类。因此，只有和谐统一才能真正体现美。

3. 发型与身材

身材高大威壮者,应选择显示大方、健康洒脱的发式,以避免给人大而粗、呆板生硬的印象。高大身材的女士,一般留简单的短发为好,切忌花样复杂。烫发时,不应卷小卷,以免造成与高大身材的不协调。

身材高瘦者,适合留长发型,并且适当增加些发型的装饰性。如若梳卷曲的波浪式发型,会对于高瘦身材有更多协调作用。但高瘦身材者不宜盘高发髻,或将头发削剪得太短,以免给人一种更加瘦长的感觉。

身材矮小者,适宜留短发或盘发,因露出脖子可以使身材显得高些,并可以根据自己的喜爱,将发式做得精巧、别致些,追求优美、秀丽。但矮小身材者不宜留长发或粗犷、蓬松的发型,那样会使身材显得更矮。

身材较胖者,适宜梳淡雅舒展、轻盈俏丽的发式,尤其是应注意将整体发式向上,将两侧束紧,使脖子亮出,这样会使人产生视错觉,感觉你瘦些。但若留长波浪,两侧蓬松,则会显得更胖。

另外,如果你的上身比下身长,或上下身等长,则可选择长发以遮盖其上身;如肩宽臀窄,就应选择披肩发或下部头发蓬松的发式,以发盖肩,分散肩部宽大的视角;若颈部细长,可选择长发的发式,不适宜采用短发式,以免使脖颈显得更长;若颈部短粗,则适宜选择中长发式或短发式,以分散颈粗的感觉。

总之,进行发式选择时,必须根据自己的体型,选择一个与之相称的发型。

4. 发型与脸型

椭圆型:任何发式都与它配合,能达到美容效果。但若采用中分头型,左右均衡、顶部略蓬松的发式,会更贴切,以显示脸型之美。

圆脸型:接近于孩童脸,双颊较宽,因此应选择头前部或顶部略半隆的发式,两侧则要略向后梳,将两颊及两耳稍微露出。这样,既可以在视觉上冲淡脸圆的感觉,又显得端庄大方。圆脸型的人尤其适合梳纵向线条的垂直向下的发型或是盘发,使人显得挺拔而秀气。

长脸型:端庄凝重,但给人一种老成感。因此,应选择优雅可爱的发式来冲淡这种感觉,顶发不宜太丰隆、前额部的头发可适当下倾,两颊部位的头发适当蓬松些,可以留长发,也可以齐耳,发尾要松散流畅,以发型的宽度来缩短脸的视觉长度。若将头发做成自然成型的柔曲状,会更理想。

方脸型:前额较宽,两腮突出,显得脸型短阔。适宜选择自然的大波纹状发式,使整个头发柔和地将脸孔包起来,两颊头发略显蓬松遮住脸的宽部,用圆润的线条冲淡脸部方正直线条。

"由"字型:应选择宜表现额角宽度的发型,而中长发型较好。可使顶部的头发梳得松软蓬松些,两颊侧的头发宜向外蓬出以遮住腮,在人的视觉上减弱腮部的宽阔感。

"甲"字型:宜选择能遮盖宽前额的发型,一般说两颊及后发应蓬松而饱满,额部稍垂"刘海",顶部头发不宜丰隆,以遮住过宽的额头。此脸型的人适宜将发烫成波浪型的长发。

5. 美发的方法[①]

爱美之心人皆有之。现代职业女性可采用以下四种方法来美发，使自己的发式亦庄亦雅、亦美亦潮而不落俗套。

(1) 烫发。现代人运用物理的方法或化学的方法，将头发做成各式各样的符合个人要求的形状的方法叫作烫发。现在各种五花八门的烫发术语确实使人眼花缭乱，所以我们在烫发前，首先要对本人的年龄、职业、脸型、发质等因素作综合的分析判断后，再做出是否烫发和烫何种式样的发型的选择，切勿盲从。

(2) 做发。人们用发油、发乳、发胶、摩丝等美发用品，将头发塑造成各种形状，以达到显示个性化的目的的方法叫作发。现代职业女性发型不宜做得太夸张，应注重塑造端庄、稳重的良好职业形象。

(3) 染发。现代人比较崇尚潮流，往往通过染发将自己的头发染成各种色彩，以突出个人的兴趣爱好和个性特点。现代职业女性染黑发无可厚非，除此之外，一般不适宜将头发染得太夸张。如年轻的职业女性一定要染其他色彩的头发，可选择栗色、酒红色、咖啡色等颜色，这样，既可显示活泼和有个性，又不失大方高雅的气质。

(4) 假发。如果头发有先天的或者后天缺陷的人，可选择戴假发来弥补缺陷。选择假发也要考虑个人的年龄、职业、身材、肤色、职业等因素，既不能过分夸张，也不要过分俗气。使用假发要注意选择仿真度较高的、质量较好的，切不可为了贪图便宜而使用那些太假、太俗气的假发。

总之，人的脑袋是一个人的制高点，是人们产生第一印象的第一道风景线，我们只有"从头做起"，才能真正地通过发型向他人传递性格爱好、文化修养等信息，也才能使自己的职业形象从头开始达到自然、和谐。

小知识 9-3

发型的种类

1. 女士发型

(1) "马尾巴"。马尾巴是一种将头发一把扎在脑后而不编结成辫的发型。由于简单易行，所以用途极广。这种发型会使女孩显得活泼可爱，但是，它会使背部不直的人看上去负荷过重。

(2) 独辫子。独辫子是一种将长发在脑后编成一根辫子的发型，它给人以怀旧的情结。

(3) 娃娃头。娃娃头又称童花头，它以齐眉的刘海和齐耳的短发塑造女孩乖巧可人的形象，可使女孩看上去更年轻。

(4) 直发。直发是一种将齐肩或披肩的长发拉直的发型，可使女孩变得青春靓丽。

(5) 大波浪。"大波浪"是一种流行卷发发式，由于其发型纹理就像大海的波浪一样，故而得名。大波浪发型柔软又不失淑女，既有轻盈飘逸的发型轮廓，又有妩媚迷人的

[①] 金正昆. 社交礼仪常识. 北京：中国人民大学出版社，1998

视觉冲击,是深得时尚女孩追捧的发型。

此外,还有高发髻、男士头等。

2. 男士发型

(1) 西式发型。西式发型亦称西装头,泛指现代人三七分或四六分的一种露出后颈部的短发型,是正式场合最常采用的一种发型,给人以端庄和严谨的感觉。

(2) 对分发型。对分发型是一种五五对开、额前头发比较长的发型。这种发型只适合前额宽大、脸型呈"国"字形的人,反之是橄榄头型人的大忌。

(3) 卷曲发型。给人以异国情调或自由浪漫的感觉。

(4) 板寸头。板寸头俗称平头。脑袋四周基本无发,只是头顶留有 1～2 厘米的短发,而且顶部呈水平面。这种发型给人以刚毅和果敢的形象。

此外,还有刺猬发型、爆炸发型和光头等。但是对于男职员来说,此类发型不适宜。

第四节　手　部　修　饰

有人说:手是人的第二张脸。的确,它是标志人的高雅尺度的重要器官。现代社交中要经常与人握手,要做各种手势,所以健康美观的双手和手上的指甲都是不可忽视的一部分。

一、护理指甲

和保持身体其他部分的健康一样,指甲也必须从护理和营养着手,才可保持其健康。指甲是身体最先表露紧张、疾病或不良饮食习惯症状的部分。如果它们的健康被忽视,便会出现干燥、起薄片和脆裂的现象,因此必须注意日常的营养和定期护理。定期修剪指甲,将其修剪成椭圆形不仅使之变得美观,而且可保持它们的健康,手指简单的按摩运动,可促进指尖血液循环,有利营养和氧气输至指甲。另外,女性可根据不同情况的需要,涂上不同颜色的指甲油,以美化指甲。涂指甲油的步骤如下。

(1) 先用沾满洗甲水的棉花,彻底抹去原来所有的指甲油。

(2) 将指尖浸在肥皂水中几分钟,会有舒缓作用。

(3) 抹开双手,涂点表层去除剂在每只指甲根部,两分钟后,用指甲签轻轻将指甲根部的表皮向后推,直至显现指甲根部的半弯月位。

(4) 涂上底层护甲油,以使指甲油更加持久,而且防止深色指甲油渗到指甲的缝隙中。

(5) 涂指甲油时,每只指甲只需涂三下便足够,先是指甲中央,接着是两旁;待第一层指甲油干透后,再涂第二层。

(6) 涂上表层护甲油,可在甲尖底部也涂护甲油,有助于防止折断崩裂。

二、滋润双手

拥有一双美丽的纤纤玉手对女性来说是非常重要的。在招待客人端茶给对方时,在签字仪式上众目注视时,如果自己的手非常漂亮,不但可表现出自己的魅力,同时也会让他人觉得非常舒服。因此,平时就要多多注意手部的保养。

手部肌肤的油脂腺较少,较身体其他部分更易变得干燥,但又经常需要暴露于空气中。因此,细心呵护双手要注意如下几点。

(1) 要勤洗手,以保证手的清洁和卫生;除天天洗手外,一个星期坚持两到三次用嫩手霜和柠檬片擦拭手背,还可以用煮过面的汤清洗手,这些方法均可以使手光滑细嫩。

(2) 每晚用润手霜按摩双手。

(3) 常除去手上的死皮。

(4) 做家务或粗活时戴上手套。

(5) 经常做手部运动,使之保持柔软。具体方法是:将拇指放在四指手掌内,紧握成拳突然放开,尽量将手指向外伸。这个动作可以帮助血液循环,舒筋活骨和活动手部关节。

(6) 偶尔可敷上一些现成或自制的护手膜。

(7) 注意手部防晒。手与脸一样,外出时要抹防晒霜。

小知识 9-4

标准的手

从美学的角度看,手掌有宽窄之分,手指有长短之别,其标准指数如下。

手宽(厘米)×100÷手长(厘米)=手掌宽窄指数

指数小于 42.9 厘米为狭窄型,大于 48 厘米为宽大型,在 43～47.9 厘米为中间型。

手指长(厘米)×100÷手掌长(厘米)=手指长度指数

手指长度指数小于 95 厘米者为手指偏短,大于 105 厘米者为手指偏长,在 95～105 厘米之间者为正常。

第五节 脚 部 健 美

双脚支撑了我们全身的重量,能使我们到达我们想去的地方。脚的美化是我们外观美化的一个方面,尤其是在炎热的夏天,要穿凉鞋,脚的健美就尤为重要。具体要注意以下方面[①]。

一、保护双脚要做到每天洗脚

每天洗澡时应注意清洁脚趾之间的空隙,否则会引起脚臭或引发脚气。经常用刷子轻轻刷脚,将脚后跟、脚趾、脚底的死皮或硬茧洗刷干净,减少厚度。洗完脚后,将水擦干,再用润肤露或橄榄油涂抹整个脚部。

---

① 薛晶,杨玉霞. 现代礼仪. 北京:中国商业出版社,1993

二、定期修剪

定期修剪指甲，将脚趾甲剪平，不能剪太短，太短了不利于保护脚趾，还可能导致甲沟炎。

三、定期为脚部缓解疲劳

缓解脚部疲劳的方法有两种：一是在温水中加入一小杯苹果醋或米醋，将双脚浸入泡15至20分钟后，平躺下来将脚垫高，要高于头部。这样躺半小时后，基本上能消除疲劳。二是准备两小桶水，一桶热水一桶冷水。双脚先在热水中泡两分钟，再在冷水中泡两分钟，如此循环两三回就可消除疲劳。这些方法可以消除疲劳、振奋精神，让人轻松自如。

拓 展 阅 读

不同职业角色的妆容技巧

每个人都有自己特定的社会角色。由于在不同的交际场所"扮演"的角色不同，因此，装扮或表现也要相应有所区别。每一个角色都有一个自己的定位。凸显角色是一种行为选择，也是一个人在自我定位时，决定哪一个角色比其他角色重要的过程。

1. 高级主管的妆容技巧

当一位新的部门主管走马上任，人们在观察他时，通常会较多地注意那些无形的价值，如个人形象、人际沟通能力、人品及性格等。因此，身为部门主管注意自己的妆容，不断强化自己的妆容技巧是必要的。

(1) 女性主管。女性主管要在工作中做到真正与男性处于同等地位，必须从自信与装扮上提升自己作为一个独立人格存在的水准。要尽可能打扮得端庄得体，发型、妆容、首饰和衣服应该和谐统一。装扮要尽可能优雅、完美。

(2) 男性主管。女士们通常羡慕男士不用花多少精力去装扮，以为他们只要穿上一套得体的西装就可以了，但在当今的市场竞争社会里，已有越来越多的男士开始意识到仅仅做到这些是远远不够的。男性主管也必须努力注意自己的妆容。

① 内衣不仅要干净，也要合身。

② 第一次与重要人物见面时，着装要尽可能含蓄，以免咄咄逼人。色彩和款式较含蓄的高级丝质领带比色彩艳丽的领带更好。

③ 眉毛间杂乱的毛发看上去不整洁，要设法修整。

④ 参加重要会议，首先要考虑清楚自己到底应以什么样的形象出现，然后再考虑相应的服饰。

⑤ 如果发型长期不变，肯定会显得落伍，甚至会显得比实际年龄老气。去设计一个更好的发型，改变原有的习以为常的形象。

第九章 妆容形象设计

⑥ 如果总是等鞋子脏了才去擦，那么皮革就很容易老化，一般穿三次就应该擦一次。

⑦ 一次性水性笔只适合学生或临时工用，优质钢笔更能反映出你的成功和个性。

⑧ 手指甲应每两个星期修剪一次。

⑨ 有趣的塑料手表只是少年的玩物，包括潜水式的手表都会有损职业人士的形象。

⑩ 对于有机会单独与客户接触的职业男士来说，个人卫生是非常重要的。每天都应更换衬衣，早晨要洗淋浴，每天都要刷牙 3 次。此外，应选择能与裤装和鞋子相匹配的素色或黑色袜子。

2. 接待人员的妆容技巧

每个公司都应该注意公司形象与员工形象之间的协调。因为公司通过宣传等其他方式建立起来的形象，最终要由员工来体现和强化。公司应制定出一整套员工形象标准，以帮助他们维护公司的形象。

公司接待人员通常多为女性，公司主管应该让她们了解作为接待员是代表公司接待宾客的，给来访者的第一印象非常重要。一个最佳的接待人员通常就是公司形象的代言人。因此，人事部门在招聘接待人员时必须严格筛选，并制定出严格的用人规范。

（1）女性应淡妆上岗，化妆与发式应整齐、清洁、端庄。不宜在接待宾客时整理卷发或补妆。

（2）珠宝首饰佩戴不宜超过三件，应选用无声响、不夸张、不招摇的饰品。

（3）手和指甲必须随时保持整洁。特别值得注意的是，不要把流行的"酷妆"带到工作岗位上来。因为在职场工作的每一位员工，都应按照职场的妆容礼仪规则要求自己，到公司接受服务的可能都是有业务关系的朋友或服务对象，因此，绝不能将私人化的妆容形象带到职场上来。一个人的形象应随着环境的变化而变化，在休闲环境下是良好的形象，到了职场环境下可能就不合时宜了。

3. 求职人员的妆容技巧

不论是已经有工作经验者或是刚毕业的学生，任何想获得一份工作的人都需经过面试。所以，专门探讨一下有关面试时的妆容技巧是有必要的。

面试最初三分钟的印象非常重要，在这三分钟里主考官会对求职者形成初步的感性认识。印象好可能会给求职者更多的时间以便其深入了解，印象不好可能就会匆匆结束面试，或缩短面试过程。在相互不认识的人之间，以貌取人并没有错。因为在最初的印象中，形象是对方能够获取相关信息的最直观、最快捷、最有效的途径。因为，对方不可能在这么短的时间里准确得知一个人的全方位信息。比如，关于一个人的为人处世、人品才能等信息，均需要经过较长时间的了解接触才能获取。所以，应聘时的外在形象对一个应聘者越过最初的障碍会起到非常重要的作用。在准备面试前要做到以下几点。

（1）面试前一晚必须睡眠充足，使皮肤保持光洁。

（2）女性要用浅色调彩妆化自然一些的淡妆。脸上有斑点的女性要用遮瑕膏将其遮盖。不化妆的女性以及蓄须的男性，在求职过程中容易遭遇偏见，从而会减少许多本应属于自己的机会。女性若浓妆艳抹，比没有化妆的应聘者更糟糕。化一点淡妆，让面部显得清新自然，是最受人们欢迎的。

(3) 头发要保持干净，不要用油滑的定型液，否则会给人湿漉漉的感觉。留长发的女性，要把头发扎起来，束带应简单而自然，不要使人觉得稚气未脱。

(4) 要洗净、修整指甲，因为在与人握手或作记录时，指甲不清洁总是一件让人感到尴尬的事情。女性应用无色自然的指甲油，这样看上去会显得更健康。

(5) 不要用香水，否则会分散考官的注意力。

个人良好的妆容形象对获得一份理想的工作起着重要作用，尤其是当你还没有这方面的经验时，需要依靠自身良好的外在形象，把内在的潜质更好地表现出来，以便于他人能愉快地接受。

4. 舞台演讲时的妆容技巧

站在舞台上发表演讲是表现自己能力的一次机会，此时千万不要忽视妆容形象，它与演讲内容同样需要重视。演讲者与台下的观众有一定的距离，为了使自己的肤色看上去更健康，可以使用较厚的粉底及散粉。眉毛、眼线、眼影、睫毛、口红都可以画得比平时明显突出些。在灯光的作用下，远距离观看就会显得非常自然。

(1) 妆色可以比平时浓一些，庄重一些。在脸上打下一层薄而稳固的粉底。注意突显眼睛(用眼线笔、睫毛膏和眉梳处理)，还要强调嘴唇。在涂口红前先使用唇笔将唇形清楚地勾勒出来。用半透明粉在脸上均匀地扑一层，使脸部看上去不油亮。上粉不宜过厚，否则会使人感觉好像是刚从脂粉堆里出来的一样。

(2) 在舞台内侧等待出场时，要轻松自如。调匀呼吸，做几次张大嘴巴的动作，这样可以松弛颚部并使下颚变得柔韧舒适，放松紧张的情绪。

(3) 开始说话时要微笑地环视听众，然后做一次深呼吸。沉稳自如的微笑不仅会给人一种亲切宜人的印象，同时也会让听众意会到，接下来的演讲将会是生动有趣的。

(4) 倘若戴着眼镜演讲，那么，演讲的过程中注意不要摆弄眼镜。因为，这样的习惯性动作往往会使听众误以为演讲者是位易冲动、敏感、焦虑不安、故作姿态的人。

(5) 有些演讲者在紧张的时候，常有下意识地摆弄头发或摆弄物品的习惯。这种下意识的反复的习惯性动作，会干扰听众，使听众产生不舒适的感觉。

(6) 保持和善的微笑能缓解交流的气氛，在一定程度上也会平息自己的紧张情绪。自然的真诚的微笑就像和煦的春风，让人身心愉悦。

5. 女大学生的妆容技巧

女性到了大学阶段的年龄，是最漂亮也是最爱漂亮的年龄。适当地化妆，不但可以显得更漂亮，在有些场合也是必要的礼节。例如，实习、假期打工时，要接触社会人士，就必须把自己装扮得漂亮、得体，这样办事效率会变得更高，也会给自己带来诸多方便。恰当的化妆能使人具有一种成熟的味道，更容易取得别人的信任。

女大学生化妆应以自身面部客观条件为基础，适当加以强化或美化，切不可失真。要妆而不露，化而不觉，从而达到"清水出芙蓉，天然去雕饰"的境界。特别应该注意的是，女大学生在日常学习、生活中，以不化妆为宜；在社交娱乐活动中，化妆应以自然清新为主。切忌人工痕迹太重，那样会有损青年女性自然的美感。

第九章 妆容形象设计

总之，女大学生的仪容观既要符合个性，又要讲究团队精神，要反映出我们这个时代大学生朝气蓬勃、奋发进取的精神风貌。

(资料来源：吴雨潼.职业形象设计与训练.大连：大连理工大学出版社，2008)

面部局部矫正化妆

1. 眉部的矫正化妆

画眉首先要了解标准眉型的比例结构及在脸部的标准位置。

标准的眉型为：眉与眼的距离大约有一眼之隔；眉头在鼻翼与内眼角的垂直延长线上；眉峰在眉头至眉梢的 2/3 处；眉梢在鼻翼与外眼角连线的延长线上；眉与眉梢基本保持在同一水平线上。

几种常见眉型的修正方法如下。

(1) 吊眉。

特征：眉头位置较低，眉梢上扬。吊眉使人显得有精神，但也会使人显得不够和蔼可亲。

修正：将眉头下方和眉梢上方多余的眉毛除去。描画时，要加宽眉头上方和眉梢下方的线条，这样才可以使眉头和眉尾基本在同一水平线上。

(2) 八字眉。

特征：眉尾和眉头不在同一水平线。这种眉型使人显得亲切，但过于下垂会使面容显得忧郁。

修正：去除眉头上面和眉梢下面的眉毛。在眉头下面和眉尾上面的部分要适当补画，尽量使眉头和眉尾能在同一水平线上，或使眉尾略高于眉头。

(3) 短粗眉。

特征：眉型短而粗。这样的眉型显得粗犷有余，细腻不足，有些男性化。

修正：根据标准眉型的要求将多余的眉毛修掉，然后用眉笔补画出缺少部分，可适当加长眉型。

(4) 眉型散乱。

特征：眉毛生长杂乱，缺乏轮廓感，使得面部五官不够清晰、干净。

修正：先按标准眉型的要求将多余眉毛去掉，在眉毛杂乱的部位涂少量的专用胶水，然后用眉梳梳顺，再用眉笔加重眉毛的色调，画出相应的眉型。

2. 眼睛的矫正化妆

对眼睛的修饰主要是画眼影、眼线和对睫毛的美化。例如，利用不同颜色的眼影晕染，可以增加眼部神采，调整眼部结构；粗细不同、长短不一的眼线，可以改变眼睛的形状；不同假睫毛的配合，又可以加强眼睛的神韵。

(1) 大眼睛。

特征：大眼睛给人以可爱、美丽的印象，但过大的眼睛又令人觉得呆板。

修正：对于这种眼型在画眼影时可采用浅亮色的眼影平涂的手法，并在靠近睫毛根处选用眼影以增强眼部神韵。眼线不可画得太粗。

(2) 小眼睛。

特征：小眼睛的人在化妆时总想要达到双目生辉的效果，以弥补小眼睛在视觉上缺乏个性的一面。

修正：在眼影色的选择上有两种方法。一是画出上深下浅的假双眼皮，例如以深咖啡色与浅白色的配色，这种修饰多用于舞台妆，日常生活中不宜；二是用上浅下深的手法来晕染，不刻意强调上眼睑的褶皱。但小眼睛在化妆时尽量不要选用太刺目或另类的色彩，宜选择接近东方人肤色的暖色系色彩。

(3) 上斜眼。

特征：上斜眼型内眼角低垂，但外眼角向上飞起，此种眼型给人以十分凌厉精明的印象。

修正：在修饰时，可在内眼角的上眼睑处涂以耀目的色彩；外眼角处不强调，以柔和的色调轻轻带过即可；内眼角的下侧可选用浅亮色提亮；外眼角的下侧同样可以用点缀色来进行强调，并在画眼线时，加宽上眼线内眼角处及下眼线外眼角处，以此来达到视觉上的平衡。

(4) 下斜眼。

特征：下斜眼的形状与上斜眼型恰好相反，此种眼型给人以和蔼可亲的印象，但易让人有衰老和忧郁的感觉。

修正：下斜眼在化妆前可用美目贴或深色纱布贴于上眼睑的外眼角处，令眼部弧度向上提升。在选择眼影时，与上斜眼的画法恰好相反，外眼角的眼影位置可略向上提升，色彩可以鲜亮一些，也可加宽上眼线外眼角处的眼影宽度。

(5) 肿眼睛。

特征：上眼皮脂肪较厚，使得眼睑的厚度很突出，造成肿眼泡的视觉印象。

修正：肿眼睛在东方人群中十分常见，因此在选择眼影色时要十分谨慎。例如一些蓝、绿等冷色调的色彩，肿眼睛的人应尽量少尝试，因为它们会造成眼部更加突出的印象。可选择一些与东方人肤色相近的暖色系色彩，如咖啡色系即是肿眼睛的安全色系之一。此外可选用亮色提亮眉骨，选择较长的假睫毛等也可以削弱眼皮的厚重感。

(6) 凹陷眼。

特征：凹陷眼的眼型与肿眼睛恰好相反，它具有欧洲的风格。眼眶凹陷，较具现代感，但又易给人留下成熟、憔悴的印象。

修正：在选择眼影色时，可使用一些浅白色系使上眼睑突出，增加柔和的感觉；眉骨处的色彩不可太刺目，否则在强烈的对比之下，会使眼部的凹陷感加强。眼线的描绘也应采用自然的线条。

(7) 圆眼睛。

特征：圆眼睛给人留下机灵聪慧的印象，但同时又会有精明、厉害的感觉。

修正：圆眼睛的眼影画法可取几色横向并列的方法，尤其是外眼角处的色彩要鲜明、突出，整个眼影的位置不可过高。眼线的画法可细长一些，以增加眼部的视觉长度。

(8) 长眼睛。

特征：长眼睛常会给人以妩媚、女性化的感觉，但又会有缺乏神采的印象。

修正：画眼影时可采取上下几色并列的画法，眼影的位置可略高，但不可太长，可强调下眼睑处的眼影色。眼线的画法可采取中间粗、两头细的方法，以加强眼睛的视觉宽度。

3. 鼻部的矫正化妆

鼻子的修正方法主要是画侧影和涂抹亮色，对于不同鼻型，鼻侧影和亮色的使用也有所不同。

(1) 塌鼻梁。

特征：鼻梁低平，使面部显得呆板，缺乏立体感和层次感。

修正：在鼻梁两侧涂抹暗影，上端与眉毛衔接；在眼窝处颜色要深一些，往下逐渐淡化；鼻梁上较凹陷的部位及鼻尖处涂亮色。

(2) 短鼻子。

特征：鼻子的长度小于面部长度的 1/3，即常说的"三庭"中的中庭过短。鼻子较短会使五官显得集中，同时使鼻子显得较宽。

修正：鼻侧影的上端与眉毛衔接，下端直到鼻尖。亮色从鼻根处一直涂抹到鼻尖处，要细而长。

(3) 鼻子较长。

特征：鼻子的长度大于面部长度的 1/3，也就是中庭过长。鼻子过长使鼻型显细，并使脸型显得更长。

修正：鼻侧影从内眼角旁的鼻梁两侧开始，到鼻翼的上方结束，鼻尖涂阴影色。鼻梁上的亮色要宽一些，但不要在整个鼻梁上涂抹，只需涂抹鼻中部。

(4) 鹰钩鼻。

特征：整个鼻梁弯曲呈钩状，并且鼻头较尖，鼻中隔后缩，面部缺乏柔和感，显得较为冷酷。

修正：鼻侧影从内眼角旁的鼻梁两侧开始到鼻中部结束。鼻尖部涂阴影色，鼻根部及鼻尖上侧涂亮色，鼻中部凸起处不涂亮色。

(5) 宽鼻。

特征：鼻翼的宽度超过面宽的 1/5，会使面部缺少秀气的感觉。

修正：鼻侧影涂抹的位置与短鼻相同，从鼻根至鼻翼处，并在鼻头处涂亮色。

4. 唇部的矫正化妆

唇型的修饰包括描画唇线和涂抹唇膏两个部分。唇型在矫正前，应选用与面部打底相同的遮盖力较强的粉底色，将原唇的轮廓进行遮盖，然后用蜜粉将其固定，再进行修饰，以便使矫正后的唇型效果自然。

(1) 嘴唇过厚。

特征：嘴唇过厚分上唇较厚、下唇较厚及上下唇均厚三种。嘴唇过厚使面容显得不够精致。

修正：保持唇型原有的长度，再用唇线笔沿较厚的唇部轮廓内侧画唇线。唇膏色宜选用深色或冷色以达到收敛效果，避免使用鲜红色、粉色和亮色。

(2) 嘴唇过薄。

特征：嘴唇过薄有上唇较薄、下唇较薄及上下唇均薄三种。嘴唇过薄，唇型缺乏丰润的曲线，使面容显得不够开朗或给人以刻薄的感觉。

修正：在唇周围涂浅色粉底，再用唇线笔沿原轮廓向外扩展。唇膏可选暖色、浅色或亮色，以增加唇的饱满感。

(3) 嘴角下垂。

特征：嘴角下垂容易给人留下愁苦的印象，且使人显得苍老。

修正：用粉底遮盖唇线和嘴角，将上唇线向上方提起，嘴角提高，上唇唇峰及唇谷基本不变，下唇线略向内移。下唇色要深于上唇色，不宜使用较多亮色唇膏。

(4) 嘴唇凸起。

特征：上、下唇凸出会产生外翻的感觉，影响唇型的美感。

修正：沿原唇型的嘴角外侧画轮廓，上下唇线应平直一些，以缩减唇的突出感。唇膏宜选择暗色。

(5) 唇型平直。

特征：唇峰、唇谷等曲线不明显，唇型的轮廓感不强。这样的唇型缺乏表现力，面部不生动。

修正：按标准唇型的要求勾画唇线，然后再涂抹唇膏。

(资料来源：郑彦离. 礼仪与形象设计. 北京：清华大学出版社，2009)

思考与训练

1. 作为女士，请用 5 分钟时间给自己化一个漂亮的工作妆。请实际操作，如果结果不令你满意，要继续实践，反复练习，直到取得满意效果为止。

2. 作为男士应如何保持仪容整洁？请每天早晨上班前对着镜子检查一下，在个人卫生方面还有哪些地方需要改进？要坚持一丝不苟。

3. 你的皮肤属于哪种类型？有什么特点？在保养方面要注意哪些要点？

4. 请每日按照科学的化妆和护肤方法进行仪容修饰与保养。

5. 你的脸型、发质和职业最适合哪种发型？

6. 案例分析。

化妆风景线

阿美和阿娟是一所美容学校的学生，初学化妆非常感兴趣，走在大街上，总爱观察别人的妆容，因此发现了一道道奇特的风景线。

一位中年妇女没有做其他化妆，只涂了一个嘴唇，而且是那种很红很艳的唇膏，只突出了一张嘴。一位女士的妆容看起来真的很漂亮，只可惜脸上精彩纷呈，脖子却粗糙得马

第九章　妆容形象设计

虎，在脸庞轮廓上有明显的分界线，像戴了面具一样。再看，还有的女士用粗的黑色眼线将眼睛轮廓包围起来，像个"大括号"，看上去那么生硬、不自然。一位很漂亮的女士，身穿蓝色调的时装，却画着橘红色的唇膏……

(资料来源：国英. 公共关系与现代礼仪案例. 北京：机械工业出版社，2004)

思考题

(1) 请帮助阿美和阿娟分析一下，针对以上几种情形，化装时应注意哪些问题？
(2) 化妆有哪些禁忌？

换　妆

吴菲，某高校文秘专业高才生，毕业后就职于一家公司做文员。为适应工作需要，上班时，她毅然放弃了"清纯少女妆"，化起了整洁、漂亮、端庄的"白领丽人妆"：不脱色粉底液，修饰自然、稍带棱角的眉毛，与服装色系搭配的灰度高偏浅色的眼影，紧贴上睫毛根部描画的灰棕色眼线，黑色自然型睫毛，再加上自然的唇型和唇色，虽化了妆，却好似没有化妆，整个妆容清爽自然，尽显自信、成熟、干练的气质。但在公休日，她又给自己来了一个大变脸，化起了久违的"清纯少女妆"：粉蓝或粉绿、粉红、粉黄、粉白等颜色的眼影，彩色系列的睫毛膏和眼线，粉红或粉橘的腮红，自然系的唇彩或唇油，看上去娇嫩欲滴，鲜亮淡雅，整个身心都倍感轻松。

心情好，工作效率自然就高。一年来，吴菲以自己得体的外在形象、勤奋的工作态度和骄人的业绩，赢得了公司同人的好评。

(资料来源：国英. 公共关系与现代礼仪案例. 北京：机械工业出版社，2004)

思考题

(1) 注重仪容的意义何在？
(2) 你如何评价吴菲的两种妆容？
(3) 对"化妆不只是技术，还是一门艺术、一种生活"这句话你是如何理解的？

第十章　服饰形象设计

一个人的穿着打扮，就是他的教养、品味、地位的真实写照。

——[英]莎士比亚(W.William Shakespeare)

良好的仪表犹如一支美丽的乐曲，它不仅能够给自身提供自信，也能给别人带来审美的愉悦：既符合自己的心意，又能左右别人的感觉，使你办起事来信心十足，一路绿灯。

——[美]戴尔·卡耐基(Dale Carnegie)

本章提要

- 着装的原则。
- 着装的"三注意"。
- 男士西装的穿着。
- 女士服装的穿着。
- 服装的饰物佩戴。

心理学家曾做过一个有趣的实验，把10张小姑娘的照片给受试者看，其中8人容貌服饰姣好，另两位姑娘长相较差，衣服也破旧。心理学家告诉受试者，其中一人是小偷。结果，有80%的受试者认为后者是小偷。这说明人们总是喜欢那些看上去令人感觉舒适、有美感的人。美好的长相、匀称挺拔的身材、美观大方的服饰均能增添人的仪表魅力，给人以舒服、美好的感觉。如果说，人的天生长相、身材高矮难以变更，而服饰确实是可以变化的。

整洁美观的服饰是人们能用以改变自己或烘托自己的最好、使用最频繁的形象"武器"。早在1972年，世界著名心理学家及讲演大师肯利教授发现，在高中女孩的交往中，穿衣最重要，占留给别人印象的67%之多。在多年之后，我们即便回忆不起当年的容貌，却对"当时穿什么"印象特深，其次才是个性，再次是共同的兴趣。因而他发现了着装是一个强烈、显著的信号，并告诉人们一个原则：服装只要穿着得当，就是最有利的沟通工具之一，也是最便捷的交际"名片"。同时，通过实验进一步证实，着装能让我们得到不同的待遇。假如穿戴像一个成功的人，就能让您在各种场合得到应有的尊敬和善待。肯利教授最后指出：在任何事业上，成功的穿着能够帮助您获得更大的成功。因此，我们要学会运用服饰这一武器来"武装"自己，塑造完美的个人形象。

小故事 10-1

服饰助希尔创业成功

美国商人希尔(Napoleon Hill)就清楚地认识到，在商业社会中，一般人是根据一个人的衣着来判断对方的实力的，因此，他首先去拜访裁缝。靠着往日的信用，希尔定做了三套

第十章 服饰形象设计

昂贵的西服，共花了275美元，而当时他的口袋里仅有不到1美元的零钱。然后他又买了一整套最好的衬衫、领带及内衣裤，而这时他的债务已经达到675美元。每天早上他都会身穿一套全新的衣服，在同一时间里与同一位出版商"邂逅"相遇，希尔每天都和他打招呼，并偶尔聊上一两分钟。

这种例行性会面大约进行了一星期之后，出版商开始主动与希尔搭话，并说："你看来混得相当不错。"接着出版商便想知道希尔从事的是哪一行业。因为希尔身上的衣着表现出来的这种极有成就的气质，再加上每天一套不同的新衣服，已引起了出版商极大的好奇心，这正是希尔所盼望发生的事情。于是希尔很轻松地告诉出版商："我正在筹备一份新杂志，打算在近期内争取出版，杂志的名称为《希尔的黄金定律》。"出版商说："我是从事杂志印刷和发行的。也许我可以帮你的忙。"这正是希尔等候的那一刻，而当他购买这些新衣服时，心中已料到了这一刻。这位出版商邀请希尔到他的俱乐部，和他共进午餐，在咖啡和香烟尚未送上桌前，已说服希尔答应和他签合约，由他负责印刷和发行希尔的杂志。发行《希尔的黄金定律》这本杂志所需要的资金至少在三万美元以上，而其中的每一分都是从漂亮衣服所创造的"幌子"上筹集来的。

(资料来源：http://www.15.net/fulltext/2116.html，2010-07-28)

第一节 着装的原则

一、时间原则

时间原则是指在不同的时代、不同的季节、不同的时间应穿不同的服装。服装是有时代性的，例如，满清时代，女子一律穿旗袍，男子一律穿长袍马褂、对襟开衫，若有人穿西装就会被讥笑为"假洋鬼子"；新中国成立初，男女老少多是蓝制服或绿军装，谁若穿着讲究一点，必然被视为资产阶级情调；而现在，服装已成为显示风度气质、文化修养和身份地位的重要工具。服装是有季节性的，如在深秋时节穿一件无袖轻薄的连衣裙，很难给人留下美感。服装还有时间性，一般有日装、晚装之分。日装要求轻便、舒适，便于活动，但款式不宜使身体裸露；而晚装则要求艳丽、华贵、珠光宝气，可适当裸露。因此，日装、晚装不能颠倒。

二、环境原则

环境原则是指不同的工作环境、不同的社交场面，着装要有所不同。比如，一个在外贸公司工作的公关小姐，总是喜欢穿款式陈旧、色泽暗淡的服装，尽管她努力工作，能力也不错，但好几次富有吸引力的工作机会都被那些衣着更时髦、打扮更精神的同事争取到了。因为她的衣着似乎在说："我是一个安分守己的人，我对目前的状况很满意。"因此，着装还要根据环境场合的变化而变化。上班时不必穿高档服装，不能过于艳丽、裸露，而是穿端庄大方的西装、衬衫、套裙比较适合；上街不可穿居家服、睡衣睡裤；探亲访友时着装应沉稳；去医院看望病人，应随意大方；郊游运动，应轻松随便；晚会、舞会则可鲜艳华丽。

三、个性原则

　　个性原则要把握两层含义：穿着对象和交际对象。也就是说，你的穿着既要适合自己，能表现自己的个性风格；同时，又要对应别人，与你的交际对象保持协调一致。在生活中，我们常常会看到高高胖胖的女士，上穿一件淡红色紧身衣，下穿一条一步裙，露出肥厚的前胸和粗壮的大腿，令人担心那身衣服随时会崩裂；而身材矮小的小姐，却上穿一件深色蝙蝠衫，下穿一条长长的黑色呢裙，宽松肥大的衣裙把她整个人都装了进去，越发显得瘦弱憔悴。相同，男士也是如此。如五短三粗的男子却穿着包臀的萝卜裤，让人看上去十分别扭。要穿的自然得体，就得根据自己的高矮胖瘦，选择不同质地、颜色、款式的服装加以调整。

　　着装，还受容貌、肤色、年龄、职业、性格等多种因素的影响。例如，你的相貌很老成，却总爱穿大花短上衣就显得很滑稽；你的肤色偏黄，却爱穿土黄色或黑色服装，越发像"出土文物"；你的年龄明明只有十八九岁，却总穿灰色服装，必然像三四十岁的大嫂。此外，着装还要综合考虑自己各方面的条件和社会条件，使之穿出自我、穿出个性。又如，外形和气质都比较活泼的公关小姐，其穿着可以比较艺术、夸张，一件洋红色的旗袍既可显示出身材美，又可将其容貌映衬得鲜亮高雅。而一位女市长的服饰设计则必须在精明干练、独立果敢中透出一股温和娴雅的天性，例如一套银灰色套裙外加一件外套，较适合她的身份。

　　另外，在一些重大的社交场合。你的穿着在表现自我的同时，还必须与他人保持一致。曾有一位企业家去会见前来考察的德国同行，由于天气很热，他便像往常一样，穿着汗衫、短裤和凉鞋去了。岂料对方见到他后立刻露出不高兴的神色，没谈几句就起身告辞了。因为，外国人在这种重要场合，彼此都要西装革履，否则就意味着瞧不起对方。因此，在与人约见之前，一定要仔细考虑对方可能的穿着，并加以对应。这样，才能迅速缩短对方的心理距离，博得好感和信任。

第二节　着装的"三注意"

一、注意和谐

　　所谓穿着的和谐，是指一个人的穿着要与他的年龄、体形、职业和所处的场合等吻合，表现出一种和谐，这种和谐能给人以美感。

1. 穿着要和年龄相和谐

　　在穿着上，要注意与年龄相和谐。不管青年人还是老年人，都有权利打扮自己。但是，在打扮时要注意，不同年龄的人有不同的穿着要求。年轻人应穿着鲜艳、活泼、随意一些，这样可以充分体现出青年人的朝气和蓬勃向上的青春之美。而中、老年人的着装则要注意庄重、雅致、整洁，体现出成熟和稳重，透出那种年轻人所没有的成熟美。因此，无论你是青年、中年，还是老年，只要你的穿着与年龄相和谐，那么都会使你显出独特的美来。

2. 穿着要与体形相和谐

关于人体美的标准,古今中外众说纷纭。有关专家综合我国人口的健美标准,提出两性不同的体形标准。女性的标准体形是:骨骼匀称、适度。具体表现为:站立时头颈、躯干和脚的纵轴在同一垂直线上。肩宽、四肢比例以及头、颈、胸的比例;以肚脐为界,上下身的比例符合"黄金分割"的 1.618∶1,也可用近乎 8∶5 来表示。若身高 160 厘米,则其较为理想的体重是 50~55 千克,肩宽是 36~38 厘米,胸围是 84~86 厘米,腰围是 60~62 厘米,臀围是 86~88 厘米。男性的标准体形,应基本遵循两臂侧平举等于身高的原则。若身高为 167~170 厘米,则其较为理想的体重是 68~70 千克,胸围是 95~98 厘米,腰围是 75~78 厘米,颈围是 30~40 厘米,上臂围是 32~33 厘米,大腿围是 55~56 厘米,小腿围是 37~38 厘米。

然而,在现实生活中,并非每个人的体形都十分理想,人们或多或少地存在着形体上的不完美或欠缺,或高或矮,或胖或瘦。若能根据自己的体形挑选合适的服装,扬长避短,则能实现服装美和人体美的和谐、统一。

一般来说,身材较高的人,上衣应适当加长,配以低圆领或宽大而蓬松的袖子,宽大的裙子、衬衣,这样能给人以"矮"的感觉,衣服颜色最好选择深色、单色或柔和的颜色;身材较矮的人,不宜穿大花图案或宽格条纹的服装,最好选择浅色的套装,上衣应稍短一些,使腿比上身突出,服装款式以简单直线为宜,上下颜色应保持一致;体型较胖的人应选择小花纹、直条纹的衣料,最好是冷色调,以达到显"瘦"的效果,在款式上,胖人要力求简洁,中腰略收,后背扎一中缝为好,不宜采用关门领,以"V"形领为最佳;体型较瘦的人应选择色彩鲜明、大花图案以及方格、横格的衣料,给人以宽阔、健壮的视觉效果,在款式上,瘦人应当选择尺寸宽大、上下分割花纹、有变化的、较复杂的、质地不太软的衣服,切忌穿紧身衣裤,也不要穿深色的衣服。另外,肤色较深的人穿浅色服装,会获得健美的色彩效果,肤色较白的人穿深色服装,更能显出皮肤的细洁柔嫩。

3. 穿着要和职业相和谐

穿着除了要和身材、体形和谐之外,还要与你的职业相和谐。这一点非常重要,不同的职业有不同的穿着要求。例如,教师、干部一般要穿得庄重一些,不要打扮得过于妖艳,衣着款式也不要过于怪异,这样可以给人留下一个良好的印象;医生穿着要力求显得稳重和富有经验,一般不宜穿着过于时髦给人以轻浮的感觉,这样不利于对病人进行治疗;青少年学生穿着要朴实、大方、整洁,不要过于成人化;而演员、艺术家则可以根据他们的职业特点,穿得时尚一些。

4. 穿着要和环境相和谐

穿着还要与你所处的环境相和谐。办公室是一个很严肃的地方,因此在穿着上就应整齐、庄重一些。外出旅游,穿着应以轻装为宜,力求宽松、舒适,方便运动。平日居家,可以穿着随便一些,但如有客人来访,应请客人稍坐,自己立即穿着整齐,如果只穿睡衣睡裤来接待客人，那就显得失礼了。除此之外，在一些较为特殊的场合，还有一些专门的穿着要求。例如，在喜庆场合不宜穿得太素雅、古板；庄重的场合不能穿得太宽松、随便；悲伤场合不能穿得太鲜艳等。对于这些穿着要求，在下面还要作具体的介绍。

二、注意色彩

色彩，是服装留给人们记忆最深的印象之一，而且在很大程度上也是服装穿着成败的关键所在。色彩对他人的刺激最快速、最强烈、最深刻，所以被称为"服装之第一可视物"。

一般来讲，不同色彩的服饰在不同的场合所产生的效果是不同的。为此，我们需要对色彩的象征性有一定的了解。

小知识 10-1

颜色的象征意义

黑色，象征神秘、悲哀、静寂、死亡，或者刚强、坚定、冷峻。
白色，象征纯洁、明亮、朴素、神圣、高雅、恬淡，或者空虚、无望。
黄色，象征炽热、光明、庄严、明丽、希望、高贵、权威。
大红，象征活力、热烈、激情、奔放、喜庆、福禄、爱情、革命。
粉红，象征柔和、温馨、温情。
紫色，象征谦和、平静、沉稳、亲切。
绿色，象征生命、新鲜、青春、新生、自然、朝气。
浅蓝，象征纯洁、清爽、文静、梦幻。
深蓝，象征自信、沉静、平静、深邃。
灰色，是中间色，象征中立、和气、文雅。

人们在穿着服装时，在色彩的选择上既要考虑个性、爱好、季节，又要兼顾他人的观感和所处的场合。所以，明代卫泳在《缘饰》中说："春服宜清，夏服宜爽，秋服宜雅，冬服宜艳；见客宜重装；远行宜淡服；花下宜素服；对雪宜丽服。"古人对服饰的讲究的确值得我们借鉴。

对一般人而言，在服装的色彩上要想获得成功，最重要的是掌握色彩的特性、色彩的搭配、正装色彩的选择，以及肤色与着装的色彩的关系等方面。

1. 色彩的特性

色彩具有冷暖、轻重、缩扩等特性。

色彩的冷暖。使人产生温暖、热烈、兴奋之感的色彩为暖色，如红色、黄色；使人有寒冷、抑制、平静之感的色彩为冷色，如蓝色、黑色、绿色。

色彩的轻重。色彩的明暗变化程度，被称为明度。不同明度的色彩往往给人以轻重不同的感觉。色彩越浅，明度越强，它使人有上升之感、轻感。色彩越深，明度越弱，它使人有下垂之感、重感。人们平日的着装，通常讲究上浅下深。

第十章 服饰形象设计

色彩的缩扩。色彩的波长不同给人收缩或扩张的感觉也不同。一般来讲，冷色、深色属收缩色，暖色、浅色则为扩张色。运用到服装上，前者使人苗条，后者使人丰满，二者皆可使人在形体方面避短扬长，但运用不当则会在形体上出丑露怯。

2. 色彩的搭配

色彩的搭配主要有统一法、对比法和呼应法。

统一法。统一法即配色时尽量采用同一色系之中各种明度不同的色彩，按照深浅不同的程度搭配，以便创造出和谐感。例如，穿西服按照统一法可以选择这样搭配：如果采用灰色色系，可以由外向内逐渐变浅，即深灰色西服——浅灰底花纹的领带——白色衬衫。这种着装配色适用于工作场合或庄重的社交场合。

对比法。对比法即在配色时运用冷色、深色，明暗两种特性相反的色彩进行组合的方法。它可以使着装在色彩上反差强烈，静中求动，突出个性。但有一点要注意，运用对比法时忌讳上下二分之一的对比，否则给人以拦腰一刀的感觉，要找到黄金分割点即身高的三分之一点上(即穿衬衣从上往下第四、第五个扣子之间)，这样才有美感。

呼应法。呼应法即在配色时，在某些相关部位刻意采用同一色彩，以便使其遥相呼应，产生美感。例如，在社交场合穿西服的男士讲究"三一律"。所谓"三一律"就是男士在正式场合，应使公文包、腰带、皮鞋的色彩相同。

3. 正装的色彩

非正式场合所穿的便装，色彩上要求不高，往往可以听任自便，而正式场合穿的服装，其色彩却要多加注意。总体上要求正装色彩应当以少为宜，最好将其控制在三种色彩之内。这样有助于保持正装保守的总体风格，显得简洁、和谐。正装若超过三种色彩则给人以繁杂、低俗之感。正装色彩，一般应为单色、深色并且无图案。最标准的正装色彩是蓝色、灰色、棕色、黑色。衬衣的色彩最佳为白色，皮鞋、袜子、公文包的色彩宜为深色(黑色最为常见)。

4. 肤色与着装的色彩

浅黄色皮肤者，也就是我们所说的皮肤白净的人，对颜色的选择性不那么强，穿什么颜色的衣服都合适，尤其是穿不加配色的黑色衣裤，则会显得更加动人。暗黄或浅褐色皮肤，也就是皮肤较黑的人，要尽量避免穿深色服装，特别是深褐色、黑紫色的服装。一般来说，这类肤色的人选择红色、黄色的服装比较合适。肤色呈病黄或苍白的人，最好不要穿紫红色的服装，以免使其脸色呈现出黄绿色，加重病态感。皮肤黑中透红的人，则应避免穿红、浅绿等颜色的服装，而应穿浅黄、白等颜色的服装。

三、注意场合

所谓穿着要注意场合，是说要根据不同场合来进行着装。这些场合包括如下方面。

1. 正式场合

正式场合指的是商务谈判、重要的商务会议、求职面试等正规、严肃的场合。男士在正式场合通常穿严肃的西服套装(上下装面料相同、颜色相同)。纯黑色西服在西方通常用于婚礼、葬礼及其他极为隆重的场合，而正式的商务场合最常使用的西服套装颜色为深蓝色和深灰色，深蓝色或深灰色西装搭配白衬衫，是商务场合男士的必备服装。女士在正式的商务场合中，与男士西装相对应的是女士西服套裙或套裤(上衣领子与男士西装领子相似)，而西服套裙又比西服套裤更正式。

2. 半正式场合

商务人员的半正式场合是指无重大活动、无重要严肃事务的商务场合(需要注意的是，有些着装要求非常严格的公司只有周末才允许穿半职业装)。男士在半正式场合，不用系领带，可以选择不太正式的西服上衣，例如亲切感更强的咖啡色西服，以及其他权威感较弱的明快的颜色。面料可以选择更随意舒适的粗花呢等。上装和长裤采用不一样的面料和不一样的颜色，看上去更加轻松。搭配的时候要注意颜色与面料上下的平衡感。男士半职业装可以搭配高品质的针织衫以及时尚感、休闲感较强的衬衫，衬衫的领型可有较多变化。长裤的面料和颜色可以更加自然随意。需要注意的是，长裤的款式还是以西裤款式为主，不可出现宽松裤、萝卜裤、牛仔裤等休闲时尚裤型。女士的半职业装款式变化与组合非常丰富，可以将正装的西服套裙与套裤分开来穿，搭配经典款式的连衣裙、针织衫、短裙、衬衫。各个款式的细节处理可以更加富有创意，颜色可以更加明亮丰富，但仍然要保持躯干线条的清晰干练。

3. 休闲场合

所谓"休闲"，指的是"停止工作或学习，处于闲暇轻松状态"。在这种休闲状态下，服装应当舒适、轻松、愉快，因此在款式上，男士和女士都应采用宽松的款式，例如夹克衫、T恤衫、棉质休闲裤、牛仔装等。服装颜色可以选择鲜艳新奇的色彩。女士连衣裙、短裙或衬衫的款式细节、图案和色彩都可以更大胆、更丰富。

4. 商务酒会场合

西方男士在特殊场合的礼服分为晨礼服、晚礼服等，但近年来有逐渐简化的趋势。国内一般公司的小型商务酒会、聚会，男士穿深色西装即可，但是领带的图案和颜色都需要更加华丽一些。女士的服装尽量以小礼服风格的款式为主，但不宜过于暴露肌肤，领、袖、肩既不可过于裸露又不可过于严实，千万不要过于隆重、夸张，裙长在膝盖上下比较妥当。布料可以选用带丝缎短裙、纱裙等，也可用无领无袖单色连衣裙搭配亮丽的首饰、富有质感的毛皮围巾、丝巾等增强闪光点和华丽感。酒会穿的鞋可以选有丝缎面料、露趾的晚装鞋，提包换成小巧一些的晚装包。

5. 晚宴场合

国际商务场合隆重晚宴需要晚礼服。晚礼服是晚上八点以后穿用的正式礼服，是礼服中档次最高、最具特色、最能充分展示个性的礼服样式。女士的晚礼服常与披肩、外套、斗篷等相搭配，与华美的装饰手套等共同构成整体装束效果。西方传统晚礼服款式强调女性窈窕的腰肢，夸张臀部以下裙子的重量感，肩、胸、臂的充分展露为华丽的首饰留下表现空间。面料通常选用闪光缎、丝光面料，充分展现华丽、高贵感。多配高跟细带的凉鞋或修饰性强、与礼服相宜的高跟鞋。中国女性的身材和西方女性有所不同，因此可以选用面料华丽、制作精美的旗袍式晚礼服，同样能够产生惊艳的效果。男士参加晚宴的时候可以根据自身的喜好选择正式晚礼服或黑色西装，但一定注意细节处理要恰到好处。

6. 运动场合

商务人员会经常参加公司组织的体育比赛或观看体育比赛，参加此类活动应当穿运动装。运动装与休闲装都具有宽松、舒适的特点，但是运动装比休闲装更加适宜人体运动。不同的体育比赛有不同的运动装款式，参加活动之前应当准备好相应的服装。

7. 家居场合

下班回家之后通常应当换上家居服。家居服也有晨衣、睡衣等诸多款式，但其一致的特点是非常舒适、宽松、随意。因此，需要提醒商务人员注意的是，假如有客人来访，只要不是非常熟悉的人，就一定要换上休闲服或半职业装会见客人。即使是在家里，穿着睡衣之类的家居服见同事或客户也是非常不礼貌的。有些家居服的款式是会客时穿的，但也只适用于见很熟的私人朋友或邻居等。最后要提醒大家的是，家居服绝不可以穿到自家大门以外，哪怕你只是去楼下小卖店买瓶酱油，穿着睡衣也是非常失礼的。

第三节 男士西装的穿着

西装是男士最常见的办公服，也是现代社交中男子最得体的着装。国外很多机构，包括一些大企业，规定工作人员不能穿休闲短裤、运动服上班，要求男士必须穿西服打领带。一些剧院也规定了观看者必须西装革履，为了塑造良好的个人形象，男士必须学会穿西装。

一、男士西装的选择

1. 选择合适的款式

西装的款式可分为英国、美国、欧洲三大流派。尽管西装在款式上有流派之分，但是各流派之间差异并不很大，只是在后开衩的部位、扣是单排还是双排、领子的宽窄等方面有所不同。不过，在胸围、腰围的胖瘦，肩的宽窄上还是有所变化的。因此，我们在选择西装时，要充分考虑到自己的身高、体形，如身材较胖的人最好不要选择瘦型短西装；身材较矮者也最好不要穿上衣较长、肩较宽的双排扣西装。

2. 选择合适的面料和颜色

西装的面料要挺括一些。正式礼服的西装可采用深色(如黑色、深蓝、深灰等)颜色的全毛面料制作。日常穿的西装颜色可以有所变化，面料也可以不必讲究，但必须熨烫挺括。如果穿着皱巴巴的西装，是会损坏自己的交际形象的。

3. 要选择合适的衬衣

穿着西装时，一定要穿带领的衬衣。花衬衣配单色的西装效果比较好，单色的衬衣配条纹或带格西装比较合适；方格衬衣不应配条纹西装，条纹衬衣也不要配方格西装。

4. 选择合适的领带

在交际场合穿西装必须打领带，领带的颜色、花纹和款式要与所穿的西装相协调。领带的面料以真丝为最优。在领带颜色的选择上，杂色西装应配单色领带，而单色西装则应配花纹领带；驼色西装应配金茶色领带，褐色西装则需配黑色领带等。

二、男士西装的穿着

1. 合体的上衣与衬衣

合体西装上衣应长过臀部，四周下垂平衡，手臂伸直时上衣的袖子恰好过腕部，领子应紧贴后颈部。

穿西装必须穿长袖衬衣，衬衣最好不要过旧，领子一定要硬扎、挺括，外露的部分一定要平整干净。衬衣下摆要掖在裤子里，领子不要翻在西装外，衬衣袖子长于西装袖子。衬衫领子稍露出外衣领。衬衫的袖口应长出外衣袖口1～2厘米。

2. 注意内衣不可过多

穿西装切忌穿过多内衣。衬衣内除了背心之外，最好不要再穿其他内衣，如果确实需要穿内衣的话，内衣的领圈和袖口也一定不要露出来。如果天气较冷，衬衣外面还可以穿上一件毛衣或毛背心，但毛衣一定要紧身，不要过于宽松，以免穿上显得臃肿，影响穿西装的效果。

3. 打好领带

正式场合的领带以深色为宜，非正式场合的领带以浅色、艳丽为好。领带的颜色一般不宜与服装颜色完全一样(参加凭吊活动穿黑西装系黑领带除外)，以免给人以呆板的感觉。具体做法：一是领带底色可与西装同色系或邻近色，但二者色彩的深浅明暗不同，如米色西装配咖啡色领带；二是领带与西装同是暗色，但色彩形成对比，如黑西装配暗红色领带；三是一色的西装配花领带，花领带上的一种颜色尽可能与西装的颜色相呼应。

领带主要有五种打法，见图10-1～图10-5。[①]

(1) 平结。平结为男士最多选用的领结打法之一，几乎适用于各种材质的领带。要诀：领结下方所形成的凹洞，需让两边均匀且对称。

(2) 交叉结。这是适合单色素雅、质料较薄的领带选用的领结。对于喜欢展现流行感的男士不妨多加使用。

---

① 选自 http://q.chinasspp.com/n53473.html 2010-02-01。

第十章　服饰形象设计

图 10-1　平结

图 10-2　交叉结

（3）双环结。双环结能营造时尚感，适合年轻的上班族选用。完成的特色就是第一圈稍露出第二圈之外，不用刻意给盖住。

图 10-3　双环结

（4）温莎结。温莎结适用于宽领的衬衫。该领结应多往横向发展，应避免材质过厚的领带，领结也勿打得过大。

图 10-4　温莎结

（5）双交叉结。这样的领结很容易让人有种高雅且隆重的感觉，适合正式活动场合选用。应多运用在素色且丝质领带上，若搭配大翻领的衬衫，不但适合，而且有种尊贵感。

图 10-5　双交叉结

领带结需靠在衣领上，但不能勒住脖子，也不能太往下，显得松松垮垮，不精神。领带系好后，垂下的长度应触及腰带，超过腰带或不及腰带都不符合要求。领带用领带夹固定。西装上衣左胸部的装饰袋，可用来插放绢饰，不可用来放钢笔之类的其他东西，钢笔应放在衣服内袋中。

4. 裤子合体

西装的裤子要合体，要有裤线，裤长要超过脚面 1～2 厘米。西装裤兜内不宜放重物。

5. 鞋袜整齐

穿西装一定要穿皮鞋，而不能穿布鞋或旅游鞋。皮鞋的颜色要与西装相配套。皮鞋还应擦亮，不要蒙满灰尘。穿皮鞋还要配上合适的袜子，袜子的颜色要比西装的稍深一些，使它在皮鞋与西装之间显示一种过渡。

6. 扣好扣子

西装上衣可以敞开穿，但双排扣西装上衣一般不要敞开穿。在扣西装扣子时，如果穿的是两个扣子的西装，不要把两个扣子都扣上，一般只扣上面一个。如果是三个扣子，只扣中间一个。

在日常工作及非正式场合的社交活动中，男士可穿西服便装。西服便装上下装不要求严格配套一致。颜色可上浅下深，面料也可以上柔下挺。可以衬衫、领带配西裤，也可以不扎领带、不穿衬衫，而穿套头衫或毛衣。

此外，男士参加社交活动也可穿中山装、民族服装或夹克。尤其是在国内参加活动时，如出席庆典仪式(包括吊唁活动)、正式宴会、领导人会见国宾等隆重活动，可穿中山装与民族服装。穿中山装应选择上下同色同质的深色毛料中山装，一般配以黑色皮鞋。中山装衣服要平整、挺括，裤子要有裤线。穿着时要扣好领扣、领钩、裤扣。

在非正式社交场合中，男士也可穿夹克衫等便装，但同样应注意服装的清洁与整齐。

男士外出还可准备一件大衣或风衣，但在正式场合一般不宜穿风衣或大衣。如在需要室外活动的场合，大衣或风衣既可保暖挡风，又可增添不少潇洒的风采。

第四节 女士服装的穿着

小故事 10-2

女王的着装

英国女王伊丽莎白二世访问中国期间,走出机舱门第一个亮相,穿的是正黄色西服套裙,戴正黄色帽子。这位女王本人喜欢红色和天蓝色,很少穿黄衣服。但在中国,几千年的历史上黄色是皇帝的专用色。女王来中国访问穿正黄色,既表示尊重中国的传统习俗,又显示了她作为一国君主的高贵身份。

(资料来源:郭文臣,等. 公共关系原理与实务. 大连:大连理工大学出版社,1997)

女士服装应讲究配套,款式较简洁,色彩较单纯,以充分表现出女士的精明强干、落落大方。

一、女士西装套裙

(1) 选择合适的套裙。面料:最好是纯天然质地,又是质量上乘的面料。上衣、裙子及背心等应选用同一种面料。在外观上,套裙所用的面料,讲究的是匀称、平整、滑润、光洁,不仅有弹性、手感好,而且应当不起皱、不起毛、不起球。

色彩:应当以冷色调节为主,借以体现出着装者的典雅、端庄与稳重。一套套裙的全部色彩不要超过两种,不然就会显得杂乱无章。

图案:按照常规,商界女士在正式场合穿着的套裙,可以不带任何图案。

点缀:不宜添加过多的点缀。一般而言,以贴布、绣花、花边、金线、彩条、亮片、珍珠、皮革等加点缀或装饰的套裙都不适宜商界女士穿着。

尺寸:上衣不宜过长,下裙不宜过短。裙子下摆恰好达小腿最丰满处,乃是最为标准、最为理想的裙长。紧身式上衣显得较为正统,松身式上衣则看起来更加时髦一些。

造型:"H"形上衣较为宽松,裙子多为简式;"X"形上衣多为紧身式,裙子大多为喇叭式;"A"形上衣为紧身式,裙子则为宽松式;"Y"形上衣为松身式,裙子多为紧身式,并以筒式为主。

款式:套裙款式的变化主要体现在上衣和裙子方面。上衣的变化主要体现在衣领方面,除常见的平驳领、驳领、一字领、圆状领之外,青果领、披肩领、燕翼领等并不罕见。裙子的式样常见的有西装裙、一步裙、筒式裙等,款式端庄、线条优美;百褶裙、旗袍裙、"A"字裙等,飘逸洒脱、高雅漂亮。

(2) 选择和套裙配套的衬衫。与套裙配套穿着的衬衫,有不少的讲究。从面料上讲,主要要求轻薄而柔软,比如真丝、麻纱、府绸、罗布、涤棉等,都可以用作其面料。从色彩上讲,则要求雅致而端庄,不失女性的妩媚。除了作为"基本型"的白色外,其他各式各样的色彩,包括流行在内,只要不是过于鲜艳,并且与所穿的套裙的色彩不相互排斥，均可用作衬衫的色彩。不过，还是以单色为最佳之选。同时，还要注意，应使衬衫的色彩与所穿的套裙的色彩互相般配，要么外深内浅，要么外浅内深，形成两者的深浅对比。

(3) 选择和套裙配套的内衣。一套内衣往往由胸罩、内裤以及腹带、吊袜带、连体衣等构成。它应当柔软贴身，并且起着支撑和烘托女性线条的作用。有鉴于此，选择内衣时，最关键的是要使之大小适当。

内衣所用的面料，以纯棉、真丝等面料为佳。它的色彩可以是常规的白色、肉色，也可以是粉色、红色、紫色、棕色、蓝色、黑色。不过，一套内衣最好同为一色，而且其各个组成部分亦为单色。就图案而论，着装者完全可以根据个人爱好加以选择。

内衣的具体款式甚多。在进行选择时，特别应当关注的是，穿上内衣之后，不应当使它的轮廓一目了然地在套裙之外展现出来。

(4) 选择合适的鞋袜。选择鞋袜时，首先要注意其面料。女士所穿的与套裙配套的鞋子，宜为皮鞋，并且以牛皮鞋为上品。同时所穿的袜子，则可以是尼龙丝袜或羊毛袜。

鞋袜的色彩有许多特殊的要求。与套裙配套的皮鞋，以黑色最为正统。此外，与套裙色彩一致的皮鞋亦可选择。但是鲜红、明黄、艳绿、浅紫的鞋子，则最好莫试。穿着套裙时所穿的袜子，可有肉色、黑色、浅灰、浅棕等几种常规选择，只是它们宜为单色。多色袜、彩色袜，以及白色、红色、蓝色、绿色、紫色等色彩的袜子，都是不适宜的。

鞋袜在与套裙搭配穿着时，要注意其款式。与套裙配套的鞋子，宜为高跟、半高跟的船式皮鞋或盖式皮鞋。系带式皮鞋、丁字式皮鞋、皮靴、皮凉鞋等，都不宜采用。高统袜与连裤袜，则是与套裙的标准搭配。中统袜、低统袜，绝对不宜与套裙同时穿着。

女士西装式样较多，它的领型有西装"V"字领、青果领、披肩领等；款式有单排扣、双排扣；衣长也有变化，或短至齐腰处，或长至大腿；造型上有宽松的、束腰的，还可有各种图案的镶拼组合。女士西装有衣裤相配的套装，也有衣裙相配的套裙。在社交场合，无论西服套装或西服套裙款式都宜简洁大方，避免过分的花哨和夸张。

女士西服套装给人以精明干练，富有权威的感觉，显得比较严肃，更适合成熟的女士或职位较高的女领导工作时穿用。如今，西服套装已成为社交中女士普遍适用的服装。

西服套裙的上装是西装，下装是腰裙(如西装裙、喇叭裙、百褶裙等)。交际中西服套裙的面料应是高档面料，如夏季用丝绸，华贵柔美；春秋用各类毛料，考究挺括；冬季用羊绒或毛呢织物，高贵典雅。西服套裙的色彩应呈中性，也可偏暗，一色的面料适宜，各种条子、格子、点子面料也常用。西服套裙上下一色显得端庄，有成熟感；色彩上浅下深或上深下浅，式样上简下繁或上繁下简，花色或上轻下杂或上杂下轻，可以搭配出动感和活力，适合女士在不同场合穿出不同的风貌。

二、女士连衣裙

连衣裙是上衣和裙子的结合体，它不但能尽显女士特有的恬静和妩媚，而且穿着便捷、舒适。连衣裙也可与西装外套等组合搭配，提高服装的使用率。连衣裙的造型丰富多彩，有前开襟、后开襟、全开襟和半开襟的；有紧身的、宽松的、喇叭形、三角形、倒三角形的;有无领的、有领的;有方领的、尖领的、圆领的;有超短的、过膝的、拖地的等各种连衣裙,它们为各种身材的女士在不同场合提供了大量的选材。

穿着连衣裙应以个人爱好、流行时尚而定,但在交际场合,穿着连衣裙还应以大方典雅为宜。单色连衣裙在大多数场合效果都很好,点、条、格等面料的连衣裙图案也要力求简洁。穿连衣裙要注意避免:一是受时髦潮流的影响,太流行或趋于怪异,变得俗不可耐或荒诞不经;二是不顾及环境,而穿着过低的领口、过紧的衣裙、过透的面料,使人感到极不雅观。正所谓"酌奇而不失其真,玩华而不坠其实"。

三、女士旗袍

旗袍被公认是最能体现女性曲线美的一种服装。我国是有着 300 年旗袍历史的国度,近年来,旗袍带着一股从未有过的震撼力在影响着世界各地女性的穿着,它像一种特殊的世界语,迅速被各种族的人们所接受,打破了只有东方女性才适合穿着的传统论断。因而,旗袍也可作为社交中的礼服。旗袍作为礼服,一般采用紧扣的高领、贴身、身长过膝、两旁开叉、斜式开襟、袖口至手腕上方或肘关节上端的款式,面料以高级呢绒绸缎为主,配以高跟鞋或半高跟鞋。

四、职业女性的着装风格

职业女性的着装风格有如下几种。

1. 庄重大方型

庄重大方型的着装风格适合从事教育、文化、咨询、信息和医疗卫生等工作的职业女性。职业女性的着装外形正变得飘逸柔软,渐渐走出"女强人"的模式。衬衫款式以简单为宜,与套装配衬,可以选择白色、淡粉色、格子、线条等变化款式的衬衫。在着装整体色彩上,可以考虑灰色、深蓝、黑色、米色等较沉稳的色系,给人留下干练朝气、充满亲和力与感染力的印象。此外,也可选择白色。由于考虑到职业女性一天近 8 小时面对公众,必须始终保持衣服形态整洁的缘故,因而应当尽量选用那些经过处理、不易起皱的丝、棉、麻以及水洗丝等面料。

2. 成熟含蓄型

成熟含蓄型的着装风格适合从事保险、证券、律师、公司主管、公共事业和政府机关公务员等工作的职业女性。许多职业女性着装的原则是专业形象第一,女性气质其次,在专业及女性两种角色里取得平衡。不同质地和剪裁的西服西裤,能穿出不同的感觉。总的来说,西服和西裤的搭配,显得成熟稳重,帅气潇洒,自由豪迈。连衣裙适合身材窈窕的女性,常见的连衣裙款式类似套裙,长度或长或短,没有太多的限制。如露肩的黑色连衣裙,长度及踝,流畅而华丽的线条,令身体的美无言地展示。神秘的黑色适合成熟含蓄的女性,这样的服装可以出现的场合比较多。优雅利落的套装,给人的印象是井然有序。至于颜色,当然还是以白、黑、褐、海蓝、灰色等基本色为主。若嫌色彩过于单调,不妨扎条领巾，或在套装内穿件亮眼质轻的上衣。

3. 素雅端庄型

素雅端庄型的着装风格适合从事科研、银行、商业、贸易、医药和房地产等工作的职业女性。职业女性的穿着除了因地制宜、符合身份、清洁、舒适外，还须记住以不影响工作效率为原则，才能适当地展现女性的气质与风度。例如，女性的衣着如太暴露，容易让男同事不知所措，而自己则要时常瞻前顾后，这样会影响自己的工作效率。因此，职业女性的上班服应注重配合流行但不损及专业形象。其原则是"在流行中略带保守"，是保守中的流行。太薄或太轻的衣料，会给人不踏实、不庄重之感。衣服样式宜素雅，花色衣服则应挑选规则的图案或花纹，如格子、条纹、人字形纹等。

4. 简约休闲型

简约休闲型的着装风格适合从事新闻、广告、平面设计、动画制作和形象造型等工作的职业女性。这类职业女性的着装是简单中的优雅、舒适中的休闲，但简单的服饰可造就不简单的女人。白色或者深蓝色细格的棉质衬衫，修身的设计，半透明的质感，内衬白色吊带背心，简约和性感混合在一起，若穿这样的衣服，则会在单位中人气大增。

5. 清纯秀丽型

清纯秀丽型的着装风格适合网络、计算机、公关、记者、娱乐等工作的职业女性。虽然办公室里不需要风情万种，但女人聪明的天性以及对美丽的极度敏感，使她们能够轻而易举地将流行元素融进枯燥沉闷的上班服饰中。时尚无须复杂，一双华丽斑斓的凉鞋、一只绣有花朵的包，都可成为将职业装穿出流行感觉的点睛之作，职业形象也能带出甜蜜的感觉。

小知识 10-2

职业装穿着六禁忌

(1) 忌残破。职业装该洗就洗，该换就换，该淘汰就淘汰，宁可不穿也不能穿破衣服。

(2) 忌杂乱。服装穿着要讲规则，不能杂乱、不够协调。例如，男士穿西装的时候穿布鞋或运动鞋；女士穿很高档的套裙，却光脚穿露脚趾的凉鞋，这些都不符合职业着装的规范。

(3) 忌鲜艳。从制作的角度来讲，应该统一颜色，不能太鲜艳。一般要遵守三色原则，也就是说颜色不能超过三种。

(4) 忌暴露。职业装不能过于暴露。不能穿露脐装、露背装、低胸装、露肩装。职业装要"四不露"，即不露胸、不露肩、不露腰、不露背，否则一弯腰走光了，令人尴尬。

(5) 忌透视。不能让人透过外衣看到内衣颜色、款式、长短或图案，这都是非常不礼貌的。

(6) 忌短小，就是不能太短。该省面料时要省，但别乱省。

(7) 忌紧身。紧身衣，搞不好走光了，如扣子绷了、开线了，蹲着也不方便呀。衣服过于紧身，甚至显现出内衣、内裤的轮廓，既不雅观也不庄重。

(8) 忌怪异。职业人士不是时装模特，不能过分追求新奇古怪，标新立异。

第五节　服装的饰物佩戴

一、饰物的种类

1. 服饰

这里的"服饰"是指服装上的装饰。服饰种类繁多，主要包括刺绣、系带、金属装饰品、珠宝等。不同时期、不同民族、不同国家的服饰既相似又不同。例如，我国唐代袍衫的纹样一般以暗花为多，武则天当朝后规定，在不同职别官员的袍服上，绣上各种不同的禽兽纹样，以区别等级；又如，我国少数民族中的白族，妇女的头饰上有一缕长长的穗，随着妇女年龄的增长或已婚，这缕长穗慢慢地被剪短，直至完全没有。再如，我国布依族已婚妇女要用竹皮或笋壳与青布做成"假壳"戴在头上，向后横翘尺余。

2. 挂件

项链、玉佩、包挂等都属于挂件。在众多品种的挂件中，最流行和被人们广泛佩戴的是用贵金属、玉石、玛瑙、水晶、象牙、木雕、石雕等材料制成的各种人们心目中的吉祥物挂件。例如，保佑平安、祈祷发财、保佑健康的吉祥物。挂件制品在制作原料、工艺及饰物造型上，男女有别。除项链外，其余挂件一般不用贵金属材料制作。

3. 佩件

戒指、耳环、手镯、臂镯、丝巾扣等都属于佩件。传说戒指源于 3000 年前的古埃及，戒指是环形的，它没有开始，也没有结束，象征着爱情的浪漫与永恒。佩件一般用贵金属和珠宝制成。现代社会出现了很多能取代贵金属和珠宝的人造贵金属和人造珠宝材质，用这些材料制作出的戒指、耳环、手镯、臂镯、丝巾扣等同样非常漂亮，光彩照人。

4. 手袋

手袋，特别是女士用的小型手袋是女士出席各种社交活动的重要饰物。手袋的面料很多，可用皮革、金属、塑料、串珠、刺绣等材料制成。

5. 帽子

帽子是现代女士的主要饰物。无论是质料、色彩，还是款式都是多种多样的。

6. 腰带及眼镜

腰带及眼镜是男女皆用的最常见的饰物，属于应用及装饰为一体的饰物。特别是眼镜，随着现代人装饰意识和审美情趣的变化，眼镜已成为一种修饰脸部的饰物。

7. 发饰

我国历代衣冠服饰制度中对"冠"(即发饰)都有严格规定。在奴隶制度和封建制度时期，发饰是用来区分等级的一种饰品。例如，商代对冠巾、发簪等发饰的佩戴就有明确的要求。不同民族、不同地区的发饰在样式、佩戴方式等方面是有区别的，在某种意义上说发饰具有民族和区域特性。例如，傣族、白族等一些民族的妇女是已婚还是未婚，可通过其发式及发饰来判别。随着社会的发展，发饰等级制度已经消亡；随着民族之间、地区之间交往的日益紧密，不同民族、不同地区的发饰在逐步融合，使现代发饰呈现出了丰富、多彩、繁荣的局面。

二、饰物佩戴的原则

1. 符合身份

饰物的佩戴不仅要照顾个人的爱好，更应当使之服从于本人身份，要与自己的性别、年龄、职业、工作环境保持大体一致，不宜使之相去甚远。例如，医务工作者、宾馆服务员、厨师等由于行业的特点，不宜佩戴首饰，对此，从业人员应无条件地遵守。

2. 搭配得宜

穿着工作装的最好饰物是金银饰物，一般不戴珠宝饰物。同时，饰物最好能与服装搭配和谐，而且在颜色、样式、整体效果上，都应该仔细协调，尽量让其浑然天成。另外，男士应该审慎选择饰物，尽量不要赶时髦。例如，戴着耳环就不太适合服务这一行业。

3. 以少为好

有些人总是爱显示自己的优越性，好像自己佩戴了什么，就比别人高一等似的，于是将身上能戴上饰物的地方全部武装起来。其实，这大可不必。即使你有这样的心态，也不一定非要在数量上与他人一决高下。试问：品质不是更能显示出气质吗？何必非要把自己打扮成一个珠宝推销员一样？一般而言，正确的佩戴原则：一般以不超过两种为限，而且，同样的品种也不能超过两个。

三、常见饰物的佩戴

1. 丝巾

丝巾是女士的钟爱。确实，不管什么场合，利用飘逸柔媚的丝巾稍作点缀，一下就能让你的穿着更有味道。挑选丝巾的重点是丝巾的颜色、图案、质地和垂坠感。可以用丝巾调节脸部气息，如红色系可映得面颊红润；或是突出整体打扮，如衣深巾浅、衣冷色巾暖色、衣素巾艳。但佩戴丝巾要注意：如果脸色偏黄，不宜选用深红、绿、蓝、黄色丝巾；脸色偏黑，不宜选用白色、有鲜艳大红图案的丝巾。丝巾不要放到洗衣机里洗，也不要用力搓揉和拧干，只要放入稀释的清洁剂中浸泡一两分钟，轻轻拧出多余水分再晾干就行了。

第十章 服饰形象设计

2. 围巾、帽子、手套

围巾的花色品种很多，与帽子一样，起御寒保暖和美观的作用。巧妙地选戴围巾，效果远远超过不断地更新衣服。围巾的面料有纯毛、纯棉、人造毛织物、真丝绸、涤丝绸等。围巾的色彩及图案名目繁多。男士一般应选用纯毛、人造毛织物制作的围巾，色彩应选用灰色、棕色、深酱色或海军蓝，不能选用丝绸类的围巾。女士对围巾的选择范围极大，可选用丝绸类及色彩多样的三角巾、长巾及方巾等。除可用来围在脖子上取暖外，还可以将围巾扎在头发上、围在腰上做装饰品。如果配上丝巾扣，围巾围、戴的变化就更多了。对女士来说，不论怎样选戴围巾，都要与年龄、身份和环境相协调，与所穿衣服的面料、款式、颜色及使用者的肤色相配。围巾一般在春冬季节使用得比较多。它的搭配要和衣服、季节协调。厚重的衣服可以搭配轻柔的围巾，但轻柔的衣服却绝不能搭配厚重的围巾。围巾和大衣一般都适合室外或部分公共场所穿着，到了房间里面就要及时摘掉，不然会让人感到压抑。

帽子是由头巾演变来的。在当代生活中，帽子不仅有御寒遮阳的作用，还具有装饰功能。在男女衣着中，帽子也占据着举足轻重的地位。戴帽子时，一定要注意帽子的式样、颜色与自身装束、年龄、工作、脸型、肤色相和谐。一般来说，圆脸适合戴宽边顶高的帽子，窄脸适合戴窄边的帽子。女士的帽子种类繁多，不同季节造型和花色不同。例如，在冬天，女士可戴手工制的绒线帽；地位较高的女士可选择小呢帽；年轻姑娘可选择小运动帽。戴帽子的方法也很多，例如，帽子戴得端端正正显得很正派，稍往前倾一些则显得很时髦。另外，戴眼镜的女士不适宜戴有花饰的帽子；身材矮小者，应戴顶稍高的帽子。戴帽子应注意的一般礼仪是：戴法要规范，该正的不能歪，该偏前的不能偏后；男性在社交场合可以采用脱帽方式向对方表示致意；在庄重和悲伤的场合，除军人行注目礼外，其余的人应一律脱帽。

在西方的传统服饰中，手套曾经是必不可少的配饰。现在，不管在哪儿，手套除了御寒以外，无非就是为了保持手臂的清洁和防止太阳曝晒了。和别人握手，不管冬夏，都要摘掉手套；女士握手，有时不摘掉手套显得更加礼貌；进屋以后，一般要马上摘下手套；吃饭的时候，必须摘下手套。

3. 腰带

腰带更重要的是起装饰作用。男士的腰带一般比较单一，质地大多是皮革的，没有太多的装饰。穿西服时，都要扎腰带；而其他的服装(如运动、休闲服装)可以不扎。夏季只穿衬衫并把衬衫扎到裤子里去的时候，也要系上腰带。女士的腰带很丰富，质地有皮革的、编织物的、其他纺织品的，纯装饰性的场合更多；款式也多种多样。女士使用腰带要注意这样几个问题：一是和服装的协调搭配，包括款式和颜色，比如穿西服套裙一般选择皮革或纺织的、花样较少的腰带，以便和服装的端庄风格搭配，要是穿着连衣轻柔织物裙装时，腰带的选择余地大一些；暗色的服装不要配用浅色的腰带，除非出于修正形体的需要。二是要和体形搭配，比如个子过于瘦高，可以用较显眼的腰带，形成横线，分割一下，增加横向宽度；如果上身长下身短，可以适当提高腰带到比较合适的上下身比例线上，造成比较好的视觉效果；如果身体过于矮胖，就要避免使用大的、花样多的腰带扣(结)，也不要用宽腰带。三是要和社交场合协调。职业场合不要用装饰太多的腰带，而要显得干净利落一些；参加晚宴、舞会时，腰带可以花哨些。

无论男女，扎腰带一定要注意：出门前看看你的腰带扎得是否合适，腰带有没有"异常"，在公共场合或别人面前动腰带是不合适的；在进餐的时候，更不要当众松紧腰带，这样既不礼貌，也不雅观；如果必要，可以起身到洗手间去整理。经常注意检查自己的腰带是不是有损坏，以提早替换，避免发生"意外"。

4. 皮包

皮包具有使用及装饰作用，在现代服饰中起着画龙点睛的作用。皮包的种类千变万化，有肩挂式、手提式、手拿式及双肩背式等。在选购时要考虑它的适用范围。正式场合应选用质地较好、做工精细、外观华丽，体积不宜大，横长形的皮包；平时上班和日常外出时使用的皮包不必太华丽，以实用性和耐用性为主；使用皮包要考虑其颜色与季节和着装是否相一致。皮包的使用与人的体形也有很大关系，例如，体形小巧的人不能选用太大的皮包；体形矮胖的人不要选用太秀气的皮包；瘦高的人虽有较大的选择余地，但也不能选用太大或太小的皮包。在参加公务活动时，应携带公文包。

5. 丝袜

丝袜在服装整体搭配中起着举足轻重的作用。在国外，正式场合中如果女性不穿丝袜，就如同不穿内衣一样十分不雅。丝袜不仅能保护腿、足部的皮肤，掩盖皮肤上的瑕疵，还能与衣服相搭配，使女性更添魅力。

在工作场合穿着裙装及皮鞋时，一定要穿丝袜，而且必须是连裤丝袜。这样，可以避免丝袜因质量问题掉落，也不会将袜口露在外面。而有的人因为怕热而穿中长袜或短丝袜是不职业的做法。如平时穿连衣裙及凉鞋时，就不要再穿丝袜了，因为凉鞋本来就是为了凉快的，再穿袜子就显得多此一举了。不过现在有一种前后包脚的凉鞋，是属于较为正式的款式，就必须穿袜子了。穿凉鞋时，要注意脚趾和脚后跟的洁净，不要把黑乎乎的指甲缝和老茧丛生的脚后跟露在外面，平时应注意保养。

丝袜的选穿不能敷衍了事，但要根据自身特点和着装风格做到合理选穿，也不是件容易的事。你最好知道选穿袜子的窍门，以下是一些供你参考的经验：对于日常忙于上班的职业女性，不妨选一些净色的丝袜，只要记住深色服装配深色丝袜，浅色服装配浅色丝袜这一基本方法就可以了。丝袜和鞋的颜色一定要相衬，而且丝袜的颜色应略浅于皮鞋的颜色(白皮鞋除外)。颜色或款式很出众的袜子对腿型要求很高，对自己腿型没有自信的女孩不可轻易尝试。品质良好的裤袜要比长筒丝袜令你更有安全感，能够避免袜头松落的情况。白丝袜很容易令人看上去又胖又矮，应该避免。上班族更不要穿着彩色丝袜，它会令人感到轻浮，缺乏稳重感。参加盛会穿晚装时，配一双背部起骨的丝袜使高雅大方的格调分外突出。但穿此类丝袜时，切记注意别将背骨线扭歪，否则极其失礼。

6. 戒指

在西方，戒指是无声的语言。一般来说，将戒指戴在左手各手指上有不同的含义：在食指上表示未婚或求婚；戴在中指上表示正在热恋中；戴在无名指上，表示已订婚或结婚；戴在小指上则表明"我是独身者"。右手戴戒指纯粹是一种装饰，没什么特别的意义。中国人也戴戒指，但一定不能乱戴。一般情况下，一只手上只戴一枚戒指，戴两枚或两枚以上的戒指是不适宜的。参加较正规的外事活动，最好佩戴古典式样的戒指。

7. 项链

项链的粗细应与脖子的粗细成正比，与脖子的长短成反比。从长度上分，项链可分为四种：短项链约 40 厘米，适合搭配低领上衣；中长项链约 50 厘米，可广泛使用；长项链约 60 厘米，适合在社交场合使用；特长项链约 70 厘米，适用于隆重的社交场合。

8. 耳饰

耳饰有耳环、耳链、耳钉、耳坠等款式，仅限女性所用，并且讲究成对使用，也就是说每只耳朵上均佩戴一只。工作场合，不要一只耳朵上戴多只耳环。另外佩戴耳环，应兼顾脸型，不要选择和脸型相似形状的耳环，使脸型的短处被强调夸大。耳饰中的耳钉小巧而含蓄，所以，女性服务行业从业人员可以佩戴。

9. 手镯

有雕塑感的木质阔手镯带有中性色彩，金属宽手镯就显得很酷。而另一种风格的宽手镯——用人造宝石镶上图案，必将制造出一种目不暇接的华丽氛围。它主要强调手腕和手臂的美丽。戴手镯可以只戴一只，通常应戴在左手；也可以同时戴两只，一只手戴一只；也可以都戴在左手。

10. 手链

男女都可以佩戴手链，但一只手上只能戴一条，而且应戴在左手上。它可以和手镯同时佩戴。在一些国家，佩戴手链、手镯的数量、位置，可以表示婚姻状况。手链不要和手表同时戴在一只手上。

11. 手表

在社交场合，佩戴手表，通常意味着时间观念强、作风严谨。在正规的社交场合，手表往往被看作首饰，也是一个人地位、身份、财富状况的体现。所以，男士的手表往往引人注目。在正式场合佩戴的手表，在造型上要庄重、保守，避免怪异、新潮，尤其是尊者、年长者更要注意。一般正圆形、正方形、长方形、椭圆形和菱形手表适用范围极广，也适合在正式场合佩戴；而那些新奇、花哨的手表造型，仅适合少女和儿童。在手表颜色上，可以选择单色也可以选择双色，而且色彩要清晰、高雅，其中，黑色的手表最理想。除数字、商标、厂名、品牌外，手表没必要再出现其他无意义的图案。像广告表、卡通表等不宜出现在工作人员的手腕上。另外，在交际场合，特别是和别人交谈时，不要有意无意地看表，否则对方会认为你对交谈心不在焉、不耐烦，想结束谈话。

12. 胸花

胸花是为女性特别设计的，专门用于装饰女性的胸、肩、腰、头、领口等部位。胸花有鲜花和人造花两种。相比之下，鲜花佩戴起来更显高雅，但不能持久。选择胸花时，一定要考虑服装的类型、颜色、面料，要考虑所出席的社交活动的层次，要考虑自身的体形和脸型条件。例如，个子矮小的女士适合小一点的胸花，佩戴时部位可稍高一些；个子高大的女士可选择大一点的胸花，佩戴时位置可低一些。要注意别胸花的部位，穿西服时应别在左侧领上，穿无领上衣时应别在左侧胸前。发型偏左时胸针应当居右，发型偏右时胸针应当偏左，其高度应从上往下数第一粒与第二粒纽扣之间。

13. 领针

领针专门用来别在西式上装左侧领上。男女都可以用。佩戴时戴一只就行了，而且不要和胸针、纪念章、奖章、企业徽记等同时使用。在正式场合，不要佩戴有广告作用的别针，不要将它别在右侧衣领、帽子、书包、围巾、裙摆、腰带等不恰当的位置。

14. 发饰

常见的发饰主要有头花、发带、发箍、发卡等。通常，头花和色彩鲜艳、图案花哨的发带、发箍、发卡，都不要在上班时佩戴。

15. 脚链

脚链是当前比较流行的一种饰物，多受年轻女士的青睐，主要适用于非正式场合。佩戴它，可以吸引别人对佩戴者腿部和步态的注意，如果腿部缺点较多，就不要用。一般只戴一条脚链。如果戴脚链时穿丝袜，就要把脚链戴在袜子外面，让脚链醒目。

拓 展 阅 读

特殊体型女性的服饰选择

有些职业女性身体的某一部分达不到理想的比例，这可以通过服饰错觉效应来制造新的效果。

1. 肩宽

肩宽的女性宜选择大 V 领或 U 领的服装款式，这是因为穿着大 V 领服装，借由 V 领的视线延伸，可巧妙地隐藏住肩宽的缺点，而同样，深 U 领的服装也能"缩肩"，由于 U 领使颈部露出一片"开阔地带"，颈部修长了，肩部自然也就变窄了；深色系上衣同样具有神奇的"缩肩"效果，因此在上衣色彩的选择上，最好考虑深色系；还有一种就是选用下垂性比较好的面料做衣服，这样肩膀看起来也会窄一些。

2. 胸部小

胸部小的女性可尝试下面的选择。

(1) 穿一件胸前带有口袋或特别花样的上衣，这样可以增加发散的效果。或者穿一件

第十章 服饰形象设计

胸前有荷叶边、波浪边或绑带的上衣会让胸部看起来比较丰满。

(2) 对于上衣的面料而言，选择有纹路的布料会让胸部看起来更加丰腴些。还有一点就是，布料亮度比较高的衣服，也能使胸部看起来更丰满些。

(3) 泳装的款式不妨选择胸线有折边或褶皱的。

(4) 对于衣服的款式而言，有垫肩设计的外套会使胸部看起来比较挺。

(5) 较宽版的连身长裙，里头搭配衬衫或针织衫也是小胸女性的选择。

(6) 人们在宽松的造型以及层叠的效果中，会忽略对胸部的关注，这样也可以掩饰胸部过小的缺陷。

(7) 二件式和多层次的穿法可造成视觉上的错觉，制造出丰满的效果。

(8) 舒适而贴身的衣服会显露胸型，在外面搭配背心或小外套，胸部看起来就会显得比较丰满。

3. 胸围过大

胸围过大的女性可选择背心式或围裙式的长洋装，这是因为可以搭配不同颜色的上衣而适时造成前胸围的视觉切割，使得胸围看起来顺畅。但有一点要注意：选择此类洋装时，布料尽可能以平织布为主。此外，一套双排纽扣中长套装同样也可以把过于丰满的胸部掩饰起来。

4. 背肥

背肥的女性忌露背装，其次就是背心了，因为会给人虎背熊腰的感觉，可以穿深色短袖上衣，会起到一定效果。款式以简单为主，如果嫌单调的话可以把细节留在下身发挥，以转移别人的注意力，这样看上去就会瘦一些。

5. 腰粗

腰粗的女性忌讳放太多细节在腰间处以引人注意。有一个改善的办法就是穿质地柔软的连身裙。因为连身裙通常在胸部以下就开始散开，它会令人看不见腰的真正位置，可以掩饰腰粗的缺陷；也可以穿A字裙，使腰部细点，同时增加肩部装饰，使视线移到上身。

6. 臀部过大

臀部过大的女性不宜穿紧身裤，可以选择略为宽松些的深色布料的裤子，这样不会引人注目，起到转移视线的作用。首先，女性服装可以在上衣的腰背部加上腰带，通过腰带同裤子的调整，使臀部得到一定的掩盖；其次，还可以将细节放在颈项上(如佩戴耳环、项链、胸花等)，从而把别人视觉的注意力集中到身体上部；另外，有这类缺陷的人，她们的身体重心往往过低，并且还会有运动不太灵便之感，这种现象势必加剧形象上的缺陷，为此，适当加高皮鞋鞋跟的高度和培养良好的举止，也是改变形象所不能忽视的。

7. 腿粗

腿粗的女性不太适合穿紧身的裤子，而且穿短裤时，不要在膝盖位置翻边；上身避免穿双排扣，可以穿单排扣；同样不可以穿太短的裙子，为了掩饰缺陷，最好穿筒裙、长裙或是喇叭裤；可以穿粗高跟鞋使腿看起来细长些。

8. 腿细

腿细的女性不太适合穿紧身裙，却比较适合造型修长、挺拔的裤子。因为这样看起来会比较漂亮，比如用全毛面料制作的长裤。另外，腿细的女性在色彩的选择上以偏向明亮、淡雅的色调为宜。

9. 腿短

腿短还可以分好几种。腿短并且腰比较细、臀围比较宽的人最适合穿裙子或者穿可盖住臀围线，稍微长些的上衣，而且是不收腰身的，这样可以扬长避短。但是这类人不适合穿直筒裤，如果能顺其自然地穿萝卜裤，不失为因势利导的一种穿着。专家建议：如果想让腿部变得修长一点，最好穿一些窄身的直脚裤或者及膝裙，还要加一对尖头凉鞋或高跟鞋。

10. 脸大而圆

脸大而圆的女性要注意把握以下六点。

(1) 样式简单、大方的领型是最好的选择，她们不适宜着花边衣领或过于复杂的衣服。

(2) 下身最好着紧身裤或是紧身裙。

(3) 肩膀设计需稍宽阔，有垫肩更佳。

(4) 妆容的色彩以明亮的单色或浓色为宜，如桃红等。

(5) 耳环可选用三角形状的。

(6) 胸针宜选用大型的，项链以选择长型的为最佳。

11. 脸部瘦小

脸部过于瘦小的女性与身体其他部位比例不协调，无疑是不漂亮的，这时候就可以通过服饰来掩饰这个缺陷。可以运用如下方法。

(1) 大衣领或领口宽大的衣服是这些女性的首选。

(2) 肩膀部分不宜安垫肩，不能宽大，顺其自然为好。

(3) 在色调选择方面，不宜采用淡色系列，应巧妙地配合浓淡部分，否则，会使脸部更加显小。

(4) 宜佩戴中等大小的耳环。

(5) 项链不宜过长，能至胸口即可。

12. 颈部粗短

颈部粗短者可简单地利用某些领型和发型来改变颈部的外观。具体包括如下几项。

(1) 在领型上，一般比较适合 U 字形或 V 字形的低领型服装。

(2) 衬衫领的领口扣不要扣，要打开。

(3) 在衣服前面部分设计纵方向的条纹，这样就会给人一种纵向上的直观感觉，从而掩饰颈部粗短的缺陷。

(4) 避免用围巾、短项链等饰物来突出脖子。

(5) 避免穿高领毛衣或把脖子包围的领型，冬天穿浅色轻薄高领毛衣。

(6) 在发型上，一般比较适合选用长至双肩的发型，使其自然地遮盖住颈部，减少颈部的宽度。

13. 小腹突出

凸出的小腹，永远是一个美丽女性的缺陷，也是穿衣时的一大难题。如果处理不当，便会破坏了一件漂亮服装的所有美感。对于这样的情况，就必须学会选择服装来掩盖。可以运用如下方法。

(1) 上身佩戴美丽的首饰，以转移视线。

(2) 适合穿那种比较长的上衣，利用它的长度遮住微突的小腹。不过，穿着此类上衣时，要注意将露在裙或裤外的衣服下摆均匀整理好。

(3) 最好选择有伸缩效果的面料。

(4) 复古的花衬衫或T恤，配上背心或外套，用服装的这种花纹来转移别人的视线。

(5) A字形的窄裙也有很好的修饰效果。但有一点要尽量避免：把衬衫扎到裙或裤腰内，或是穿腹部剪接的打褶时装，这样会使腹部显得更加醒目。

(6) 避免系腰带，这样只会使腹部更突出。

(7) 避免穿发亮的面料。

14. 手臂太粗或太细

手臂太粗或太细就会显得比例不协调，因此，在穿衣服的时候要特别注意，用美丽的服装来掩饰这个缺陷。具体包括如下几条。

(1) 手臂太细的人在选择服装的时候应该选用长袖衣衫，而袖长以盖住腕关节为好，或可选用打皱褶的袖子以及喇叭袖，通过这种皱褶的装饰来转移别人的注意力。

(2) 手臂细的人如果不得不穿那种无袖的衣服，则衣服必须能盖住肩膀。

(3) 手臂太粗的人在选择服装的时候最好选用那种面料略微贴身的、穿起来不太紧的衣服。

(4) 手臂粗的人应选择宽袖口的衣服，如果是短袖的话，长度应为上臂的四分之三。

(5) 以织花或棉绸的长披肩遮住肩膀和手臂，通过这种方式来掩饰手臂太粗的缺陷。

(资料来源：贾孟喜，陈开梅. 职业女性形象设计教程. 武汉：华中师范大学出版社，2009)

思考与训练

1. 作为男士，请每天出门前对照以下"男士仪容仪表自我检测"来仔细审视自己，看看自己哪些方面需要改进，以养成良好的习惯。

男士仪容仪表自我检测
发型款式大方，不怪异，头发干净整洁，长短适宜。无浓重气味，无头屑，无过多的发胶、发乳。

鬓角及胡须已剃净，鼻毛不外露。
脸部清洁滋润。
衬衣领口整洁，纽扣已扣好。
耳部清洁干净，耳毛不外露。
领带平整、端正。
衣、裤袋口平整伏贴。衬衣袖口清洁，长短适宜。
手部清洁，指甲干净整洁。
衣服上没有脱落的头发和头皮屑。
裤子熨烫平整，裤缝折痕清晰。裤腿长及鞋面。拉链已拉好。
鞋底与鞋面都很干净，鞋跟无破损，鞋面已擦亮。

2. 作为女士，请每天出门前对照以下"女士仪容仪表自我检测"来仔细审视自己，看看自己哪些方面需要改进，以养成良好的习惯。

女士仪容仪表自我检测

头发保持干净整洁，有自然光泽，不要过多使用发胶；发型大方、高雅、得体、干练，前发以不要遮眼、遮脸为好。
化淡妆：眼亮、粉薄、眉轻、唇浅红。
服饰端庄：不太薄、不太透、不太露。
领口干净，脖子修长，衬衣领口不过于复杂和花哨。
饰品不过于夸张和突出，款式精致、材质优良，耳环小巧、项链精细，走动时安静无声。
公司标志佩戴在要求的位置，私人饰品不与之争夺别人的注意力。
衣袋中只放小而薄的物品，衣装轮廓不走样。
指甲精心修理过，不太长，不太怪，不太艳。
裙子长短、松紧适宜。拉链拉好，裙缝位正。
衣裤或裙子以及上衣的表面无明显的内衣轮廓痕迹。
鞋洁净，款式大方简洁，没有过多装饰与色彩，鞋跟不太高、不太尖。
衣服上没有脱落的头发和头皮屑。
丝袜无勾丝、无破洞、无修补痕迹，包里有一双备用丝袜。

3. 如何选择服饰的色彩？
4. 请根据你同事的脸型、形体和个性特点，给他(她)在服饰运用上提些合理化建议。
5. 请对以下三个事例加以评价。

事例1：一所名气很大的幼儿园老师上门家访，结果引出了转学风波。原来，幼儿园老师上门家访，前脚离开，后脚就引起了一场家庭会议，"我们一定要转园！"妈妈、奶奶斩钉截铁。园长想不通了，别人抢着要求进园，这家却强烈要求退园，一问原因才知："不能把宝贝交给这样的老师"——挨个家访的女老师穿着吊带背心，还是露脐装！

事例2：一位大型国有企业的秘书正在陪同外商参观，优雅的举止、礼貌的谈吐赢得了外商的好评,却意外地发现秘书小姐的丝袜破了个洞。

事例 3:小刘是公司办公室主任,他十分注意正装的穿着,穿西服套装,袖长及手腕,裤长及鞋面,身长盖及臀部;衬衣领子高出外套一厘米;袖边长出外套一厘米;领带尖对着皮带扣;黑色皮鞋和深色袜子。

6. 你到某公司应聘营销员这一职位,将如何着装?

7. 在一个阳光明媚的春天,某公司举行盛大的 10 周年庆典晚会,时间是晚上 7:00—9:00,地点在一个五星级酒店宴会大厅。请问男士和女士应分别如何穿戴入场?

8. 案例分析。

面试因何失败

南山宾馆根据收到的求职材料约见小赵作为预选对象。面试时,小赵涂着鲜艳的口红,烫着时髦的发式,穿着低领紧身的吊带,首饰华丽而夸张,给人以一种轻佻的感觉。第一轮面试小赵就落选了。事后一位人事总监对她说:"我认为你不可能仅仅由于化了美丽的妆而取得一个职位,但是我可以肯定你穿错了衣服就会使你失去一个职位。"

思考题

(1) 本案例对你有何启示?

(2) 结合本情境内容谈谈面试时应该怎样着装。

第十一章 语言交际

与人进行有效的交谈,并且赢得他们的合作,这是那些奋发向上的人应该培养的一种能力。

——[美]戴尔·卡耐基(Dale Carnegie)

它的谈吐总是平易近人,这种单纯既掩饰了它对某些事物的无知,也表现了他的良好的风度和宽容。

——[俄罗斯]列夫·托尔斯泰(Lev Tolstoy)

本章提要

- 语言交际的原则。
- 交谈的语言艺术。
- 说服的语言艺术。
- 赞美的语言艺术。
- 拒绝的语言艺术。
- 语言艺术修养。

语言交际能力是一个人的素养和智慧全面而综合的反映,古今中外具有远见卓识者历来都被高度重视。孔子就明确指出"一言可以兴邦,一言可以丧邦","三寸之舌,强于百万之师"等古训,把国之兴亡与舌辩的力量紧密地联系在一起,这充分说明了语言交际的巨大社会功能。马雅可夫斯基(Mayakovsky)说:"语言是人的力量的统帅。"第二次世界大战期间,美国人把"舌头、原子弹和金钱"并称为获胜的三大战略武器。进入新世纪美国人又把"舌头、金钱和电脑"视为经济发展和社会进步的三大战略武器。舌头在两个比喻中都能独冠三大武器之首,语言交际的价值可见一斑。

从一个人的语言交际能力上往往可以看出其综合实力,是一个人美好形象的集中反映。许多发达国家都把语言交际能力作为衡量优秀人才的重要尺度。用人单位招聘各类人才都要进行口试。在日本,一些大公司在招聘人才进行面试时,专门就语言交际能力规定了若干不予录用的条文,其中有:交谈时,不能干脆利落地回答问题,说话无生气者,说话不知所云者……这些条文说明:语言交际能力与一个人的事业成功的关系十分密切,是衡量一个人能否胜任本职工作的一个重要指标。

因此,提高语言艺术水平,强化语言交际能力,展示自身的美好形象是一个现代人必须予以高度重视的问题。

第十一章 语言交际

第一节 语言交际的原则

　　语言交际的基本原则是人际交往活动中运用语言表情达意、进行信息交流时所必须遵循的准则，它贯穿于交际语言运用的一切方面和每个过程的始终，是一种制约性的因素。在人际交往过程中，只有自觉遵守语言交际原则，才能有效地增加语言交际信息的传递量，融洽人与人之间的关系；反之，如果背离了这些原则，就会削弱甚至破坏交际语言传播的效果，难以达到人际交往的目的。归纳起来，语言交际的基本原则主要有以下几个方面。

1. 礼貌待人

　　礼貌是对他人尊重的情感外露，是谈话双方心心相印的导线。人们对礼貌的感知十分敏锐。有时，即使是一个简单的"您"、"请"字，都可以让他人感到一种温暖和亲切。在人际交往中，可以从以下几个层次达到礼貌待人、沟通情感的目的。

　　1) 语言表达要满足交际对象对自尊的需求

　　这样做的目的在于利用礼貌文明的语言艺术与技巧，达到快速消除隔阂、沟通感情、拉近距离的作用。在人际交往中，初次见面的恰当称呼，寒暄中的礼貌用语，交谈中的言语分寸，分别时的告别祝词等，都应当体现出尊重对方的主观意向。

　　在词语的选用方面，使用得体的敬辞和谦辞都可以体现出对他人的尊重，也是一个人有教养的重要表现。例如，与客人初次见面时说"您好"，与客人久别重逢时说"久违了"。求人解答问题时说"请教"，请人协助时说"劳驾"，要帮助别人时说"我能为您做些什么"，看望别人时说"拜访"，等候别人时说"恭候"，陪伴别人时说"奉陪"，不能陪客人时说"失陪"，有事找人商量时说"打扰"，让人不要远送时说"请留步"，表示歉意时说"抱歉"，表示感谢时说"谢谢"。像"后会有期"、"祝你好运"、"一路顺风"、"万事如意"等告别用语也都体现出对他人的尊重。

　　2) 要根据具体环境选择使用富有亲和力的词语

　　这样可以拉近交往距离，沟通相互之间的情感，使与交际对象的合作成为可能。在人际交往中，渴望受到尊重是每个人的基本心理需求，你想要得到他人的尊重，自己先要善于主动接近对方，缩短人际距离，沟通相互情感。其实，做到尊重别人并不难，有时只需一个微笑、一句问候、一声敬称、一对善于倾听的耳朵，就会给别人的心情带来阳光和温暖，当然也会为您自己带来真挚的友谊与和谐的交际。

小故事 11-1

祝您生日快乐

　　在克莉斯(Chris)的汽车展销室，一位中年妇女走了进来，她说她只想在这儿看看车，消磨一下时间。她说她想买一辆福特，可大街上那位推销员却让她一小时以后再去找他。另外，她说她打算买一辆白色的双门厢式福特汽车，就像她表姐的那辆。"今天是我55岁的生日，这是给自己的生日礼物。"她说道。

"夫人，祝您生日快乐！"克莉斯说。然后，她向秘书交代了几句后，又对她热情地说："夫人，既然您有空，请允许我介绍一种我们的双门厢式白色轿车。"

不多久秘书走了进来，递给克莉斯一束玫瑰花。

"尊敬的夫人，祝您福寿无疆！"克莉斯说。

那位妇女的眼眶湿润了，她被克莉斯的言行所打动，感慨地说道："已经很久没有人给我送花了。"

在闲聊中，她对克莉斯讲起了她刚刚的遭遇。"那个推销员真是差劲！我猜想他一定是因为看到我开着一辆旧车，就以为我买不起新车。我正在看车的时候，那个推销员却突然说他有事，叫我等他回来，然后就不见了踪影。所以，我就到你这儿来了。"

最后克莉斯成功地向她推销了那辆双门厢式白色轿车。

(资料来源：http://blog.china.alibaba.com/blog/zbintel2010/article/b0-i16473150.html，2010-08-17)

3) 欣赏、赞美他人

人们在语言交流过程中，要肯定他人的优点，尊重他人的人格，尽量减少对别人的贬损，增加对别人的赞誉。希望得到别人的注意和肯定，这是人所共有的心理需求，而欣赏正是满足这种需求的一种交际方式。人际关系大师卡耐基说："避免嫌弃人的方法，那就是发现对方的长处。"因此，在交际中，我们应抱着欣赏的心态来对待每一个人，时时留心身边的人和事，多发现别人的优点和长处。赞美是欣赏的直接表达。有道是"良言一句三冬暖"，真诚的赞美不仅能激发人们积极的心理情绪，得到心理上的满足，可以给别人也给自己带来好心情，还能使被欣赏赞美者产生一种交往的冲动。托尔斯泰说得好："就是在最好的、最友善的、最单纯的人际关系中，称赞和赞许也是必要的，正如润滑油对轮子是必要的，可以使轮子转得快。"利用心理上的相悦性，要想获得良好的人际关系，就要学会不失时机地赞美别人。

2. 坦诚真挚

在语言交际中，说话人的感情直接影响表达的效果，也影响着听话人的理解和接受。待人真诚，给人以充分的信任，可以激励他人的工作热情，提高工作效率。其实，感情本身就是一种教育力量，最有效的手段是以情感人，以理服人。唯有入情入理，坦诚真挚，充满信任的话语，才能够深入人心，引起别人的共鸣，受到他人注意。人际交往中要做到坦诚真挚，需要注意如下方面。

1) 说真话，以坦诚的心取信于人

言必行，行必果。这是交往沟通时收到良好谈话效果的重要前提。例如，深圳蛇口工业区某负责人，在国外和一个财团谈判，由于对方自认为技术设备先进，漫天要价，使谈判陷入僵局。正在这时候，这个财团所在的商会请他去发表演说。他讲道："中国是个文明古国。我们的祖先早在1000多年以前，就将四大发明、指南针、造纸、印刷术和火药的生产技术，无条件地贡献给了人类。而他们的后代子孙，从来没有埋怨他们不要专利权是一种愚蠢的行为。相反，却称赞祖先为世界科学的进步做出了杰出贡献。现在，中国在与各国的经济活动中，并不要求各国无条件让出专利，只要价格合理，我们一分钱也不少

第十一章 语言交际

给……"这番发自蛇口工业区某负责人内心的讲话，在外国人心目中，引起了巨大的震动和强烈的反响，他们的先进技术许多正是从中国引入的。蛇口工业区某负责人的讲话，引起了与会者的热烈掌声，而且使谈判对手终于愿意降低专利费，双方达成了近3亿美元的合作项目。"心诚能使石开花。"这段发自内心的讲话，借助历史事实，寓意深刻，语气直率，不仅没有因此影响到谈判合作项目的达成，反而让人们更深层地感受到了中国人的诚心与诚信，取得了谈判对手的理解与支持。

2）感情真挚，态度诚恳

与人交流沟通中，诚恳而真挚的态度是语言交往目的得以实现的基础。"善大，莫过于诚"，热诚地赞许与诚恳地批评，都能使彼此间愿意了解、信任、倾诉、交心，正如《庄子·渔父》中所说："不精不诚，不能动人"、"真在内者，神动于外，是所以贵重也"。

小故事 11-2

陈毅市长拜访私营工商业者

这里举一个陈毅同志与私营工商业者交谈的例子。解放初期，陈毅任上海市市长时，一天他来到一家纺织业经理家里，笑道："×老板，我冒昧来访，欢迎不？"这位老板正在为一件事发愁呢，他发起牢骚来，说："陈市长，今天工会又来要我废除'搜身制'。不当家不知柴米贵。工人下班有抄身婆搜身，还经常丢纱呢，如果取消搜身制度，纱厂还不被偷光！"陈毅品口茶道："×老板，我在法国当过工人，那个工厂大得很，老板也比你厉害得多。厂子四周筑起高墙，拉上电网，还雇了一帮带枪的警察。对每个下班的工人，从头搜到脚，那过细的劲头，身上硬是一根针也藏不住。但结果呢？原料、零件还是大量丢失，为什么呢？老板把工人只当成会说话的工具。劳动很苦，工资很少，工人实在无法养家糊口。工厂赚了钱对工人毫无好处，他为什么不拿呢？现在中国不同，工人翻身当主人了，他们懂得工厂生产搞好，新中国才能富强起来，工人才能改善待遇。你们虽然是私营企业，但也是新民主主义经济的一个组成部分，一样可以有利于国，有利于民。所以，依我之见，你应该在纺织业带个头，用我的办法试试看，废除搜身制，关心工人的利益，待工人如朋友，如兄弟，有困难多与他们商量着办，我相信眼前的困难会克服得顺利一点。"陈毅的这番语言，既替老板着想，又为工人撑腰，以情动人，以理感人，从外国说到中国，从旧社会说到新社会，分析入情入理、客观具体，并给予对方充分信任，收到了良好的谈话效果。

（资料来源：http://61.153.14.37/viewthread.php?tid=175029&extra=&page=3，2010-08-08）

只要肯尊重对方的特殊能力，高度地给予其信任和肯定，任何人都会乐于将其优点表现得淋漓尽致。如果你希望某人懂得自尊自爱，你就该率先表现出你对他的信任和尊重。

3．平等友善

在人际交往中，我们不仅要尊重他人的人格、他人的个性习惯、他人的权力地位、他人的情感兴趣和隐私，还要尊重彼此存在的外显或内在的心理距离，要有人人平等、一视同仁的谈话态度，切忌给人居高临下、自以为是的印象。只有在人际交往中保持自尊而不盲目自大，受人尊敬而不傲慢骄横，才能得到对方对你个人、对你的组织，甚至对你的国家的尊重，才能谈得上真诚合作、平等合作。例如："演员是人民给养活的，有艺无德可对不住观众啊。"被誉为"平民艺术家"的赵丽蓉，在她所追求的艺术事业中，始终把"观众第一"放在首位，对来自他人的关爱之情，也常以自己真挚独特的谐趣表达出来。一次大年初一，中央电视台开招待酒会，每个参加者都得一个大西瓜。赵丽蓉一眼瞥见旁边的记者没份儿，便将自己的西瓜放在记者座位底下，说："你大老远赶到北京来采访，不待在家里过年，这西瓜你就带回家去孝敬父母吧。"这"土气儿"十足的言谈，比那些个虚情假意的关怀之类，不知"引人入胜"了多少倍！在她身上，没有了那种司空见惯的矫情、虚饰与浮躁，而多了几分质朴、风趣与豁达。难怪乎，她那平等友善的态度和语言中的缕缕真情，至今仍令人难以忘怀。

在人际交往中，尽管人与人之间身份、地位等方面的情况不同，但是，交际双方在人格上是平等的，在心理上是对等的，平等是建立良好人际关系的前提。我们绝不能把自己高抬一寸，把别人低放一尺，有意与对方"横着一条沟，隔着一堵墙"，给别人一种"拒人于千里之外"之感。

小故事 11-3

家中没有女王

英国女王维多利亚(Victoria)与其丈夫阿尔伯特(Albert)相亲相爱，感情和睦。阿尔伯特喜欢读书，且不大爱社交，也不太关心政治。有一天深夜，女王办完公事，回到卧室，见房门紧闭，便敲起门来。"谁？"里面问道。

"我是英国女王。"女王回答，可是门没有开。

"我是维多利亚。"再敲，门还是未开。敲了几次之后，女王突然感觉到了什么，又敲了几下，用温和的语气说："我是你的妻子，阿尔伯特。"

这时，门开了。

即使身为一国之君，但在家里，面对丈夫阿尔伯特，"女王"的生活角色也要发生改变，此时作为妻子的她更应保持夫妻双方平等相待的心态，才会为丈夫所接纳，因此，最后的一次敲门达到了目的。

(资料来源：http://www.360doc.com/content/10/1229/22/2253722_82481599.shtml, 2010-12-29)

4．区分对象

在人际交往中，对于交际主体来说，最重要的莫过于研究交际对象，根据交际对象的性别、年龄、生活背景、心理特征等因素的差异来选择恰当的语言，以求明晰地表达自己的思想，达到正常的语言交际的目的。也就是所谓"到什么山上唱什么歌"、"见什么人说什么话"。如果不考虑对方的实际情况，信息流通渠道就会因此而出现偏差，甚至"阻塞"，交际也会随之而停止。例如，1954 年，周恩来总理出席日内瓦国际会议，为了向外国人宣传中国，表明中国爱好和平的愿望，决定为外国嘉宾举行电影招待会，放映越剧艺术片《梁山伯与祝英台》。为此，工作人员准备了一份长达 16 页的说明书。周恩来看后笑道，"这样看电影岂不太累了？我看在请柬上写上一句话就行，即请你欣赏一部彩色歌剧电影：中国的《罗密欧与朱丽叶》。"果然，一句话奏效，外国嘉宾都知道这部电影要讲述的故事了。

5．换位思考

韩非子在《说难》中写道："凡说之难，在知所说之心。"在现实社会，随着人们日常交往的日益频繁，摩擦、矛盾也会随之增多，很多人只强调他人对自己应该承认、理解、接受和尊重，却忽视对等地去理解和尊重他人；只注意自己目的的实现，却无视他人的利益和要求。在这种倾向支配下，他们常常不顾场合和对方心情，一味由着自己的性子去交往，致使在交往中由于语言使用缺乏得体性而出现尴尬的局面。所以，在很多时候，注意交际场合的特点，多进行换位思考，灵活应变，将心比心，以诚换诚，才能达到心灵的沟通和情感的共鸣。

小故事 11-4

"老田鸡"退二线

某局新任局长宴请退居二线的老局长。席间，端上一盘油炸田鸡。老局长用筷子点点说："喂，老弟，青蛙不能吃，是益虫！"新局长不假思索，脱口而出："不要紧，都是些老田鸡，退居第二线，不当回事了。"老局长闻听此言，顿时脸色大变，连问："你说什么？你刚才说什么？"新局长本想开个玩笑，不料说漏了嘴，触犯了老局长的自尊，顿觉尴尬万分，席上的友好气氛被破坏。此时，一旁的秘书连忙接口说："老局长，他说您已经退居二线，吃点田鸡不当什么事。"老局长听此言觉得有道理，才又重提筷子，你敬我让，气氛开始回升。宴席上，新局长对那位退居二线的老局长的处境和心理未能予以充分的理解，缺乏换位思考的意识，使用了不当语言犯了忌讳，如果不是这位秘书灵活应变，差点酿成无法挽回的局面。

（资料来源：http://www.liyi360.com/2009/11/27/ajgit.htm，2009-11-27）

所以，在语言交际时，必须换位思考，无论是话题的选择、内容的安排，还是语言形式的采用，都应该根据特定场合的表达需要来决定取舍，做到灵活自如。

6．切合情境

运用语言进行信息传递、情感交流，离不开一定的时间、地点和场合，要使这种传递活动获得好的效果，语言运用不仅要符合特定的时代背景和此时此地的具体情景，还要恰当地利用说话时机，把握时间因素，力求切情切境，入旨入理。在杭州的"美食家"餐厅，一对新人在举行婚礼时，正赶上滂沱大雨下个不停。新人和客人们被大雨淋得很懊恼，婚礼气氛很不愉快。这时，餐厅经理来到 100 多位客人面前微笑着，高声说："老天爷作美，赶来凑热闹。这是入春以来的第一场好雨。好雨兆丰年，这象征着今天这对新人的未来是十分幸福的。雨过天晴是艳阳天，象征着今天在座的所有客人都将迎来更加灿烂的明天。我提议，为了创造和迎接雨过天晴的明天，大家干杯！"话音刚落，整个餐厅的情绪和气氛发生了180度的转变，沉寂的婚礼场面，气氛一下子变得热烈起来。

7．明确目的

交际语言是一种为了实现一定的交际目的而进行的双向交流的传播活动，无论是与他人拉家常、叙友情，或是进行学术报告、演讲、谈判、采访乃至解说、寒暄、拜访、提问等，都是为了实现信息传递、沟通情感、增进了解、阐明观点等特定的交际目的而进行的。当与他人说话时，需要针对交际对象的特点和语言环境做出必要的调整，也要根据语言交流的主题，选择和使用恰当的语言，做到有的放矢，取得缓解气氛、增进友情的作用。例如，瑞士厄堡村有一块要求游客不要采花的通告牌。上面分别用英、德、法三种文字写着："请勿摘花"，"严禁摘花"，"喜爱这些山峦景色的人们，请让山峦身旁的花朵永远陪伴着它们吧！"由此不难看出瑞士旅游业人士对不同游客的民族心理特点的充分考虑。英国人讲面子，崇尚绅士风度，因此，用"请"。德国人严守律令，故采用"严禁"。法国人浪漫且重感情，所以用了富有激情的语句。这样就与不同交际对象的民族心理特点相吻合了。又如，曾有一位营业员向外国顾客介绍商品时，因为不了解外国顾客的情况，而按照对中国顾客的方式来接待，结果把顾客赶跑了。事情是这样的：有一位英国客人在商店里表示出对一件工艺品感兴趣时，该营业员取出该工艺品，然后对客人说："先生，这件不错，又比较便宜。"顾客听了她的话后，丢下商品，转身而去。为什么这些话会把这位顾客赶跑呢？原来是"便宜"二字。因为在英国人心目中，买便宜货有失身份，所以这桩买卖没有做成。

第二节　交谈的语言艺术

美国前哈佛大学校长伊立特(Elite)曾说："在造就一个有修养的人的教育中，有一种训练必不可少，那就是优美、高雅的谈吐。"交谈是交流思想和表达感情最直接、最快捷的途径。在人际交往中，因为不注意交谈的礼仪规范，或用错了一个词，或多说了一句话，或不注意词语的色彩，或选错话题等而导致交往失败或影响人际关系的事，时有发生。因此，在交谈中必须遵从一定的礼仪规范，才能达到双方交流信息、沟通思想的目的。

1．符合基本要求

语言作为人类的主要交际工具，是沟通不同个体心理的桥梁。交谈语言的基本要求包括以下几个方面。

1)　准确流畅

在交谈时如果词不达意、前言不搭后语，很容易被人误解，达不到交际的目的。因此在表达思想感情时，应做到口音标准、吐字清晰，说出的语句应符合规范，避免使用似是而非的语言。应去掉过多的口头语，以免语句割断；语句停顿要准确，思路要清晰，谈话要缓急有度，从而使交流活动畅通无阻。语言准确流畅还表现在须让人听懂，因此言谈时

第十一章 语言交际

尽量不用书面语或专业术语，因为这样的谈吐会让人感到太正规、受拘束或是理解困难。

小故事 11-5

自 作 自 受

古时有一笑话说的是有一书生，突然被蝎子蜇了，便对其妻子喊道："贤妻，速燃银烛，你夫为虫所袭！"他的妻子没有听明白，书生更着急了："身如琵琶，尾似钢锥，叫声贤妻，打个亮来，看看是什么东西！"其妻仍然没有领会她的意思，书生疼痛难熬，不得不大声吼道："快点灯，我被蝎子蜇了！"真乃自作自受。

(资料来源：http://www.loveliyi.com/society/goutong/goutongyishu.html，2009-07-27)

2) 委婉表达

交谈是一种复杂的心理交往，人的微妙心理、自尊心往往在里面起重要的控制作用，触及它，就有可能产生不愉快。因此，对一些只可意会不可言传的事情、人们回避忌讳的事情、可能引起对方不愉快的事情，不能直接陈述，只能用委婉、含蓄、动听的话去说。常见的委婉说话方式如下。

避免使用主观武断的词语，如，"只有"、"一定"、"唯一"、"就要"等不带余地的词语，要尽量采用与人商量的口气。

先肯定后否定，学会使用"是的……但是……"这个句式。把批评的话语放在表扬之后，就显得委婉一些。

间接地提醒他人的错误或拒绝他人。

3) 掌握分寸

谈话要有放有抑有收，不过头，不嘲弄，把握"度"；谈话时不要唱"独角戏"，夸夸其谈，忘乎所以，不让别人有说话的机会；说话要察言观色，注意对方情绪，对方不爱听的话少讲，一时接受不了的话不急于讲。开玩笑要看对象、性格、心情、场合，一般来讲，不随便开女性、长辈、领导的玩笑，一般不与性格内向、多疑、敏感的人开玩笑，当对方情绪低落、心情不快时不开玩笑，在严肃的场合、用餐时不开玩笑。

4) 幽默风趣

交谈本身就是一个寻求一致的过程，在这个过程中常常会出现不和谐的地方并产生争论或分歧。这就需要交谈者随机应变，凭借机智抛开或消除障碍。幽默还可以化解尴尬局面或增强语言的感染力。它建立在说话者高尚情趣、较深的涵养、丰富的想象、乐观的心境、对自我智慧和能力自信的基础上，它不是要小聪明或"卖嘴皮子"，它应使语言表达既诙谐，又入情入理，应体现一定的修养和素质。

小故事 11-6

还没插秧呢

有一次，梁实秋的幼女文蔷自美返台探望父亲，他们便邀请了几位亲友，又到"鱼家庄"饭店欢宴。酒菜齐全，唯独白米饭久等不来。经一催二催之后，仍不见白米饭踪影。

梁实秋无奈，待服务小姐入室上菜之际，戏问曰："怎么饭还不来，是不是稻子还没收割？"服务小姐眼都没眨一下，答称："还没插秧呢！"本是一个不愉快的场面，经服务小姐这一妙答，举座大乐。

(资料来源：http://hi.baidu.com/fangxuerong/blog/item/82099a0872460f3be92488d4.html，2009-12-19)

2．使用礼貌用语

使用礼貌用语，是人类文明的标志，也是全世界共同的心声。使用礼貌用语不仅会得到人们的尊重，提高自身的信誉和形象，而且还会对自己的事业起到良好的辅助作用。在我国，政府有关部门向市民普及文明礼貌用语，基本内容为十个字："请"、"谢谢"、"你好"、"对不起"、"再见"。在实际的社会交往中，日常礼貌用语远不止这十个字。归结起来，主要可划分为如下几个大类。

1) 问候语

人们在交际中，根据交际对象、时间等的不同，常采用不同的问候语。例如在中国实行计划经济的年代，由于经济发展水平不高，人们面临的首要问题是温饱问题，因而人们见面的问候语是："你吃了吗？"今天，在中国不发达的农村，这句问候语仍然比较普遍，而经济比较发达的农村和城市，这句问候语已经很少听到了，人们见面时的问候语是"您好"、"您早"等。在英国、美国等说英语的国家，人们见面的问候语根据见面的时间、场合、次数等不同而有所区别。如双方是第一次见面，可以说"How do you do"(您好)，如果双方第二次见面，可以说"How are you"(您好)，如在早上见面可以说"Good morning"(早上好)，中午可以说"Good noon"(中午好、午安)，下午可以说"Good afternoon"(下午好)，晚上可以说"Good evening"(晚上好)或"Good night"(晚安)等。在美国非正式场合人们见面时，常用"Hi"、"Hello"等表示问候。在信仰伊斯兰教的国家，人们见面时常用的问候语是"真主保佑"，在信奉佛教的国家，人们见面时常用的问候语是"菩萨保佑"或"阿弥陀佛"。

2) 欢迎语

交际双方一般在问候之后常用欢迎语。世界各国的欢迎语大都相同。如"欢迎您"(Welcome to you)、"见到您很高兴"(Nice to meet You)、"再次见到您很愉快"(It is nice to see you again)。

3) 回敬语

在社会交往中，人们常常在接受对方的问候、欢迎或鼓励、祝贺之后，使用回敬语以表示感谢。由此，回敬语又可称为致谢语。回敬语的使用频率较高，使用范围较广。俗话说礼多人不怪，通常情况下，只有你受到了对方的热情帮助、鼓励、尊重、赏识、关心、服务等都可使用回敬语。在我国使用频率最高的回敬语是"谢谢"、"多谢"、"非常感谢"、"麻烦您了"、"让你费心了"等。在西方国家回敬语的使用要比中国更为广泛而频繁。在公共交往中，凡是得到别人提供的服务，在中国人认为没有必要或是不值得向人道谢的情况下，也要说声谢谢，否则是失礼的行为。

第十一章 语言交际

4) 致歉语

在社会交往过程中，常常会出现由于组织的原因或是个人的失误，给交际对象带来了麻烦、损失，或是未能满足对方的要求和需求，此时应使用致歉语。常用的致歉语有："抱歉"或"对不起"(Sorry)、"很抱歉"(Very sorry, so sorry)、"请原谅"(Pardon)、"打扰您了，先生"(Sorry to have bothered you, sir)、"真抱歉，让您久等了"(So sorry to keep you waiting so long)等。

真诚的道歉犹如和平的使者，不仅能使交际双方彼此谅解、信任，而且有时还能化干戈为玉帛。道歉也有艺术。在人际交往中，有些人有时放不下架子或碍于面子，不愿直接道歉，这也是人之常情。其实，道歉的方式很多，道歉时可采用委婉的手法。例如，今天的交际对象是你以前曾经冒犯过的人，那么你可以说："真是不打不相识啊，俗话说得好，不是冤家不聚头，来让我们从头开始！"道歉并非降低你的人格，及时得体的道歉也充分反映出你的宽广胸襟、真诚情感和敢于承担责任的勇气。

有些时候，如果由于组织的原因或个人原因给交际对象造成一定的物质上、精神上的损失或增加了心理上的负担，在道歉的同时还可赠送一些纪念品、慰问品以示诚心道歉。

5) 祝贺语

在交际过程中，如果你想与交际对象建立并保持友好的关系，你应该时刻关注着交际对象，并与他们保持经常性联系。例如，当你的交际对象过生日、加薪、晋升或结婚、生子、寿诞，或是你的客户开业庆典、周年纪念、有新产品问世或获得大奖等，你可以以各种方式表示祝贺，共同分享快乐。

祝贺用语很多，可根据实际情况进行选择。如节日祝贺语："祝您节日愉快"(Happy the festival)、"祝您圣诞快乐"(Merry Christmas to you)；生日祝贺语："祝您生日快乐"(Happy birthday)；当得知交际对象取得事业成功或晋升、加薪等时，可向他表示祝贺："祝贺你"(Congratulations)。常用的祝贺语还有："恭喜恭喜"、"祝您成功"、"祝您福如东海，寿比南山"、"祝您新婚幸福、白头偕老"、"祝您好运"、"祝您健康"等。

此外还可通过贺信，在新闻媒介刊登广告等形式祝贺。例如："庆祝大连国际服装节隆重开幕"、"××公司恭贺全国人民新春快乐"等。总之，在当今社会，适时使用祝贺用语，对交际来说有百益而无一害。

6) 道别语

交际双方交谈过后，在分手时，人们常常使用道别语，最常用的道别语是"再见"(Good bye)，若是事先约好了时间可说"回头见"(See you later)、"明天见"(See you tomorrow)。中国人道别时的用语很多，如"走好"、"慢走"、"再来"、"保重"等。英美等国家的道别语有时比较委婉，常常有祝贺的性质，如"祝你做个好梦"、"晚安"等。

7) 请托语

在日常用语中，人们出于礼貌，常常用请托语，以示对交际对象的尊重。最常用的是"请"，其次，人们还常常使用"拜托"、"劳驾"、"借光"等，在英美等国家，人们在使用请托语时，大多带有征询的口气。如英语中最常用的"Will you please …?""Can I help you?"（你想买点什么？）"Could I be of service?"（能为您做点什么？）以及在打扰对方时常使用"Excuse me"，也有征求意见之意。日本常见的请托语是"请多关照"。

3. 慎重选择话题

所谓话题，是指人们在交谈中所涉及的题目范围和谈资内容。换言之，话题是一些由相对集中的同类知识、信息构成的谈话资料及其相应的语体方式、表述语汇和语气风格的总和。在人际交往中，学会选择话题，就能使谈话有个良好的开端。交谈中宜选的话题主要包括如下几种。

(1) 既定的话题，即交谈双方业已约定，或者一方先期准备好的话题，如征求意见、传递信息、研究工作等。

(2) 内容文明、格调高雅的话题。如文学、艺术、哲学、历史、地理、建筑等，这类话题适合各类交谈，但忌不懂装懂。

(3) 轻松的话题。这类话题令人轻松愉快、身心放松，适用于非正式交谈，允许各抒己见，任意发挥。主要包括文艺演出、流行、时装、美容美发、体育比赛、电影电视、休闲娱乐、旅游观光、名胜古迹、风土人情，名人轶事、烹饪小吃、天气状况等。

(4) 时尚的话题，即以此时此刻正在流行的事物作为谈论的中心，这类话题变化较快，不太好把握。

(5) 自己擅长的话题。尤其是交谈对象有研究、有兴趣的话题。例如，青年人对于足球、通俗歌曲、电影电视的话题较多关注，而老年人对于健身运动、饮食文化之类的话题较为熟悉；公职人员关注的多是时事政治、国家大事，而普通市民则更关注家庭生活、个人收入等；男人多关心事业、个人的专业，而妇女对家庭、物价、孩子、化妆、衣料、编织等更容易津津乐道。

在交谈时要注意交谈的话题有所忌讳。在交谈中，若双方是初交，则有关对方年龄、收入、婚恋、家庭、健康、经历这一类涉及个人隐私的话题，切勿加以谈论。

由于人们的经历、职业、兴趣、学习状况不同，每个人所掌握的话题状况各不相同，都有一定的局限性，因此必须尽量扩大话题储备。为此，要有知识储备。对于掌握话题广度影响最大的是自身的学习状况和进取精神。一个人如果有理想、有追求、思想境界高，而且肯下功夫学习，爱读书看报，并关注社会现实生活，有较多的朋友，把看到、听到的东西，有意识地加以记忆和积累，就会变得学识渊博，时事政策、天文地理、政治外交、文艺体育、花鸟鱼虫、音乐美术几乎无所不知，由于视野开阔，谈资和知识面自然会比别人宽得多。

4. 善于耐心倾听

有一句老话"人长着一张嘴巴，两只耳朵，就是为了少说多听"，是很有道理的。与人交谈不但要善于表达自己的意思，而且还要善于聆听对方的说话，这在社会交往活动中是个不容忽视的问题。认真听取他人讲话可以获得更多的信息，抓住机会向别人学习，可

第十一章 语言交际

以避免和减少说话的失误,使谈话简而精,同时也是对对方的尊重。

小故事 11-7

用心"聆听"的邱次雪

蝉联过去 10 年台湾奔驰车销售前 3 名的超级业务员邱次雪就是因为懂得听,10 年卖出 500 辆奔驰车。"每个顾客都像一本书,你要用心听才能读得懂。"她说。

20 年前,她是个蹩脚的业务员。客人上门,3 句话后她就不离"车",业绩总是挂零。直到有一次,一位顾客要她先闭嘴,对她当头棒喝。"后来,我都要求自己先不要说话。"她说,让客人先说话,才听得到他的需求与考量点,而不是先径自推销。

不久前,一位阔太太下巴抬得高高地走进店里看车。同事亲切地上前问候:"您要看车吗?"女客人不悦地回答道:"来这里不看车,还能看什么?"这时,只见邱次雪静静地端上一杯水,不发一语。女客人开口:"你们业务员服务态度很差,卖的车又贵。"邱次雪虚心请教:"那我们应该如何改善呢?"她挽着对方的手到贵宾室坐下,门一关,30 分钟后,一笔 60 万元的订单就到手了。

"在这个过程里我一直都没说什么,只是听她抱怨了 20 分钟。"原来,这位顾客早就锁定了一款车型,但逛了几间车行都没有碰到满意的业务员。邱次雪一边用心地听她抱怨,一边响应,同时也在整理自己的思绪。等客户气消后,她开始与对方聊起家庭生活的经验。不过 30 分钟,交易就完成了。

(资料来源: 莫林虎. 商务交流. 北京: 中国人民大学出版社, 2012)

听和说是谈话交流的两个方面,倾听是语言表达的前提,善于耐心倾听主要表现为以下几方面。

1) 表示得当

眼睛是心灵的窗户,在倾听时应该与说话的人交流目光,让你的眼神和表情表示出你在专心听,你的态度是认真的,一定要聚精会神地注视对方,传递出你"很欣赏、有同感"的信息。但注意,不要自始至终死盯着对方的眼神。

倾听时适当地发出"哦"、"嗯"等应答声,表示自己在很注意地倾听,也进一步激起对方进一步讲话的兴趣。否则,对方会产生"唱独角戏"的感觉,并怀疑你是否心不在焉。即使你感到有点不耐烦,也不要急于插话或打断对方的话,而要等到对方讲话有了停顿,告一段落的时候,再表明自己的想法。

倾听时,认真专心的姿态并不等于一言不发、一声不响,更不是对他人的每一句话都随声附和,不说一个"不"字。人云亦云,从不表达自己的真实意见,会被视为毫无主见或者滑头的人。这样,他人是不会敞开心扉、畅所欲言的。在专心倾听的同时,得体地向对方表示自己的观点和意见,不但不会得罪人,反而会受到对方的欢迎。

交谈中,有相当一部分是没有绝对是非标准的,诚恳地表达自己的意见,对方不但会通情达理地予以接受,而且会进一步激发思考,拓展思路,使谈话处于波峰状态。

2) 抓住要领

当对方讲到要点的时候,表示赞同,点一点头实质是在发出一个信号,让对方知道你在赞许他，这时候他会有兴致地继续讲下去。有的人在听讲话的时候会轻微地摇头，尽管这个动作是无意的，但常常会引起对方的误解，使他们以为你并不以为然，或者认为他说的不对。

对谈话中的要点，你可以要求对方谈得再详细一些，这说明你对交谈的话题很重视，需要有进一步的了解，引导他做更深入的工作和更进一步的阐述，便于你获取更多的信息。

对谈话没有听清楚或没有听明白的时候，要等到对方讲完以后再询问，不要在中途随意打断对方的话头，否则对方会因为思路或兴致被中断而不悦。

对方的话我们越听得明白，就越可能理解对方。每个人都有一定的思想感情，让别人不好理解。如果被别人所理解，对自己来说就是莫大的喜悦和幸福。

3) 提问适时

通过提问，暗示你的确对他的谈话感兴趣，同时启发对方引出你感兴趣的话题。我们应当知道并不是人人都一见如故，都会向你畅所欲言，交谈也有冷场的时候。沉默和尴尬往往使谈话不顺利，这时你可以寻找话题，及时提问。再好的话题也有说完的时候。当交谈者的兴趣减弱的时候，光重复一些没有新意的问题是枯燥无味的，这时就应该提出一些新的话题。

对于众所周知的道理，一般定论是事物和所见略同的问题不必老调重弹，你可以选择新角度，开发新层次和联系新事例，提出自己的观点和看法，引导对方乐于与你进行更多更广泛的交谈，这样有利于你主动掌握话题，更深入地倾听和了解对方。

认真地倾听，往往事半功倍。如果你通过倾听真正了解了对方，那么你就成了对方的知音，到一定的时候，人生与事业会有意想不到的惊喜。

据社会学家兰金(Rankin)研究，在人际交往中，一个人说的时间应占全部社交时间的30%，而听的时间占50%，因为，能静听别人意见的人，必是一个富于思想、有缜密见地、有谦虚性格的人。学会倾听吧，因为它是获取公众信息的关键！

5．讲究提问技巧

交谈的基本形式是提问和回答，善于提问往往能更顺利地与对方接近、相识，加深了解，能解除疑点，获得信息，能启发对方思维，控制交谈言路的方向，打破交谈的僵局，使交谈活动得以顺畅地进行，因此提问在交谈中占主导地位，它往往是交际的起点。在交谈中要讲究提问技巧，问得其所，问到所需。

1) 看清对象

在交谈提问时一定要看清对象，"上什么山唱什么歌"，见什么人发什么问。提问要因人而异，从对方的年龄、身份、职业、性格、知识水平以及不同的民族文化背景出发，选择不同的提问方式。如对几岁的小孩，用文言词语发问，无异于"对牛弹琴"；反之，对高龄老人，就不宜问"你几岁了"，而应问"您高寿"、"您高龄"。为公关人员熟知的"对男士不问薪水，对女士不问年龄"的提问禁忌都是这一原则的具体体现。

2) 瞄准时机

在交谈中，要善于掌握对方的心理脉搏，瞄准发问的时机。有些问题时机掌握得好，发问效果才佳。例如：美国推销员帕特(Pat)为了推销一套空调设备，与某公司已周旋了好几个月，但对方仍迟迟不作决定。当时正值春夏之交，在董事会上，帕特面对着对他的推销毫无兴趣的董事们心急如焚，全身冒汗。谁知他"热"中生智，向在场的董事们发出了一个祈使问句："今天天气很热，请允许我脱去外衣好吗？"说罢，他边脱衣边用手帕不停地擦汗。这一言行神奇般地产生了"感应效应"——董事们一个个顿觉闷热难忍，纷纷脱去外衣，并一个接一个地掏出了手帕，自然而然地都认真考虑起购置空调机的问题来。帕特在此抓住时令与环境的特点巧妙设问，趁对方心理无防，击其要害，一"问"中的，终于化被动为主动，做成了一笔交易。一般来说，当对方很忙或正处理急事时，不宜提琐碎无聊的问题；当对方伤心或失意时，不宜提太复杂、太生硬，会引起对方不愉快的问题；当对方遇到困难或麻烦，需要单独冷静思考时，最好不要提任何问题。

3) 抓住关键

那些大而泛的问题，往往叫对方摸不着头脑，觉得回答起来无从下手，自然也就不可能回答好。相反，抓住关键，问题提得具体，反而可以引导对方的思路。如意大利著名女记者法拉奇(Oriana Fallaci)采访邓小平时，提的第一个问题就是："天安门上保留下来的毛主席像，是否要永远保留下去？"这个问题很具体，然而包含着丰富的内容，这不单单是毛主席照片是否保留在天安门上的问题，而是涉及我们党和全国人民对毛泽东和毛泽东思想的评价问题，具有相当的分量。只有抓住关键进行提问，才能问得明白。

4) 精选类型

不是任何人一开始就愿意如实回答你所提出的问题，他往往借"无可奉告"、"我也不太清楚"等话来推托你的问题。所以，应准备多种提问方式，一种提问方式不行，要试着换另一种方式提问。提问大体可以分以下几种类型。

(1) 正面直问。开门见山，直接提出你想了解的问题。这是以求知和解疑为目的的。

(2) 两面提问。既问主要的，也问次要的；既问好的，也问坏的。这种提问是最了解人的全貌和事物发展的全过程所必需的，可以帮助我们克服思想方法的主观片面性。公关人员在调查研究、寻求事件发生的原因时多用这种提问方式。

(3) 迂回侧问。若正面或反面都不好问，就从侧面或另一角度入手，迂回迭进，再回到正面主题上来。

(4) 假言设问。站在对方的立场上，提出一些假设，启发对方思考，诱使对方回答。

(5) 步步追问。随着对方的谈话，步步深入，打破砂锅问到底。

当然，想使对方愿意回答自己提出的问题，还要注意自身形象的塑造，着装得体，大方自然，称呼得当，给人以真诚感和可信任的印象，这样在"问者谦谦，言者谆谆"的心理氛围中极易沟通信息，创造和谐的关系。

6. 掌握闲谈的技巧

在交际场合中，闲谈可以帮助你与别人建立亲密的关系，缓和紧张气氛；还会帮助你树立一个平易近人的良好形象，让别人从你的闲谈中感受你的见多识广，了解彼此的性格和建立和睦的私人关系；同时，你自己也可以从闲聊的过程中知晓各种有益的商业信息，因为人们往往能在不经意的闲聊中获得有用的信息。闲聊能反映一个人的知识、修养、追求与爱好。善于与别人闲聊的人往往能得到别人的喜欢，获得更多的朋友，也让别人得到信息和感到幽默的快乐。

1) 选择话题，注意话题的安全性

在闲谈的时候一定要选择安全的话题，例如谈一谈孩子、天气状况、文化动态、交通堵塞、特价、环境问题、社会或城市的毛病等话题，不要涉及他人的收入、小道消息、私生活等话题，要避开办公室的有关公事。另外，最好找到双方共同感兴趣的话题，不要一味只顾自己高兴，而冷落了他人的参与，这是不礼貌的，也是没有交际技巧的表现。

2) 适时发问

在交谈中，适时发问可以引起交谈按照某个目的继续进行，调整交谈的气氛。同时，我们必须在事先没有准备的情况下根据对方的身份、地位、场合、关系来决定你的提问，进而使问题问得更得体。精妙的提问能使你获得需要的信息、知识和利益，并且证明你十分重视对方的谈话，从而激起对方的兴趣，向你提供更多的信息。

3) 注意反应

闲谈中要注意察言观色，当你提出问题后，对方避而不答或转移话题，那就要换一个对方感兴趣的话题了。

4) 闲谈的语言要求

要注意礼貌对人，不要出语伤人，要注意机智幽默。闲谈中临场发挥的特点决定了双方都要注意高度的机智性和灵活性。适当的闲谈起着调节气氛的重要作用。在这一过程中，幽默的人往往容易受到人们的欢迎。

5) 不要随便打断对方的讲话

有的人有这样的毛病，总喜欢打断对方的交谈，这是不尊重对方的表现，应该是等对方把话说完再发言。

6) 避免行话、术语

不论是在跨国交流还是在本国的交流中，一定要注意不要使用行话、术语和方言，很多术语一般人是不懂的，尤其是不同文化背景的人，更应该注意。

7) 不要胡乱幽默

在闲谈的时候，不要使用双方从来没有使用过的幽默，因为你认为可笑的事情，别人尤其是外国人，就不一定明白你讲的幽默的可笑之处。所以，闲谈的时候，在谈话刚开始或只有仅仅几分钟的时候，最好不要讲难懂的幽默。

8) 不要与别人抬杠、争执

在交往中，和气生财，和气才能保证广交朋友，而不要与人发生无谓的争执，不要争强好胜，否则是不礼貌的。

9) 避免搬弄是非

在正式的商业场合中，一言一语都会成为影响商务交往的重要信息，不能将是非与闲话进行搬弄，不要传播别人的信息，不要传播小道消息。朋友对你说的心里话，不要当作闲谈的资料去到处宣扬，这样做是不道德的。否则以后也不会有人跟你说真话了，你会因此失去很多朋友。

7. 弥补言行失误

在与人交往中，举止言行的某一个失误，往往会导致不良后果，令人遗憾。那么，在言行出现失误的时候，该怎样弥补这一过失呢？

1) 及时纠正

俗话说"亡羊补牢，未为晚也！"每个人的言行不可能永远正确，当你一时失误时，应及时纠正，这才是明智之举。这种方法，在一定程度上避免了当面丢丑，不失为补救的有效手段。

小故事 11-8

里根纠正口误

一次，美国总统里根访问巴西。由于旅途疲乏，年岁又大，在欢迎宴会上，他脱口说道："女士们，先生们！今天，我为能访问玻利维亚而感到非常高兴。"

有人低声提醒他说溜了嘴，里根忙改口道："很抱歉，我们不久前访问过玻利维亚。"尽管他并未去过玻国。当人们还来不及反应时，他的口误已经淹没在后来滔滔的大论之中了。

(资料来源：杨茳，王刚. 礼仪师培训教程. 北京：人民交通出版社，2007)

2) 及时移植

及时移植，就是把错话移植到他人头上。如说："这是某些人的观点，我认为正确的说话应该是……"这就把自己已出口的某句错误纠正过来了。对方虽有某种感觉，但是无法认定是你说错了。

3) 及时引申

迅速将错误言词引开，避免在错中纠缠，也就是接着那句错误的话之后说："然而正确的说法应是……"或者说："我刚才那句话还应作如下补充……"这样就可将错话抹掉。

4) 借题发挥

借题发挥就是错话一经出口，在简单的致歉之后立即转移话题，有意借着错处加以发挥，以幽默风趣、机智灵活的话语改变场上的气氛，使听者随之进入新的情境中去。

小故事 11-9

求　　职

有一个新毕业的大学生去某合资公司求职，一位负责接待的先生递过来名片。大学生神情紧张，匆匆一瞥，脱口说道："滕野先生，您身为日本人，抛家别舍，来华创业，令人佩服。"那人微微一笑："我姓滕，名野七，地道的中国人。"大学生面红耳赤，无地自容，片刻后，神志清醒，诚恳地说道："对不起，您的名字使我想起了鲁迅先生的日本老师——藤野先生。他教给鲁迅许多为人治学的道理，让鲁迅受益终生。希望藤先生日后也能时常指教我。"藤先生面带惊奇，点头微笑，最终录用了他。

(资料来源：杨茳，王刚．礼仪师培训教程．北京：人民交通出版社，2007)

5) 将错就错

将错就错这种方法就是在错话出口之后，能巧妙地将错话续接下去，最后达到纠错的目的。其高妙之处在于，能够不动声色地改变说话的情境，使听者不由自主地转移原先的思路，不自觉地顺着你的思维而思考。

小故事 11-10

已过磨合期

某次婚宴上，来宾济济，争向新人祝福。一位先生激动地说道："走过了恋爱的季节，就步入了婚姻的漫漫旅途。感情的世界时常需要润滑。你们现在就好比是一对旧机器……"其实他本想说"新机器"，却脱口说错，令举座哗然。一对新人更是不满之意溢于言表，因为他们都曾各自离异，自然以为刚才之语隐含讥讽。那位先生的本意是要将一对新人比作新机器，希望他们能少些摩擦，多些谅解。但话既出口，若再改正过来，反而不美。他马上镇定下来，略一思索，不慌不忙地补充一句："已过磨合期。"此言一出，举座称妙。这位先生继而又深情地说道："新郎新娘，祝福你们永远沐浴在爱的春风里。"大厅内掌声雷动，一对新人早已笑若桃花。

(资料来源：杨茳，王刚．礼仪师培训教程．北京：人民交通出版社，2007)

这位来宾的将错就错令人叫绝。错话出口，索性顺着错处续接下去，反倒巧妙地改换了语境，使原本尴尬的失语化作了深情的祝福，同时又道出了新人之间情感历程的曲折与相知的深厚，颇有些"点石成金"之妙。

8．避免冷场发生

与人交谈，一个话题谈完了，如果两个人不善言谈，而另一个话题又没接上，那么就有可能出现"冷场"的尴尬局面，别人会显出局促不安的神态，你也会无所适从，怎么办？一般来说，冷场分为两种情况：一种是单向交流，听的人毫无兴趣，注意力分散；另一种是双向交流中，听者毫无反应，或仅以"嗯"、"噢"之类应付。不管是哪种情况出现的冷场，根本原因都在于听者不愿听说话人所说的话，听者仅仅出于纪律的约束或处世的礼貌而扮演一个"接受"的角色。发言者既要发言，必须实施控制，避免冷场的发生。避免和控制的办法如下。

1) 发言简短

单向交流中那种应景式讲话，越短越好。如某商场举行开业仪式，邀请了市内各方面的人士参加。总经理只说了两句话——"女士们，先生们：热忱欢迎各位光临！现在我宣布：××商场正式开业！"

双向交流中，任何一方都不要滔滔不绝地"包场"，要有意识地给对方留下发言的时

第十一章　语言交际

间和机会。自己一轮讲不完，应待对方有所反应后再讲，不要一轮就讲得很长。

2）交换话题

单向交流的话题变换是暂时的，所变换的话题是为了吸引听者的注意力，调动他们的兴趣。这一目的达到后，仍要回到原有话题的轨道。例如，教师在讲课过程中发现学生精力分散、东张西望、打瞌睡、窃窃私语、在桌上乱画，可以暂停讲授，穿插几句应景、时髦、诙谐的话；或者简短地讲个与教学多少相关的典故、趣闻，学生的精力便会一下集中起来，之后，再继续教学。双向交流的话题变换是不定的，根据现场情况随时进行。再如你与别人谈今日凌晨看的一场世界杯足球赛电视直播，可别人并不喜欢足球，也没有在半夜爬起来观看，对你所议显得毫无兴趣，出现冷场。这时，你就应及时将话题转到其他方面去。

3）中止交谈

任何人在交谈时都不希望听者不愿接受。但若这种情况出现后，自己又采取了诸如简短发言、变换话题等控制手段，仍然不能扭转冷场的局面，那就应中止交谈。没有人接受的交谈是无意义的，既白白消耗自己的精力，又无端浪费别人的时间。

小知识 11-1

交谈的禁忌

一忌居高临下。不管你身份多高，背景多硬，资历多深，都应放下架子，平等地与人交谈，切不可给人以"高高在上"之感。

二忌自我炫耀。交谈中，不要炫耀自己的长处、成绩，更不要或明或暗拐弯抹角地为自己吹嘘，以免使人反感。

三忌口若悬河。如果对方对你所谈的内容不懂或不感兴趣，不要不顾对方的情绪，自己始终口若悬河。

四忌心不在焉。当你听别人讲话时，思想要集中，不要左顾右盼，或面带倦容、连打呵欠；或神情木然、毫无表情，让人觉得扫兴。

五忌随意插嘴。要让人把话说完，不要轻易打断别人的话。

六忌节外生枝。要扣紧话题，不要节外生枝。如当大家正在兴致勃勃地谈论音乐，你突然把足球赛塞进来，显然不识"火候"。

七忌搔首弄姿。与人交谈时，姿态要自然得体，手势要恰如其分。切不可指指点点、挤眉弄眼，更不要挖鼻掏耳，给人以轻浮或缺乏教养的印象。

八忌挖苦嘲弄。别人在谈话时出现了错误或不妥，不应嘲笑，特别是在人多的场合尤其不可如此，否则会伤害对方的自尊心。也不要对交谈以外的人说长道短，这不仅有损别人，也有害自己，因为谈话者从此会警惕你在背后也说他的坏话。更不能把别人的生理缺陷当作笑料，无视他人的人格。

九忌言不由衷。对不同看法，要坦诚地说出来，不要一味附和。也不要胡乱赞美、恭维别人，否则，令人觉得你不真诚。

十忌故弄玄虚。本来是习以为常的事，切莫有意"加工"得神乎其神，语调时惊时惶、时断时续，或卖"关子"，玩深沉，让人捉摸不透。如此故弄玄虚，是很让人反感的。

十一忌冷暖不均。当几个人一起交谈时，切莫按自己的"胃口"，更不要按他人的身份而区别对待，热衷于与某些人交谈而冷落另一些人。不公平的交谈是不会令人愉快的。

十二忌短话长谈。切不可泡在谈话中，鸡毛蒜皮地"掘"话题，浪费大家的宝贵时光。要适可而止，说完就走，提高谈话的效率。

(资料来源：杨茁，王刚．礼仪师培训教程．北京：人民交通出版社，2007)

第三节　说服的语言艺术

1．说服的基本条件

说服就是改变或者强化态度、信念或行为的过程。说服是以求得对方的理解和行为为目的的谈话活动，是使自己的想法变成他人的行动的过程。说服的过程是思想、观点的交锋，也是沟通的重要方面。说服是以人为对象，进而达到共同的认识。人们常说："人生，就是从不间断的说服。"尤其是在商务领域，那里聚集着各种性格的人，为了达到共同的目标，大家必须同心协力，因此说服的场面更是俯拾皆是。所以说工作就是不间断的说服，也并不过分。只有善于说服的人才能够获得他人的尊重和信赖。要想取得良好的说服效果，首先必须具备如下条件。

1）说服者具有较高的信誉

说服进行的基础，是取得对方的信任。而信任，来自于说服者的信誉。信誉包括两大因素：可信度与吸引力。可信度高、吸引力强的人，说服效果明显超过可信度低、吸引力弱的人。可信度由说服者的权威性、可靠性以及动机的纯正性组成，是说服者内在品格的体现。吸引力主要指说服者外在形象的塑造。说服者的年龄、职业、文化程度、专业技能、社会资历、社会背景等构成的权力、地位、声望就是权威性。俗话说："人微言轻，人贵言重"，一般来说，一个人的权威性越大，对别人的影响力也就越大。如果说服者在被说服者心目中形成了某种权威性形象，那么他说服别人转变态度的可能性也就越大。要提高说服者信誉，首先要提高说服者自身各方面的素质，使之具有合理的智能结构，具有高尚的道德修养，具备权威性和可靠性，说服才有分量、有威信，才能赢得听者的尊重和信赖。此外，还需重视外在形象的修饰，一个外貌、气质、穿着、打扮能给人好感的人，才具有吸引力，一个言谈、举止、口音等方面能与对方体现出共性的人，才具有吸引力。一个恰当的印象，会产生首印效应，帮助说服者成功说服他人。

2）对说服对象有相当的了解

"知己知彼，百战不殆"。在说服他人之前，必须了解说服对象，捕捉对方思想、态度方面流露出的点滴信息，摸清对方思想问题的症结所在，了解对方的心理需求，根据不同情况区别对待，因人而异，有针对性地开启对方的心扉，才能真正实现感情和心灵的共鸣，避免或减少盲目说服造成的错位反应。

第十一章 语言交际

　　首先，要了解对方的性格。苏洵在《谏论》中举了一个有趣的例子：有三个人，一个勇敢，一个胆量中等，一个胆小。有个人将这三个人带到深沟边，对他们说，"跳过去便称得上勇敢，否则就是胆小鬼。"那个勇敢的必定毫不犹豫地一跃而过，另外两个则不会跳。如果你对他们说，跳过去就奖给两千两黄金，这时那个胆量中等的就敢跳了，而那个胆小的人却仍然不敢跳。突然来了一只猛虎，咆哮着猛扑过来，这时不待你给他们任何许诺，他们三个人都会先你一步腾身而起，就像跨过平地一样。从这个例子中我们可以看出，不同性格的人，接受他人意见的方式和敏感程度是不一样的，针对性地采取不同的方法去说服对方，更容易达到我们的目的。

　　其次，要了解对方的优点或爱好。有经验的推销员，一进入顾客家中，总会立刻找到客户感兴趣的话题进行交谈。例如，看到地毯，马上会说："好漂亮的地毯，我也很喜欢这种样式……"通过各种话题创造进入主题的契机。因为从对方的长处或最感兴趣的事物入手，一方面能让对方比较容易接受你的观点，另一方面在对方所擅长的领域里更容易说服他。

　　最后，要了解对方的看法和态度。有一位歌星特别爱摆架子，一次要参加一个大型义演的现场节目，时间是晚上九点。可是到了七点，这歌星忽然打电话给唱片公司的总监，说她今天身体不舒服，喉咙很痛，要临时取消当天的演出。唱片公司的总监没有破口大骂，而用惋惜的口吻说："哎！真可惜，这次演出最大牌的歌星才有机会亮相，如果你现在取消，公司里还有很多小牌歌星挤破头在等呢！可是如果换了人，电视台一定会不满。有那么多后起之秀想取而代之，你这样做恐怕不妥吧。"歌星听后小声地说："那好吧！要不你八点来接我，我想那时我身体应该会好一点吧。"这位唱片公司的总监很清楚这位歌星，根本就没什么毛病，只是喜欢摆摆架子，找准了对方拒绝的真实原因，进而有针对性地进行说服。

　　3) 能够把握住说服的最佳时机

　　说服还要能够抓住最佳时机。同样一番道理，彼时说可能不如此时说，现在说不如以后说。时机把握得好，对方才会愿意听，才会用心听，才能听得进。否则，说服过早，会被对方认为神经过敏或无中生有；说服过迟，已时过境迁，对方认为你是"事后诸葛亮"，你即便有再好的口才，再好的意见，都不可能收到预期的效果。掌握时机，要将说服对象与时、境、理联系起来考虑，配合起来运用。可利用特定场合，造成境、理相衬，进行深入说服；可利用景中道情，情中说理，进行委婉说服；还可借助眼前实物，进行暗示说服等。

　　4) 必须营造良好的说服氛围

　　说服，总是在一定的语言环境中进行的。环境制约了语言，因此，说服效果的好坏，一定程度上也取决于环境。一个宽松、温和、优雅的环境较之肃穆、压抑、逼人的环境，其说服的效果自然会好得多；在一个自己熟悉的环境中施行说服，较之于陌生的环境，自然也会有利得多。营造一个恰当的说服氛围，不仅是必要的，而且是必需的。某啤酒生产厂得罪了一家餐馆的经理，对方就改换销售另一品牌。在直接和负责人谈判无效的情况下，销售人员天天晚上去这家餐馆里帮忙搬运货物，甚至包括竞争对手生产的啤酒。他总是说："你是我的老顾客了，我要为你服务，即使你不销售我们公司生产的啤酒。"他的诚意终于打动了经理，最后争取到了独家销售权。可见充分体验对方的感受，会营造出融洽的感情，在此基础上再委婉地提出自己的观点，就有可能不赢得对方的赞许。

2. 说服的语言技巧

1) 换位思考，晓以利害

要站在对方的立场考虑问题，理解并同情对方的思想感情，从对方的角度说明问题，体验你的思想感情，进而使他改变自己的看法，达到理想的说服效果。1977年8月，克罗地亚人劫持了美国环球公司从纽约拉瓜得亚机场到芝加哥奥赫本的一架班机，在劫持者与机组人员僵持不下之时，飞机兜了一个大圈，越过蒙特利尔、纽芬兰、沙浓、伦敦，最终降落在巴黎市郊的戴高乐机场。在这里，法国警察打瘪了飞机轮胎。

飞机停了3天，劫机者同警方僵持不下，法国警方向劫机者发出最后通牒："喂，伙计们！你们能够做你们想做的任何事情，但美国警察已到了。如果你们放下武器同他们一块回美国去，你们将会判处不超过2至4年徒刑。这也可能意味着你们也许在10个月左右释放。"

法国警察停顿片刻，目的是让劫机者将这些话听进去。接着又喊："但是，如果我们不得不逮捕你们的话，按我们的法律，你们将被判死刑。那么你们愿意走哪条路呢？"劫机者被迫投降了。[①]本例中法国警察在劝说中帮助劫机者冷静地分析客观形势，明确向对方指出了两条道路：投降或者顽抗，投降的结果是10个月左右的徒刑，而顽抗的结果只可能是死刑。面对这两条迥异的道路，早已心慌意乱的劫机者识相地选择了弃械投降，从而做出了正确的选择。

2) 稳定情绪，再行说服

在生活中，有些人受到种种因素的刺激，往往容易感情用事，不经过慎重周全的考虑就莽撞地采取行动。鉴于这种情况，我们应该先设法让对方的情绪稳定下来，然后提出比贸然行事更合理、更有利的举措，这样就能使对方冷静地斟酌、衡量，并为了更大程度地维护自身利益而抛弃原来的草率决定。俄国十月革命以后，农民得到了解放，成千上万的农民来到莫斯科。由于他们对沙皇仇恨很深，因此坚决要求烧掉沙皇住过的房子。有人把这件事向列宁汇报了。列宁(V. L.Lenin)指示干部们对农民进行说服教育。第一次劝告，农民不听；第二次、第三次，仍然劝说无效。最后列宁决定亲自和农民谈话。

列宁对农民说："烧房子可以。在烧房以前，让我讲几句，行不行？"

农民们说："请列宁同志讲。"

列宁问道："沙皇的房子是谁用血汗造的？"

农民说："是我们自己造的。"

列宁又问："我们自己造的房子，不让沙皇住，让我们农民代表住，好不好？"

[①] 周璇璇. 实用社交口才. 北京：北京大学出版社，2008

农民说:"好!"

列宁再问:"那要不要烧掉呀?"

农民觉得列宁讲的道理很对,再也不坚持要烧掉沙皇住过的房子了。①

这里,对沙皇的仇恨激发了农民焚烧皇宫的强烈愿望。在数次劝说无效的时候,列宁通过与农民对话使他们的情绪稍稍平定,然后提出让农民代表住沙皇的房子的建议,农民认识到这个方案不仅能发泄愤怒,而且可以给自己带来实际的好处,于是很快表示赞同,"烧房子"的决定也因此而"搁浅"。

3) 位置互换,改变角色

让对方改变位置,变化角色进行说服是一种十分有效的方法。在美国,频繁的车祸使交通部门很感头痛。他们用罚款和其他法律手段来劝肇事者注意安全,但收效甚微。后来,交通部门在专家们的建议下,采纳了一个新的办法。他们让那些违章司机换个"位置"——换上护士服,到医院去照料那些因交通事故住院的受害者,体验他们的痛苦。结果收到奇效,那些违章司机从医院出来判若两人,他们不仅成为遵守驾驶规章的模范,而且成了交通法规的积极宣传者。②

4) 讲究方式,引起关注

在说服时,要选择能够引起对方关注和感兴趣的方式表达意见,要运用富有吸引力的内容支撑你的观点,从而引导说服对象关注设定的话题,让对方充分了解说服的内容。第二次世界大战期间,国际金融家萨克斯(Sachs)想使罗斯福政府批准试制原子弹。第一次他使用了很多罗斯福听不懂的专业术语,全面介绍了原子弹可能产生的影响,但是罗斯福(F.D.Roosevelt)被冗长的谈话弄得很疲倦,他的反应是想推掉这件事。萨克斯第二次面对罗斯福时,改变了说话的方式,他对罗斯福说:"我想向您讲一段历史。早在拿破仑当权的时候,法国正准备对英国发动进攻,一个年轻的美国发明家富尔顿(Fulton)来到了这位法国皇帝面前,他建议建立一支由蒸汽机舰艇组成的舰队,拿破仑可以利用这支舰队无论在什么天气的情况下,都能在英国登陆。军舰没有帆能航行吗?这对于那个伟大的科西嘉人来说,简直是不可思议的。他把富尔顿赶了出去。根据英国历史学家阿克顿(Acton)爵士的意见,这是由于敌人缺乏见识而英国得到幸免的一个例子。如果当时拿破仑稍稍多动一些脑筋,再慎重考虑一下,那么 19 世纪的历史进程也许会完全是另一个样子。"罗斯福听完萨克斯的话后,立即同意采取行动③。由此可见,选择了能引起说服对象关注的内容和方式,就会取得不同的效果。

5) 以情动人,以理服人

在表达某种意见时,用诚挚而令人感动的语气说出来,别人的心就容易被征服。要说服别人,有时激起对方的情感比激起对方的理性思考更为有效。有些孩子做错了事,往往任何斥责都听不入耳,但母亲动人肺腑的痛苦,反而会使其泯灭的良心复苏。如果在说服他人的时候,仅仅着眼于主题突出,例证充足,声音动听,姿态优美,而说出的话冷冰

---

①、③ 陈秀泉. 实用情境口才——口才与沟通训练. 北京:科学出版社,2007

② 李晓. 沟通技巧. 北京:航空工业出版社,2006

冰，肯定不能奏效。要想感动别人，就得先感动自己。要将真诚通过自己的情感、声音输入听者的心底。说服还要摆事实、讲道理来使人相信，使人赞同你的观点和主张。唐太宗为了扩大兵源，想把不在征调之列的中年男子都招入军中。丞相魏徵知道后对他说："把水淘干了，不是得不到鱼，但明年恐怕就不会有鱼了；把森林烧光了，不是猎不到野兽，但明年恐怕就无兽可猎了。如果中年男子都招入军中，生产怎么办？赋税哪里征？兵员不在多，关键在于是否训练有素，指挥有方，何必求多呢？"太宗无言以对，只好收回了成命。①魏徵借用两件与主要事件相类似的事例作比，既形象又深刻地阐明了不能把中年男子都调入军中的道理，入情入理的说服，让太宗心服口服。

第四节 赞美的语言艺术

美国管理学家玛丽·凯(Mary Kay)说："赞美是一种有效而且不可思议的力量。"的确如此，在社会交往中，绝大多数人都期望别人欣赏、赞美自己，希望自身的价值得到社会的肯定。公关人员恰当地运用赞美的方式，会激发人们的积极性，产生巨大的精神力量。

1．赞美的类型

赞美是社交语言中一种常见的言语交际形式。从不同角度，赞美可以作不同的分类。

1) 从赞美的场合上分类

从赞美的场合上可以把赞美分为当众赞美和个别赞美。当众赞美是指面对特定的组织、团体、群体等，对某人或某事的赞美。如表彰会、庆功会、总结大会等。这种形式能充分调动全体人员的积极性，鼓动性强，宣传面广，影响面大，能产生一定的轰动效应，营造热烈、向上的气氛，但它受时间、场所限制，运用不好，容易流于形式和走过场。个别赞美是指在会下针对个别人谈话中予以表扬的形式。这种形式使用方便，自如灵活，针对性强，做思想工作比较细致，能解决一些具体问题，效果比较好，时间、地点不受限制。

2) 从赞美的方式上分类

从赞美的方式上可以把赞美分为直接赞美和间接赞美。直接赞美是指直接面对好人或好事予以赞美，以告世人皆知。这是一种常用的表扬方式。在一个社会组织内，出现好人好事，单位领导或管理人员要及时予以表扬，或者通过大会场合，或者通过某种媒介，表扬先进，带动后进，能形成良好的风气。这种形式直截了当，不拐弯抹角，使人们听到后得到鼓励，产生好感。间接赞美是指通过第三者来赞美某人或某事的形式，使用这种形式时，应注意分寸，讲究策略，往往是当面不便直接开口，或者是找不到合适的时机去说，而借用对方传达自己赞美他人的话语，这样，使他人听到后，感到心情舒畅。这种形式通过对方，传达佳话，能消除隔阂，增强团结，融洽气氛，创造和维系良好的上下级关系和

---

① 李晓. 沟通技巧. 北京：航空工业出版社，2006

第十一章 语言交际

同志关系。

3) 从赞美的用语上分类

从赞美的用语上可以把赞美分为正面赞美和反语赞美。直接赞美是指对好人好事用正面言语加以赞美的形式。这种赞美开门见山，直截了当，使用灵活，形式多样，应用范围广泛。反语赞美是指用反语来赞美某人或某事的形式。这种形式在特定的言语环境和背景下使用，幽默含蓄，别致风趣，比一般的赞美有更好的表达效果。例如，某制药厂厂长，赞美一位药剂师大胆实验、大公无私的献身精神，说："为了减少药物的副作用，在正式投产前，你长期泡在实验室里，对新药不择手段，抢吃抢喝，多吃多占，在自己身上反复实验，我这个厂长真是拿你没有办法。"这种反语赞美的形式，令人感到新奇巧妙，别有情趣。

2. 赞美的语言艺术

一般来说赞美是一种能引起对方好感的交往方式。赞同我们的人与不赞同我们的人相比，我们更喜爱前者，这符合人际交往的酬赏理论。

但令人遗憾的是，不少人把赞美当作取悦他人的简单公式，不分时间、地点、条件对他人一味地加以赞美，实际上，这一做法是很不足取的。因为我们知道：人借助语言进行交往，语言具有影响对方的心理反应，进而影响双方人际关系的效能，任何一种语言材料、语言风格、交往方式对人际关系产生何种影响，常因人、因时、因地而异。赞美这一交往方式也不例外，它的效能也具有相对性和条件性。

美国心理学家阿伦森曾举例说：假设工程师南希(Nancy)，出色地设计了一套图纸。上司说"南希，干得好！"毋庸置疑，听了这话，南希一定会增加对上司的好感。但如果南希草率地设计了一套图纸(她自己也知道图纸没设计好)，这时，上司走过来用同样的声调说出同一句话，这句话还能使她产生好感吗？南希可能得出上司挖苦人、戏弄人、不诚实、不懂得好坏、勾引异性等结论，其中任何一项都使南希对上司的喜爱有所减少。

因此，赞美的效果要受各种条件制约。能引起好感的赞美要借助以下条件。

1) 热情真诚的赞美

每个人都珍视真心诚意，它是人际交往中最重要的尺度。能引起好感的赞美首先必须是发自内心、热情洋溢的，否则那就是恭维。赞美和恭维到底有什么区别呢？卡耐基说："很简单，一个是真诚的，另一个是不真诚的；一个出自内心，另一个出自牙缝；一个为天下人所欣赏，另一个为天下人所不齿。"大音乐家勃拉姆斯(Johannes Brahms)是个农民的儿子，生于汉堡的贫民窟，享受不到受教育的机会，更无从系统学习音乐，所以，对自己未来能否在音乐事业上取得成功缺乏信心。然而，在他第一次敲开舒曼(Robert Schumann)家大门的时候，根本没有想到他的一生的命运在这一刻决定了。当他取出他最早创作的一首 C 大调钢琴奏鸣曲草稿，手指无比灵巧地在琴键上滑动，弹完一曲站起来时，舒曼热情地张开双臂抱了他，兴奋地喊着："天才啊！年轻人，天才……"正是这出自内心的由衷赞美，使勃拉姆斯的自卑消失得无影无踪，也赋予了他从事音乐艺术生涯的坚定信心。从那以后，他便如同换了一个人，不断地把心底里的才智和激情流泻到五线谱上，成为音乐史上一位卓越的艺术家。正是这一句真诚的赞美，创造了一位音乐大师。

2) 令人愉悦的赞美

赞美的言语应该是对方喜欢听的言语，能达到使人愉悦的目的，我们称它为愉悦性原则。在交际活动中，遵守愉悦性原则，就是要多说对方喜欢听的话语，不说对方讨厌的言辞。这样，往往能达到较好的表达效果。

小故事 11-11

关于朱元璋的一则笑话

朱元璋有两个过去一块儿长大的穷朋友。朱元璋后来做了皇帝，而这两位朋友仍过着苦日子。一天，一位朋友从乡下赶到南京，拜见了朱元璋。他对朱元璋说：我主万岁！当年微臣随驾扫荡芦州府，打破罐州城，汤元帅在逃，拿住豆将军，红孩儿当关，多亏菜将军。"朱元璋听到他讲得很动听，十分高兴，也隐约记起他所说的一些事情，立刻封他做了御林军总管。事情一传出，另外一个朋友也去了南京，拜见朱元璋，也说了那件事："我主万岁！从前，你我都替人家看牛，一天我们在芦苇荡里，把偷来的豆子放在瓦罐里煮着，还没煮熟，大家就抢着吃，把罐子打破了，撒了一地豆子，汤都泼在泥地里。你只顾从地下满把的抓豆子吃，却不小心连红草叶也送进嘴去。叶子哽在喉咙口，苦得你哭笑不得。还是我出的主意，叫你用青菜叶子带下肚子里去了……"朱元璋见他不顾体面，没等他说完，就命令："推出去斩了！"从上例可见，第一位朋友将放牛娃偷吃豆子的趣事，赞美为叱咤疆场的赫赫战绩，巧妙比喻，高雅别致，说得动听，使人愉悦。第二位朋友明话直说，粗俗低劣，讲得不爱听，有伤皇帝尊严，自然当斩。

（资料来源：http://www.cpd.com.cn/gb/newspaper/2010-09/04/content_1401057.htm，2010-09-04）

3) 具体明确的赞美

空泛、含混的赞美因没有明确的评价原因，常使人觉得不可接受，并怀疑你的辨别力和鉴赏力，甚至怀疑你的动机、意图，所以具体明确的赞美才能引起人们的好感。对他人总以"你工作得很好"、"你是一个出色的领导"来赞美，只能引起人家反感。

4) 符合实际的赞美

在赞美别人时，应尽量符合实际，虽然有时可以略微夸张一些，但是应注意不可太过分。如某个人对某领域或某个方面提出了一些很好的意见，或者有了一点成果，你可以说"你在这方面可真有研究"，甚至可以说"你是这方面的专家"。可如果你说"你真不愧是个著名的专家"、"你真是这方面的泰斗"等，对方如果是个正派人就会感到不舒服，旁观者就会觉得你是在阿谀奉承，另有企图。

5) 让听者无意的赞美

赞美者不是有意说给被赞美者听的赞美叫无意的赞美。这种赞美会被人认为是出自内心，不带私人动机的。如《红楼梦》中一次贾宝玉针对史湘云、薛宝钗劝他要做官为宦，仕途经济的话，对史湘云和袭人赞美黛玉道："林姑娘从未说过这些混账话吗！要是他说这些混账话,我早和他生分了。"凑巧这时黛玉正好来到窗外,无意中听见这些话,使她"不觉又惊又喜,又悲又叹"。结果宝黛二人推心置腹,感情大增。

6) 不断增加的赞美

阿伦森的研究表明:人们喜欢那些对自己的赞美显得不断增加的人,并且对自始至终都赞美自己的人与最初贬低逐渐发展到赞美的人,人们会尤其喜欢后者。因为相对来说,前者容易使人产生他可能是个对谁都说好的"和事佬"的感觉,但人们对开始持否定态度的后者会留下这样一种印象:说我不好,一定是经过考虑、分析的,可能有他一定的道理。从而认为对方可能更有判断力,进而更喜欢他。

7) 出人意料的赞美

若赞美的内容出乎对方意料,易引起好感。卡耐基在《人性的优点》中讲过他曾经历的一件事:一天,他去邮局寄挂号信,从事着年复一年的单调工作的邮局办事员显得很不耐烦,服务质量很差。当他给卡耐基的信件称重时,卡耐基对他称赞道:"真希望我也有你这样的头发。"闻听此言,办事员惊讶地看着卡耐基,接着脸上泛出微笑,热情周到地为卡耐基服务。显然这是因为他接受了出乎意料的赞美的缘故。

总之,赞美是人的一种心理需要,是对他人尊重的表现,是一剂理想的黏合剂,它给人以舒适感,使我们拥有更多的朋友。但"赞美引起好感"并不是绝对的、无条件的,它要受赞美动机、事实根据、交往环境诸因素的制约和影响。因此公关人员在与公众相处时,必须记住——"一味地赞美不足取"。

第五节 拒绝的语言艺术

拒绝,是对他人意愿、行为的一种直接或间接的否定。实际上拒绝就是不接受,包括不接受对方希望你接受的观点(意见)、礼物和要(请)求等。工作和生活中人们总是互有所求,而且要求方往往是被要求方的亲朋好友,甚至是恩人、领导。俗话说,"上山擒虎易,开口求人难",设身处地,应当尽量地接受别人提出的各种要求。但是,也有许多要求是不能接受的。如果不能拒绝那些不能接受的要求,就一定会给自己(也终将给对方)带来无尽的烦恼。生活反复地证明,"当断不断,必受其乱",我们必须学会拒绝。面对对方提出的问题,如果很直接地说:"这种事情恕难照办"、"我实在没有钱借给你"、"我们每天都一样地工作,凭什么要我来帮你的忙"……可以想象对方一定会恼羞成怒。因此,我们必须学会根据不同情况运用不同的拒绝艺术。

1. 拒绝的基本要求

1) 认真听

认真倾听对方的请求,并简短地复述对方的要求,以表示确实了解了对方的需求。拒绝的话不要脱口而出,即使当对方说了一半,我们已明白此事非拒绝不可,也必须凝神听完他的话,这样可以让对方了解到我们的拒绝不是草率做出的,是在认真考虑之后才不得已而为之的。尤其要避免在对方刚开口就断然拒绝，不容分辩地拒绝最易引起对方的反感。

2) 看情势

拒绝同其他交际一样，要审时度势，要看是否有拒绝的必要和可能。从必要角度看，自己的道德准则不能接受的，没有能力接受的，接受后会给自己带来不愿承受或无法承受的损失的，接受后可能给对方带来麻烦或损失的，应当拒绝；如不至于如此，或对对方有利而自己受一些能够承受的损失，则应当接受。从可能的角度看，要考虑自己拒绝的能力，如无理拒绝，或拒绝后会带来更严重的后果，则只好接受。

3) 下决心

如情势需要拒绝又可能拒绝，就应当下定拒绝的决心，着力克服三大心理障碍：一是抹不开情面，碍于对方的面子，总觉得不好意思拒绝；二是怕对方怪罪，怕因为对方怪罪而影响双方今后的交往，甚至影响自己的利益(如不能得到对方的帮助等)；三是怕旁人议论，怕别人说自己不够朋友、不够意思等。如果必须拒绝，这些考虑都是不必要的和有害的。

4) 态度好

不要在他人刚开口时就予以断然地拒绝，不要对他人的请求流露出不快的神色，更不要蔑视和忽略对方，这些都会让对方觉得你的拒绝是对他没有诚意的表现，从而对你的拒绝产生逆反心理。无论是听对方陈述要求和理由，还是拒绝对方并说明缘由，都要始终保持和蔼亲切的态度，让对方了解自己的拒绝实在是认真考虑后不得已而为之。

5) 措辞柔

感谢对方在需要帮助时想到你，并略表歉意。对于他人的请求，表现出无能为力，或迫于情势而不得不拒绝时，一定要记得加上"真对不起"、"实在抱歉"、"不好意思"、"请多包涵"、"请您原谅"等致歉语，这样一来，便能不同程度地减轻对方因遭拒绝而受的打击，并舒缓对方的挫折感和对立情绪。但是不要过分的歉意，这样会造成不诚实的印象，因为如果你真的感到非常抱歉的话，就应该接受对方的请求。

6) 直言"不"

对于明显不能办到的事，应该明白直接地说出"不"字。"说得多不如说得少"，言简意赅，要言不烦是最有效的方法，模棱两可的说法易使对方抱有幻想，引发误解，当最终无法实现时，对方会觉得受了欺骗，由此引起的不满和对立情绪往往更加强烈。"当断不断"，其结果只能是害人又害己。

7) 理由明

不要只用一个"不"就让对方"打道回府"，而应给"不"加上合情合理的注解，让对方明白，自己的拒绝不是毫无来由，更不是找借口搪塞，而是确有无可奈何的原因或难以诉说的苦衷，讲明自己的处境，最好具体说出理由及原委，那么，在将心比心中，对方自然就能体谅你的言行了。说明理由是为了让对方明白我们的拒绝是确有难以说出的苦衷。当你说明理由后，对方试图反驳，你千万不可与之争辩，只要重申拒绝就行了。不过,如果你觉得拒绝的理由不充分,也可以直接拒绝不说明理由,或者只用一些"哎呀,这咋办呢"、"真伤脑筋"之类的话给予回答,但是千万不可编造理由,因为谎言终究会被揭穿。

8) 择他途

在拒绝对方这一方面要求的同时,如果能够尽量满足其他方面的合理要求来作为补偿,或是积极地替他出谋划策,建议他选择或寻求更好的途径和办法,就可减缓对方因我们的拒绝而产生的瞬时不快情绪,缓解对方的被动局面,也可以表明我们的诚意,让对方体会到你的火热心肠、殷切期待,则更易得到他人的谅解、友谊与好感,例如:"要是明天的话,我大概可以去一趟","真对不起,这件事我实在爱莫能助,不过我可以帮你做另一件事","我只能借给你 1000 元,但我知道小李有一笔不少的活动奖金,也许你可以去找他"等。

2. 拒绝的语言艺术

在社交场合中,同样表达一个拒绝的意思,有不同的说法。从语言技巧上说,拒绝有直接拒绝、婉言拒绝、诱导拒绝、幽默拒绝、回避拒绝、模糊拒绝、附加条件拒绝、沉默拒绝等方法。[①]具体如下。

1) 直接拒绝

直接拒绝就是将拒绝之意当场明讲。采取此法时,重要的是应当避免态度生硬,并需要把拒绝的原因讲明白,有时还可以向对方致歉。例如,"对不起,谢谢,这样做对我不合适","对不起,这次我真的无法帮忙"。

2) 婉言拒绝

婉言拒绝就是运用委婉的语言,暗示对方无法完成请求。例如,有一位朋友不请自到,而此时你正忙于工作无法接待,可以在见面之初,一面真诚地对其表示欢迎,一面婉言相告:"我本来要去参加公司的例会,可您这位稀客驾到,我岂敢怠慢。所以专门告假 5 分钟,特来跟您叙一叙。"这句话的"话外音"就是暗示对方"只能谈 5 分钟时间"。

3) 诱导拒绝

诱导拒绝就是采用诱引方法,让对方自己感悟到,或者直接说出拒绝的理由。例如,1945 年富兰克林·罗斯福第四次连任美国总统。《先锋论坛》报的一位记者采访他,请他谈谈这次连任的感想。罗斯福没有回答,而是很客气地请这位记者吃一块"三明治"(夹馅面包)。记者觉得这是殊荣,便十分高兴地吃了下去。总统微笑着又请他吃第二块"三明治"。他觉得是总统的恩赐,情不可却,又吃了下去,不料总统又请他吃第三块。他简直受宠若惊,虽然肚子里已不再需要了,但还是勉强吃了下去。哪知道罗斯福在他吃完之后又说:"请再吃一块吧。"记者一听啼笑皆非,因为他实在吃不下去了。罗斯福微笑着说:"现在,你不需要再问我对于这四次连任的感想了吧,因为你自己已经感觉到了。"

---

① 陈秀泉. 实用情境口才——口才与沟通训练. 北京:科学出版社,2007

4) 幽默拒绝

幽默拒绝就是用幽默的语言表达拒绝的意思。例如，有朋友请我们帮忙，可以说"啊，对不起，今天我还有事，只好当逃兵了。"再看一个例子，在 1990 年的一次外交部新闻发布会上，一位西方记者问发言人李肇星："请问邓小平先生目前健康状况如何？"李肇星答："他健康状况良好。"另一位记者穷追不舍："邓小平先生是在医院里还是在家里拥有良好的健康状况？"李肇星答："我不知是你有这样的嗜好，还是贵国有这种习惯，在身体健康的时候住在医院里，身体不好时反而待在家里。"李肇星以轻松幽默的方式回答了这一问题，令对方相形见绌，同时又达到了不伤害对方感情的目的。

5) 回避拒绝

回避拒绝就是答非所问，就是表面上看在回答问题，但实际上说的都是空话，没有任何实质信息。当遇上他人过分的要求或难答的问题时，可使用这种方法。

比如有人问你，在×××问题上，你支持老王还是老李。你回答："谁正确我就支持谁。"对方又问："那谁是正确的一方？"答："谁坚持真理谁就是正义的一方。"到底支持谁？你并没有进行正面的回答。2002 年 11 月，江泽民同志访美时，一名学生问他："中国对熊猫保护采取了哪些步骤？"江泽民回答说："我是搞电机的，我跟你们一样非常喜欢熊猫，但对熊猫很少研究。"台下一阵大笑。这也是一种"说不"的方式。

6) 模糊拒绝

模糊拒绝就是不直接拒绝，而是通过与对方请求相关的话题表明自己的态度。钱钟书先生是我国著名作家，他的作品《围城》享誉海内外。有一位外国女士特别喜欢钱钟书。当这位英国女士来到中国，就给钱钟书先生打电话，说想拜见他。钱钟书先生在电话中说："假如你吃了一个鸡蛋觉得不错，又何必要亲自去看那只下蛋的母鸡呢？"钱钟书用生动的比喻做了模糊的回答，委婉地拒绝了英国女士见面的要求。

7) 附加条件拒绝

附加条件拒绝就是先顺承对方的意思，然后附加一个事实上不可能的或主观无法达到的条件。有一次，意大利音乐家帕格尼尼(Niccolo Paganini)为了赶到一家大剧院演出，急急忙忙跨上一辆马车，他一边催车夫快点，一边向车夫问价。"先生，你要付我 10 法郎。"马车夫知道他是大名鼎鼎的音乐家，便有意讹诈他。"你这是开玩笑吧？"帕格尼尼吃惊地问道。"我想不是。今天人们去听你一根琴弦拉琴，你可是每人收 10 法郎啊！我这个价格不算多。""那好吧，我付你 10 法郎，不过你得用一个轮子把我送到剧院。"音乐家帕格尼尼要求车夫用一个轮子把他送到剧院，这是根本不可能做到的，因此在客观上便起到了拒绝勒索的作用。

8) 沉默拒绝

沉默拒绝就是在面对难以回答的问题时，暂时中止"发言"，一言不发，或者运用摆手、摇头、耸肩、皱眉、转身等身体语言来表示自己拒绝的态度。礼貌拒绝对方的方法还有很多，如让步拒绝法、预言拒绝法、提问拒绝法等，其实不论选择什么拒绝方法，关键是要表明态度，同时做到不伤害对方感情，保护自身形象就可以了。

第十一章　语言交际

第六节　语言艺术修养

良好的语言表达能力、高超的语言艺术水平不是与生俱来的，而是艰苦磨炼、不懈努力的结果。我们要塑造美好形象，赢得他人的好感，就要在语言表达上具有一定的素养。

1. 塑造良好的语言形象

在人际交往中，每个人说话的内容、选词造句，说话的语言、语调，说话的身姿、手势、表情……都会给对方留下一定的印象，即每个人都对他人树立了自己的语言形象。一个人说话的过程就是一个人语言形象塑造的过程。对现代人来说，语言形象是否具有魅力，直接影响到自身是否对对方具有吸引力，关系到交际的成败。那么，怎样塑造良好的语言形象呢？可以从以下几方面入手。

1) 增强自信心

自信心是交际取得成功的首要条件，是指一个人对自身能力与特点的肯定程度，是人的意志和力量的体现，是良好的语言形象的重要组成部分。

自信，意味着对自己的信任和欣赏。只有具有高度自信心的人，在各种不同的公关交际场合才会显得落落大方、谈吐流畅，使自身的各种内在能力得到充分自如的发挥，而且还可以在交际中弥补其自身其他方面的不足，增强整体人际吸引力。

一个人的自信心不是与生俱来的，而是后天培养起来的。公关人员，尤其是刚涉足公关的朋友，不要总想把一段话讲得尽善尽美，不出现丝毫纰漏，那样反而会在心理上造成一种不必要的压力。为了保持心理上的优势，一要消除自卑感，不必过多顾虑自我形象如何，只有做到"心底无私"，才能感到"天地宽阔"，自身的才气才会得到较好的发挥。二要正确对待听者，要了解环境和对象。要使语言富有感染力、说服力，就要尊重公众，放松情绪，不要一看到听众表情上的变化，便影响到自己的表达，给自己增加新的压力。三要有充分准备，对于自己说话的内容，尽可能事先想好，力争做到深思熟虑、胸有成竹，力求见解新颖、立论有据。同时，在语句搭配、表达方式上也须作必要的准备，有条件的还可事先练习练习。这样在语言表达过程中会表现得流畅自然，不致说到半截卡壳，也不会因发生意外情况而心慌意乱。

2) 培养语言风度

语言风度是指一个人内在气质的语言表现，是一个人的涵养的外化。一个人风度翩翩，会使他具有强烈的人际吸引力，使人仰慕不已。使自己的语言具有风度，是塑造语言形象的重要途径。

培养语言风度，首先要提高思想修养。风度是一种品格和教养的体现。俗话说："慧于心秀于言。""胸有诗书气自华。"如果没有远大的理想抱负、造福于人类的美好心灵，没有正义感、助人为乐，平等待人等高尚的道德情操，没有广博的知识储备、较高的文化素养、优雅的生活情趣，那么其语言必然粗鄙、不雅，毫无魅力可言。其次，要使语言风度与自己的性格特征相吻合。风度是一种特征表现,各种不同的风度增添了人们交际的风采。要使自己成为成功、高雅的交际者,就应根据各自的气质、性格、特点来塑造自我风度,切勿东施效颦。正如卡耐基所说:"不要模仿别人。让我们发现自我,保持本色。"第三要注意修饰仪表,服饰要整洁大方,显示个性,富有美感,同时注意发型和美容。当然,要塑造外表美,必须从培养和提高内在素质入手。

3) 提高口语发送能力

口语发送能力,即说话时对语言的速度节奏、声音的高低、声音的轻重大小、语流的顿挫断连的控制和变化能力。它是语言形象的又一组成部分。如果一个人有较好的声音造型,不但发音明亮悦耳、字正腔圆,而且还能随着交际的内容、场景、双方人际关系的不同,有高低抑扬、快慢急缓、强弱轻重、顿挫断连、明暗虚实等多种变化,其声音就具有强烈的音乐旋律感和迷人的艺术魅力。怎样提高口语发送能力呢?

(1) 要发音准确,吐字清楚。读错字或发音不准,会闹出笑话,毫无魅力可言;吐字不清,含含糊糊,使听众感到吃力,也会降低其接受信息的信心。

(2) 要注意声调和语调。声调即单个汉字的调子,语调即贯穿整个句子的调子,两者决定了声音的高低抑扬。中国古诗越读越有味,声调平仄相谐,听起来就悦耳、动听,富有节奏感。语调可分为降调和升调两种基本类型,随着句子的语气和表达者感情的变化,可以变化出其他多种类型。语调有区别句子语气和意义的作用。如"你干得不错":说成降调,是陈述性句式,带有肯定、鼓励的语气;说成升调,是疑问性句式,带有不信任和讽刺的意味。公关人员应注意把握语调,以增强吸引公众的魅力。

(3) 要注意语言的速度节奏。人们说话时,影响速度节奏的主要原因是人们内心情绪的起伏变化。速度节奏的控制和变化一般要通过音调的轻重强弱、吐字的快慢断连、重音的各种对比以及长短句式、整散句式、紧松句式的不同配合才能实现。公关人员应掌握这些规律,做到快慢适中,快而不乱,慢而不断,增强语言形象的美感。

此外,提高口语发送能力还应注意说话的语气,从语音的音强变化等方面来改进语音形象。

2. 形成独特的语言风格

语言风格是语言运用中各种特点的综合表现。由于人们运用语言的方式、方法不同,从而形成不同的语言风貌、格调,在交际中各有用途、各具特色。必须根据不同的交际对象、不同的交际目的、不同的交际场合,对语言的表现风格作出不同的选择。语言风格一般有如下几类。

1) 简洁精练

简洁精练是以最经济的语言手段,输出最大的信息量。在公关交际中,简洁精练的语言常常能比繁杂冗长的话题更吸引人。它体现出说话人分析问题的快捷和深刻,是其认识能力和思维能力的高超表现;它能使听者在较短的时间内获得较多的有用信息,有助于博得对方的好感;它是说话人果敢、决断的性格表现。自信心强、办事果敢的人,其语言是

第十一章 语言交际

简洁精炼的。这一语言风格也是时代风貌的反映,现代化社会节奏快、时间观念强,说话简洁会给人一种生气勃勃的现代人的感觉,尤其为人推崇。所以,我们要努力培养自己的简洁精练的言语风格。要做到如下几项。

(1) 头脑里要库存一定量的材料,并且临场交际要善于先用恰当达意、言简意赅的词语来表达思想,不要让一条简短的信息淹没在毫无意义的修饰成分、限制成分和无谓的强化成分之中。

(2) 要抓住重点。说话时,要使语言中心突出、切中要害,不要东拉西扯、言不及义。

(3) 要理清思路。说话前对于自己要表达的思想先要非常清楚,要安排好结构,条理连贯,层次分明,同时注意平定情绪,保持情绪稳定,这是理清思路的一个重要条件。

2) 生动形象

生动形象是语言魅力的基本因素。形象生动的语言把无形变成有形,把概括变成具体,把枯燥变成生动,大大吸引了听众的注意力。形象化的语言让听众的视觉、听觉、嗅觉、味觉都一起参加接收活动,大大增强了语言的感染力。此外,它也是构成其他语言风格的基本手段。语言形象生动须做到如下几点。

(1) 选用有色彩、有形象的词语。色彩词和形象词可将听觉形象转化为视觉形象,而视觉形象留给人的印象往往比听觉形象留下的印象更深刻。

(2) 运用各种修辞手法,如比喻、拟人、夸张等。这些修辞手法可以用浅显通俗的事物或道理来说明比较复杂、抽象的事物或深奥难懂的道理。

(3) 要注意寓理于事,将深刻的道理寓于具体事实之中。那种干巴巴的说教,往往使听者乏味。

3) 幽默风趣

幽默是人的思想、学识、智慧和灵感的结晶,幽默风趣的语言风格是人的内在气质在语言应用中的外化,在交际中有很重要的作用:第一,幽默能激起听众的愉悦感,使人轻松、愉快、爽心、抒情。这样可活跃气氛,联结双方感情,在笑声中拉近双方的心理距离。第二,幽默的一个显著特点是寓庄于谐,通过可笑的形式表现真理、智慧,于无足轻重之中现出深刻的意义,在笑声中给人以启迪和教育,产生意味深长的美感趣味。第三,幽默风趣还可使矛盾双方从尴尬的困境中解脱出来,打破僵局,使剑拔弩张的紧张气氛得以缓和平息。第四,幽默风趣还有利于塑造交际中的自我形象,因为幽默的风度是良好性格特征的外露。对现代人来说,幽默风趣的语言风度固然有先天成分的影响,但更有后天的习得,因此应掌握一些构成幽默的方法,并在语言表达中注意加以运用。

(1) 歪解。俗话说:"理儿不歪,笑话不来。"说成鸭蛋是盐水煮的不是幽默,说成鸭蛋是咸鸭子生的才是幽默,前者是常规,后者是歪解。歪解就是歪曲、荒诞的解释,它以一种轻松、调侃的态度,随心所欲地对一个问题进行自由自在的解释,硬将两个毫不沾边的东西拈在一起,这样才能造成一种不和谐、不合情理、出人意料的效果。在这种因果关系的错位与情感和逻辑的矛盾之中,幽默也就产生了。如有人问鲁迅:"先生,你为什么鼻子塌?"鲁迅笑答:"碰壁碰的。"这个回答里面,既有对社会现实的不满,又有对自己生活坎坷经历的嘲讽,这样丰富的具有社会意义的内容与"塌鼻梁"这样一个具有丑的因素的自然生理特征结合在一起,便产生了无法言喻的幽默感。

(2) 降用。故意使用某些"重大"、"庄严"的词语来说明一些细小、次要的事情的表达技巧,谓之"降用"。恰当地运用降用,可暗示自己的思想,启发对方思考,令语言风趣生动。毛泽东就是一位极喜欢运用降用的行家里手。毛泽东的卫士封耀松在与一个女文工团员"吹"后不久,在合肥跳舞时又"挑"上一个大他3岁且又离过婚并带有一个小孩的女演员。毛泽东知道这些情况后,极不赞成此事,并通过当时的安徽省委书记曾希圣及其夫人"搅"散了这段"姻缘"。封耀松为此感到极为沮丧郁闷。毛泽东见状,笑着对封耀松说道:"速胜论不行吧!也不要有失败主义,还是搞持久战好。""速胜论"、"失败主义"是抗日战争时期在对日寇入侵这一问题上所持的两种政治、军事观点,而"持久战"则是毛泽东为此而提出的著名论断。这里毛泽东新奇地用此劝诫卫士在婚姻问题上不要急于求成,而应持相反的态度,以及"告吹"后不可有悲观失望情绪,于调侃、戏谑之中,委婉地批评了小封在对待婚姻问题上的轻率行为。

(3) 仿似。故意模仿现成的词、语、句、调、篇及语句格式,临时创造新的词、语句、调、篇及语句格式,谓之"仿似"。它是幽默诸多构成法中最常用的一种,往往借助于某种违背正常逻辑的想象和联想,把原来适用于某种语境、现象的词语用于另一种截然不同的新的环境和现象之中,而且模拟原来的语言形式、腔调、结构甚至现成篇章,造成一种前后不协调、不搭配的矛盾,给人以新鲜、奇异、生动的感受。毛泽东在一次报告中批评某些干部为评级而争吵、落泪时说:"有一出戏,叫《林冲夜奔》,唱词里说,'男儿有泪不轻弹,只因为未到伤心处。'我们现在有些同志,他们也是男儿,他们是'男儿有泪不轻弹,只因未到评级时'。"这里运用的就是局部改动名句的仿似之法,显得俏皮成趣、批评有力。

(4) 自嘲。自我嘲讽,是指运用嘲讽的语气来嘲笑自己的缺陷和毛病,以取得别人的共鸣,引起别人会心一笑的方法。笑的规律是优笑劣、智笑愚、美笑丑、成熟笑幼稚。因此,如果公关人员善于显示自己比别人劣、愚、丑或幼稚,就会引人发笑,赢得公众的好感。自嘲还可嘲讽自己做过的蠢事、自己的生活遭遇等。

(5) 辨析。辨析就是对字形、数字、姓名或其他常用的词组作巧妙的拆卸、组合、分辨、解析。这种"辨析"是一般人预想不到的,极具机智巧妙的动力,听者先深感"出乎意外",一经思考,又觉得在"情理之中",在豁然顿悟之中,幽默便油然而生。如在人际交往中,富有幽默感的人,自己介绍姓名或听人介绍时,往往都感到亲切自如,又找出了姓名中的特点,便于记忆。如薄一波初次见到毛泽东,当自己介绍姓名后,毛泽东紧握他的双手,嘴里连声说道:"好啊,这个名字很好!薄一波,薄一波,如履薄冰,如临深渊嘛!"说得周围的同志都笑了起来,毛泽东风趣的"析姓辨名",使初次会面的客人顿消紧张情绪,感到他和蔼可亲。

4) 委婉含蓄

委婉含蓄是指人在讲话时故意用婉转的语言,把本意暗示出来,便知意在言外,让人思而得之。委婉含蓄是人际交往的缓冲术：在自我表露时，可绕过一些难以直言的内容；在拒绝对方的要求、表达不同于对方的意见或批评对方时，可以维护对方的自尊，给对方以面子。这一语言风格在交际中的作用是很大的。培养委婉含蓄的语言风格，应注意运用以下几种表达方法。

(1) 运用模糊语言，即用外延边界不清或内涵上极其笼统概括的语言来表达。如"你很漂亮"。漂亮一词外延不清晰，但它使用得极为广泛，在西方已成为礼貌交往的一般性恭维话。可以说模糊语言为日常交际提供了许多方便。

(2) 运用修辞手法。有许多修辞手法，如比喻、借代、双关、烘托、暗示、省略、折绕等，可以达到委婉含蓄的效果，在公关交际中可适当运用。

(3) 运用语句换置。为了表达委婉，可采用变换某些语词、句式的方法。如当表示否定时，不用"不要……"、"不应该……"、"不是……"等否定句式，而代之以"请您……"的祈使句形式。这样语气缓和，不咄咄逼人，令人愿意接受。

3．培养优异的表情语言

据统计，人类面部总表情达 25 万种之多。如笑就有微笑、轻笑、大笑、狂笑、狞笑、皮笑肉不笑、苦笑、讥笑等，各种不同的笑表现出极其复杂的内心世界。也正是因为人类面部表情的多样性，思想感情表达才更为细腻、准确和生动。然而在交际中，不少人面部表情或单一，或呆板，或无精打采，本是一篇美文，在毫无表情的人嘴里说出味同嚼蜡，有的人不能及时领会对方表情的内涵，极大地影响了信息传播的效果。面部表情是心灵开启的一扇窗。从这扇窗里窥见说话者的内心世界，可得到口头语言上得不到的东西。现代人必须重视培养优异的表情语言。

1) 从内在做起

一个人随着岁月的推移逐渐成熟，其知识、智慧、才能、性格会在他们脸上留下痕迹。日本一位研究夫妻的专家指出：一些卓有成效的男士，面部表情威严睿智，而妻子却庸俗不堪。这是因为男士在小职员时与当时相匹配的妻子结婚，婚后男人接触大量信息，不停追求更高目标；而妻子沉溺于小家庭的柴米油盐、锅碗瓢盆、奶瓶尿布，原先相似的两人慢慢在气质、才能、性格、智慧上相差甚远。林肯曾说，男人一过四十就要对自己说，为了高雅和具有亲和力的面部表情，努力加强文化知识和道德情操修养。外貌不可改变也可改变，把父母遗传的外貌靠自身的追求来增加高贵的气质并非不可能。

2) 把握线条分寸

人的面部表情是通过脸上可变性线条决定的，那么就必须把握线条变化的"度"，不能过分夸张也不可敷衍了事，这就需要平时多加锻炼。

首先是微笑和眼神的培养，其具体方法在本章"拓展阅读"中有相关阐述，供参考。

3) 锻炼面部肌肉

面部肌肉经常性得到锻炼，就能增加肌肉的弹性和活力。做口腔操就是最有效又便捷的方法：一是嘴提起上颚，每天二百次。上颚肌肉有了力量，面部表情就会好看些。二是嘴唇撮圆，左右绕圈，每天二十次。面部肌肉主要集在嘴的四周，起初绕不起来，可以用手帮助，感到疼痛说明肌肉得到了锻炼。三是张开嘴巴发"a"（啊）。首先做 10 个节拍，每个节拍嘴巴张开 10 度，第 10 个节拍时嘴巴已经张得相当大了。注意是上颚后部提起，像揭锅盖样把嘴揭开。然后，尽最大开口度张合，连续 10 次。四是经常由下往上揉搓脸。由于地球的引力，脸部肌肉易往下坠，由下往上搓脸能保持脸肌肉向上的积极状态。

人的气质风度、文化道德修养都写在脸上。在人际交往中，要得到别人的欢迎或敬佩，一定要加强面部表情的训练，因为它是心灵开启的一扇窗。在交际中要想游刃有余，就要学会观察别人的面部表情，因为人类复杂的思想感情，语言常显得苍白无力，而个性化的面部表情则能淋漓尽致地表现出来。

拓 展 阅 读

声音美的训练

动听而富有磁性的声音是个人美好形象的重要组成部分，它是科学训练的结果。

1) 声音的产生

有人把人的发声器官比作一架管风琴。肺是风箱，由它提供发声的原动力。气流从肺中自下而上，通过气管上升到喉头，声音就由喉部产生。当人们呼气时，使保护气管开端的肌肉（即声带）紧密地挨在一起，以使空气通过声带时能够产生振动。这种振动产生了微弱的声音，然后该声音再穿过咽部（喉咙）、口，以及在某些情况下上升到鼻腔时被抬高或产生共振。在这里，口和鼻腔就成了管风琴的两个管，它们不但可以起到扩大音量的作用，还可以任意变换音色，这样，共振后的声音被舌头、嘴唇、腭和牙齿这些发音器官改造，从而形成了语言体系中的声音。

我们认识发声器官，了解声音如何产生，目的是要在有声语言的训练中遵循其活动规律，正确发挥其功能和作用，从而有效地利用它来发出富有表现力和感染力的声音，增强语言表达的效果。

2) 影响声音质量的因素

现实生活中，去除语言的内容，人们经常能够通过一个人的声音判断出对方的许多信息，如对方的性格、涵养、情绪等；有时甚至单凭一个人的声音就去主观地判断这个人的外貌、形象等特征，尽管判断的结果有时与事实不相符合，但这说明声音具有迷惑性。因此声音质量的高低直接影响听众对语言内容和表达者的接受程度。那么，影响声音质量的因素有哪些呢？

(1) 音域。音域即每个人的声音从低音到高音的范围。大多数人运用音高的范围超过 8 度，也就是音阶上的 8 个全音。音域的宽窄直接影响到声音的质量。人们在平时交谈时，音域大多在一个八度左右，而常用的也只有四五个音的宽度，但是如果要同时与众多听众进行交流，如演讲或是表达强烈的思想感情时，这样的音域就显得过窄。因为这时表达者不得不用到音域的极限，自己会感到吃力，声音会变得不自然，而带给听者的则是极不舒服的感觉。如果一个人的音域过窄而造成表达上的障碍，则需要专门为此进行训练，以拓宽自己的音域。事实上对于大多数人来说，不在于是否拥有令人满意的音域，而在于是否最好地利用了他们的音域。

（2）音量。也就是发出声音的强弱、大小。当人们正常呼气时，横隔肌放松，空气被排出气管。当人们讲话时，就会通过收缩腹肌来增加排出空气对振动声带的压力，从而提高了声音的音量。感受这些肌肉动作的方法是：将双手放在腰部两侧，将手指伸展放在腹部。然后以平常的声音发"啊"，再以尽可能大的声音发"啊"，这时我们会感觉到提高音量时腹部收缩力量的增强。微弱的声音，缺乏力度，使有声语没有表现力，难以表达强烈的思想感情；而响亮、浑厚、有穿透力的声音，则能做到高低起伏、轻重有别，可以增强声音的表现力与感染力。因此，如果我们的音量不够大，则可以通过在呼气时提高腹部区域压力的方法加以锻炼。

（3）音长。也就是声音的长短，它同语速、停顿密切相关，可以影响语言节奏的形成，对声音的质量同样有着不可忽视的作用。语速，也就是讲话的速度。大多数人正常交流时语速为每分钟130~150个字左右，而播音员的语速一般在180~230个字左右。可见，对于不同的人，不同的语言环境，语速的差异是比较大的。我们不需要去统一执行哪一个标准语速，因为一个人语速是否恰当，关键取决于听众是否能理解他在说什么。通常情况下，当一个人发音非常清楚，并且富有变化、抑扬顿挫时，即使语速很快也能被人接受。

（4）音质。嗓音的音调、音色或声音。它往往是一个人声音的个性。如笛子有笛子的声音，而京胡有京胡的声音。音质取决于共鸣腔的状态和质量的变化。音质直接影响到声音是否优美悦耳，影响到声音的表现力。最好的音质就是一种清楚悦耳的音调。音质上的障碍包括鼻音、呼气声、嘶哑的声音和刺耳的声音。

上述这四个特征，我们一方面要进行良好的训练；另一方面，要学会合理地控制这些特征，这样就可以使声音富于变化、轻重有别，从而更加有效地表达语言的思想内容。

3）发声训练

我们已经知道，声音的产生并不是单靠哪一个器官完成，而是呼吸器官、消化器官相互协同完成了发声。发音效果的好坏，与呼吸、声带、共鸣器官等有直接的关系。因此，要想提高声音的质量，使自己发出的声音更加富有表现力和感染力，就要从以下几个方面多加练习。

（1）控制气息。

气乃声之源。一个人气量的大小、能否正确用气，对语音的准确、清晰度和表现力都有直接影响。唐代文学家韩愈曾说过："气，水也；言，浮物也。水大而物之浮者大小毕浮。气之与言犹是也，气盛则言之短长与声之高下者皆宜。"因此我们必须学会控制好气息，这样才能很好地驾驭声音。在语言交流中要想使声音运用自如、音色圆润、优美动听，就要学会控制气息，掌握呼吸和换气的技巧。

呼吸的紧张点不应放在整个胸部，而应放在丹田，以丹田、胸膛、后胸作为支点，即着力点。使力量有支点，声音才有力度。

第一，吸气。吸气时双肩放松，胸稍内含，腰腿挺直，像闻鲜花一样将气息吸入。要领是：气下沉，两肋开，横膈降，小腹收。这样随着吸气肌肉群的收缩容积立体扩张，有明显的腰部发涨、向后撑开的感觉，注意不要提肩，也不要让胸部塌下去。当气吸到七八成时，利用小腹的收缩力量控制气息，使之不外流。

第二，呼气。呼气时，要保持吸气时的状态，两肋不要马上下塌。小腹始终要收住，不可放开，使胸、腹部在努力控制下，将肺部储存的气息慢慢放出，均匀地向外吐。呼气要用嘴，做到匀、缓、稳。在呼气过程中，语音随之一个接一个地发出，从而使有声语富有节奏。

第三，换气。在语言表达过程中，人们不可能一口气将所要说的内容说完，常需要根据不同内容和表情达意的需要作时间不等的顿歇。许多顿歇之处就是需要换气或补气之处，以保证语气从容、音色优美，防止出现气竭现象。换气有大气口和小气口两种换气方法。大气口是在类似于朗读、演讲中这样的表达时，在允许停顿的地方，先吐出一点气，马上深吸一口气，为下面要说的话准备足够的气息。这种少呼多吸的大气口呼吸一般比较从容，也比较容易掌握。小气口是指表达一段较长的句子时，气息用得差不多了，但句子未完而及时补进的气息。补气时，可以在气息能够停顿的地方急吸一点气，或在吐完前一个字时不露痕迹地带入一点气，以弥补底气不足。这种方法无声、音断气连，是难度较大的换气方法。

（2）训练共鸣。

气流从肺上升到喉头冲击声带发出的声音本来是很微弱的，但经过喉腔、咽腔、口腔、鼻腔的共鸣，声音就扩大了，这不经过训练，人人都可以做到。但是，要想使声音洪亮、圆润、悦耳，就需要进行特殊的训练了。

第一，鼻腔共鸣。鼻腔共鸣是由"鼻窦"实现的。鼻窦中的额窦、蝶窦、上颚窦、筛窦等，它们各有小小的孔窦与鼻腔相连，发音时这些小孔窦起共鸣作用使声音响亮、传得更远。运用鼻腔时，软腭放松，打开口腔与鼻腔的通道使声音沿着硬腭向上走，使鼻腔的小窦穴处充满气，头部要有振动感。这样，发出的声音才会震荡、有弹力。但要注意，鼻腔色彩不能过量，过量了就会形成"鼻囊鼻音"。

第二，口腔共鸣。口抬起，呈微笑状，使整个口腔保持一定张力，口腔壁、咽腔壁的肌肉处于积极状态。这样，声带发出的声音随气流的推动流畅向前，在口腔的前上部引起振动，形成共鸣效果。共鸣时要把气息弹上去，弹到共鸣点。声音必须集中，同时还要带上感情，兴奋起来。这样才会达到一个好的共鸣效果。

第三，胸腔共鸣。胸腔是指声门以下的共鸣腔体，属于下部共鸣腔体，它可以使声音结实浑厚、音量大。运动胸腔共鸣时，声带振动，声音反着气流的方向通过骨骼和肌肉组织壁传到肺腔，这时胸部明显感到振动，从而产生共鸣。有了这个底座共鸣的支持，声音会真实而不飘。

在进行共鸣训练时，扩大共鸣腔要适度，不能无限制，要以不失本音音色为前提。同时，应该学会控制共鸣腔肌肉的紧张度，保持均衡的紧张状态。另外共鸣腔各部位包括肌肉要协同动作，这样声音的质量才能真正提高。

(3) 吐字归音。

吐字归音是汉语(汉字)的发声法则，即"出字"和"收字"的技巧。我们把一个字分为字头、字腹和字尾三部分，"吐字"是对字头的要求，"归音"是对字腹尤其是对字尾的发音要求。

第一，吐字。吐字也称咬字。一是注意口型，口型该打开时不能半开，该圆唇的时候不能展唇，尽量使声音立起来；二是注意字头，字头是字音的开始阶段，要求叼住弹出。要做到吐字清晰，发音有力量，摆准部位，蓄足气流，干净利落，富有弹性。只有这样吐字才能使声音圆润、清楚。

第二，归音。字尾是字音的收尾部分，指韵母的韵尾。归音是指字腹到字尾这个收音过程。收音时，唇舌的动作一定要到位，字腹要拉开立起，即在字腹弹出后口腔随字腹的到来扯起适当开度，共鸣主要在这儿体现。然后收住，要收得干净利落，不拖泥带水，但也不能草草收住。如"天安门"三个字收音时舌位要平放，舌尖抵住上齿龈，归到前鼻韵母"n"音上。只有这样归音才到位，才能使声音饱满，富有韵味。

(资料来源：刘桂华，王新. 现代演讲与口才. 西安：西安电子科技大学出版社，2009)

思考与训练

1. 讨论在交谈中遇到以下三种情况该如何处理。
(1) 对方不知不觉将话题扯远了。
(2) 对方心血来潮，忽然想到了他得意的事。
(3) 对方故意转变话题，不愿意再谈原来的事。

2. 请赞美你身边的同学。方法：请学员 1、2、3 报数，将相同数字的人分成一组，三组学员围圈席地而坐。请一位学员举手，他右边的第一位学员起立，其他人依次赞美他。用 "我认为你……"、"我觉得你……"的说法，不要介入第三者。被赞美的人不能讲话，但要和赞美者作眼神交流；赞美者话不能太多，不能重复前面人的话，只赞美，不批评。全组学员都赞美过第一人后，换下一位。按顺时针方向依次进行。进行完后，讨论如下问题。
(1) 被赞美的感觉是怎样的？
(2) 赞美别人你是怎样想的？
(3) 你得到什么启示？

3. 请一位朋友向你提问，你作直接快速的回答，提出问句时间不计在内，看答话用了多少时间。
(1) 你的优点是什么？
(2) 你的缺点是什么？
(3) 你的爱好是什么？
(4) 这个爱好是怎么形成的？
(5) 这个爱好给你带来了什么好处？
(6) 这个爱好为什么至今没有转移？

(7) 你的烦恼是什么?
(8) 你最珍惜的是什么?
(9) 你最讨厌的是什么?
(10) 你最崇尚什么?
(11) 你最喜欢的格言是什么?
(12) 你最大的乐趣是什么?
(13) 你平时经常想的是什么?
(14) 你做人的信条是什么?
(15) 你最大的愿望是什么?
(16) 你怎样评价自己?
(17) 听到闲言碎语你如何对待?
(18) 你是喜欢春天还是冬天?
(19) 你是不是开始注意到金钱并非微不足道了?
(20) 你现在是不是打消了出国的念头了?

训练提示如下。

第一,问句的角度要求避免单调和程式化,要富有变化。答语的观点要求旗帜鲜明、坦率从容,也可以含蓄风趣一点,有一些哲理色彩。

第二,简单明了,多用短语,尽可能一两句话就把自己的意思说得明明白白。多用直言句式直截了当地应对,不要模棱两可、不痛不痒,也要力求避免运用简单的肯定、否定(如"是"或"不是")方式答对。

第三,少说空话、套话,内涵力求丰富充实,要敢于亮出自己的想法,不要遮遮掩掩,要显示出自己鲜明的个性。

第四,要留意复杂问句。所谓"复杂问句"是指隐含某种假定前提的问句。如"你还想着去北戴河旅游吗?"隐含前提是"曾经或一直想着去北戴河旅游。"其实你可能从来就没有"想"过,所以回答要针对"想没想",而不是"去不去"。对这类问句要留心前提,做出有针对性的回答。训练题中有些是复杂问句,如(18)、(19)和(20)。

4. 练习。

(1) 与人交谈时,要带着发掘尽可能多的信息的目的去倾听,要准备提出一系列探究性问题以获取必要的信息。

例如可以提出以下问题。

① 你是怎么发现那个人的?
② 还发生了什么?
③ 你为什么这样认为?
④ 结果怎样?
⑤ 你还会这么做吗?
⑥ 你觉得从这一经历中有何收获?

不要用你的问题打断对方。要倾听,你的问题才会贴切地与对方讲话内容对应起来,询问时你要持积极、合作态度。

假如我们花费比通常更多些的时间做这些练习,不也是挺有趣的事情吗?我们不仅将

第十一章 语言交际

成为一个善听者，同时还将成为更有恒心的好学者。

(2) 回想你上一次与某人的谈话，你使用或有意操纵了多少种非语言暗示来传达你的信息？挑出你记得的每一种。

① 目光接触。
② 面部表情。
③ 姿势。
④ 形体动作。
⑤ 穿着装束。
⑥ 环境。
⑦ 空间(与他人的距离)。
⑧ 态度。

很可能所有的暗示你都做到了，但是这里仅须挑出你在那次谈话中有意使用的那些。你是否根据不同场合作不同的暗示？你运用非语言暗示是否比语言暗示更自如？你认为哪一种暗示更好地传递了你的信息？

5. 交谈语言技巧自我测试。

请回答以下问题以确定你与他人交流中的优缺点。1=从不这样，2=很少这样，3=有时这样，4=经常这样，5=每次都这样。选择符合的项即得相应的分数。

(1) 与人交谈时，我发言时间少于一半。
(2) 交谈一开始我就能看出对方是轻松还是紧张。
(3) 与人交谈时，我想办法让对方轻松下来。
(4) 我有意识提些简单问题，使对方明白我正在听，对他的话题感兴趣。
(5) 与人交谈时，我留意消除引起对方注意力分散的因素。
(6) 我有耐心，对方发言时不打断人家。
(7) 我的观点与对方不一样时，我努力理解他的观点。
(8) 我不挑起争论，也不卷入争论中。
(9) 即使我要纠正对方，我也不会批评他。
(10) 对方发问时，我简要回答，不作过多的解释。
(11) 我不会突然提出令对方难答的问题。
(12) 与人交谈时，头30秒钟我就把我的用意说清楚。
(13) 对方不明白时，我会把我的意思重复或换句话说一次，再不就总结一下。
(14) 我每隔若干时间问问对方有何反应，以确保他听懂我的意思。
(15) 我发现对方不同意我的观点时就停下来，问清楚他的观点。等他说完之后，我才就他的反对意见发表我的看法。

将以上各题的得分相加，得出总得分。

60～75分，你与人交谈的技巧很好。
45～59分，你的交谈技巧不错。
35～44分，你与人交谈时表现一般。
35分以下，你的交谈技巧较差。

通过以上测试找出自己语言交谈的薄弱环节，努力改进自己的谈话技巧，三个月后再进行测试，看有多大的提高。

6．请根据你对"说服"的理解分析以下材料。

（1）我有一个妹妹，她是一个很开朗的女孩子，但是她自从上了高中之后，不知道为什么变了好多，有一次放暑假，她和我谈心的时候就说，她不想上高中了，她想去上中专，找一个管得比较严的学校，那样就能学得进去，现在在这个高中里面上学什么都学不进去，什么都不想学，只想玩，一点学习的心思都没有了，问我的意见。

听了她的话后，我对她说："如果你的心态真的改变了，只要是你想学，不管在什么样的环境下，你都可以学得进去。其实换个环境只是你想离开这个学校的借口，并不一定说，你换了环境就一定能学得进去，关键在于你的心，你心里真正的想法是什么，不一定就是你和我说的这个想法，只有你真的想明白了，想学习了，再换学校也是可以的。不是说换一个管得比较严的学校你就一定能学得进去，也不是说那个学校里面就没有和你一样想法的人，所以，关键在于自己的心。况且你现在年龄还很小，一个人出去还不能让家长放心，等你高中毕业了再想这些问题也不晚。"从那之后，她再也不提转学的事了。

（资料来源：http://www.docin.com/p-397721790.html）

（2）当她在一所大学里做兼职的银行出纳员时，一个漂亮的小伙子几乎每天都到她的窗口来。小伙子不是存款就是取钱。直到把一张纸条连同银行存折一起交给她时，她才明白小伙子是为了她才这样做的。"亲爱的吉：我一直在储蓄这个想法，期望能得到利息。如果星期五有空，你能把自己存在电影院里我边上的那个座位上吗？我把你可能另有约会的猜测记在账上了。如果真是这样，我将取出我的要求，把它安排在星期六。不论贴现率如何，做你的伴侣是十分愉快的。我想你不会认为这个要求太过分吧？以后再同你核对。真诚的彼。"她无法抵制这诱人、新颖的接近方法。

（资料来源：http://yule.xooob.com/xhsj/200811/350015.htm）

（3）1999年5月10日晚，出租车女司机韩晶经过火车站时遇一男青年打车。韩晶把他送到指定地点，对方拿出一张百元钞票交车费。就在韩找钱时，对方掏出尖刀逼韩把钱都交出来。韩晶装出害怕的样子交给歹徒300元钱说："今天就挣这么点儿，要嫌少就把零钱也给你吧。"说完又拿出找零用的20元钱。见韩晶如此爽快，歹徒有些发愣。韩晶趁机说："你家在哪儿住，我送你回去吧。这么晚了，家里人该等着急了。"见韩晶是个女子又不坏，歹徒便把刀收了起来，让韩晶把他送到火车站。见气氛缓和，韩晶不失时机地启发歹徒："我家里原来也非常困难，咱又没啥技术，后来就跟人学开车，干起这一行来。虽然挣钱不算多，可日子过得也不错。何况自食其力，穷点儿谁还能笑话我呢？"见歹徒沉默不语，韩晶继续说，"唉，男子汉四肢健全，干点啥差不了，走上这条路一辈子就毁了。"火车站到了，见歹徒要上火车，韩晶又说："我的钱就算借给你的，用着干点正事，以后别再干这种见不得人的事了。"一直不说话的歹徒听罢突然哭了，把300多元钱往韩晶手里一塞说："大姐，我以后饿死也不干这事了。"说完低着头走了。

（资料来源：http://blog.sina.com.cn/s/blog_4de97a0a01000biy.html）

第十一章　语言交际

7. 面对以下情景，应该怎样拒绝①？

情景 1：罗斯福任海军要职的时候，一名记者问他关于在加勒比小岛上建立潜艇基地计划的问题。罗斯福本可以正面拒绝，因为这是军事秘密，然而正面拒绝就会使交际过程呆板而无趣，所以罗斯福没有正面拒绝。请你说一说罗斯福是怎么回答记者的。

情景 2：一位记者问罗斯福第四次连任总统的感受。罗斯福总统不便回答，他会如何拒答呢？

情景 3：吴经理与王经理是大学的同窗好友，有着十几年的友情，关系非常亲密，经常在一起打球，生意上也有合作。一天，王经理来到吴经理的办公室，兴致勃勃地说要好好聊聊，正好吴经理已预约陪同台商汪先生去打保龄球，这使吴经理很为难。请演示吴经理拒绝王经理的情景。

8. 案例分析。

一句随意话引出是非

二战中，屡立奇功的一代名将巴顿，在战争的善后工作远未结束时，直性子的他在一次记者招待会上，对盟军拒绝前纳粹党员参加军管政府管理工作的决定大加非议。以追求轰动效应为目的的记者趁机问道："将军，大多数普通德国人加入纳粹，难道不就是跟美国人加入共和党或民主党的情形差不多吗？"

"是的，差不多。"面对记者设计的"语言陷阱"，巴顿不加任何思索地随口答道。

巴顿一语即出，随即令世界为之哗然，美国及许多国家的报纸上出现一个天怒人怨的标题："一位美国将军说，纳粹党人跟共和党人与民主党人一样！"

谁都知道，当时美国执政的是民主党，说它跟纳粹一样，那还了得！

终于，巴顿的上司也是他的好友艾森豪威尔将军为了挽回影响，不得不撤了巴顿第 3 集团军司令和驻巴伐利亚军事长官职务，让他回国去了。艾森豪威尔为不使他的好友"过分"难堪，给了他一个有名无实的第 15 集团军司令的头衔。这是一个空架子的集团军和空头司令，任务只是带一些参谋和文职人员整理二战欧洲部分的军事史而已。从此，巴顿就一蹶不振了。

巴顿，一位功勋卓著的"二战"名将，就因为一句随意话，在和平到来之际，等来的竟是一个郁闷晚景，这是一幅多么令人悲哀的画面。

(资料来源：侯爱兵. 一句随意话引出是非. 演讲与口才，2009(12))

思考题
(1) 巴顿的一句随意话为什么引出了是非？
(2) 本案例对你有哪些借鉴意义？

生　　意

有一对正准备结婚的恋人来到××电器集团公司的展销部购买电冰箱。这小两口围着

---

① 傅春丹. 演讲与口才案例教程. 北京：中国水利电力出版社，2011

××牌电冰箱转了好久，男的正准备掏钱付款的时候，女方突然改变了主意："我看，我们还是去买日本东芝冰箱吧！"

"怎么你又变卦了，原来不是说好的吗？"

"我看这种国产的冰箱质量不保险，不如日本的好。不过是多花千把百块钱就是了。"

这时候，站在一旁接待他们的售货员，眼看到手的生意没了，悔恨自己方才那么耐心地给他们解说，都白搭了，心里一急、一气，便脱口而出："得了，得了，你早说不买，就别问这问那，日本的好，你们又有钱，去日本买好了，干吗上这儿来？"

这两口子，给这么正面一击，转身就想走，这时候，门市部主任微笑着走了过来："两位请稍留步，我有几句话要对两位说。"两口子不由自主地又转过身来，气鼓鼓的样子。

"真对不起，方才我们的售货员说话没有礼貌，冲撞了二位，这都怪我这个主任，平时教育不严，我向二位赔礼道歉。"

这两口子听他这么说，才平息了怒火。

"至于买不买我们的冰箱都没问题，只是有一件事要讨教一下二位。"

听到"讨教"二字，小两口真的认真起来了。

"方才这位小姐说，我们的冰箱质量有问题，是否可以具体说明一下，也便于我们改进工作。"

女方冷不防给主任这么一问，一时不知如何作答，迟疑了一会儿，才吞吞吐吐地说："我也是听人说，东芝的冰箱好。"她指着冰箱背后的散热管，继续说："这些弯弯曲曲的管子都露在外面，也不好看。"

主任听她这么说，心中明白了几分。

"小姐，这完全是误会。当然，东芝电器历史长牌子老，有许多优点。但是，我们国产的冰箱近些年来也有很大进步，你们方才看到的这种冰箱，正在走向国际市场。"

小两口将信将疑，主任接着说："我们的冰箱，经过周密的计算，将散热管暴露在空气中，散热的速度可提高一倍，由于热量散得快，所以冰箱内部制冷的速度快，达到提高效率、节约电能的目的。实验结果表明，与同等容积的密封式相比，我们耗电量仅是它们的 1/3。如果一天省半度电，小姐，请你算一下，一年省多少电费？"

王主任换了口气继续正面进攻："至于说到美观，这是不必要的顾虑。因为散热管在冰箱背后，紧靠墙壁或在墙角之间，对于正面观看，毫无影响，请二位放心。"

这位小姐竟无话可说。这时主任发动连攻："我看这样好了，你们若信得过我的话，下午我派车给你们送去。喏，这是单据，请到那边取发票和保修单。"

就这样，主任巧妙地挽回了败局，促成了生意。

(资料来源：吴绿星，田乃吉. 推销与口才. 福州：福建科学技术出版社，1992)

思考题
(1) 王主任为什么能促成这笔生意？他运用了哪些语言技巧？
(2) 从本案例中你获得了哪些启示？

第十二章 社交礼仪

在人与人的交往中,礼仪越周到越保险。

——[英]托·卡莱尔(Thomas Carlyle)

礼尚往来,往而不来,非礼也。来而不往,亦非礼也。人有礼则安,无礼则危。故曰:礼者不可不学也。夫礼者,自卑而尊人。虽负贩者,必有尊也,而况富贵乎?富贵而知好礼,则不骄不淫;贫贱而知好礼,则志不慑。

——《礼记·曲礼》

本章提要:

- 见面礼仪。
- 餐饮礼仪。
- 接访礼仪。
- 职场礼仪。
- 社交礼仪修养。

人们常说礼仪是步入文明社会的"通行证",是进入文明社会的一把钥匙,是衡量人类社会文明程度和一个国家、一个民族进步、开化与兴旺的重要指标。随着社会生产力的不断发展、社会物质生活条件的逐步改善、社会文明程度的日益提高,人们对礼仪的要求随之也越来越高。讲文明、懂礼貌,尊重他人,注重文明修养,讲究礼仪,塑造良好的个人形象,几乎是全社会每个成员的共同追求。

第一节 见面礼仪

见面是社交的开始,了解和掌握见面时的礼节,可以帮助我们顺利地通往交往的殿堂。本节所介绍的称呼、介绍、握手、名片等都是最常见的见面礼节。

1. 称呼的礼仪

在社会交往中,交际双方见面时,如何称呼对方,这直接关系到双方之间的亲疏、了解程度、尊重与否及个人修养等。一个得体的称呼,会令彼此如沐春风,为以后的交往打下良好的基础。否则,不恰当或错误的称呼,可能会令对方心里不悦,影响到彼此的关系乃至交际的成功。一个得体的称呼可谓交际的"敲门砖"啊!

小故事 12-1

叶永烈采访陈伯达

著名传记作家叶永烈在着手写陈伯达传记时,必须采访陈伯达。采访时究竟怎样称呼陈伯达，叶永烈颇费了一番心思。采访的前一天晚上，叶永烈辗转反侧，明天见到了陈伯达到底该叫他什么呢？叫他陈伯达同志，不合适，因为陈伯达是在监狱服刑的犯人；叫他老陈，也不行，因为陈伯达已经是八十四岁的老人了，而自己才四十八岁。究竟应怎样称呼他呢？突然，叶永烈灵机一动，称呼他"陈老"，这是再恰当不过的称呼了。果然，第二天采访时，叶永烈一声"陈老"的亲切得体的称呼，令陈伯达听了感动万分，眼里充满了泪花。

(资料来源：叶永烈. http://www.qingdaonews.com/content/2001/05/22/content_222560.htm)

1) 称呼的原则

(1) 礼貌原则。

合乎礼节的称呼，是向他人表达尊重的一种方式。在人际交往中，称呼对方要用尊称。现在常用的有：您——您好、您慢走；贵——贵姓、贵公司、贵方、贵校；大——尊姓大名、大作(文章、著作)；老——王老、李老、您老辛苦了；高——高寿、高见；芳——芳名、芳龄等。

(2) 尊重原则。

一般来说，汉族人有崇大崇老崇高的心态，如对同龄人，一般称呼对方为哥、姐；对既可称"叔叔"又可称"伯伯"的长者，以称"伯伯"为宜；对副校长、副处长、副厂长等，也可在姓后直接以正职相称。

(3) 恰当原则。

许多青年人往往对人喜欢称"师傅"，虽然亲热有余，但文雅不足，且普适性较差。对理发师、厨师、司机称师傅恰如其分，但对医生、教师、军人、干部、商务工作者称师傅就不合适了，如把小姑娘称为"师傅"则要挨骂了！所以，要视交际对象、场合、双方关系等选择恰当的称呼。

2) 通常的称呼

(1) 称呼姓名。

一般的同事、同学关系，平辈的朋友、熟人，均可彼此之间以姓名相称。例如，"王小平"、"赵大亮"、"刘军"。长辈对晚辈也可以如此称呼，但晚辈对长辈却不可这样做。为了表示亲切，可以在被称呼者的姓名前分别加上"老"、"大"、"小"字相称，而免称其名。例如，对年长于己者，可称"老张"、"大李"；对年幼于己者，可称"小吴"、"小周"。但这种称呼多在职业人士间常见，不适合在校学生。对同性的朋友、熟人，若关系极为亲密，可以不称其姓，而直呼其名，如"春光"、"俊杰"。对于异性一般则不可这样做。因为若如此，那不是其家人，就是其配偶了。

(2) 称呼职务。

在工作中，以交往对象的职务相称，以示身份有别、敬意有加，这是一种最常见的称呼方法。具体做法：可以仅称呼职务，如"局长"、"经理"、"主任"等；也可以在职务前加上姓氏，例如，"王总经理"、"李市长"、"张主任"等；还可以在职务之前加上姓名，这仅适用于极其正式的场合。例如，"×××主席"、"×××省长"、"×××

书记"等。

(3) 称呼职称。

对于有职称者,尤其是有高级、中级职称者,可以在工作中直接以其职称相称。可以只称职称,例如,"教授"、"研究员"、"工程师"等;可以在职称前加上姓氏,例如,"张教授"、"王研究员"、"刘工程师",当然有时可以简化,如将"刘工程师"简化为"刘工",但使用简称应以不发生误会、歧义为限;可以在职称前加上姓名,它适用于十分正式的场合。例如,"王久川教授"、"周蕾主任医师"、"孙小刚主任编辑"等。

(4) 称呼学位。

在工作中,以学位作为称呼,可增加被称呼者的权威性,有助于增强现场的学术氛围。可以在学位前加上姓氏,如"张博士";可以在学位前加上姓名,如"张明博士"。称呼学位一般仅限于拥有博士学位者,对学士学位、硕士学位拥有者不做此项称呼。

(5) 称呼职业。

称呼职业,即直接以被称呼者的职业作为称呼。例如,将教员称为"老师",将教练员称为"教练"或"指导",将专业辩护人员称为"律师",将财务人员称为"会计",将医生称为"大夫"或"医生"等。一般情况下在此类称呼前,均可加上姓氏或姓名。

(6) 称呼亲属。

亲属,即与本人直接或间接拥有血缘关系者。在日常生活中,对亲属的称呼业已约定俗成,人所共知。面对外人,对亲属可根据不同情况采取谦称或敬称。对本人的亲属应采用谦称。称辈分或年龄高于自己的亲属,可以在其称呼前加"家"字,如"家父"、"家叔"。称辈分或年龄低于自己的亲属,可在其称呼前加"舍"字,如"舍弟"、"舍侄"。称自己的子女,则可在其称呼前加"小",如"小儿"、"小女"、"小婿"。对他人的亲属,应采用敬称。对其长辈,宜在称呼前加"尊"字,如"尊母"、"尊兄"。对其平辈或晚辈,宜在称呼之前加"贤"字,如"贤妹"、"贤侄"。若在其亲属的称呼前加"令"字,一般可不分辈分与长幼,如"令堂"、"令爱"、"令郎"。

(7) 涉外称呼。

在涉外交往中,一般对男子称先生,对女子称夫人、女士或小姐。已婚女子称夫人,未婚女子称小姐;对婚姻状况不明的女子称"小姐"或"女士"。在西方国家,凡是举行宗教结婚仪式的人,都习惯在无名指上戴一枚戒指,男子戴在左手,女子戴在右手,所以对外宾的称呼可以此而定。以上是根据性别和婚姻状况来称呼,使用起来具有普遍性。

3) 常见的称呼介绍

(1) 同志。

志同道合者才称同志。如政治信仰、理想、爱好等相同者,都可称为同志。在我国同志这个称呼流行于新中国成立后,这一词已成为我国内地公民彼此之间最普通、常用的称呼。这一称呼不分男女、长幼、地位高低,除了亲属之外,所有人都可以称同志。在改革开放之后,这一称谓的使用率相对减少,因此在使用同志一词时应有所区别。如在同一党内,同一组织内,对解放军和国内的普通公民,这一称呼皆可使用。但对于儿童,对于具有不同政治信仰、不同价值观、不同国家的人，尽量少使用或不使用这一称呼。

(2) 老师。

老师这一词原意是尊称传授文化、知识、技术的人，后泛指在某些方面值得学习的人。孔子曰："三人行，必有我师。"这说明，在古代"老师"这一称呼已泛指所有值得学习的人。现代社会，老师这一称谓一般用于学校中传授文化科学知识、技术的教师。目前，老师这一称谓在社会上也比较流行，有时人们出于对交际对象的学识、经验或某一方面的敬佩、尊重，常常以"姓+老师"来称呼对方，尤其在文艺界比较常见。这种称谓，一般会使交际的对方感到受到了尊重，从而心情比较舒畅。

(3) 先生。

在我国古代，一般称父兄、老师为先生，也有称郎中(医生)、道士等为先生的。有些地区还有已婚妇女对自己的丈夫或称别人家的丈夫为先生的，现在在我国南方某些地区仍这样使用。新中国成立后，先生一词则很少使用，有时只对教师称先生。改革开放以后，随着对外交流的增多，"先生"一词又流行起来，不过，其概念已与以前有所不同。目前，先生一词泛指所有的成年男子。在西方国家，对成年男子一般都称呼先生。不过也有例外，如在美国，12岁以上的男子就可以称先生；在日本，对身份高的女子也称先生。在我国知识界，也喜欢对有学问的女子称先生。先生这一称谓大方得体，既显示了彼此的尊重，又有彼此平等之意，有利于提高交际效果。

(4) 师傅。

师傅这一词原意是指对工、商、戏剧行业中传授技艺的人的一种尊称，后泛指对所有有技艺的人的称谓。到了20世纪五六十年代，师傅这一词在社会上比较流行，有虚心请教、尊敬对方之意。但师傅这一称呼大多用于非知识界的人士。师傅这一称呼一般不用于称呼有职称、有学位的人，否则可能会产生误解，有漠视之嫌。在现代社交中，采用师傅这一称谓已基本恢复其愿意，即称呼工、商、戏剧行业中传授技艺的人。但是，这一称呼在我国北方使用比较频繁，人们对不认识的人都称呼师傅。

(5) 小姐。

《现代汉语词典》中，"小姐"解释为：旧时对未婚女子的称呼；母家的人对已出嫁的人也称为小姐。"小姐"这一称谓在我国可谓冷热几十年，宠辱一口间，颇体现出了中国特色。

五十多年前，一个女性如能被人称为小姐，那么她不是大家闺秀也是文化丽人。小姐这两个字，一般人是配不上的。要不然怎么会有"小姐的身子丫鬟的命"一说呢？

二十多年前，"小姐"一词臭了，你叫人一声小姐，不但被叫者不高兴，叫人者也要倒霉。那时男女老少流行统称同志，小姐是被批判的"封资修"的东西。

十几年前，面对年轻的女子，你再称一声"小姐"，对方不仅沾沾自喜，还会感到受宠若惊，"小姐"一词被《国家公务员条例》列为国家公务员的指定礼貌用语。

然而在今天，"小姐"一词又贬值了。在某大城市一男士携妻购物，女店员笑容可掬："先生，您给小姐买点什么？"这位妻子当即相斥："你才是小姐呢。"小姐沾了"三陪"的光，成了"黄"称。而在国外，"小姐"这个称呼不知叫了多少年都没有什么变化，就是对未婚女子的称呼，而且你如果对年龄偏大的女士叫一声小姐，对方不但不会责怪你，还会心里暗暗高兴呢！因为这样有夸她年轻之意，她往往愿意接受。

4) 称呼的禁忌

(1) 使用错误的称呼。

常见的错误称呼有两种：一是误读，一般表现为念错被称呼者的姓名。例如"郇"、"查"、"盖"这些姓氏就极易弄错。要避免犯此错误，就一定要做好先期准备，必要时不耻下问，虚心请教。二是误会，主要指对被称呼者的年纪、辈分、婚否以及与其他人的关系做出了错误判断。再如，将未婚妇女称为"夫人"，就属于误会。

(2) 使用不当的行业称呼。

学生喜欢互称为"同学"，军人经常互称"战友"，工人可以称为"师傅"，道士、和尚可以称为"出家人"，这并无可厚非。但以此去称呼"界外"人士，并不表示亲近，没准对方不但不领情，反而产生被贬低的感觉。

(3) 使用庸俗低级的称呼。

在人际交往中，有些称呼在正式场合切勿使用。例如"兄弟"、"朋友"、"哥们儿"、"姐们儿"、"瓷器"、"死党"、"铁哥们儿"等一类的称呼，就显得庸俗低级，档次不高。它们听起来很肉麻，而且带有明显的黑社会的风格。逢人便称"老板"，也显得不伦不类。

(4) 使用绰号作为称呼。

对于关系一般者，切勿自作主张给对方起绰号，更不能随意以道听途说来的对方的绰号去称呼对方。至于一些对对方具有侮辱性质的绰号，例如，"北佬"、"阿乡"、"鬼子"、"鬼妹"、"拐子"、"秃子"、"罗锅"、"四眼"、"肥肥"、"傻大个"、"柴禾妞"、"北极熊"、"麻秆儿"等，则更应当免开尊口。另外，还要注意，不要随便拿别人的姓名乱开玩笑。要尊重一个人，首先必须学会去尊重他的姓名。

5) 学会记住别人的名字

美国交际学家戴尔·卡耐基说："一个人的姓名是他自己最熟悉、最甜美、最妙不可言的声音。在交际中，最明显、最简单、最重要、最能得到好感的方法，就是记住人家的名字。"记住并准确地呼叫对方的姓名，会使人感到亲切自然、一见如故。否则，即使有过交往的朋友也会生疏起来。作为服务行业的从业人员，必须要学会记住客户的名字。每个人内心最宝贵的东西是什么？是他自己的名字！服务员养成牢记顾客名字的习惯，在服务顾客的过程中，无疑占据了有利地位。

2．问候礼仪

在人际交往中，当互相见面或被他人介绍时，应起身站立，热情认真地向对方问候，打个招呼，这是最普通的礼节。问候时应注意如下问题。

1) 男士尊重女士

如果你在途中遇见相识的女士，倘若她不打招呼，你就不要去打扰她。她是不是主动向你打招呼，全由她去决定。你只可向她答礼，除非你和她非常熟悉。男士主动先向女士打招呼，有时会给女士带来不便或尴尬。

2) 不用莽撞的问候方式

如果你在公共场所遇见了久违的好朋友,请不要太激动。在街上,突然冲向对方,甚至冲撞了行人;在会场上,猛然从座位上跳起来并穿过整个大厅;在人群里,冷不丁高呼朋友的名字,让旁人吓一跳,并为之行侧目礼等,都是很失礼的。

3) 不苛求"熟视无睹"的相识者

有时会碰见相识者对你"熟视无睹",而感到不高兴,其实这大可不必。请不要把不经心的视而不见与故意的轻蔑混为一谈。这很可能是对方正在沉思,或者眼睛近视,也可能因为你的外貌有了改变。例如,有位女士对自己所从事的专业很有研究和造诣,是行业中公认的专家。但她的同事对她一直很有意见,认为她骄傲,不理人,摆架子。其实她的"视而不见",是因为她习惯在行走和空闲时独自一人沉思。

4) 适时、适地打招呼

如果参加一个国际性的,或者是跨省市、跨行业的会议,在一天内几次遇见同一个熟人,每次都说"您好",就显得太单调了。可以根据时间、场合,适地、适时地用不同的方式打招呼。

5) 与相遇的人打招呼

有时因出差、开会、旅游等,在旅馆居住或在商店购物等,都应该同遇见的服务员或售货员打招呼。只要是经常同自己打交道的,不论地位高低、贫富不同,都要注意见面打招呼。

3．介绍的礼仪

介绍是社交活动中最常见,也是最重要的礼节之一,它是初次见面的陌生的双方开始交往的起点。介绍在人与人之间起桥梁与沟通作用,几句话就可以缩短人与人之间的距离,为进一步交往开个好头。

1) 自我介绍

在不同场合,遇见对方不认识自己,而自己又有意与其认识,当场没有他人从中介绍,往往需要自我介绍。自我介绍时要注意如下方面。

(1) 把握自我介绍的时机。

在交际场合,自我介绍的时机包括:与不相识者相处一室;不相识者对自己很有兴趣;他人请求自己作自我介绍;在聚会上与身边的陌生人共处;打算介入陌生人组成的交际圈;求助的对象对自己不甚了解,或一无所知;前往陌生单位,进行业务联系时;在旅途中与他人不期而遇而又有必要与人接触;初次登门拜访不相识的人;利用社交媒介,如信函、电话、电报、传真、电子信函,与其他不相识者进行联络时;初次利用大众传媒,如报纸、杂志、广播、电视、电影、标语、传单,向社会公众进行自我推介、自我宣传时。

(2) 选择自我介绍的方式。

自我介绍的方式主要有:第一,应酬式的自我介绍。这种自我介绍的方式最简洁,往往只包括姓名一项即可。如"您好!我叫王平。"它适合于一些公共场合和一般性的社交场合,如途中邂逅、宴会现场、舞会、通电话时。它的对象主要是一般接触的交往人。第

第十二章 社交礼仪

二，工作式的自我介绍。工作式的自我介绍的内容，包括本人姓名、供职的单位以及部门、担负职务或从事的具体工作等三项。比如说："我叫唐婷，是大地广告公司的客户经理。"第三，交流式的自我介绍。也叫社交式自我介绍或沟通式自我介绍，是一种刻意寻求交往对象进一步交流沟通，希望对方认识自己、了解自己、与自己建立联系的自我介绍。这种方式适用于在社交活动中，大体包括本人的姓名、工作、籍贯、学历、兴趣以及与交往对象的某些熟人的关系等。如："我的名字叫陈友，是招商银行的理财顾问，说起来我跟您还是校友呢。"第四，礼仪式的自我介绍。这是一种表示对交往对象友好、尊敬的自我介绍，适用于讲座、报告、演出、庆典、仪式等正规的场合。内容包括姓名、单位、职务等项。自我介绍时，还应多加入一些适当的谦辞、敬语，以示自己尊敬交往对象。如："女士们、先生们，大家好！我叫宋河，是精英文化公司的常务副总。值此之际，谨代表本公司热烈欢迎各位来宾莅临指导，谢谢大家的支持。"第五，问答式的自我介绍。针对对方提出的问题，做出自己的回答。这种方式适用于应试、应聘和公务交往，在一般交际应酬场合也时有所见。例如，对方发问："这位先生贵姓？"回答："免贵姓张，弓长张。"

(3) 掌握自我介绍的分寸。

首先，语言要力求简洁。要节省时间，通常以半分钟左右为佳，如无特殊情况最好不要长于 1 分钟。为了提高效率，在作自我介绍时，可利用名片、介绍信等资料加以辅助。其次，态度要友好自信。态度要保持自然、友善、亲切、随和，整体上讲求落落大方、笑容可掬。要充满信心和勇气，敢于正视对方的双眼，显得胸有成竹、从容不迫。语气自然，语速正常，语言清晰。最后，内容要追求真实。进行自我介绍时所表达的各项内容，一定要实事求是，真实可信。过分谦虚，一味贬低自己去讨好别人，或者自吹自擂、夸大其词，都是不足取的。

2) 他人介绍

他人介绍即社交中的第三者介绍。在他人介绍中，为他人作介绍的人一般有社交活动中的东道主、社交场合中的长者、家庭聚会中的女主人、公务交往活动中的公关人员(礼宾人员、接待人员、文秘人员)等。他人介绍要注意如下方面。

(1) 他人介绍的时机。

他人介绍的时机包括：在家中或办公地点接待彼此不相识的客人；与家人外出，路遇家人不相识的同事或朋友；陪同亲友，前去拜会亲友不认识的人；陪同上司、来宾时，遇见了其不相识者，而对方又跟自己打了招呼；打算推介某人加入某一交际圈；受到为他人作介绍的邀请等。

(2) 他人介绍的顺序。

一般来说，在被介绍的两个人中，应让女士、长者、位尊者拥有"优先知晓权"，例如：介绍年长者与年幼者认识时，应先介绍年幼者，后介绍年长者；介绍长辈与晚辈认识时，应先介绍晚辈，后介绍长辈；介绍老师与学生认识时，应先介绍学生，后介绍老师；介绍女士与男士认识时，应先介绍男士，后介绍女士；介绍已婚者与未婚者认识时，应先介绍未婚者，后介绍已婚者；介绍同事、朋友与家人认识时，应先介绍家人，后介绍同事、朋友；介绍来宾与主人认识时，应先介绍主人，后介绍来宾。

在集体介绍时要注意：第一，少数服从多数。当被介绍者双方地位、身份大致相似时，应先介绍人数较少的一方。第二，强调地位、身份。若被介绍者双方地位、身份存在差异，虽人数较少或只一人，也应将其放在尊贵的位置，最后加以介绍。第三，单向介绍。在演讲、报告、比赛、会议、会见时，往往只需要将主角介绍给广大参加者。第四，人数多一方的介绍。若一方人数较多，可采取笼统的方式进行介绍。例如："这是我的家人"、"这是我的同学"。第五，人数较多各方的介绍。若被介绍的不止两方，则需要对被介绍的各方进行位次排列。排列的方法：①以其负责人身份为准；②以其单位规模为准；③以单位名称的英文字母顺序为准；④以抵达时间的先后顺序为准；⑤以座次顺序为准；⑥以距介绍者的远近为准。

(3) 他人介绍的细节。

细节决定成败，在介绍中还要注意如下细节，只有这样才能取得良好的交际效果。

第一，介绍者为被介绍者介绍之前，一定要征求一下被介绍双方的意见，切勿上去开口即讲，这样显得很唐突，让被介绍者感到措手不及。

第二，被介绍者在介绍者询问自己是否有意认识某人时，一般不应拒绝，而应欣然应允。实在不愿意时，则应说明理由。

第三，介绍人和被介绍人都应起立，以示尊重和礼貌；待介绍人介绍完毕后，被介绍双方应微笑点头示意或握手致意。

第四，在宴会、会议桌、谈判桌上，视情况介绍人和被介绍人可不必起立，被介绍双方可点头微笑致意；如果被介绍双方相隔较远，中间又有障碍物，则可举起右手致意，点头微笑致意。

第五，介绍完毕后，被介绍双方应依照合乎礼仪的顺序握手，并且彼此问候对方。问候语有"你好，很高兴认识你"、"久仰大名"、"幸会幸会"，必要时还可以进一步做自我介绍。此外，介绍时不要开玩笑，不要使用易生歧义的简称，特别是在首次介绍时要准确地使用全称。

4．握手的礼仪

当今，握手已成为世界上最为普遍的一种礼节，其应用的范围远远超过了鞠躬、拥抱、接吻等。在日常交际中，我们必须注意握手的基本礼节。

小知识 12-1

握手的由来

史前时期，人类的祖先以打猎为生，世界对他们来说是充满着危险的。因此，当陌生人相遇时，如果双方都怀着善意，便伸出一只手来，手心向前，向对方表示自己手中没有石头或武器，走近之后，两人互相摸摸右手，以示友好。这样沿袭下来，便成为今天人们表示友好的握手。

关于握手礼来源的另一种说法是：中世纪时，骑士们都穿着盔甲，全身披挂后，除两

第十二章　社交礼仪

只眼睛外，其余都包裹在盔甲里，随时准备冲向敌人。如果表示友好，互相走近时就应脱去右手的甲胄，伸出右手，表示没有武器，互相握手，这是和平的象征。

1）握手的次序

根据礼仪规范，握手时双方伸手的先后次序，一般应当遵守"尊者先伸手"的原则。由尊者首先伸出手来，位卑者只能在此后予以响应，而绝不可贸然抢先伸手，不然就是违反礼仪的举动。其基本规则如下。

(1) 男女之间握手。

男女之间握手，男士要等女士先伸出手后才握手。如果女士不伸手或无握手之意，男士向对方点头致意或微微鞠躬致意。男女初次见面，女方可以不和男士握手，只是点头致意即可。男女握手时，男士要脱帽和脱右手手套，如果匆匆忙忙来不及脱，要道歉。女士除非对长辈，一般可不必脱手套。

(2) 宾客之间握手。

宾客之间握手，主人有向客人先伸出手的义务。在宴会、宾馆或机场接待宾客，当客人抵达时，不论对方是男士还是女士，女主人都应该主动先伸出手。男士因是主人，尽管对方是女宾，也可先伸出手，以表示对客人的热情欢迎。而在客人告辞时，则应由客人首先伸出手来与主人相握，在此表示的是"再见"之意。

(3) 长幼之间握手。

长幼之间握手，年幼的一般要等年长的先伸手。和长辈及年长的人握手，不论男女，都要起立趋前握手，并要脱下手套，以示尊敬。

(4) 上下级之间握手。

上下级之间握手，下级要等上级先伸出手。但涉及主宾关系时，可不考虑上下级关系，做主人的应先伸手。

(5) 一个人与多人握手。

若是一个人需要与多人握手，则握手时亦应讲究先后次序，由尊而卑，即先年长者后年幼者，先长辈后晚辈，先老师后学生，先女士后男士，先已婚者后未婚者，先上级后下级，先职位、身份高者后职位、身份低者。

值得注意的是，在公务场合，握手时伸手的先后次序主要取决于职位、身份。而在社交、休闲场合，它则主要取决于年龄、性别、婚否。

2）握手的方式

握手的标准方式，是行礼时行至距握手对象约 1 米处，双腿立正，上身略向前倾，伸出右手，四指并拢，拇指张开与对方相握。握手时应用力适度，上下稍许晃动三四次，随后松开手来，恢复原状。具体的应注意如下几点。

(1) 神态。

与人握手时神态应专注、热情、友好、自然。在通常情况下，与人握手时，应面含微笑，目视对方双眼，并且口道问候。在握手时切勿显得自己三心二意，敷衍了事，漫不经心，傲慢冷淡。如果在此时迟迟不握他人早已伸出的手，或是一边握手，一边东张西望，目中无人，甚至忙于跟其他人打招呼，都是极不应该的。

(2) 力度。

握手时用力应适度，不轻不重，恰到好处。如果手指轻轻一碰，刚刚触及就离开，或是懒懒地慢慢地相握，缺少应有的力度，会给人勉强应付、不得已而为之之感。一般来说，手握得紧是表示热情，男人之间可以握得较紧，甚至另一只手也加上，包住对方的手大幅度上下摆动，或者在手相握时，左手又握住对方胳膊肘、小臂甚至肩膀，以表示热烈。但是注意既不能握得太使劲，使人感到疼痛，也不能显得过于柔弱，不像个男子汉。对女性或陌生人，轻握是很不礼貌的，尤其是男性与女性握手应热情、大方、用力适度。

(3) 时间。

通常是握紧后打过招呼即松开。但如亲密朋友意外相遇、敬慕已久而初次见面、至爱亲朋依依惜别、衷心感谢难以表达等场合，握手时间可长一点，甚至紧握不放，话语不休。在公共场合，如列队迎接外宾，握手的时间一般较短。握手的时间应根据与对方的亲密程度而定。

3) 握手的禁忌

在交际中，握手虽然司空见惯，看似寻常，但是由于它可被用来传递多种信息，因此在行握手礼时应努力做到合乎规范，并且注意下面几点。

不要用左手与他人握手，尤其是在与阿拉伯人、印度人打交道时要牢记此点，因为在他们看来左手是不洁的。

不要在握手时争先恐后，而应当遵守秩序，依次而行。特别要记住，与基督教信徒交往时，要避免两人握手时与另外两人相握的手形成交叉状，这类似十字架，在基督教信徒眼中是很不吉利的。

不要戴着手套握手，在社交场合女士的晚礼服手套除外。

不要在握手时戴着墨镜，只有患有眼疾或眼部有缺陷者才能例外。

不要在握手时将另外一只手插在衣袋里。

不要在握手时另外一只手依旧拿着香烟、报刊、公文包、行李等东西而不肯放下。

不要在握手时面无表情，不置一词，好似根本无视对方的存在，而纯粹是为了应付。

不要在握手时长篇大论，点头哈腰，滥用热情，显得过分客套，让对方不自在，不舒服。

不要在握手时把对方的手拉过来、推过去，或者上下左右抖个没完。

不要在与人握手之后，立即揩拭自己的手掌，好像与对方握一下手就会使自己受到感染似的。

小知识 12-2

握手方式与性格

(1) 控制式，即用掌心向下或向左下的姿势握住对方的手。这种人想表达自己的优势、主动、傲慢或支配地位，一般具有说话干净利落、办事果断、高度自信的特点，凡事一经自己决定，就很难改变观点，作风不大民主。

(2) 谦恭式，即用掌心向上或向左上的手势与对方握手。这种人往往性格软弱，处于

第十二章 社交礼仪

被动、劣势地位，处世比较谦和、平易近人，不固执，对对方比较尊重、敬仰，甚至有几分畏惧。

(3) 对等式，即握手时两人伸出的手心都不约而同地向着左方握在一起。这种人比较友好，也可能是很遵守游戏规则的平等的竞争对手。

(4) 双握式，即在右手相握的同时，再用左手加握对方的手背、前臂、上臂或肩部。加握部位越高，其热情友好的程度也显得越高。这种人热情真挚、诚实可靠、信赖别人。

(5) 捏手指式，即只捏住对方的几个手指或手指尖部。女性与男性握手时，为了表示自己的矜持与稳重，常采取这种方式。如果是同性别的人之间这样握手，就显得有几分冷淡和生疏。若换成显贵人物，则其意在显示自己的"尊贵"。

(6) 拉臂式，即将对方的手拉到自己的身边相握。这种人往往过分谦恭，在他人面前唯唯诺诺、轻视自我，缺乏主见与敢作敢为的精神。

(7) 死鱼式，即握手时伸出一只无任何力度、质感，不显示任何积极信息的手。这种人的性格不是生性懦弱，就是对人冷漠无情，待人接物消极傲慢。

4) 握手的技巧

(1) 主动与每个人握手。

在商务场合，如谈判开始之前，双方都要互相介绍认识一下。这时候，你最好表现得积极一些、主动一些，表示你很高兴与他们认识。为了表示你这种善意，你可以主动地与他们每一个人握手。因为你主动就说明你对对方尊重，只有在你尊重别人时，才会受到别人的尊重。

(2) 有话想让对方出来讲，握手时不要松开。

有时你找对方谈一些事，不巧的是里边还有其他人在，你想与对方单独谈，耐心等了很久以后仍没有机会，那你只好想办法让对方出来说了。但你不能明白告诉对方"我有点事，咱们到外边说"，这显然是不礼貌的。你得想办法让对方起身相送。在你起身告辞时，对方站起来，你就边与对方交谈，边向外走。如果对方无意起身，你就走近他，很礼貌地与他握手，出于礼貌对方会站起身走出自己的座位，然后你边说边往外走，千万不能断了话。因为当你还有话要说时，对方是很不好意思不送你的。说话时，眼睛也要看着对方，不要只顾走。走到门口对方要与你告辞，你主动伸手与他握手，握手之后不要马上松开，要多握一会儿，并告诉对方："你看我还有件事……"你说得缓慢些，对方也就意识到了，他也就主动走出来了。

(3) 握手时赞扬对方。

握手时的寒暄话是非常重要的。在你与对方握手的时候，可以对对方表示一下关心和问候，或赞扬对方两句。握手时双方的距离很近，对方的衣着服饰可以尽收眼底，如果你用心观察，肯定会有某一方面值得赞扬的。而每个人又都有自己特别注重修饰的地方，有人特别爱惜自己的发式，每天修理头发，使自己神采奕奕；有人特别注意领带，不惜高价买一条，或用一枚精制的领带夹子点缀一下，使自己容光焕发；有的穿了一件新西装，质地优良、做工讲究；有的穿一件衬衣色彩和谐明快，使人显得年轻漂亮。见面握手时不能对这些熟视无睹，要加以赞美。双方会因此而显得亲近，你则显得格外大方、热情、细心，因而会给人留下一个好印象。

5) 常见的其他见面礼节

在国内外交往中，除握手之外，以下见面礼也颇为常见。

(1) 点头礼。点头礼适用于路遇熟人，或在会场、剧院、歌厅、舞厅等不宜与人交谈之处，或在同一场合碰上自己多次见面者，或遇上多人又无法一一问候之时。行礼的做法是：头部向下轻轻一点，同时面带笑容，不宜反复点头不止，也不必点头的幅度过大。

(2) 举手礼。行举手礼的场合与行点头礼的场合大致相似，它最适合向距离较远的熟人打招呼。其做法是右臂向前方伸直，右手掌心向着对方，其他四指并齐、拇指分开，轻轻向左右摆动一两下。不要将手上下摆动，也不要在手摆动时用手背朝向对方。

(3) 脱帽礼。戴着帽子的人，在进入他人居所、路遇熟人、与人交谈并握手或行其他见面礼时、进入娱乐场所、升挂国旗、演奏国歌等一些情况下，应自觉主动地摘下自己的帽子，并置于适当之处，这就是所谓的脱帽礼。女士在社交场合可以不脱帽子。

(4) 注目礼。具体做法是：起身立正，抬头挺胸，双手自然下垂或贴放于身体两侧，笑容庄重严肃，双目正视于被行礼对象，或随之缓缓移动。一般在升国旗、游行检阅、剪彩揭幕、开业挂牌等情况下，使用注目礼。

(5) 拱手礼。拱手礼是我国民间传统的会面礼，现在也常使用，如在过年时举行团拜活动、向长辈祝寿、向友人恭喜(结婚、生子、晋升、乔迁)、向亲朋好友表示无比感谢，以及与海外华人初次见面时表示久仰大名等。行礼时应起身站立，上身挺直，两臂前伸，双手在胸前高举抱拳，自上而下或者自内向外，有节奏地晃动两三下。

(6) 鞠躬礼。在日本、韩国、朝鲜等国，鞠躬礼十分普遍。目前在我国主要适用于向他人表示感谢、领奖或讲演之后、演员谢幕、举行婚礼或参加追悼活动。行礼时应脱帽立正，双目凝视受礼者，然后上身弯腰前倾。男士双手应贴放于身体两侧裤线处，女士的双手则应下垂搭放于腹前。下弯的幅度越大，所表示的敬重程度就越大。

(7) 合十礼。在东南亚、南亚信奉佛教的地区以及我国傣族聚居区，合十礼最为普遍。行合十礼时双掌十指在胸前相对合，五个手指并拢向上，掌尖和鼻尖基本持平，手掌向外侧倾斜，双腿立直站立，上身微欠低头，可以口颂祝词或问候对方，亦可面带微笑，但不准手舞足蹈，反复点头。一般而论，行此礼时，合十的双手举得越高，越体现出对对方的尊重，但原则上不可高于额头。

(8) 拥抱礼。在西方，特别是在欧美国家，拥抱礼是十分常见的见面礼与道别礼。在人们表示慰问、祝贺、欣喜时，拥抱礼也十分常用。正规的拥抱礼，讲究两人正面面对站立，各自举起右臂，将右手搭在对方左肩后面；左臂下垂，左手扶住对方右腰后侧。首先各向对方左侧拥抱，然后各向对方右侧拥抱，最后再一次各向对方左侧拥抱，一共拥抱 3 次。在普通场合行礼，不必如此讲究，次数也不必要求如此严格。

(9) 亲吻礼。亲吻礼，也是西方国家常用的见面礼，有时它会与拥抱礼同时使用。行礼时，通常忌讳发出亲吻的声音，而且不应将唾液弄到对方脸上。在行礼时，双方关系不同，亲吻的部位也有所不同。长辈吻晚辈，应当吻额头；晚辈吻长辈，应当吻下颌或吻面颊；同辈之间，同性应当贴面颊，异性应当吻面颊。接吻，即吻嘴唇，仅限于夫妻与恋人之间，而不宜滥用，不宜当众进行。

(10) 吻手礼。吻手礼，主要流行于欧美国家。它的做法是：男士行至已婚妇女面前，首先垂手立正致意，然后以右手或双手捧起女士的右手，俯首以自己微闭的嘴唇，去象征性地轻吻一下其手背或是手指。行吻手礼的地点，应在室内为佳。吻手礼的受礼者，只能是妇女，而且应是已婚妇女。行吻手礼时，如果唧唧作响或把唾液留在女士的手背上，是十分无礼的，应该双唇轻沾对方的手，不出声响。

5. 名片的礼仪

名片是现代社会中必不可少的社交工具。两人初次见面，先互通姓名，再奉上名片，单位、姓名、职务、电话等历历在目，既回答了一些对方心中想问而有时又不便贸然出口的问题，又使相互之间的距离一下子拉近了许多。在交往中，熟悉和掌握名片的有关礼仪是十分重要的。

有趣的是，作为礼仪之邦，中国古代就有这种功能类似于现在的"名片"。清代学者赵翼在《陔馀丛考》卷三十"名帖"中说："古人通名，本用削木书字，汉时谓之谒，汉末谓之刺。汉以后虽则用纸，而仍相沿曰刺。"按照他的说法，汉代的名片是木质，上面墨书文字，名称叫作"谒"，汉末改为"刺"。汉以后随着造纸术的发明和推广，名片虽改为纸制，但仍沿用了"刺"这一名称。

名片在中国古代一直被使用，时至明清，使用更为广泛。每临春节，商人们都要制作大量的红纸名片，上书商号。除夕之夜，派人广为散发，不管认识与否，有无来往，见门就塞，以示恭贺新春，这里面当然有"多多光临"的意思。收到名片的人家就把它贴到墙上，以烘托喜庆的气氛。就因为如此，才有了于右任遇难得救的故事。

小故事 12-2

于右任遇难得救

1905 年，于右任写了一本《半哭半笑楼诗草》的书，抨击时政。陕甘总督升允见后，认为"逆竖昌言大逆不道"而密奏清政府，慈禧阅后批复就地处决。此时于右任在开封，他的同学李合甫的父亲李丙田探知消息后，雇人日夜兼程送信。于右任获信后，当即转移，临行时，他随手揭下了旅馆墙上的 20 多张名片，沿途每遇人盘查，便拿出一张，以名片中的姓名应付，蒙过重重关卡，结果名片用完了，他也逃出了虎口。

(资料来源：杨友苏，石达平. 品礼：中外礼仪故事选评. 上海：学林出版社，2008)

现代交往中，名片已不仅仅用于拜访，在交往中，人们用它作自我介绍，介绍友人相识或托人取物，也可以作为简单的礼节性通信往来，表示祝贺、感谢、劝慰、吊唁等。随着社会文明的发展，小小的名片在人们之间的信息传递中，扮演了一个不可缺少的角色。正如一位名人所说："在现代生活中，一个没有个人名片，或是不会正确地使用个人名片的人，就是一个缺乏现代意识的人。"

1) 名片的制作

(1) 名片的规格、材质与色彩。

名片一般为 10 厘米长、6 厘米宽的白色卡片。我们经常使用的规格略小，长 9 厘米，宽 5.5 厘米。值得说明的是：如无特殊需要，不应将名片制作过大，甚至有意搞折叠式，免得给人以标新立异、虚张声势之感。

印制名片，最好选用纸张，并以耐折、耐磨、美观、大方的白卡纸、再生纸、合成纸、布纹纸、麻点纸、香片纸为佳。至于高贵典雅、纸制挺括的皮纹纸，则可量力而行，酌情选用。必要时，还可覆膜。

印制名片的纸张，宜选庄重朴素的白色、米色、淡蓝色、淡黄色、淡灰色，并且以一张名片一色为好。

(2) 名片的内容。

很多企业认为名片是宣传组织的一个极好的媒体，若所有工作人员，特别是业务员的名片设计得风格一致、个性鲜明，将会给人一种统一的视觉印象，而这种个性很大程度表现在名片的内容设计上。

例如以下几位艺术家和社会名流的名片就颇具个性，独领风骚，使人睹名片如见其人，接名片如沐春风。

棋圣聂卫平的名片"棋"高一招，上部是自己的漫画像，中部用钢笔签名，下部是一幅围棋谱局。图文并茂，一目了然。

青年舞蹈家杨丽萍的名片印着"孔雀头"手型剪影的特有标志，将其优美的孔雀舞姿再现于名片之上，形态栩栩如生，惟妙惟肖，而艺术化的"YLP"三个英文字母即姓名缩写。设计新颖别致，浑然一体，令人叫绝。

著名作家沙叶新的名片也设计得别具一格，其名片左下方是其右手夹书、左手拿笔的漫画像，右上方是个大括号，内书：

我，沙叶新，
上海人民艺术剧院院长——暂时的
剧作家——永久的
某某委员、某某理事、某某教授、某某顾问——这些都是挂名的。

一般来说，名片上应该印上工作单位、姓名、身份、地址、邮政编码等。工作单位一般印在名片的上方，社会兼职紧接工作单位排列下来；姓名印在名片中央，右旁印有职务、职称；名片的下方为地址、邮政编码、电话号码、传真、E-mail 地址等。

名片的背面，一般都印上相应的英文，作为对外交往时用。但也有些名片在背面印上企业、公司的简介、经营范围、产品及服务范围以方便客户和作为宣传。例如，大连市某县有一名副县长的名片，上面除了姓名、职务等内容之外，还有一幅本县的风光图片。照他的说法，这样做有利于增强人们的环保意识。原来该县是个海岛县，风光秀丽，近年来发展了旅游业，成为该县经济的支柱产业之一。在开发旅游资源的时候，他们首先想到的是保护自然环境，为子孙后代留下一片蓝天、碧水。它集宣传本地与普及环保意识于一

第十二章 社交礼仪

体,收到了良好的经济效益和社会效益。

很多企业有标准的员工名片格式,有的要加印公司的标识,甚至企业经营理念,并且规定名片统一规格、格式等。

2) 名片的用途

对现代人来讲,名片是一种物有所值的实用型交际工具,其用途是多方面的。

(1) 介绍自身。

名片最主要的用途是介绍自身。会客交友,取出一张名片,自我的基本情况跃然纸上,让他人一目了然。它在介绍中的好处是简明扼要,介绍方便。在当着一两个人口头自我介绍时,总是很简短,几乎就是姓名、单位,有时候职务都不便开口说出,因为介绍自己的一官半职总有自我炫耀之嫌,当身兼数职时更不好一一启齿。但有了名片,一切都写得清清楚楚,不用为难和啰唆,他人就能较多地了解你。

(2) 维持联系。

名片犹如"袖珍通信录",利用它所提供的资料,即可与名片的提供者保持联系。正因为有了名片上所提供的各种联络方式,人们的"常来常往"才变得更加现实和方便。

(3) 显示个性。

通过名片展示个性,获得他人对自我多方面和多层次的了解。可以在名片上印上代表自己个性的爱好和特点,如"酷爱足球,性喜笔耕,嗜辣如命,钟情绿色,崇尚真诚",这样的名片很快就让别人读懂了自己,也赢得了友善。也有人在名片上印上自己的座右铭或喜爱的格言及与对方相识的真诚的话语等,如"一握你的手,永远是朋友"、"不握你的手,照样是朋友"这样的名片很容易给对方留下好感,加深交往。

(4) 拜会他人。

初次前往他人居所或工作单位进行拜会时,可将本人名片交由对方门卫、秘书或家人,转交给被拜访者,以便对方确认"来系何人",并决定见与不见。这种做法比较正规,可以避免冒昧造访。

此外,名片在交往中有多种用途,如馈赠附名、代替请柬、喜庆告友、祝贺升迁等。

3) 名片的交换

要使名片在交际中正常地发挥作用,还须在交换名片时做得得法。遇到以下几种情况时需与对方交换名片:一是希望认识对方时;二是被介绍给对方时;三是对方提议交换名片时;四是对方向自己索要名片时;五是初次登门拜访对方时;六是通知对方自己的变更情况时;七是打算获得对方的名片时。

(1) 递交名片。

名片的持有者在递交名片时动作要洒脱、大方,态度从容、自然,表情要亲切、谦恭。应当事先将名片放在身上易于掏出的位置,取出名片后便先郑重地握在手里,然后再在适当的时机得体地交给对方。

递交名片的姿势是:要双手递过去,以示尊重对方。将名片放置手掌中,用拇指夹住名片,其余四指托住名片反面,名片的文字要正向对方,以便对方观看,若对方是外宾,则最好将名片上印有对方认得的文字的那一面面对对方,同时讲些"请多联系"、"请多关照"、"我们认识一下吧"、"有事可以找我"之类友好客气的话。

递交名片的时间，应当根据具体情况而定。如果名片持有者与人事先有约，一般可在告辞时再递上名片。如果双方只是偶然相遇，则可在相互问候，得知对方有与你交往的意向时，再递交名片。

与多人交换名片时，要注意讲究先后次序，或由近而远，或由尊而卑。一定要依次进行，切勿采取"跳跃式"，当然也没有必要散发传单似的，站在人流拥挤处随意滥发名片。

(2) 接受名片。

接受他人名片时，应恭恭敬敬，双手捧接，并道感谢。接受名片者应当首先认真地看看名片上所显示的内容，必要时可以从上到下，从正面到反面重复看一遍，或者可把名片上的姓名、职务(较重要或较高的职务)读出声来，如"您就是张总啊"，以表示对赠送名片者的尊重，同时也加深了对名片的印象。然后把名片细心地放进名片夹或笔记本、工作证里夹好。

在别人给了名片后，如有不认识或读不准的字要虚心请教。请教他人的姓名，丝毫不会降低你的身份，反而会使人觉得你是一个对待事情很认真的人，增加对你的信任。

接受名片时应避免：马马虎虎地用眼睛瞄一下，然后顺手不经意地塞进衣袋；随意往裤子口袋一塞、往桌上一扔；名片上压东西、滴到了菜汤油渍；离开时把名片忘在桌子上。名片是一个人人格的象征，这些行为是对其人格的不尊重，这样都会使人感到不快。

当然在收到了别人的名片后，也要记住给别人自己的名片，因为只收别人的名片，而不拿出自己的名片，是无礼拒绝的意思。

(3) 索取名片。

如果没有必要最好不要强索他人名片。若索取他人名片，则不宜直言相告，而应委婉表达此层意思：可向对方提议交换名片、主动递上本人的名片；询问对方"今后如何向您求教"(向尊长者索要名片时多用此法)；询问对方"以后怎么与您联系"(向平辈或晚辈索要名片时多用此法)。

反过来，当他人向自己索取名片，自己又不想给对方时，不宜直截了当，也应以委婉方式表达此意。可以说："对不起，我忘带名片了"，或"抱歉，我的名片用完了"。

4) 名片的存放

(1) 名片的放置。

在参加交际活动之前，要提前准备好名片，并进行必要的检查。随身所带的名片最好放在专用的名片夹里，也可放在上衣口袋里。不要把名片放在裤袋、裙兜、提包、钱包等里面，那样既不正式，又显得杂乱无章。在自己的公文包以及办公桌抽屉里，也应经常备有名片，以便随时使用。在交际场合，如感到要用名片，则应将其预备好，不要在使用时再去瞎翻乱找。

参加交际活动后，应立即对所收到的他人名片加以整理收藏，以便今后利用方便。不要将它随意夹在书刊、材料内，压在玻璃板底下，或是扔在抽屉里面。存放名片的方法大体上有四种，它们还可以交叉使用。

- 按姓名的外文字母或汉语拼音字母顺序分类。
- 按姓名的汉字笔画的多少分类。
- 按专业或部门分类。
- 按国别或地区分类。

若收藏的名片甚多，还可以编一个索引，那么用起来就更方便了。

(2) 名片的利用。

随着交际的不断深入，还可在收藏的他人名片上随手记下可供本人参考的资料，使其充当社交的记事簿。在收藏的他人名片上可记的有利于交际的资料如下。

- 收到名片时的具体情况。包括收到名片的地点、时间，以及是否与对方亲自交换等。在国外有一种做法，即把名片的右上角向下折，然后再使其恢复原状，它表示该名片是对方亲自与自己交换的。
- 交换名片者个人的资料。例如性别、年龄、籍贯、学历、专长、嗜好等。这既可备忘，也可补充作资料。
- 交换名片者在交换名片后变化的情况，例如单位、部门的变化，职业的变动调任，职务、学衔的升降，联络方式的改变等。

6．电话的礼仪

电话是人们开展社交活动不可缺少的工具，在日常生活和工作交往中，都要利用电话与别人取得联系和交谈。据美国《电话综述》(Telephone Review)说，一个人一生平均有8760 小时在打电话。在录像电话还没普及之前，人们通过电话给人的印象完全靠声音和使用电话时的习惯，要想有"带着微笑的声音"或者通过电话赢得信任，就必须掌握使用电话的礼节与技巧。

1) 电话语言要求

目前大部分电话能传输的信号是声音，但这一信号载体却包含着许多信息。说话人想做什么，要做什么，是高兴还是悲伤，还有对另一方的信任感、尊重感，彼此都可以清晰地得知。这些都取决于电话的语言与声调。因此，电话语言要求礼貌、简洁和明了，以准确地传递信息。

(1) 态度礼貌友善。当我们使用电话交谈时，我们不能简单地将对方视做一个"声音"，而应看作面对一个人在交谈。尤其是对办公人员来说，我们面对的是组织的一名公众，如果你们是初次交往，那么，这样一次电话接触便是你给公众的第一次"亮相"，应十分慎重。因此，在使用电话时，多用肯定语，少用否定语，酌情使用模糊用语；多用些致歉语和请托语，少用些傲慢语、生硬语。礼貌的语言、柔和的声音，往往会给对方留下亲切之感。正如日本一位研究传播的权威所说："不管是在公司还是在家庭里，凭这个人在电话里的讲话方式，就可以基本判断出其'教养'的水准。"

(2) 传递信息简洁。电话用语要言简意赅，将自己所要讲的事用最简洁、明了的语言表达出来。因为通话的一方尽管有诸如紧张、失望而表情异常的体态语言，但通话的另一方不知道,他所能得到的判断只能是来自他听到的声音。在通话时最忌讳发话人吞吞吐吐、含糊不清、东拉西扯,正确的做法是:问候完对方,即开宗明义,直言主题,少讲空话,不说废话。

(3) 控制语速语调。通话时语气温和,语调、语速适中,这种有魅力的声音容易使对方产生愉悦感。如果说话过程语速太快,则对方会听不清楚,显得应付了事;太慢,则对方会不耐烦,显得懒散拖沓;语调太高,则对方听得刺耳,感到刚而不柔;太低,则对方会听不清楚,感到有气无力。一般说话的语速、语调和平常的一样就行了,即使是长途电话,也无须大喊大叫,把受话器放在离嘴两三寸的地方,正对着它讲就行了。另外通电话时,周围有种种异样的声音,会使对方觉得自己未受尊重而变得恼怒,这时应向对方解释,以保证双方心情舒畅地传递信息。

(4) 使用礼貌用语。在电话交际中应使用礼貌用语。现以实例列表说明(见表 12-1 和表 12-2)。

表 12-1　打一般商务交际电话的礼貌用语及应对要点

接电话者(对方)	打电话者(自己)	应对的重点
您好,这里是国际公司门市部	我是中华公司业务部的张××。请问李某先生在吗	首先把要和对方谈的事情用备忘录整理好,并将会用到的资料事先准备妥当
请稍等一下	谢谢	去叫李先生接电话
我是李××	您好,我是中华公司业务部的张××。前天您订的货已经来了,我打算早一点送过去,您觉得如何	要找的人一接电话,就恭敬地再打一次招呼; 不要只配合自己的情况,也要问问对方是否方便
哦,是这样啊!明天送过来怎么样	好,我知道了,那么明天几点,要送到哪里比较方便呢	
三点送到总务科,交给赵××。 能不能向您请教一下商品的使用方法	好,明天三点送到总务科,给赵××先生。 好的,我明天会过去为您详细解说,我手上有说明书,马上用传真机传过去。若看不清楚给我来电话	为避免错误把对方的话重复一遍; 打电话前必要的资料要先拿在手上; 用传真机输送,输送以前,都须以电话确认
好,我明白了。 传真收到了,很清楚,谢谢	明天再拜访了,谢谢您,再见!好,我知道了,再见	别忘了结束时的道别

(资料来源:李兴国. 现代商务礼仪. 哈尔滨:黑龙江科学技术出版社,1998)

第十二章 社交礼仪

表 12-2 接一般商务交际电话的礼貌用语及应对要点

接电话者(对方)	打电话者(自己)	应对的重点
	(电话铃响)这里是中华公司业务部	电话铃响两声，就拿起话筒。如果中午前，别忘了道一声早安
麻烦您找张××先生听电话	对不起，请问您是哪一位	
我是国际公司的李××	张先生他在，请稍等。抱歉，让您久等了，他大概 3 点会回来。请问您有何事，能否让我转达	反复确认对方；倘若叫人要花点时间，要问对方是否方便等；如果要找的人不在，不要只告知"他不在"，其后的应对不要忘记
不可以，这事除了张先生之外，别人不明白。那么能不能麻烦您请他四点钟左右打电话给我？好的，1234567	是。但为防万一，能不能留下您的电话号码？我确定一下，是不是 1234567，敝人姓杨，等张先生回来我一定转告他 4 点左右给您打电话	如果对方愿告知什么事，用备忘录记好；对方交代的事情一定要重复确认；在留言备忘录中，要记上对方打来的电话，及对方的姓名
拜托您了	不客气。那么再见	确定对方已挂断电话后，再轻轻放下听筒

(资料来源：李兴国. 现代商务礼仪. 哈尔滨：黑龙江科学技术出版社，1998)

2) 接电话

(1) 迅速接听。接电话首先应做到迅速接，力争在铃响三次之前就拿起话筒，这是避免让打电话的人产生不良印象的一种礼貌。电话铃响过三遍后才做出反应，会使对方焦急不安或不愉快。正如日本著名社会心理学家铃木健二所说："打电话本身就是一种业务。这种业务的最大特点是无时无刻不在体现每个人的特性。""在现代化大生产的公司里，职员的使命之一，是一听到电话铃声就立即去接。"接电话时，也应首先自报单位、姓名，然后确认对方，如："您好！这是××公司营销部。"如果对方没有马上进入正题，可以主动请教："请问您找哪位通话？"

(2) 积极反馈。作为受话人，通话过程中，要仔细聆听对方的讲话，并及时作答，给对方以积极的反馈。通话中听不清楚或意思不明白时，要马上告诉对方。在电话中接到对方邀请或会议通知时，应热情致谢。

(3) 热情代转。如果对方请你代转电话，应弄明白对方是谁，要找什么人，以便与接电话人联系。此时，请告知对方"稍等片刻"，并迅速找人。如果不放下话筒喊距离较远的人，可用手轻捂话筒或按保留按钮，然后再呼喊接话人。如果你因别的原因决定将电话转到别的部门，应客气地告之对方，你将电话转到处理此事的部门或适当的职员。例如，"真对不起，这件事是由财务部处理，如果您愿意，我帮您转过去好吗？"

(4) 做好记录。如果要接电话的人不在，应为其做好电话记录，记录完毕，最好向对方复述一遍，以免遗漏或记错。可利用电话记录卡片做好电话记录。电话记录卡片如图 12-1 所示。

```
给 _____
日期 _____          时间 _____

你不在办公室时                          先生
_____    公司的 _____    女士
                                       小姐

电话 _____
    ○电话                ○请打电话回去
    ○要求来访            ○还会打电话来
    ○是否紧急            ○回你的电话
    留言 _____
         _____
                              接话人 _____
```

图 12-1　电话记录卡片

3) 打电话

(1) 时间适宜。打电话的时间应尽量避开上午 7 点前、晚上 10 点以后，还应避开晚饭时间。有午休习惯的人，也请不要在中午用电话打扰他。电话交谈所持续的时间不宜过长，事情说清楚了就可以了，一般以 3～5 分钟为宜。若是在办公室打电话，要照顾到其他电话的进、出，不可过久占线，更不可将办公室的电话或公用电话做聊天的工具，这是惹人讨厌的行为。著名相声表演艺术家马季曾说过一段相声，名叫《打电话》就是讽刺的这种人。

(2) 有所准备。通话之前应该核对对方公司或单位的电话号码、公司或单位的名称及接话人姓名。写出通话要点及询问要点，准备好在应答中使用的备忘纸和笔，以及必要的资料和文件。估计一下对方情况，决定通话时间。

(3) 注意礼节。接通电话后，应主动友好，自报一下家门和核实一下对方的身份。应先说明自己是谁，除非通话的对方与你很熟悉，否则就该同时报出你的公司及部门名称，然后再提一下对方的名称。打电话要坚持用"您好"开头，"请"字在中，"谢谢"收尾，态度温文尔雅。若你找的人不在，可以请接电话的人转告，如"对不起，麻烦您转告×××……"，然后将你所要转告的话告诉对方。最后别忘了向对方道一声谢，并且问清对方的姓名。切不可"咔嚓"一声就把电话挂了，这样做是不礼貌的，即使你不要求对方转告，你也应该说一声："谢谢，打扰了。"打电话结束时，要道谢和说声再见，这是通话结束的信号，也是对对方的尊重。注意声音要愉快，听筒要轻放。一般来说，应是打电

第十二章 社交礼仪

话的人先搁下电话，接电话的人再放下电话。但是，假如是与上级、长辈、客户等通话，无论你是通话人还是发话人，都最好让对方先挂断。

4) 使用手机的礼仪

无论是在社交场所还是在工作场合，放肆地使用手机，已经成为礼仪的最大威胁之一。在国外，如澳大利亚电讯的各营业厅就采取了向顾客提供《手机礼节》宣传册的方式，宣传手机礼仪。在使用手机的时候应该注意以下礼仪。

(1) 置放到位。在一切公共场合，手机在没有使用时，都要放在合乎礼仪的常规位置。不要在没有使用的时候放在手里或是挂在上衣口袋外。放手机的常规位置有：一是随身携带的公文包里，这种位置最正规；二是上衣的内袋里；有时候，可以将手机暂放腰带上，也可以放在不起眼的地方，如手边、背后、手袋里，但不要放在桌子上，特别是不要对着对面正在聊天的客户。

(2) 注意场合。在会议中或和别人洽谈的时候，最好的方式是把手机关掉，起码也要调到振动状态。这样既显示出对别人的尊重，又不会打断发言者的思路。而那种在会场上铃声不断，像是业务很忙，使大家的目光都转向他的人，给人的印象只能是缺少教养。注意手机使用礼仪的人，不会在公共场合或座机电话接听中、开车中、飞机上、剧场里、图书馆和医院里接打手机，就是在公交车上大声地接打电话也是有失礼仪的。公共场合特别是楼梯、电梯、路口、人行道等地方，不可以旁若无人地使用手机，应该把自己的声音尽可能地压低一下，而绝不能大声说话，同时不要妨碍他人通行。在一些场合，如在看电影时或在剧院打手机是极其不合适的，如果一定要回话，采用静音的方式发送手机短信是比较适合的。

(3) 考虑对方。给对方打手机时，尤其当知道对方是身居要职的忙人时，首先想到的是，这个时间他(她)是否方便接听，并且要有对方不方便接听的准备。在给对方打手机时，注意从听筒里听到的回音来鉴别对方所处的环境。如果很静，应想到对方在会议上，有时大的会场能感到一种空旷的回声；当听到噪声时对方就很可能在室外，开车时的隆隆声也是可以听出来的。有了初步的鉴别，对能否顺利通话就有了准备。但不论在什么情况下，是否通话还是由对方来定为好，所以"现在通话方便吗？"通常是拨打手机的第一句问话。其实，在没有事先约定和不熟悉对方的前提下，我们很难知道对方什么时候方便接听电话，所以，在有其他联络方式时，还是尽量不打对方手机好些。

在餐桌上，关掉手机或是把手机调到振动状态还是必要的，避免正吃到兴头上的时候被一阵烦人的铃声打断。不要在别人注视自己的时候查看短信。一边和别人说话，一边查看手机短信，是对别人的不尊重。当与朋友面对面聊天时，不要正对着朋友拨打手机，避免发射时高频的电流对他产生辐射，让对方心中不愉快。使用手机时必须牢记"安全至上"，否则不但害人，还会害己。注意不要在驾驶汽车时使用手机或查看寻呼机内容，以防止发生车祸；不要在病房、油库等地方使用手机，免得它们所发出的信号有碍治疗，或引发火灾、爆炸；不要在飞机飞行期间使用手机，否则极可能使飞机"迷失方向"，造成严重后果。

另外现在有不少人，特别是年轻人喜欢使用彩铃。有些彩铃很搞笑，或很怪异，与千篇一律的铃声比较起来，确实有独特之处。但是彩铃是给打电话的人听的，如果我们需要经常用手机联系业务，最好不要用怪异或格调低下的彩铃，以免影响自己和单位的形象。

(4) 会发短信。手机短信已成为人们交际活动的一种重要方式。其礼仪主要包括书写发送手机短信礼仪和接收手机短信礼仪。

① 书写发送手机短信礼仪。第一，内容要简单明了；第二，语意要清楚；第三，检查文法和错别字；第四，短信拜年，记得署名。还有一点需要注意：在短信的内容选择和编辑上，应该和通话文明一样重视。不要编辑或转发不健康的、格调不高的短信，特别是一些带有讽刺伟人、名人甚至是革命烈士的短信，更不应该转发。

② 接收手机短信礼仪。第一，接收短信及时回复；第二，及时删除不用短信，保持手机短信容量有一定空余量，以免影响新短信的接收，甚至耽误大事；第三，重要短信及时移至收藏夹。

7. 馈赠礼仪

中华民族素来重交情，古代就有"礼尚往来"之说。人们在交往过程中，有时会通过赠送礼物来表达对交往对象的尊重、敬意、友谊、纪念、祝贺、感谢、慰问、哀悼等情感与意愿。成功的馈赠行为，不仅能够恰到好处地向受赠者表达自己的友好、敬重或其他某种特殊的情感，还能让对方产生快感，并留下深刻的印象。但若是不会选择合适的礼品，不懂馈赠的礼仪，就会造成耗费了一定精力和物力送出的礼物，不仅没给贵宾带来快乐，反而引起了贵宾的不满。

1) 馈赠礼物的标准

(1) 情感性。馈赠礼物要重视其情感意义。礼物作为友好的象征物，其意义并不在礼物本身，而在于通过礼物所传达的友好情意，这是馈赠礼物的基本思想，所谓"千里送鹅毛，礼轻情义重。"情义是无价的，情义是无法用金钱来衡量的。"烽火连三月，家书抵万金。"同样说明"情"的价值，丝毫也不夸张。著名作家萧乾当年访问一位美籍华人朋友，特意捎去几颗生枣核。他深深知道：朋友身在异国他乡，年纪越大，思乡越切。送去几颗故乡故土的生枣核，让它在异国他乡生根、开花、结果。果然那位美籍朋友一见到那几颗生枣核，勾起了缕缕乡情，他把枣核托在手掌，仿佛它比珍珠玛瑙还贵重。因此选择礼物时，勿忘一个"情"字，应挑选价廉物美、具有一定纪念意义，或具有某些艺术价值，或为受礼人所喜爱的小艺术品，如纪念品、书籍、画册等。

选择礼物的价值要"得体"。并非是价值越昂贵的礼物所表达送礼者的情意越深厚。送礼要与受礼者的经济状况相适合，中国人历来有"礼尚往来"的习俗，若受礼者的经济能力有限，当接到一份过于贵重的礼物时，其心理负担一定会大于受礼时的喜悦。尤其当你有求于对方的时候，昂贵的厚礼会让人有以礼代贿的嫌疑，不但加重了对方接受这份礼物的心理压力，也失去了平衡交流的意义。

(2) 独创性。送人礼物，与做其他许多事情一样，是最忌讳"老生常谈"、"千人一面"的。选择礼物，应当精心构思，匠心独运，富于创意，力求使之新、奇、特。这就是礼物的独创性。赠送具有独创性的礼物给人，往往可以令其耳目一新，既兴奋又感动，因为这等于是"特别的爱献给特别的你"。真是这样，赠送者在对方心目中往往也会因此"升值"。

(3) 时尚性。赠送礼物应折射时代风尚。当今人们追求生活的高尚品位，什么样的礼物够档次，多半取决于礼物是否符合时代风尚。改革开放以来，随着人们生活水准的提高和思想观念的转变，人们相互馈赠礼物也发生了质的变化和飞跃，从经济实用的物质型礼物向高雅、新潮的精神型礼物转化。"精神礼物"受青睐已成为当今人际交往中一道亮丽的风景线。它包括：智力型，如报纸、杂志、图书、各种教学录音带、电脑软件等；娱乐型，如唱片、激光影碟、体育比赛门票、晚会展览会入场券等；祝贺型，如鲜花、节日贺卡、各种礼仪电报等。

(4) 适俗性。挑选礼物时，特别是在为交往不深或外地区人士和外国人挑选礼物时，应当有意识地使赠品与对方所在地的风俗习惯一致，在任何情况下，都要坚决避免把对方认为属于伤风败俗的物品作为礼物相赠，这样才表明尊重交往对象。如在我国大部分地区，老年人忌讳发音为"终"的钟，恋人们反感于发音为"散"的伞。阿拉伯地区严禁饮酒。在西方药品不宜送人。因此在涉外交往中，要根据不同国家、地区的习惯与个人的爱好做些必要的选择，赠礼问俗是我们不能忽视的，这也是一个重要标准。1972年，尼克松总统准备访华，急于寻求能代表国家的礼物。美国保业姆公司闻讯后，趁此良机，向尼克松总统献上公司生产的一尊精致的天鹅群瓷器珍品，因为瓷器的英文China也具有"中国"的意思。尼克松一见，大喜过望，于是把这尊具有双重意义而且具有很高艺术价值的瓷器珍品带到了中国。

2) 馈赠礼品的场合

在交往中，人们在不同的场合下应选送不同的礼品。

(1) 表示谢意敬意。当我们接受他人或某个组织的帮助之后应当表示感谢。如某位医生妙手回春治愈了你多年的顽症；某个组织为你排忧解难等。此时为表示感谢和敬意，可考虑送锦旗，并将称颂之语书写在锦旗上。

(2) 祝贺庆典活动。当友人和其他组织适逢庆典纪念之时，如某公司成立二十周年纪念，为表示祝贺，可送贺匾、书画或题词，既高雅别致又具有欣赏保存价值。

(3) 公共关系礼品。开展公共关系活动时所送的礼品要与公共关系活动的目标一致，并且送礼的内容与送礼的组织形象要相符。例如，上海大众汽车公司赠给客人的桑塔纳车模型，上海大中华橡胶厂精心设计研制的轮胎外形的钢皮卷尺等。

(4) 祝贺开张开业。社会组织开张开业之际，都是宣传自身、扩大影响的好机会，一般来讲，都是要借机大肆宣传一番的。因而适逢有关组织开张开业之际，应送上一份贺礼，以示助兴和祝愿。一般选送鲜花贺篮为多，在花篮的绸带上写上祝贺之语和赠送单位或个人的名称。

(5) 适逢重大节日。春节、元旦等节庆日都是送礼的旺季，组织可向公众、组织内部的员工等适时地送上一份小小的礼物，对他们给予组织工作的关心和支持表示感谢，并希望继续得到他们的帮助。亲朋好友之间也可通过节日联络感情。此时也可选择适宜的礼品相赠。

(6) 探视住院病人。公司的客人、员工生病或亲友患病住院，均应前去探视，并带上礼品。目前探视病人的礼品也不断地从"讲实惠"转变为"重情调"。以往送营养品、保健品，如今变为用多种水果包装起来的果篮、一束束鲜花。有一位教授住院，学生送他一束鲜花，夹在鲜花中的一张犹如名片大小的礼卡上，写着这样的话语，"尊敬的导师：花香带来温馨的祝福，愿您静心养病，早日康复。您的弟子赠。"字里行间，充满了关切之情和师生之意。

(7) 应邀家中做客。我们经常会应邀到别人家中做客或者出席私人家宴。为了礼尚往来，出于礼貌，应带些小礼品，如土特产、小艺术品、纪念品、水果以及鲜花等。有小孩的可送糖果、玩具之类。

(8) 遭受不测事件。世上难有一帆风顺之事，一个家庭或组织遇上不测事件之时，及时地送上一份礼物表示关心，更能体现送礼者的情谊。例如：对方遇上火灾、地震等灾难，马上去函或去电表示慰问，也可送上钱款相助。

3) 馈赠礼品的礼仪

(1) 精心包装。送给他人的礼品，尤其是在正式场合赠送于人的礼品，在相赠之前，一般都应当认真进行包装。可用专门的纸张包裹礼品或把礼品放入特制的盒子、瓶子里等。礼品包装就像人穿了一件外衣，这样才能显得正式、高档，而且还会使受赠者感到自己备受重视。

(2) 表现大方。现场赠送礼品时，要神态自然，举止大方，表现适当。千万不要像做了"亏心事"，小里小气，手足无措。一般在与对方会面之后，将礼品赠送给对方，届时应起身站立，走近受赠者，双手将礼品递给对方。礼品通常应当递到对方手中，不宜放下后由对方自取。如礼品过大，可由他人帮助递交，但赠送者本人最好还是要参与其事，并援之以手。若同时向多人赠送礼品，最好先长辈后晚辈、先女士后男士、先上级后下级，按照次序，依次有条不紊地进行。

(3) 认真说明。当面亲自赠送礼品时要辅以适当的、认真的说明。一是可以说明因何送礼，如若是生日礼物，可说"祝你生日快乐"；二是说明自己的态度，送礼时不要自我贬低，说什么"没有准备，临时才买来的"，"没有什么好东西，凑合着用吧"，而应当实事求是地说明自己的态度，例如"这是我为你精心挑选的"、"相信你一定会喜欢"等；三是说明礼品的寓意，在送礼时，介绍礼品的寓意，多讲几句吉祥话，是必不可少的；四是说明礼品的用途，对较为新颖的礼品可以说明其用途、用法。

4) 接受馈赠的礼仪

(1) 受礼坦然。一般情况下，对于对方真心赠送的礼物不能拒收，因此没完没了地说"受之有愧"、"我不能收下这样贵重的礼物"这类话是多余的，有时还会使人产生不愉快的感觉。即使礼物不称你心，也不能表露在脸上。接受礼物时要用双手，并说上几句感

第十二章 社交礼仪

谢的话语。千万不要虚情假意，推推躲躲，反复推辞，硬逼对方留下自用；或是心口不一，嘴上说"不要，不要"，手却早早伸了过去。

(2) 当面拆封。如果条件许可，在接受他人相赠的礼品后，应当尽可能地当着对方的面，将礼品包装当场拆封。这种做法在国际社会是非常普遍的。在启封时，动作要井然有序，舒缓得当，不要乱扯、乱撕。拆封后还不要忘记用适当的动作和语言，显示自己对礼品的欣赏之意，如将他人所送鲜花捧在身前闻闻花香，然后再插入花瓶，并置放在醒目之处。

(3) 拒礼有方。有时候，出于种种原因，不能接受他人相赠的礼品。在拒绝时，要讲究方式、方法，处处依礼而行，要给对方留有退路，使其有台阶可下，切忌令人难堪。可以使用委婉的、不失礼貌的语言，向赠送者暗示自己难以接受对方的好意，如当对方向自己赠送一部手机时，可以告之："我已经有一部了。"可以直截了当向赠送者说明自己之所以难以接受礼品的原因。在公务交往中，拒绝礼品时此法最为适用，如拒绝他人所赠的大额贵重礼品时，可以说："依照有关规定，你送我的这件东西，必须登记上缴。"

5) 赠花的礼仪

鲜花是美好、吉祥、友谊和幸福的象征。我国早在汉代就有"折柳送别话依依"的诗句，可见在当时已有交际赠花之习俗。当今社交中无论是欢迎、送别、婚寿庆祝，还是节庆、开业、慰问、吊唁及国际交往中，人们经常赠之以鲜花，言志明心。但由于各地风俗习惯不同，花的含义也不同，送花时必须注意得体，要做到以下几点。

(1) 了解"花卉语"。

当我们用花为媒来传递友谊时，要注意运用正确的"花卉语"，以免出现尴尬。以下是常见的花卉的寓意。

荷花——纯洁、淡泊和无邪；
月季——幸福、光荣；
红玫瑰——爱情；
白菊——真实；
百合——圣洁、幸福、百年好合；
野百合——幸福即将来临；
红罂粟——安慰、慰藉；
红蔷薇——求爱、爱情；
杜鹃——节制、盼望；
康乃馨——健康长寿；
红茶花——天生丽质；
山茶花——美好的品德；
勿忘草——永志不忘、真挚和贞操；
剑兰——步步高升；
松柏——坚强；

梅花——刚毅、坚贞不屈；

文竹——祝贺长寿；

常春藤——结婚、白头偕老；

水仙——尊敬、自尊；

橄榄枝——和平；

牡丹——拘谨、害羞；

牵牛花——爱情；

紫丁香——初恋；

野丁香——谦逊、美好；

黄郁金香——爱的绝望；

红郁金香——宣布爱恋；

蓝色郁金香——诚实；

樱花——心灵的美；

并蒂莲——夫妻恩爱；

万年青——长寿、友谊长存；

红豆——相思；

兰花——优雅；

仙人掌——热心；

竹子——正直、虚心；

美人蕉——坚实……

在不同的国家和地区，同一种花也许会有不同的寓意，如在一些国家，菊花和康乃馨被认为是厄运的象征。垂柳在美国表示"悲哀"，但在法国，柳则是"仁勇"的象征。实际上，同一种类型的花卉，因其不同的颜色，也有不同甚至截然相反的意思。如红色的郁金香是"爱的表示"，蓝色的郁金香象征"诚实"，而黄色的郁金香则象征"无望的恋爱"。因此要恰当运用好"花卉语"。

(2) 不同场合的赠花。

向恋人赠玫瑰花的花语是"我真心爱你"，蔷薇花象征"我向你求爱，小天使"，桂花表示"我挚意爱你"，将这类花卉赠之恋人，可收心有灵犀一点通之效。若将这类花卉赠之其他对象，则不但交际不成，反而引火烧身。

婚礼赠花可以送一束美丽鲜艳的由红玫瑰、吉祥草、文竹等花组成的花束。红玫瑰象征爱情美好；吉祥草祝朋友吉祥如意、生活美满；文竹绿叶葱葱，祝朋友爱情永葆青春。此外并蒂莲表示"恩爱如初，幸福长存"，百合花象征"百年好合"，它们及红色郁金香等都是婚礼上的理想花卉。

慰问病人，送一束黄月季，表示"早日康复"，一束芝兰，象征"正气清运，贵体早康"，或送一束松、柏、梅花，以鼓励他与病魔做斗争"坚贞不屈"，"胜利属于你"。

庆贺生日赠花，年轻一点的可送其火红的石榴花、鲜红的月季花、美丽的象牙花，祝其前程如火样红烈，青春如红花鲜艳等。对年老者，赠之以万年青、寿星草、龟背竹等，以示祝福老人健康长寿，快乐幸福。

(3) 赠花的注意事项。

正式场合，如组织开张、纪念、庆典等，大多可送花篮；迎宾、欢送、演出中送给演员，大多送花环、花束；宴请、招待会等送胸花；参加追悼会时送花圈以示哀悼。

送花一般不能送单一的白色花，因为会被人认为不吉利；送玫瑰花时应送单数，不要送双数，但 12 除外，不要将红玫瑰送给未成年的小姑娘，不要将浓香型的鲜花送给病人。

送一束花时最好用彩色透明纸将花包装好，再系一根与鲜花颜色相匹配的彩带，这样既便于携带，又能使花显得更漂亮。

第二节　餐　饮　礼　仪

1．赴宴的礼仪

宾客参加宴会，无论是作为组织的代表，还是以私人身份出席，从入宴到告辞都应注重礼节规范。这既是个人素质与修养的表现，又是对主人的尊重。

1) 认真准备

接到邀请，能否出席应尽早答复对方，以便主人做出安排。安排邀请后不要随意改动，万一遇到特殊情况不能出席时，尤其是作为主宾，要尽早向主人解释、道歉，甚至亲自登门表示歉意。应邀出席一项活动之前，要核实宴请的主人，活动举办的时间、地点，是否邀请配偶以及主人对服饰的要求。

出席宴会前，一般应梳洗打扮。女士要化妆，男士应梳理头发并剃须。衣着要求整洁、大方、美观。这将给宴会增添隆重热烈的气氛。

若参加家庭宴会，可给女主人准备一定的礼品，在宴会开始前送给主人。礼品价值不一定很高，但要有意义。

2) 按时抵达

按时出席宴会是最基本的礼貌。出席宴请活动，抵达时间的迟早、逗留时间的长短，在一定程度上反映出对主人的尊重程度，应根据活动的性质和当地习俗掌握。迟到、早退、逗留时间过短均被视为失礼或有意冷落。身份高者可略晚些到达，一般客人宜略早些到达。出席宴会要根据各地习惯，正点或晚一两分钟抵达；我国则是正点或提前一、两分钟抵达。出席酒会可以在请柬注明的时间内到达。抵达宴会活动地点后，先到衣帽间脱下大衣和帽子，然后前往迎宾处，主动向主人问候。如果是庆祝活动，应表示祝贺。对在场的其他人，均应点头示意，互致问候。

3) 礼貌入座

应邀出席宴会活动，应听从主人安排。进入宴会厅之前，先掌握自己的桌次和座位。入座时注意桌上座位卡是否写有自己的名字，不可随意入座。如邻座是长者或女士，应主动协助他们先坐下。入座后坐姿要端正，不可用手托腮或将双臂肘放在桌上。坐时应把双脚踏在本人座位下，不可随意伸出，影响他人。不可玩弄桌上的酒杯、盘碗、刀叉、筷子等餐具，不要用餐巾纸擦餐具，以免使人认为餐具不洁。

在社交场合，无论天气如何炎热，不可当众解开纽扣，脱下衣服。小型便宴时，若主人请宾客宽衣，男宾可脱下外衣搭在椅背上。

4) 注意交谈

坐定后，如已有茶，可轻轻饮用。无论作为主人、陪客或宾客都应与同桌的人交谈，特别是左邻右座，不可只与几位熟人或一、两人交谈。若不相识，可作自我介绍。谈话要掌握时机，要视交谈对象而定。不可只顾自己一人夸夸其谈，或谈些荒诞离奇的事而引人不悦。交谈时宜选择轻松、愉快的话题并遵守交谈礼仪，不要高声大笑或窃窃私语，不谈论隐私及过于严肃的话题。交谈时务必用餐巾拭嘴，以免食物残留唇边，影响雅观。商务宴请中一些安全的话题以及应避开的话题见表12-3。

表12-3　商务宴请中安全的话题以及应避开的话题

安全的话题	应避开的话题
天气	自己的健康状况
交通	他人的健康状况
体育	物品的价格、收入
无争议的新闻，如奥斯卡奖	个人的不幸
旅游	有争议的兴趣爱好
环境问题	低级笑话
对会址或城市的赞美	小道消息
共同的经历	宗教
书籍	争议性很大的问题，如堕胎或焚烧国旗
文学、艺术	有关私生活的细节

5) 文雅进餐

出席宴会，并不是一件轻松的事情。在觥筹交错之际，我们的"吃相"正向人们昭示着自己的修养与品格。古往今来，餐桌都是社会交际的重要场所，因而餐桌礼仪历来为人们所重视。在餐桌上最要紧的要检点自己的"吃相"。有人总结了如下口诀：取菜文雅，注意礼让；文明用筷，举箸得当；闭嘴细嚼，不发声响；嚼食不语，唇不留痕；骨与秽物，切莫乱扔；禁烟少酒，用餐文明；使用公筷，讲究卫生；席间交谈，增进感情。

宴会开始时，一般是主人先致祝酒辞。此时应停止谈话，不可吃东西，注意倾听。致辞完毕，主人招呼后，即可开始进餐。

用餐前应先将餐巾打开铺在腿上。用餐完毕叠好放在盘子右侧，不可放在椅子上，亦不可叠得方方正正而被误认为未使用过。餐巾只能擦嘴，用时一手捏住一面的上端，另一手相助。餐巾不能用于擦面、擦汗。服务员送的香巾是用来擦面的，擦完后要放回原盛器内。

古语说："主不请，客不尝。"上菜后，待主人说"请"，再动手夹菜。取菜要适量，不要显得过于贪婪。如主人向客人敬酒，应起立回应，喝过酒后再开始吃菜。吃东西时应小口小口地吃，咀嚼要闭嘴不要发出声来，吧唧嘴会令人讨厌，也不要一边咽食一边说话。喝汤时，汤匙应由身边向外舀出，喝汤不要吸，也不要左手拿匙、右手拿筷"双管齐下"。进餐过程中，嘴里的骨头和鱼刺应用筷子夹放在垫盘上，吃剩的菜、用过的勺，也应放在垫盘内，就餐的整个过程中，都要注意礼让，注意关照邻座的宾客，不要见到自己喜欢吃的就"埋头苦干"，不理别人。男士不要戴着帽子进餐。为了避免酒后失礼，饮酒应留有余地。也不要边吃边饮边抽烟。

若遇本人不能吃或不爱吃的菜品，当服务员或主人夹菜时，不可打手势，不可拒绝，可取少量放入盘中，并表示"谢谢，够了"。对不合口味的菜，勿显出难堪的表情。我方作为主人宴请时，席上不必说过分谦虚的话。对来华时间过长的人，不必说这是中国的名酒名菜。在给宾客让菜时，要用公用餐具主动让，切不可用自己的餐具让菜。

冷餐酒会，服务员上菜时，不可抢着去取，待送至本人面前时再取。周围的人未取到第一份时，自己不可急于去取第二份。勿围在菜台旁，取完即离开，以便让别人取食。

吃食物要讲究文雅，要微闭着嘴咀嚼，不可发出声响。要将食物送进口中，不可伸口去迎食物。食物过热时，可稍凉后再吃，切勿用嘴吹。鱼刺、骨头、菜渣等不可直接往外吐，要用餐巾掩嘴，用筷子取出，或轻吐在叉匙上，放在碟中。嘴里有食物时不可谈话。尽量不要剔牙，更不可边走动边剔牙。吃剩的菜、用过的餐具等应放在碟中，勿放置在桌上。

6) 学会敬酒

敬酒也叫祝酒，是现代商务宴会必不可少的程序，是向对方表达敬意的良好方式。如果时间把握合适，祝酒词恰到好处，敬酒可以给整个聚餐带来一种良好的气氛。

(1) 斟酒。敬酒之前需要斟酒。按照规范来说，除主人和服务人员外，其他宾客一般不要自行给别人斟酒。如果主人亲自斟酒，应该用本次宴会上最好的酒斟，宾客要端起酒杯致谢，必要的时候起身站立。如果是大型的商务用餐，应该由服务人员来斟酒。斟酒一般要从位高者开始。如果你不想喝了，可把手挡在酒杯上，说声"谢谢，不用了"。中餐里，别人斟酒的时候，也可以回敬以"叩指礼"。特别是自己的身份比主人高的时候。即以右手拇指、食指、中指捏在一起，指尖向下，轻叩几下桌面表示对斟酒的感谢。酒倒多少才合适呢？白酒和啤酒可以斟满，而其他洋酒就不用斟满。

(2) 敬酒的时机。敬酒应该在特定的时间进行，并以不影响来宾用餐为首要考虑。敬酒分为正式敬酒和普通敬酒。正式的敬酒，一般是在宾主入席后、用餐前开始敬。而普通敬酒，只要注意是对方不咀嚼食物的时候，认为对方可能愿意接受你的敬酒就可以敬。而且，如果向同一个人敬酒，应该等身份比自己高的人敬过之后再敬。

(3) 敬酒的顺序。敬酒按什么顺序呢？一般情况下应按年龄大小、职位高低、宾主身份的顺序，敬酒前一定要充分考虑好敬酒的顺序，分清主次，避免出现尴尬的情况。即使你分不清或职位、身份高低不明确，也要按统一的顺序敬酒，例如先从自己身边按顺时针方向开始敬酒，或是从左到右、从右到左进行敬酒等。

（4）敬酒的举止。无论是主人还是来宾，如果是在自己的座位上向集体敬酒，就要先站起身来，面含微笑，手拿酒杯，面朝大家。当主人向集体敬酒、说祝酒词的时候，所有人应该一律停止用餐或喝酒。主人提议干杯的时候，所有人都要端起酒杯站起来，互相碰一碰。按国际通行的做法，敬酒不一定要喝干。但即使平时滴酒不沾的人，也要拿起酒抿上一口装装样子，以示对主人的尊重。除了主人向集体敬酒，来宾也可以向集体敬酒。来宾的祝酒词可以说得更简短，甚至一两句话都可以。例如，"各位，为了以后我们的合作愉快，干杯！"平时涉及礼仪规范内容更多的还是普通敬酒。普通敬酒就是在主人正式敬酒之后，各个来宾和主人之间或者来宾之间可以互相敬酒，同时说一两句简单的祝酒词或劝酒词。别人向你敬酒的时候，要手举酒杯到双眼高度，在对方说祝酒词或"干杯"之后再喝，喝完后，手拿酒杯和对方对视一下，这一过程才结束。

对我国来说，敬酒的时候还要特别注意。敬酒无论是敬的一方还是接受的一方，都要注意因地制宜、入乡随俗。我们大部分地区特别是东北、内蒙古等北方地区，敬酒的时候往往讲究"端起即干"。在他们看来，这种方式才能表达诚意、敬意。所以，在具体的应对上就应注意，自己酒量欠佳应该事先诚恳说明，不要看似豪爽地端着酒去敬对方，而对方一口干了，你却只是"意思意思"，这样往往会引起对方的不快。另外，对于敬酒的一方来说，如果对方确实酒量不济，没有必要去强求。喝酒的最高境界，应该是"喝好"而不是"喝倒"。

在中餐里，还有一个讲究，即主人亲自向你敬酒干杯后，要回敬主人，和他再干一杯。回敬的时候，要右手拿着杯子，左手托底，和对方同时喝。干杯的时候，可以象征性地和对方轻碰一下酒杯。不要用力过猛，非听到响声不可。出于敬重，可以使自己的酒杯较低，低于对方酒杯。如果和对方相距较远可以以酒杯杯底轻碰桌面表示碰杯。

和中餐不同的是，西餐用来敬酒、干杯的酒，一般都用香槟。而且，只是敬酒不劝酒，只敬酒而不真正碰杯。还不可以越过自己身边的人和相距较远者祝酒干杯，尤其是交叉干杯。

（5）拒酒的礼仪。宴会上，特别是在中式宴会上，要适当拒酒，这不仅是自我保护的需要，还是营造良好、健康气氛的需要，可以有效避免过量喝酒引起的失态，甚至彼此间的不愉快。无论是生活习惯、健康或是工作需要等原因而不能喝酒，不能直接给予拒绝，这样会让敬酒者陷入尴尬的境地，这就需要礼貌、大方的拒酒技巧。一是客观、诚恳地申明不能喝酒的原因。二是主动以其他饮料代酒。三是委托同事、部下代喝酒。千万不要在别人给自己斟酒的时候，躲躲藏藏，显得特别小气。乱推酒瓶，敲击杯口，倒扣酒杯，偷偷倒掉，或者把自己的酒倒入别人的杯中，尤其是，自己喝了一点的酒倒进别人杯中，都是不礼貌的表现。

（6）敬酒的误区。主要包括：第一，不要强人所难。平时嗜酒如命，必须有所收敛。不胜酒力的，不一定要喝酒，喝水、喝饮料也行，关键有这个想法就可以了。第二，西餐里，如果你是重要的客人或是主宾，要回敬主人一杯。你可以在主人敬酒时立即回敬。一般情况下，别人给你敬酒的时候，不要同时给对方敬酒。第三，没必要非得碰杯，尤其是

第十二章 社交礼仪

使用玻璃器皿的时候。第四，主人应该是第一个敬酒的人，不要越俎代庖。第五，不要敲杯子以吸引大家的注意。

7) 告辞致谢

正式宴会一般吃水果后宴会即结束，此时，一般先由主人向主宾示意，请其做好离席的准备，然后从座位上站起，这是请全体起立的信号。一般以女主人的行动为准，女主人先邀请女主宾离席退出宴会厅。告辞时应礼貌地向主人道谢。通常是男宾先向男主人告辞，女宾先向女主人告辞，然后交叉，再与其他人告辞。

席间一般不应提前退席。若确实有事需提前退席，应向主人打招呼后轻轻离去，也可事前打招呼到时离去。退席时要有礼貌。退席理由应当尽量不使主人难堪和心中不悦。从宴会结束到告辞前不可有任何不耐烦的表示。

对主人的致谢，除了在宴会结束告辞时表达谢意之外，若正式宴会，还可在两至三天内以印有"致谢"或"P.R"字样的名片或便函表示感谢。有时私人宴请须致谢。名片可寄送或亲自送达。首先致谢女主人，但不必说过谦的话。

2. 吃西餐的礼仪

西餐是西方国家的一种宴请形式。由于受民族习俗的影响，西餐的餐具、摆台、酒水菜点、用餐方式、礼仪等都与中餐有较大差别。目前由于我国对外交往活动的不断增多，西餐也已成为我国招待宴请活动的一种方式。因此，了解西餐的一般常识和礼仪十分重要。

西餐的餐具多种多样，常见的有叉、刀、匙、杯、盘等。

摆台是西餐宴请活动中的一项专门的技艺，也是必不可少的一个礼仪程序。它直接关系到用餐过程、民族习俗和礼仪规范等。西餐的摆台因国家的不同也有所不同，常见的有英美法国式和国际式西餐摆台。这里我们介绍一下国际式西餐摆台。

国际上常见的西餐摆台方法是：座位前正中是垫盘，垫盘上放餐巾(口布)，盘左放叉，盘右放刀、匙，刀尖向上、刀口朝盘，主食靠左，饮具靠右上方，见图 12-2。正餐的刀叉数目应与上菜的道数相等，并按上菜顺序由外至里排列，用餐时也从外向里依序取用。饮具的数目、类型应根据上酒的品种而定，通常的摆放顺序是从右起依次为葡萄酒杯、香槟酒杯、啤酒杯(水杯)。吃西餐时，应注意掌握以下几个方面的礼仪。

图 12-2 西餐餐具的摆放

1) 上菜顺序

西餐上菜的一般顺序是：①开胃前食；②汤；③鱼；④肉；⑤色拉；⑥甜点；⑦水果；⑧咖啡或茶等。菜肴从左边上，饮料从右边上。

2) 餐巾的使用

入座后先取下餐巾，打开，铺在双腿上。如果餐巾较大，可折叠一下，放在双腿上，切不可将餐巾别在衣领上或裙腰处。用餐时可用餐巾的一角擦嘴，但不可用餐巾擦脸或擦刀叉等。用餐过程中若想暂时离开座位，可将餐巾放在椅背上，表示还要回来；若将餐巾放在餐桌上表示已用餐完毕，服务员则不再为你上菜。

3) 刀叉的使用

吃西餐时，通常用左手持叉、右手持刀，用叉按住食物，用刀子切割，然后用叉子叉起食物送入口中，切不可用刀送食物入口。如果只使用叉子，也可用右手使用叉子。使用刀叉时应避免发出碰撞声。用餐过程中，若想放下刀叉，应将刀叉呈"八"字形放在盘子上，刀刃朝向自己，表示还要继续吃，见图 12-3。用餐完毕，则应将叉子的背面向上，刀的刀刃一侧应向内与叉子并拢，平行放置于餐盘上。尽量将柄放入餐盘内，这样可以避免由于碰触而掉落，服务员也容易收拾，见图 12-4。

图 12-3 刀叉呈"八"字形

图 12-4 用餐完毕

4) 用餐礼节

当全体客人面前都上了菜，主人示意后开始用餐，切不可自行用餐；喝汤时不要发出声响；面包要用手去取，不可用叉子去取，也不可用刀子去切，面包应用手掰着吃；吃沙拉时只能使用叉子；用餐过程中，若需用手取食物，要在西餐桌上事先备好的水盂里洗手(沾湿双手拇指、食指和中指)，然后用餐巾擦干，切不可将水盂中的水当成饮用水喝掉；最好避免在用餐时剔牙，若非剔不可，必须用手挡住嘴；当招待员依次为客人上菜时，一定要等招待员走到我们的左边时才取菜，如果在我们的右边，不可急着去取；吃水果不可整个咬着吃，应先切成小瓣，用叉取食；若不慎将餐具掉在地上，可由服务员更换；若将油水或汤菜溅到邻座身上，应表示歉意，并由服务员协助擦干。

3. 冷餐会礼仪

冷餐宴是一种比较自由的宴请形式，一般不设座，食品集中放在餐厅中央或两侧桌上，由客人按顺序自动取食，不要抢先；取食后可找适当位置坐下慢慢进食，也可站立与

第十二章 社交礼仪

人边交谈边进食;所取食物最好吃完;第一次取食不必太多,若需添食,可再次或多次去取。冷餐会可招待较多的客人,客人到场或退场比较自由。客人一面做好就餐的准备,一面可以和同席的人随意进行交谈,以创造一个和谐融洽的用餐气氛。不要旁若无人,兀然独坐;更不要眼睛碌碌地盯着餐桌上的冷盘等,或者下意识地摸弄餐具,显出一副迫不及待的样子。

当开始用餐时,特别要注意以下几点:一是主人举杯示意开始时,客人才能开始;二是客人不能抢在主人前面;三是要细嚼慢咽,这不仅有利于消化,也是餐桌上的礼仪要求,绝不能大块往嘴里塞,狼吞虎咽,这样会给人留下贪婪的印象;四是不要挑食,不要只盯着自己喜欢的菜吃,或者急忙把喜欢的菜堆在自己的盘子里;五是用餐的动作要文雅,夹菜时不要碰到邻座,不要把盘里的菜拨到桌上,不要把汤碰翻;六是不要发出不必要的声音,如喝汤时"咕噜咕噜",吃菜时嘴里"叭叭"作响,这都是粗俗的表现。用餐结束后,可以用餐巾、餐巾纸或服务员送来的小毛巾擦嘴,但不宜擦头颈或胸脯;餐后不要不加控制地打饱嗝或嗳气。

4. 鸡尾酒会礼仪

鸡尾酒会也称酒会,是一种自由的社交活动,备有多种饮料和少量小食品,一般在下午或晚上举行,不设座,时间短,客人到场或退场自由。中途离开的客人,应向主人道别,但出席酒会不能太迟或到达不久就立即离去。

鸡尾酒会的形式活泼、简便,便于人们交谈,招待品以酒水为重,略备一些小食品,如点心、面包、香肠等,放在桌子、茶几上或者由服务生拿着托盘,把饮料和点心端给客人,客人可以随意走动。举办的时间一般是下午5点到晚上7点。近年来,国际上各种大型活动前后往往都要举办鸡尾酒会。

这种场合下,最好手里拿一张餐巾,以便随时擦手。用左手拿着杯子,好随时准备伸出右手和别人握手。吃完后不要忘了用纸巾擦嘴、擦手。用完了的纸巾丢到指定位置。

5. 喝咖啡的礼仪

咖啡可以自己磨好咖啡豆以后用咖啡壶煮制,也可以用开水冲饮速溶的。人们一般认为自制的咖啡档次比较高,而速溶的咖啡不过是节省时间罢了。

饮用时可以加入牛奶和糖,称为牛奶咖啡。也可以不加牛奶和糖,称为清咖啡或黑咖啡。在西餐中,饮用咖啡是大有讲究的。

1) 杯的持握

供饮用的咖啡,一般都是用袖珍型的杯子盛出。这种杯子的杯耳较小,手指无法穿过去。但即使用较大的杯子,也不要用手指穿过杯耳端杯子。正确的拿法应是用右手的拇指和食指握住杯耳,轻轻地端起杯子,慢慢品尝。不能双手握杯,也不能手端起碟子去吸食杯子里的咖啡。用手握住杯身、杯口,托住杯底,也都是不正确的方法。

2) 杯碟的使用

盛放咖啡的杯碟都是特制的。它们应当放在饮用者的正面或右侧,杯耳应指向右方。咖啡都是盛入杯中,放在碟子上一起端上桌子的。碟子是用来放置咖啡匙,并接收溢出杯子的咖啡的。喝咖啡时，可以用右手拿着咖啡的杯耳，左手轻轻托着咖啡碟，慢慢地移向嘴边轻啜。不要满手把握咖啡杯大口吞咽，也不要俯首去就咖啡杯。如果坐在远离桌子的沙发上，不便用双手端着咖啡饮用，此时可以做一些变通。可用左手将咖啡碟置于齐胸的位置，用右手端着咖啡饮用，饮毕应立即将咖啡杯置于咖啡碟中，不要让二者分家；如果离桌子近，只需端起杯子，不要端起碟子。添加咖啡时，不要把咖啡杯从咖啡碟中拿起来。

3) 匙的使用

咖啡匙是专门用来搅咖啡的，如果咖啡太热也可用匙轻轻搅动，使其变凉。饮用咖啡时应当把咖啡匙取出来，不要用咖啡匙舀着咖啡喝，也不要用咖啡匙来捣碎杯中的方糖。不用匙时，应将其平放在咖啡碟中。

4) 咖啡的饮用

饮用咖啡时，不能大口吞咽，更不可以一饮而尽，而是一小口一小口地细细品尝，切记不要发出声响，这样才能显示出品味和高雅。如果咖啡太热，可以用咖啡匙在杯中轻轻搅拌使之冷却，或者等自然冷却后再饮用。用嘴试图去把咖啡吹凉，是很不文雅的动作。

5) 给咖啡加糖

给咖啡加糖时，砂糖可用咖啡匙舀取，直接加入杯内；也可先用糖夹子把方糖夹在咖啡碟的近身一侧，再用咖啡匙把方糖加入杯子里。如果直接用糖夹子或手把方糖放入杯内，有时可能会使咖啡溅出，从而弄脏衣服或台布。

6) 用甜点的要求

有时喝咖啡可以吃一些点心，但不要一手端着咖啡杯，一手拿着点心，吃一口、喝一口地交替进行，这样的行为是非常不雅观的。饮咖啡时应当放下点心，吃点心时则应放下咖啡杯。

在咖啡屋里，举止要文明，不要盯视他人。交谈的声音越轻越好，千万不要不顾场合，高谈阔论，破坏气氛。

小知识 12-3

咖啡的种类

依据饮咖啡的添加配料不同，咖啡可分为多个品种。其中最常见的有以下六种。

(1) 黑咖啡。黑咖啡指的是既不加糖，也不加牛奶的纯咖啡。

(2) 白咖啡。白咖啡是指饮用之前加入牛奶、奶油或特制的植物粉末的咖啡。

(3) 浓黑咖啡。浓黑咖啡的全名叫意大利式浓黑咖啡。它以特殊的蒸汽加压方法制作，极黑浓，不宜多饮。

(4) 浓白咖啡。浓白咖啡的全名叫意大利式浓白咖啡。其制作方法基本上与浓黑咖啡相类似，只是加入了用牛奶打制出来的奶油或奶皮，故此显得又稠又浓，口味甚佳。

(5) 爱尔兰式咖啡。爱尔兰式咖啡的最大特点是，在饮用咖啡之前不加入牛奶，而是加入一定数量的威士忌酒。

(6) 土耳其式咖啡。土耳其式咖啡大致与白咖啡类似，在咖啡之中可以酌情加入适量

第十二章 社交礼仪

的牛奶。但是与其他种类所不同的是，它的咖啡渣并未除去，而是被装入杯中与咖啡一起上桌，供人饮用。

6．饮茶的礼仪

中国是茶的故乡，制茶、饮茶已有几千年的历史，名品荟萃，主要品种有绿茶、红茶、乌龙茶、花茶、白茶、黄茶。茶有健身、治疾之药物疗效，又富欣赏情趣，可陶冶情操。品茶待客是中国人高雅的娱乐和社交活动，坐茶馆、茶话会则是中国人社会性群体茶艺活动。中国茶艺在世界享有盛誉，在唐代就传入日本，形成日本茶道。

茶是中国人最喜欢的饮料，同时也为外宾乐于接受。在商务交往中，经常有专门举行茶会招待来宾的。茶水虽然物美价廉，但饮茶却是一种文化。

为客人沏茶之前，首先要清洗双手，并洗净茶杯或茶碗。要特别注意茶杯或茶碗有无破损或裂缝，残破的茶杯或茶碗是不能用来招待客人的。还要注意茶杯或茶碗里面有无茶迹，有的话一定要清洗掉。茶具以陶瓷制品为佳。不能用旧茶或剩茶待客，必须沏新茶。在为客人沏茶前可以先征求其意见。就接待外国客人而言，美国人喜欢喝袋泡茶，欧洲人喜欢喝红茶，日本人喜欢喝乌龙茶。

茶水不要沏得太浓或太淡，每一杯茶斟七成满就可以了。主人在陪伴客人饮茶时，要注意客人杯、壶中的茶水残留量，一般用茶杯泡茶，如已喝去一半，就要添加开水，随喝随添，使茶水浓度基本保持前后一致，水温适宜。正规的饮茶讲究把茶杯放在茶托上，一同敬给客人。茶杯把要放在左边。要是饮用红茶可准备好方糖，请客人自取。喝茶时，不允许用茶匙舀着喝。

上茶时，可由主人向客人献茶，或由招待员给客人上茶。主人给客人献茶时，应起立，并用双手把茶杯递给客人，然后说："请"。客人也应起立，以双手接过茶杯，说："谢谢"。添茶水时，也应如此。

由接待员上茶时要先给客人上茶，而不允许先给主人上茶。如果客人较多，应先给主宾上茶。上茶的具体步骤是：先把茶盘放在茶几上，从客人的右侧递过茶杯，右手拿着茶托，左手扶在茶托旁边。要是茶托无处可放，应以左手拿着茶盘，用右手递茶。注意不要把手指搭在茶杯边上，也不要让茶杯撞击到客人的手上，或洒了客人一身。妨碍了客人的工作或交谈的话，要说一声"对不起"。客人对接待员的服务应表示感谢。在往茶杯里倒水、续水时，如果不便或没有把握一并将杯子和杯盖拿在左手上，可把杯盖翻放在桌子或茶几上，只是端起茶杯来倒水。服务员在倒、续完水后要把杯盖盖上。注意，切不可把杯盖扣放在桌面或茶几上，这样既不卫生，也不礼貌。如发现宾客将杯盖扣放在桌面或茶几上，服务员要立即斟换，用托盘上，将杯盖盖好。

如果用茶水和点心接待客人，应先上点心，点心应给每个人上一小盘，或几个人上一大盘。点心盘应用右手从客人的右侧送上。待其用毕，即从右侧撤下。

在饮茶时，不应大口吞咽茶水，或喝得咕咚咕咚直响，应当慢慢地一小口一小口地仔细品尝。遇到漂浮在水面上的茶叶，可用杯盖拂去，或轻轻吹开，切不可用手从杯里捞出来扔在地上，也不要吃茶叶。我国旧时有以再三请茶作为提醒客人应当告辞了的做法，因此，在招待老年人或海外华人时要注意，不要一而再再而三地劝其饮茶。西方常以茶会作为招待宾客的一种形式，茶会通常在下午4时左右开始，设在客厅之内，准备好座位和茶几就行了，不必安排座次。茶会上除饮茶之外，还可以上一些点心或风味小吃。

第三节 接访礼仪

接待与拜访是日常交际工作中的重要内容，现代人必须掌握接待与探访的基本礼节，赢得他人的信任和支持，展示自身美好的个人形象，取得事业的成功。

1. 接待的礼仪

1) 接待前的准备

(1) 接待前的心理准备。

首先，要待客诚恳。公关人员在对待客人时，要以自己最大的诚心、热情和耐心去面对一切问题。无论是预约的客人还是没有预约的，无论是通情达理的客人还是脾气暴躁的，都要让对方感到自己是受欢迎的、得到重视的。接待客人时要有一种"欢迎光临"、"感谢惠顾"的心理。其次，要善于合作。当看到同事招待客人比较忙碌，要主动帮助同事做一些力所能及的事情。另外，即使不是负责接待工作的部门员工，见到来客时也要态度诚恳，尽量帮忙，因为同是一家公司的员工，这样做能传递一种协作精神、一种真诚的友谊、一种企业的氛围，让客人感受到这是一个团结合作、奋发向上、有集体荣誉感的团队，有助于提升企业形象。

(2) 接待前的物质准备。

首先，是环境准备。为了使接待活动给来宾留下美好印象，要充分布置好活动地点及周边的环境。接待环境应该清洁、整齐、明亮、美观、无异味。可以在前台、走廊、会客室等地放置一些花束或绿色植物，使客人产生好感。其次，是办公用品准备。让客人站着是不礼貌的，所以，前厅要准备沙发或座椅，样式要线条简洁流畅，摆放要整齐舒适。会客室里的桌椅要摆放整齐，桌面清洁。茶具、茶叶、饮料应该事先准备好，茶杯要干净，不可有污渍，不可有缺口。会议室的墙上可以挂一些雅致的壁画，让人一进门就觉得清静雅致，身心愉悦。再次，是了解来宾的基本情况。公关人员在接待来宾之前，要准确地掌握对方的基本情况。对于对方主宾的基本信息，如姓名、性别、年龄、籍贯、民族、单位、职务，以及文化程度、宗教信仰、生活习惯、家庭状况等，都一清二楚。对来宾的具体人数、性别概况、组团情况也要给予一定的关注。对于来宾正式抵达的时间，如具体日期、具体时间，以及相关的航次、车次、地点等，接待人员必须充分掌握。

(3) 制定接待流程。

一般性的接待活动，特别是需要举行专门仪式的接待活动，都必须事先制定接待流程，以保证接待事务循序而行、井井有条。

① 确定接待规格。接待人员要在接待之前确定接待规格，这关系到由哪位管理人员出面接待、陪同，以及接待用餐、用车、活动安排等一系列接待活动的规格。接待规格主

第十二章 社交礼仪

要取决于接待方主陪人的身份。高规格接待，就是主陪人比主宾的职务高的接待方式；对等规格接待，就是主陪人与主宾的职务相当的接待方式；低规格接待，就是主陪人比主宾的职务低的接待方式。

② 拟定日程安排。为了让所有有关人员都准确地知道自己在此次接待活动中的任务，可制定两份表格，印发给各有关人员。第一是人员安排表，包括时间、地点、事项、主要人员、陪同人员。第二是日程安排表，包括日期、活动时间、地点、内容、陪同人员等。

③ 注意细节。在接待宾客的具体活动中，接待人员既要事事从大局着眼，又要处处从小事着手，关注具体的细节问题。

在准备中，要时时关注天气的变化情况，掌握当地的天气变化规律，针对可能产生天气变化的情况制定应急方案。同时，还要注意交通状况，树立"安全第一"的观念。

2) 接待的礼仪

(1) 迎候礼仪。

迎接宾客，要体现出主人应有的主动和热情。对于远道而来的客人，要派专人提前到机场、码头或车站去等候迎接。在人声嘈杂的迎候地点迎接素不相识的客人时，为了方便客人识别，可试用以下方法。

① 使用接站牌。接站牌上可以写上"热烈欢迎某某同志"或者"某单位接待处"。

② 悬挂欢迎条幅。在迎接重要客人或众多客人时，这种方法最适合。

③ 佩戴身份胸卡。迎宾人员佩戴供客人确认身份的标志性胸卡，其内容主要为本人姓名、工作单位、所在部门及现任职务等。

(2) 见面礼仪。

在接待宾客时，要注意正确使用日常见面礼仪。接待人员要品貌端正，举止大方，服饰要整洁、端正、得体、高雅。当宾客到达后，要主动迎上去，热情地与对方握手，并有礼貌地询问和确认对方的身份，如："您好，请问您是从某某公司来的吗？"对方认可后，接待人员应作自我介绍，如："您好，我是某某公司的秘书，我叫张某某。"然后把迎客方的成员按一定顺序一一介绍给客人。如果客人递送名片，应双手接住，认真仔细地看一看，然后很郑重地把名片放入名片夹中，或放进上衣上部口袋中。

(3) 乘车礼仪。

对方如有行李，接待方应主动帮客人把行李提到车上。上车时，最好让客人从右侧门上，主人从左侧门上。安排座位要符合规范。轿车的座次尊卑一般是右高左低，前高后低。在公务接待中，轿车前排副驾驶座通常为"随员座"，唯独在主人亲自驾驶时，主宾应坐在副驾驶座上，与主人"平起平坐"。

(4) 引导礼仪。

当客人到达公司时，要引导客人进入会客室。引导要注意以下一些礼仪，在走廊上时，引导人员应走在访客左前方 2～3 步，当访客走在走廊正中央时，接待人员要走在走廊的一旁，偶尔向后望，确认访客跟上了，当转弯时，接待人员要说："请往这边走。"

在楼梯上时，接待人员先说一声："在某某楼层。"然后引领访客到楼上。一般来说，高的位置代表尊贵。上楼时应该让访客先走，下楼时让客人后行，在上下楼梯时，不应并排行走，而应当右侧上行，左侧下行。

上电梯时，接待人员要先按电梯按钮，让客人先进。若客人不止一人时，接待人员可先进电梯，一手按住"开"按钮，对客人礼貌地说："请进！"到目的地后，接待人员要一手按"开"按钮，一手做请出的动作，并说道："到了，您先请！"客人走出电梯后，接待人员应立即走出电梯，在客人前面引导方向。到达会客室开门时，接待人员要把住门把手，站在门旁让客人先进。

(5) 座次礼仪。

客人进入会客室后，接待人员要请客人入座。招待客人入座时，要讲究座次礼仪。请参考本章"拓展阅读"的相关内容。

(6) 端茶倒水礼仪。

当客人入座后，接待人员要主动及时地给客人斟茶。以茶待客是最具中国特色、最受中国人欢迎的待客方式。若来访的客人较多，上茶的顺序一定要慎重。合乎礼仪的做法是：先为客人上茶，后为主人上茶；先为主宾上茶，后为次宾上茶；先为女士上茶，后为男士上茶；先为长辈上茶，后为晚辈上茶。

标准的上茶步骤是：双手端着茶盘进入客厅，首先将茶盘放在临近客人的茶几上或备用桌上，然后右手拿着茶杯的杯托，左手附在杯托附近，从客人的左后侧双手将茶杯递上去，并置于客人右前方。茶杯放置到位后，杯耳应朝向右侧。有时，为了提醒客人注意，可在为之上茶的同时，轻声告之："请您用茶。"若对方向自己道谢，不要忘记答以"不客气"。如果自己的上茶打扰了客人，则应对其道一声"对不起"。

(7) 送客礼仪。

当接待人员与来访者交谈完毕或领导与来访客人会见结束时，接待人员一般都应礼貌地送别客人。"出迎三步，身送七步"是接待宾客最基本的礼仪。接待宾客要善始善终，所以，送别客人是必不可少的环节之一。接待工作是否圆满，在很大程度上体现在送别来宾这一环节上。

送别来宾时，有很多方面要注意。首先，不要在客人面前看表，否则会给客人带来要下"逐客令"的感觉，所以，在会客的时候，接待人员不应总是看时间。其次，当客人提出告辞时，要等客人起身后再站起来相送，切忌没等客人起身，自己先于客人起立相送。更不能嘴里说再见，而手中却还忙着自己的事，甚至连眼神也没有转到客人身上。最后，当客人起身告辞时，应马上站起来，主动为客人取下衣帽，与客人握手告别，同时选择最合适的言辞送别，如"希望下次再来"等礼貌用语。尤其对初次来访的客人更应热情、周到、细致。

① 送别本地客人。对本地客人，一般陪同送至单位楼下或大门口。客人带有较多或较重东西时，送客时要主动帮客人提重物。出办公室时，要轻轻关门，不可将门"砰"地关上，这样极不礼貌。在门口告别时，接待人员要与客人握手，帮客人拉开车门，待其上

车后轻轻关上车门，挥手道别，目送客人离开。要以恭敬真诚的态度，笑容可掬地送客，不要急于返回，应挥手致意，待客人移出视线后，才可结束告别仪式。

② 送别外地客人。首先，要确定时间。对于远道而来的客人，负责送别来宾的接待人员必须重视，一定要提前与对方商定双方会合的时间和地点。对于送别的具体时间，双方不仅要事先商定，而且通常要讲究主随客便。接待人员在安排有关送别活动的时间表时，要留有一定的时间幅度。要在执行上留有适当的余地，即送别人员在执行送别任务时，应当提前到场、最后离场，并且在特殊情况发生时见机行事。其次，要充分准备。具体从事来宾接待工作时，接待人员必须高度重视送别工作，并悉心应对。在送别时，接待人员要注意以下两点：一是限制送别的规模。目前要求简化接待礼仪，所以，有必要对送别规模加以限制。在组织活动时，应突出实效、体现热情，但在实际操作上则应务实从简，在参加人数、主人身份、车辆档次与数量上严格限制，不搞前呼后拥、人海战术。二是在力所能及的情况下，送别来宾所使用的交通工具应由主办方负责提供。对于主办方来说，一定要保证交通工具的数量能够满足要求，以备不时之需。再次，要热情话别。为客人送行，应使对方感受到自己的热情、诚恳、礼貌和修养。接待方应提前为客人订返程的车票、船票或机票。一般情况下，公务接待人员应专程陪同来宾乘车前往车站、码头或机场，亲自为来宾送行。有必要时，可在贵宾室与来宾稍叙友谊，或举行专门的欢送仪式。在宾客临上火车、轮船或飞机之前，送行人员应按一定顺序同来宾一一握手话别，祝愿客人旅途平安并欢迎再次光临。火车、轮船开动之时或飞机起飞之后，送行人员应向宾客挥手致意，直至他们在视野中消失。

2．拜访礼仪

拜访是公务、商务等社会活动中一件经常性的工作，是最常见的社交形式。同时，也是联络感情、增进友谊的一种有效方法。要使拜访做得更得体、更有效，即更好地实现拜访的目的，就要重视和学习拜访的礼仪。

1） 约好时间

拜访前，应事先联络妥当，尽可能事先告知，最好是和对方约定一个时间，以免扑空或打乱对方的日程安排，即使是电话拜访也不例外，不告而访是非常失礼的。如果双方有约，应准时赴约，不能轻易失约或迟到。但如果因故不得不迟到或取消访问，一定要设法在事前立即通知对方，并表示歉意。拜访应选择适当的时间，选择一个对方方便的时间。做客拜访一般可在平时晚饭后或假日的下午，要避免在吃饭和休息的时间登门造访。

2） 做好准备

(1) 明确拜访目的。无论是初次拜访还是再次拜访，都要事先明确拜访的主要目的。

(2) 准备有关资料。商务拜访，比如客户拜访，要准备的资料就包括公司及业界的资料、相关产品资料、客户的相关信息资料、销售资料及方案、针对可能出现的情况事先拟订的解决方案或应对方案、一些小礼品等。此外，名片、电话号码簿等也要事先准备好。

(3) 设计拜访流程。要针对拜访环节准备好最稳妥、最得体的称呼和开场白，选择好话题材料，确定话题范围等。

(4) 电话预约确认。出发前应致电被拜访者，再次确认本次拜访人员、时间和地点等事宜。

(5) 注意礼仪细节。到达前，最好先稍事整理服装仪容。如果是重要的拜访对象，要事先关掉手机，这体现了对拜访对象的尊敬，对访问事宜的重视。

3) 上门有礼

到达拜访地点后，如果对方因故不能马上接待，可以在对方接待人员的安排下在会客厅、会议室或在前台，安静地等候。如果等待时间过久，可以向有关人员说明，并另定时间，不要显出不耐烦的样子。有抽烟习惯的人，要注意观察该场所是否有禁止吸烟的警示。即使没有，也要问问工作人员是否介意抽烟。如果接待人员没有说"请随便看看"之类的话，就不要随便东张西望，到处窥探，那是非常不礼貌的。到达被访人所在地时，一定要事先轻轻敲门，进屋后等主人安排后再坐下。后来的客人到达时，先到的客人应站起来，等待介绍或点头示意。对室内的人，无论认识与否，都应主动打招呼。如果与对方是第一次见面，应主动递上名片，或作自我介绍。对熟人可握手问候。如果你带其他人来，要介绍给主人。进门后，应把随身带来的外套、雨具等物品搁放到对方接待人员指定的地方，不可任意乱放。接茶水时，应从座位上欠身，双手捧接，并表示感谢。吸烟者应在主人敬烟或征得主人同意后，方可吸烟。和主人交谈时，应注意掌握时间。有要事必须与主人商量或向对方请教时，应尽快表明来意，不要不着边际，浪费时间。

4) 礼貌告辞

拜访结束时彬彬有礼地告辞，可给对方留下良好的印象，同时也给下次的拜访创造良好氛围和机会。所以，及时告辞、礼貌告辞这一环节相当重要。拜访时间长短应根据拜访目的和主人意愿而定，通常宜短不宜长，适可而止。当接待者有结束会见的表示时，应立即起身告辞。告辞时要同主人和其他客人一一告别。如果主人出门相送，应请主人留步并道谢，热情地说声"再见"。中途因特殊情况不得不离开时，无论主人在场与否，都要主动告别，不能不辞而别。

5) 拜访过程应注意的礼仪

(1) 准时到达。让被拜访者无故等候无论何种原因都是严重失礼的事情。如果是对方要晚点到，要安静等待。可充分利用剩余的时间，检查准备工作。

(2) 控制时间。谈话时开门见山，不要海阔天空，浪费时间。最好在约定时间内完成访谈，如果客户表现出有其他要事的样子，千万不要再拖延，如为完成工作，可约定下次拜访时间。

(3) 注意言谈举止。要以优雅得体的言谈举止体现素质、涵养和职业精神，赢得对方的好感和敬重。即便与接待者的意见相左，也不要争论不休。要注意观察接待者的举止神情，当有不耐烦或有为难的表现时，应转换话题或口气。总之，要避免出现不愉快或尴尬的场面。

(4) 处理好"握手"与"拥抱"的关系。必须事先搞清对方人员的真实身份，根据主次或亲疏的关系，处理好见面时的礼仪关系。

(5) 尊重对方的习惯。被拜访者的国别、民族、年龄、性别以及爱好、兴趣、习惯各有不同，事先要了解清楚，并给予充分的尊重。

(6) 讲究服饰。服饰事关拜访者自身的职业形象和所代表的机构形象，也体现对被拜访者的尊重。所以，拜访前对服饰的选择和斟酌马虎不得。

(7) 及时致谢。对拜访过程中接待者提供的帮助要及时适当地致以谢意。

(8) 事后致谢。若是重要约会，拜访之后给对方寄一封谢函或留一条短信，会加深对方的好感。

第四节　职　场　礼　仪

人人都希望自己有一个愉快的工作环境，愉快的工作环境会有助于事业的成功。美国著名成功学大师卡耐基曾说过："一个人事业上的成功等于 15%的专业技术加上 85%的人际关系和处世技巧。"可见，现代人在职场中掌握良好的交往艺术是多么重要。

1. 办公室礼仪

办公室礼仪最能体现一个人是否具备良好的素质和个人修养。因为办公室是日常工作的地方，同事们在这里朝夕相处，很多礼仪需要我们去注意，良好的礼仪不仅能树立个人和组织的良好形象，也会关系到一个人的个人前程和事业发展。

1) 办公室的基本礼仪规范

(1) 不要随便打电话。有些公司规定办公时间不要随便接听私人电话，一般在外国公司里用公司电话长时间地经常性地打私人电话是不允许的。私人电话顾名思义只能私人听，但在办公室里打，则难免会被人听到，即使公司允许用公用电话谈私事，也应该尽量收敛一些，不要在电话里与自己的家人、孩子、恋人等说个没完，这样让人感觉不舒服，也有损于你的职业形象。有的办公室里人很多，要是听到有人在打私人电话，最好是佯装没听见。

(2) 要守时，不迟到或早退。上班时间要按时报到，遵守午餐、上班、下班时间，不迟到早退，否则会给公司留下一个懒散、没有时间观念的印象。另外，要严格遵守上班时间，一般不能在上班时间随便出去办私事。国外一个著名企业老板，针对商务白领归纳出13 条戒律，其中一条就是没有守时的习惯，经常迟到早退。

(3) 做错了事勇于承认。如果有些小的事情办错了，当上司询问起来时，如果这事与自己有关，即使别的同事都有一些责任，你也可以直接替大家解释或道歉；如果是自己做错了事，更要勇于承担责任，绝不可以诿过于别人。

(4) 主动帮助别人。当看到同事有需要帮忙的事情，一定要热心地帮助解决。在任何一个工作单位里，热心助人的人都是有好人缘的。

(5) 不要随便打扰别人。当你已经将手头的活儿干完时，一定不要打扰别人，不要与没有干完活的人交谈，这样做是不礼貌的。

(6) 爱惜办公室的公共用品。办公室的公用物品是大家在办公室的时候用的，不要随便把它拿回家去，也不要浪费公用物品。

(7) 中午午睡关好门。许多人有中午午睡的习惯，略休息一下，午睡要关好门。如果你有急事必须进出门时，记住每次进出门后必须带上门。不要怕有关门声而将门半开或虚掩着，这样不礼貌。因为关好门能给午睡者安全感，其心里更踏实，关门声的吵扰相对可以忍受。

2) 办公室环境礼仪

当人们走进办公区的情绪是积极的、稳定的，就会很快进入工作角色，不仅工作效率高，而且质量好；反之，情绪低落，则工作效率低，质量差。如果公区内，呈现出整洁、明亮、舒适的工作环境，就会使员工产生积极的情绪，充满活力，工作也会卓有成效。

随着现代化进程的加快，人们的办公"硬件"水平逐渐提高，办公环境也在不断发展，人们的工作效率也应该相应地提高。

(1) 办公室桌面环境。

办公室的桌椅及其他办公设施，都需要保持干净、整洁、井井有条。正如鲁迅先生所说，"几案精严见性情"，心理状态的好坏，必然会在几案或其他方面体现出来。

从办公桌的状态可以看到当事人的状态，会整理自己桌面的人，做起事来肯定也是干净爽快。他们为了更有效地完成工作，桌面上只摆放目前正在进行的工作文件；在休息前应做好下一项工作的准备；用餐或去洗手间暂时离开座位时，应将文件覆盖起来；下班后的桌面上只能摆放计算机，而文件或是资料应该收放在抽屉或文件柜中。

随着办公室改革的推进，有的公司已废掉了个人的专用办公桌，而是用共享的大型办公桌，为了下一个使用者，对共享的办公桌应更加爱惜。

(2) 办公室心理环境。

"硬件"环境的发展仅仅是提高工作效率的一个方面，而更为重要的往往是"软件"条件，即办公室工作人员的综合素质之一的心理素质。这个观点正在被越来越多的"白领"们所接受。

在日常工作中，人际关系是否融洽非常重要。互相之间报以微笑，体现友好、热情与温暖，就会和谐相处。工作人员在言谈举止、衣着打扮、表情动作的流露中，都可以体现出其是否拥有健康的心理素质。

总之，办公室内的软件建设是需要在心理卫生方面下一番功夫的。因为"精神污染"从某种意义上说要比大气、水质、噪声的污染更为严重，它会涣散人们工作的积极性，乃至影响工作效率、工作质量。为此，在办公室内需要不断提高心理卫生水平，应从以下几个方面努力。

学会选择适当的心理调节方式，使工作人员不被"精神污染"。领导应主动关心员工，了解员工的情绪周期变化规律，根据工作情况，采取放"情绪假"的办法。工作之余多组织一些文娱体育活动，既丰富文化生活，又运用方式宣泄了不良情绪。有条件的可以建立员工心理档案,并定期组织"心理检查",这样可以"防微杜渐",避免严重心理问题的产生。经常组织一些"健心活动",使工作人员能够经常保持积极向上、稳定的情绪,掌握协调与控制情绪的技巧与方式。

3) 办公室里谈话的注意事项

(1) 一般不要谈薪金等问题。

在美国、日本等国家一般最忌讳谈论薪金问题,不论是你问别人的薪水,还是别人问你的薪水,都会让人难以回答。因为在很多公司里,每一个人的工作不一样,得到的报酬也不一样。如果你说出你的薪水比别人高时,容易引起一些麻烦事。

(2) 不要谈私人生活和反映你个人不愉快的消极话题。

不要谈论你的私人问题,也不要在办公室讨论你遇到的不好的事情和现在的不好心情,因为这会影响别人的情绪,或者引起别人对你不好的看法。不要将自己的私人生活全部暴露在同事面前,保留一点神秘感对你是有好处的,让人认为你是一个有魅力的人,一个能处理好自己生活的人,因为一个连自己的生活都处理不好的人是没有可能将公司的重任担当起来的。如果不注意,不但会影响你的形象,也会影响你的前途。

(3) 不要评论别人。

在办公室里最忌讳的是谈论别人的是是非非,正如中国有句古话:当面少说好话,背后莫议人非。当有人在评论别人时,你不要插嘴,也不要充当谣言的传播者。

(4) 在谈论自己和别人时注意别人的反应。

在谈论自己和别人时不要滔滔不绝,而要观察别人的反应来决定谈话是不是继续进行。因为当别人对你所谈论的话题不感兴趣时,就应该转向别的话题。否则,这样的谈话,就会成为大家的负担,而不是一种快乐。

2. 工作交往艺术

1) 与上司的交往

在一个工作单位里,最重要的人际关系是与上级的交往,因为他(她)可以提拔自己也可能处分自己。为了自己的事业有良好的发展空间,员工一定要学会与上级交往的艺术。

(1) 日常交际礼仪。

员工在日常工作中,见到上司要主动打招呼。如果距离较远,不方便呼叫,可注视之,目光相遇,点头示意即可。近距离时,则用礼貌用语问候上司,如"王经理,您好"。进上司办公室时,应先敲门,通报姓名,得到上司允许方可入内。与上司在一起时,言谈举止都要表现出应有的尊重和礼节。如与上司在谈话时,如果自己是坐着的,而上司是站着的,就应该站起来,请上司就座,而不应该毫不在乎地坐在那里。

(2) 工作方面礼仪。

工作中与上司的交往礼仪主要表现在汇报工作与执行工作上。在汇报工作时要注意自己的仪态,表情应该自然,彬彬有礼,语速、音量都要适中,要让领导轻松而又清楚地听到自己的汇报内容,汇报的语气中要充分表现出对上司的尊重。在上司发表意见时,不要插嘴，不要显得不屑一顾。

在听领导布置工作时，一定要专心致志，不能目无领导。当工作无法完成时，或出现比较棘手的任务时，要及时通报，并说明缘由。工作中做错了事，要学会自我检讨，不要找借口，推辞责任。

(3) 与上司沟通的技巧。

首先，要让上司认可。上级最信得过的下级是爱岗敬业、忠于职守、勤勤恳恳的人，所以，作为一个下级，要乐于"鞠躬尽瘁，死而后已"，要尽职尽责、积极主动、出色地做好本职工作，不可故作姿态，光说不练。要以自己的精明实干和出色的工作能力奠定和上司交往的基础。

其次，要虚心接受上司批评，巧妙指出上司的错误。谁都可能出错，面对上司的批评，一定要调整好心态，虚心接受批评。要有一定的组织观念，上司并非是在找茬，他是在履行他的职责。要尊重上级的意见，上级的意见与自己的想法不一致时，如果他的意见没有失误，应按上级的安排去做；如果上级的意见确实不妥，也不要当面顶撞，而应该巧妙地指正上级。

再次，要注意不要到处表现自己。在上司面前，下级应表现得谦虚、朴实。正如一位西方教授所说，人们最迫切的愿望就是希望自己受到重视，尊重上司就会赢得上司。同时，不要忘记赞扬的作用，真心的赞扬是对他人的一种尊重和肯定。这样不但可以满足上司的自尊心，还能赢得上司的好感与信任。还要记住，当自己在工作中有了功劳，不要到处去宣扬，以免让上司感到你是个居功自傲的人。遇到棘手的问题时，也要谦虚请教上司，不要越级去见别的上司。

2) 与同事交往的艺术

在一天的工作中，大部分时间是和同事在一起的。同事之间相处得如何，直接关系到自己的工作、事业的进步和发展。同事之间关系融洽、和谐，人们就会感到心情愉快，有利于工作的顺利进行。而同事之间既存在合作又有竞争的特点，使得同事关系微妙复杂，学会同事间的交往艺术，对自己的工作和生活都有很大帮助。

(1) 互相尊重。

孟子云："爱人者，人恒爱之；敬人者，人恒敬之。"要处理好复杂的同事关系，必须懂得尊重他人。尊重同事，就要尊重同事的隐私。隐私是关系到个人名誉的问题。背后议论别人的隐私，会损害其名誉，可能造成同事间关系的紧张。当同事在写东西、阅读书信或打电话时，应避开，做到目不斜视、耳不旁听。尊重同事，还在于不轻易翻动同事的东西。如果要找同事的东西，要请同事代找；如果他本人不在，要先征得同事的同意。

(2) 真诚待人，互相帮助。

办公室是一个小社会，也是一个小集体。同事间要真诚相待，相互帮助，相互理解，相互宽容。这样的集体才能成为一个团结战斗的集体，才能成为一个有凝聚力，使人心情舒畅的大家庭。同事有困难时，应主动询问，伸出援助之手，给他以人力、物力的帮助；

第十二章 社交礼仪

当某位同事受挫时，应给予诚恳的安慰，要热情地鼓励他，帮助他走出困境；当同事间发生误会时，要有度量，应主动道歉，说明情况，征得对方的谅解，这样会增进双方的感情，使关系更加融洽。对同事的错误和误解要能容纳，"宰相肚里能撑船"，不可"小肚鸡肠"、耿耿于怀。

(3) 经济往来要一清二楚。

同事之间可能有相互借钱、借物、馈赠礼品或请客吃饭的往来，但不能大意忘记。每一项都要清楚明白，即使是小款项也应记在备忘录上，以提醒自己及时归还。向同事借东西如不能及时归还，应每隔一段时间向对方说明一下情况。总之，同事间的物质经济往来要弄得清楚明白，无论是有意或无意地占人便宜都会令对方感到不快，也会影响同事之间的关系。

(4) 透明竞争，权责分明。

同事之间既有合作也避免不了竞争。与同事共处应遵守尊重、配合的原则，明确权责，尽量施展自己的才华，绝不轻率地侵犯同事的业务领域。应在透明、公平竞争中，各自施展自己的才华并求得发展。不要过分表现自己，免得落得孤芳自赏的名声，最后只是孤家寡人一个。但是也不可组建自己的小团伙，制造流言蜚语中伤某位竞争对手。同时做事要尽力而为，量力而行，踏踏实实做好自己的本职工作，不让别人有诋毁自己的机会，努力创造更多与同事沟通的机会，增进同事间的感情，消除彼此间的隔膜，在合作中良性竞争。

(5) 言谈要得体。

与同事交谈时，一定要注意语言要有分寸、要得体。工作场合中要保持高昂的情绪，即使遇到挫折、饱受委屈、得不到上级的信任时，与同事交谈也不要牢骚满腹、怨气冲天。不要把痛苦的经历当作谈资一谈再谈，这样会让人退避三舍。谈论自己和别人时，不要滔滔不绝，要观察对方的反应来决定谈话应不应该继续进行。在工作场合，不要说悄悄话，耳语就像噪声，影响人们的工作情绪，也会引起同事的反感。在与同事相处中，不要得理不饶人。有些人总喜欢嘴巴上占便宜，争上风。他们喜欢争辩，有理要争，没理就更要争三分，这样会使同事们感到烦闷，不利于同事之间的交往。要知道，一个好的倾听者，就是一个好的谈话者。善于倾听别人，能表现出自己对对方的关心与尊重，使对方获得满足感，从而愿意与自己交流。同事之间，善于倾听的人能拥有最多的朋友。

3) 与下级交往的艺术

孔子认为"君使臣以礼"，领导对下属应以礼相待。礼贤下士在中国已经存在了近两千年，像中国古代的点将台、拜将台，都是礼遇下属的体现。作为领导者，应该以礼对待员工，积极与员工进行有效的沟通。

(1) 待人要公平、公正。

《孙子兵法》中所言"上下同欲者胜"。只有上下同心，企业才会有发展。要做到这一点，领导者必须尽力做到公平、公正。因此，上级应该坚持客观、公正地对待下级，不要受情绪的影响。要学会做一个好的倾听者，站在下属的角度去考虑问题。身为领导者，要能听出下属的弦外之音、言外之意，对于下属的情绪和处境要多加理解，抛开自己的情绪。

作为领导，待人不能受偏见的影响，应该平等待人。有些人对某人向来印象不好，无论那个人有多么好都会视而不见、听而不闻，领导者不应该被各种各样的偏见蒙蔽了心灵。同时，身为领导者也不应该太偏激独断，能够听取别人意见才能与员工建立起融洽的关系。

"经营之神"松下幸之助就是一位善于倾听、待人公正的企业家。他经常问他的下属："说说看你对这件事是如何考虑的？""如果是你干的，你会怎么办？"他一有时间就到工厂里转转，以便于听取工人的意见和建议。

(2) 尊重理解下属。

一个成功的领导者应该尊重和理解他的下属，为工作营造一个良好的氛围。上级要尊重下属的人格，尊重他们的意见和建议，让每个人都感受到自己是团队的一员。当下属的工作没有按预定目标完成时，要学会换位思考，理解他们的难处，不能把责任都推到他们头上。领导者要有宽容人的度量，在与下属沟通时，不可分亲疏远近，也不能因顾及面子而冷落了才智之士奋发向上的心，而要以开阔的心胸容纳别人，原谅别人的过错。一个好的上司，要在尊重理解员工之时，宽以待人，严于律己。遇事先从自己身上找原因，这样才能博得下属的爱戴和敬重。

(3) 拿捏好批评和表扬。

表扬和批评相结合是人类自古以来形成的一种管理方法。对于领导者，批评和表扬下属是激励他们继续努力工作必不可少的手段。但是生活中却常能听到对员工大呼小叫、颐指气使的领导和如此抱怨的员工，这就说明批评和表扬需要一定的技巧，才会达到好的效果。

批评是需要理由的。而很多领导会不知不觉地把批评下属当作是发泄情绪或证明自己权威的一种手段。一个优秀的领导者应该在工作中建立明确的奖惩制度，并且贯彻落实、奖罚有度，这样才能树立自己的威信。

批评下属时可以先表扬后批评。因为想让别人顺从地听取批评的意见不是一件容易的事。所以，在进行批评时，可以先从正面肯定开始，这样才不会被看成在搞个人针对，会让人更好地接受。同时，可以提出一些好的建议和忠告来帮助他们改进自己的工作。

批评下属的时候要就事论事。在对员工进行批评的时候，要尽量避免使用一些会使问题扩大化的词语。如男性主管不可以对女职员说"你们女人就是这样"。

批评下属的时候也要选对场合。一般情况下，不要在众人面前批评员工，这样虽然会起到杀一儆百的作用，但会伤害到被批评者的自尊，同时对领导者的形象和涵养也会有不好的影响。尤其值得注意的是，不能当着某部门员工的面批评此部门的领导，这样会让这个受批评的领导尴尬，也会给他以后的工作带来不好的影响。

批评的态度要宽容。批评是帮助员工发现自己的缺点并加以改正和完善的一种手段，而不是彻底毁灭一个人的自信心。所以，领导者在批评下属的时候，语气要温和，不能大动干戈、咄咄逼人。

表扬的技巧在前面的"学习情境"中有详细叙述，这里不再赘述。

4) 与异性交往的艺术

(1) 异性交往中女性的礼仪修养。

女性在工作中,首先要注意自己的个人形象。职业女性发型应以保守为佳,妆容以淡妆为好。办公室女性着装应该庄重、大方,能够体现职业女性的专业素质。同时,职业女性还要注意自己的举止应该端庄、自然、优雅,不要风风火火、慌慌张张,也不要扭捏作态、装腔作势。

女职员在工作中要注意时间效率。尤其在打电话时,最好少打 5 分钟以上时间的电话,如果表述事件不够概括,交代事宜重复啰唆,就会使人怀疑其工作能力。

女性要公私分明。在工作时间内应专心致志地办理公务,不要在工作时间处理私事,要不断提高自身的素质,培养事业心和责任感。

女性在与异性同事交往时得到男性的照顾是很自然的事情,但是要保持清醒的头脑,弄清楚男性是出于礼貌还是另有其他目的,再根据情况恰当处理。

(2) 异性交往中男性的礼仪修养。

男性在工作交往中,不必过分追求外表的光鲜,给人以稳重干净的感觉就可以。男性要讲信誉,说话算数,一言九鼎,正如俗话所说"大丈夫一言既出,驷马难追"。男性只有言出必果,工作认真,办事负责,对女性谦虚和气、有礼貌才能取得女性的信任。

在与异性交往中,男性要有度量,从大处着眼,目光远大,胸怀大志,不计较是非小事,宽厚待人,这样才能获得女性的赞赏。

(3) 异性交往的礼仪原则。

首先,要坦然交往。工作中男女同事完全可以堂堂正正地交往。有些人在与异性交往时表现得过分矜持、紧张或扭扭捏捏,这是一种不自信的表现,更是对别人的一种伤害,因为这会让对方觉得受冷落。现代社会,尤其是女性应摈弃封建社会的陈规陋习,坦然、大方、开朗地与男性同事交往。因为生理原因,男性在工作的某些方面会比女性有优势,与男性同事关系相处好,可以在工作中获得一些帮助。

其次,要注意分寸。"男女授受不亲"的时代虽然已成历史,但是在办公室中,异性之间的交往无论国内国外,还是有一定的度的,这就是说要注意一定的分寸。异性在工作交往中要保持一定的距离。彼此说话要注意分寸场合,不能含有挑逗性的语言,以免引起误会;女性在男性面前的动作也要有所注意,不能在男性面前梳理头发、抚摸自己的皮肤,不能过度地扭动自己的臀部和腰肢,以免发出错误的信号;异性同事之间最好不要过多倾诉婚姻上的不如意;女性与异性上司的交往中也应注意分寸,要保持适当的距离,这既是对上司的尊重,也是异性交往中必须做到的。女性在工作之余,不能参与到上司的私生活中,以免陷入工作之外的纷争。总之,保持适当的距离,出色完成本职工作,才是打动上司的最佳途径,也是保住自己工作岗位最得体的方法。

3. 求职面试礼仪

现代社会在对每个人提出了种种挑战的同时,也提供了各种各样难得的机遇,如何在竞争激烈的人才市场中力挫群雄,一举应聘成功,在具备良好的专业素养的前提下,掌握必要的技巧也不容忽视，尤其是求职面试中的礼仪礼节，它往往起着举足轻重的作用。

1) 面试前的心理准备

无论是刚从学校毕业的新人，还是谋求新职的人，都必须面临求职面试这一关。每一个求职的人，都希望在面试时留给主考官一个好印象，从而增大录取的可能性。所以，事先了解面试时的一些必要的礼节是非常重要的。可以说，这是求职者迈向成功的第一步。中国有句古话："知己知彼，百战不殆。"面试就如同一场试探性的战斗，战斗的双方就是面试单位的主考官和参加面试的自己。心理准备包括如下几点。

(1) 研究主考官。

应聘者"研究主考官"，这里所说的"研究"是要试想一下主考官会从哪些方面来考察、评价面试者。综合起来，有以下几个方面：主考官可能会先评价一下应聘者的衣着、外表、仪态和行为举止；主考官会对应聘者的专业知识、口才、谈话技巧作整体的考核；主考官可能会从面谈中来了解应聘者的性格和人际关系，并从谈话过程中了解应聘者的情绪状况以及人格成熟的程度；主考官会在面试时，观察应聘者对工作的热情程度和责任心，了解应聘者的人生理想、抱负和上进心。

(2) 研究自己。

认识自己，了解自己的长处、兴趣、人生目标、就业倾向等。许多学校都会为毕业生就业求职开设一些辅导，帮助毕业生分析个人的专业和志向，作为毕业生的自己，可以充分利用这个渠道，为求职预先做好准备。听取家人和有社会经验的亲友的意见和建议，修正个人的志愿，也是很有必要。

搜集招聘公司的相关资料，了解该公司目前的经营状况、企业文化、未来的发展等情况，这项工作可以使自己更能把握现有情况，增强面试时的信心。

事前的演练可以帮助发现问题，放松紧张的精神。

参加面试一定要抱着谨慎的态度，不浪费每一次机会，并把每一次面试当作重要的经验积累起来，千万不要有随便或侥幸的心理。人与人的作用是相互的，你若是郑重其事，对方也自然会更重视。

对于一个大学毕业生来说，毕业工作意味着社会角色的转变，求职是参加工作的第一步，穿着一定要符合新的社会角色。对男士来讲，拥有一套合身、穿着舒服但不用很昂贵的西装是非常必要的。对女士来讲，暂时把时装收起来，身着职业套装会平添几分成熟。

2) 撰写简历

简历主要是针对应聘的工作，将相关经验、业绩、能力、性格等简要地列举出来，以达到推荐自己的目的。由于毕业生就业推荐表栏目和篇幅限制，多数毕业生更希望有一份个性突出、设计精美、能给用人单位留下深刻印象的简历。

(1) 简历的设计原则。

真实、简明、无错是简历设计的三个原则。真实原则就是指简历从内容上讲必须真实，如选了什么课就写什么课，如果没有选，就不要写。兼职工作更是如此，做了什么，就写什么，不要做了一，却写了三或四。因为在面试时，简历就是面试官的靶子，他会就

第十二章 社交礼仪

简历上的任何问题提出疑问。如果我们自己学过或做过，就能答上来，否则自己和考官都会很尴尬，自己在考官眼里的信誉也就没有了，这是很不利的。讲真话，不要言过其实，相信自己的判断力是十分重要的。

如果自己没有参加任何兼职工作可以不写，因为主考官知道你是刚刚毕业的学生，而学生的本职工作就是学习。或许你就是重点地学了本专业，没有顾上其他；或许你在学习本专业的同时选择了第二专业或辅修专业；或许你虽然没有在校外兼职，但在校内系里或班里做了大量社会工作。总之，你会有自己的选择，也会珍惜自己的选择，并为自己的选择骄傲。这样就没有必要为没有兼职工作而苦恼或凭空捏造。请记住，主考官都是从学生过来的，他们会尊重你的选择。

简历最好简单明了。如果简历内容过多，又缺乏层次感，会给人以琐碎的感觉。必要信息如姓名、性别、出生年月、联系电话和地址等一定要写上。相比之下，身高、体重、血型、父母甚至兄弟姐妹做什么工作并不是非常重要，这些内容纯属辅助信息，可要可不要，至少不应占据重要位置。可以将自己认为重要的信息全部浓缩到第一页上，然后把认为次要的信息，诸如每学期成绩单、获奖证书复印件等信息都当作附件。这样的简历主考官只看一页就清楚了，主次分明，非常有效，主考官如果感兴趣，可以继续看附件里的文件。

无错原则是指简历应该没有错误，尽可能在寄出简历之前，一个字一个字地检查一遍，标点符号也不能落下。否则会被认为是一个粗心的人，在激烈的竞争中就可能被淘汰。

(2) 简历的内容。

简历并没有固定格式，对于社会经历较少的大学毕业生，一般包括个人基本资料、学历、社会工作及课外活动、兴趣爱好等，其内容大体包括以下几方面。

① 个人基本材料。主要指姓名、性别、出生年月、家庭住址、政治面貌、身高、视力等，一般写在简历最前面。

② 学历。用人单位主要通过学历情况了解应聘者的智力及专业能力水平，一般应写在前面。习惯上书写学历的顺序是按时间的先后，但实际上用人单位更重视现在的学历，最好从现在开始往回写，写到中学即可。学习成绩优秀，获得奖学金或其他荣誉称号是学习生活中的闪光点，可一一列出，以加重分量。

③ 生产实习、科研成果和毕业论文及发表的文章。这些材料能够反映自己的工作经验，展示专业能力和学术水平，将是简历中一个有力的参考内容。

④ 社会工作。近几年来，越来越多的用人单位渴望招聘到具有一定应变能力、能够从事各种不同性质工作的大学毕业生。学生干部和具备一定实际工作能力、管理能力的毕业生颇受青睐。社会工作对于仍在求学的毕业生来说，主要包括社会实践活动和课外活动，是应聘时相当重要的。

⑤ 勤工助学经历。即使勤工助学的经历与应聘职业无直接关系，但也能够显示出应聘者的意志，并给人留下能吃苦、勤奋、负责、积极的好印象。

⑥ 特长、兴趣爱好与性格。兴趣爱好与性格特点能够展示品德、修养、社交能力及

团队精神，它与工作性质关系密切，所以用词要贴切。

⑦ 联系方式。千万不要忘记写联系地址、电话和邮政编码，以免用人单位因联系不到而失去择业机会。

在按要求完成上述简历的基础上，也别忘了给自己的简历设计一个完美的封面。

3) 面试时的礼仪

面试时首先遇到的就是究竟应何时到达面谈地点较为恰当。是准时抵达还是提前到达？若是早到又应以几分钟为宜？在等待的时间中应该注意什么？由于目前的交通状况不甚良好，令人无法预计准确的车程时间，所以最好提早出门，比原定时间早5～10分钟到达面谈地点，所谓"赶早不赶晚"。早到可先熟悉这家单位附近环境并整理仪容。但如果早到10分钟以上，千万别在接待区走来走去。因为这样会打扰上班的职员，有损他人对自己的第一印象，对后面的面试一点好处也没有。所以此时可向别人询问盥洗室，在那里可再一次检查自己的服装仪容。接下来轮到自己上场面试时，须掌握以下要点。

(1) 入座的礼仪。

进入考官办公室时，必须先敲门再进入，之后应等主考官示意坐下才可就座。如果有指定座位，则坐在指定的位子；但如觉得座位不舒适或光线正好直射，可以对主考官说"有较强光线直接照射我的眼睛，令我感觉不舒服，如果主考官不介意，我是否可换个位置？"若无指定位置时，可以选择主考官对面的位子坐定，如此方便与主考官进行面对面交谈。

(2) 自我介绍的分寸。

当主考官要求作自我介绍时，因为一般情况都已事先附在自传上，所以不要像背书似的发表长篇大论，那样会令主考官觉得冗长无趣。记住将重点挑出稍加说明即可，如姓名、毕业学校名称、主修科目、专长等。如主考官想更深入了解家庭背景及成员，则再简单地加以介绍即可。"时间就是金钱"，通常主考官都是公司的高级主管，时间安排相当紧凑，因而说明越简洁有力越好，若是说得过于繁杂会显不出重点所在，效果反倒不好。

(3) 交谈的礼节。

交谈是求职面试的核心。面试是与面试官交谈和回答问题的过程，在这个过程中要根据自我介绍和交谈内容控制音量的大小、语速的快慢、语调的委婉或坚定，声音的和缓或急促，在抑扬顿挫之中表现出坚定和自信。如果装腔作势，会给人一种华而不实、在演戏的感觉。

回答问题是面试交谈的重要方面，得体地回答面试官提出的问题是取得成功的关键，面试者要对面试官可能提到的问题有充分的准备。

(4) 拥有职业化举止。

一家医疗机构为了选拔护士长进行了一次面试。一位应试者在笔试中是佼佼者，但在面试过程中，她不但拍桌子，脚不断地敲打地板，身体还时不时地扭动。她认为自己很有希望，但结果却落选了。她为什么会落选呢？原因就是她缺乏职业化的举止。

许多的面试者往往只注重衣着和话语，而忽略了胜过有声语言的形体语言。职业化的

第十二章 社交礼仪

举止，就是一种无声却胜过有声的形体语言。形体语言是指人的动作和举止，包括姿态、体态、手势和表情。

在面试中，面试者应该特别注意自己的站姿、坐姿、走姿、握手和表情等。

站姿给人的印象非常重要。人们往往认为其简单而忽略了它的重要性。站立应当身体挺直、舒展、收腹，眼睛平视前方，手臂自然下垂。这样的站姿给人一种端正、庄重、稳定、朝气蓬勃的感觉。如果站立时歪头、扭腰、斜伸着腿，会给人留下轻浮、没有教养的印象。

面试时的坐，不要贪图舒服。许多人养成了瘫坐的习惯，在面试时一下子就表现出来了。正确的坐姿从入座开始，入座的动作要轻而缓，不要随意拖拉椅子，身体不要前后左右晃动，背部要与椅背平行，沉着安静地坐下。落座后，上身要保持直立状态，既不前倾，也不后仰。双手自然下垂，肩部放松，五指并拢。男女的坐姿还有一定的区别：男士可以微分双脚，这样给人以自信、豁达的感觉，双手可以随意放置；女士一般要并拢双膝，或者小腿交叉端坐，这样，给人端庄、矜持的感觉，双手一般要放在膝盖上。

以下这些做法是应该避免的：拖拉椅子，发出很大的声音；一屁股坐在椅子上；坐在椅子上，耷拉着肩膀，含胸驼背，给人萎靡不振的感觉；半躺半坐，男的跷着二郎腿，女的双膝分开、叉开腿等，给人放肆和缺乏教养的感觉；坐在椅子上，脚或者腿自觉不自觉地颤动或晃动。

面试时重要的是自信。这种自信可以通过走姿表现出来。现在，越来越多的公司强烈地意识到走姿的重要性。自信的走姿应该是，身体重心稍微前倾，挺胸收腹，上身保持正直，双手自然前后摆动，脚步要轻而稳，两眼平视前方。步伐要稳健，步履自然，有节奏感。需要注意的是，如果同行的有公司的职员或接待小姐，不要走在他们前面，应该走在他们的斜后方，距离一米左右。

每个人都会有一些属于自己的习惯动作，如挠头、揉眼睛、玩手指、双手交叉在胸前等，若是在平时，尽可以去做，但在面试时，都要省略，它们会分散人的注意力，给面试考官留下不好的印象。中国有句古话"此时无声胜有声"，用无声的、职业化的举止，向招聘者表明"我是最适合的人选"。

(5) 面试的其他细节。

正在面试时，千万不要出现不礼貌的行为，因为一些小动作也会被主考官列作评判内容。以下举例说明须留意的小节。

不嚼口香糖、不抽烟，尤其现在提倡禁烟，更不要在面谈现场抽烟。与人谈话时，口中吃东西、叼着烟都会给人不庄重的感觉，也显得不尊重对方；不可要求茶点，除非是咳嗽或需要一杯水来镇定自己；不要随便乱动办公室的东西；不要谈论个人故事而独占谈话时间。

自己随身带的物品，不可放置在面试考官的办公桌上。可将公文包、大型皮包放置于座位下右脚的旁边，小型皮包则放置在椅侧或背后，不可挂在椅背上。

离座时记住椅子要还原，并向主考官行礼以示谢意。

在一般面试者看来，主考官向你表示面谈结束，求职面试的全过程就结束了。其实不然，这只是面谈的结束，求职还没有结束。此时此刻，作为求职者，万万不可大意，认为大功告成或没有希望了。面谈结束后的礼仪同样很重要，也许可以扭转之前的不利局面，在困境中重新获得生机。

第五节　社交礼仪修养

社交礼仪修养是指一个人在社会交往实践活动中，根据一定的社交礼仪原则和规范自觉地进行学习和训练，以使自己养成一种时时事事按礼仪要求待人接物的行为习惯的过程。社交礼仪的修养不仅指对礼仪的学习、练习，还包括将所习之礼培养成一种习性或者说是品性的过程，非一朝一夕可练就。一般说来，应着重于知、情、意、行的统一，注重运用以下方法。[①]

1. 树立学习礼仪的意识

在明确礼仪重要性的基础上，最关键的就是必须树立长久的"习礼意识"，处处留心，时时经意。礼仪是一个社会文化沉淀的外显方式，经历了传承、变异的过程，它的习得首先便是个体的"社会化"的过程。也就是说，它是靠传统，靠有意无意地模仿，靠周围环境的影响，靠在交际实践中不断地学习、摸索，并逐渐地总结经验教训而习得的。同时，就社会方面而言，为适应现代市场经济发展的需要，开办一些礼仪的学校或短期培训班，也可通过电视、广播等传播媒介开办专题系列讲座，发挥大众传媒的示范作用，这些都是人们学习礼仪的良好方法。

2. 陶冶尊重他人的情感

在礼仪教育过程中，情感是由知到行的桥梁。陶冶情感就是要使受教育者产生一种尊重他人的真挚的情感，能够时时处处替他人着想，对人始终抱有一种热情友好的态度。我们大概都有这样的体验，在交际活动中如果遇到一个对人热情诚恳的人，那么就能与其建立起一种良好的关系；相反，如果碰到的是一个冷漠无情或虚情假意的人，则难以产生一种融洽交流的气氛。一个人可以很快就了解一些礼仪方面的知识，但若缺少对人的情感，那么他就无法使这些礼仪形式完满地表现出来，这些形式也就成了没有灵魂的躯壳。因此可以看出，情感比认识具有更大的保守性，改变情感比改变认识要困难得多，陶冶情感是礼仪教育中更为艰巨的一项任务。

3. 锻炼履行礼仪的意志

要使礼仪规范变成自觉的行为，没有坚韧不拔的意志是办不到的。意志坚强的人能有效地控制自己的言行，特别是在不顺利的情况下也能不畏困难，始终不渝地按照自己的信念待人处世。同时，还要有意识地摒弃不合礼仪的旧习惯，养成遵从礼仪的新习性。

习性是一个人行为方式的自动化，是不需要多加思考和意志努力的行为方式，它受人

[①] 何浩然. 中外礼仪. 大连：东北财经大学出版社，2002

第十二章 社交礼仪

的性格核心层和中介层的支配与制约。一个人的行为习惯是其观念、态度下意识的表现。习性一旦形成，便具有一定的稳固性，但通过意志努力可以使之改变。因此，不该以"习惯成自然"为由，姑息迁就那些不合礼仪的坏习惯，而应从思想观念上加以重视、加强"礼仪意识"，牢记坚强的意志是保证实现礼仪规范的精神力量。

4．养成遵从礼仪的行为

礼仪规范是为维护社会生活的稳定而形成和存在的，实际上是反映了人们的共同利益要求。社会上的每个成员不论身份高低、职位大小、财富多寡，都有自觉遵守、应用礼仪的义务，都要以礼仪去规范自己的一言一行、一举一动。如果违背了礼仪规范，就会受到社会舆论的谴责，自然交际也就难以成功。例如，苏联领导人赫鲁晓夫(Khrushchev)在这方面就有前车之鉴。他在一次联合国会议上为了让人们安静下来，竟然脱下鞋子，并用鞋子敲打会议桌子。他的不雅举止显然违背了礼仪规范，更有损他本人及苏联的国际形象。在这次会议上，联合国做出决定：对苏联代表团罚款一万美元。可见，违背社交礼仪的遵守原则是不行的。从这一原则出发，关键是要养成良好的习惯。

小故事 12-3

令人尴尬的女经理

某省会城市一家三星级饭店的女总经理，衣着得体大方，语言热情适宜，正在宴请北京来的专家。席间，秘书突然过来说有急事，请她暂时离席去送外宾，可是这位女经理迟迟未起身。原来双脚不堪忍受高跟鞋束缚，出来"解放"了一会儿，突然有了情况，一时找不到"归宿"，令女经理好不难堪。造成这种情况的原因恐怕不是不懂礼仪知识，而是还没有养成良好的习惯，对礼仪规则遵守得不够造成的。所以，养成遵从礼仪的行为是十分必要的。

(资料来源：李兴国．现代社交礼仪．哈尔滨：黑龙江科学技术出版社，1998)

礼仪教育的综合结果就在于使人们养成良好的礼仪行为，也就是使人们在交际活动中对于礼仪原则和规范的遵从变成一种习惯的行为。衡量礼仪教育的效果如何，主要不是看受教育者了解了多少有关礼仪的书本知识，而是看他在交际活动中的行为是否符合礼仪规范的要求，是否能够促进交际活动顺利进行。因此，在礼仪教育中，要认真组织和指导受教育者的行为演练，通过严格的训练掌握调节行为的能力，养成良好的行为习惯。从一件件具体、琐碎的小事做起，点滴养成；大处着眼，小处着手；寓礼仪于细微之中，逐渐成习。

在礼仪教育过程中，知、情、意、行是相互联系、相互渗透、相互促进、缺一不可的。没有知，情就失去了理性指导，意和行就会是盲目的；没有情，就难以形成意，知就无法转化为行；没有意，行即缺乏巨大的力量，知和情也就无法落到实处；没有行，知、情、意都没有具体的表现，也就都变成了空谈。因此，在礼仪教育过程中，要坚持晓之以理、动之以情、炼之以意、守之以行。

小知识 12-4

有教养者的十大特征

1. 守时。无论是开会、赴约，有教养的人从不迟到。他们懂得，即使是无意迟到，对其他准时到场的人来说，也是不尊重的表现。

2. 谈吐有节。注意从不随便打断别人的谈话，总是先听完对方的发言，然后再去反驳或者补充对方的看法和意见。

3. 态度和蔼。在同别人谈话的时候，总是望着对方的眼睛，保持注意力集中，而不是翻东西、看书报，心不在焉，显出一副无所谓的样子。

4. 语气中肯。避免高声喧哗，在待人接物上，心平气和，以理服人，往往能取得满意的效果。扯开嗓子说话，不但不能达到预期目的，反而会影响周围的人，甚至使人讨厌。

5. 注意交谈技巧。尊重他人的观点和看法，即使自己不能接受，也不当着他人的面指责对方是"瞎说"、"废话"、"胡说八道"等，而是陈述己见，分析事物，讲清道理。

6. 不自傲。在与人交往相处时，从不强调个人特殊的一面，也不有意表现自己的优越感。

7. 信守诺言。即使遇到某种困难也不食言。自己谈出来的话，要竭尽全力去完成，身体力行是最好的诺言。

8. 关怀他人。不论何时何地，对妇女、儿童及上了年纪的老人，总是表示出关心并给予最大的照顾和方便。

9. 大度。与人相处胸襟开阔，不会为一点小事情而和朋友、同事闹意见，甚至断绝来往。

10. 富有同情心。在他人遇到某种不幸时，尽量给予同情和支持。

（资料来源：http://www.58751.com/wanjiajiaoliu/2220.html）

拓 展 阅 读

交际活动中的方位次序礼仪

方位次序是指对参加社交活动的个人、团体或国家按照一定的惯例进行排列的先后次序。它是日常接待工作中应遵守的规则，体现了接待方对宾客尊重的心理。方位次序礼仪是日常工作中经常遇到的问题。它看起来简单，但稍不注意出现了差错，就会使参与者处于尴尬的境地，甚至影响工作的顺利开展。因此，在交际活动中千万不可小视方位次序礼仪。

1) 方位次序原则

凡两个人以上在一起行走、站立、坐……都有一个方位次序的问题。谁在左边，谁在右边，谁在前面，谁在后面都有一定的规则。在商务活动中，我们通常遵循"以右为尊"、"前排为尊"、"中间为尊"的原则。"以右为尊"即是当两个人就座、行走时，右边的位置比左边的更尊贵。应当让职位高者、长者、客人、女性处于右侧，以表示对他们的尊重。当几个条件同时存在时，应当视场合而定。在商务场合，应以职位高者为尊者，让其在右侧。若是社交场合，应先按年龄，再按性别的顺序进行安排。"前排为尊"即是在会议、合影、行走时，应以前排的位置为尊。"中间为尊"即在会议、合影、行走时，应以中间的位置为尊。

2）不同场合的位次礼节

（1）主席台的座次。

主席台上的座次顺序略有不同，它是按"中间为尊"、"以左为尊"的原则来确定位次的。"中间为尊"就是把职务最高者居中，然后再按"以左为尊"的顺序先左边后右边依次向两边递延，这是我国传统的"以左为尊"观念的体现。主席台上的人数若是双数，只要把最后一个位次暂时先去掉，使人数变成单数，再按照"中间为尊"原则确定第一号人物，再按"以左为尊"原则依次向两边排序，再把最后一个位次依照刚才的排序方法加在最后即可。

（2）会见的位次。

会见、会谈、接待、拜访等许多场合都涉及座次问题，我们应按国际惯例"以右为尊"的原则来安排。但由于会客室桌椅摆放各不相同，所以其体现方式也不尽相同。因为会客室大小不一，门所在的位置、方向也不相同，这些都影响了桌椅的摆放方位，上座、下座的确定也不尽相同。一般来说，主要有以下几种摆放方式。

① 并列式。并列式是指主、客双方并排面对门而坐，门通常在主、宾的正前方。会见时，第一主人应该请主宾坐在他的右侧(上座)，主宾双方的其他人员则各自一方按其身份高低依次排列就座，翻译或记录人员可在其两边或后侧就座。

② 相对式。相对式是指主人与客人相对而坐。这要依据门的位置来布置会客室。确定位次的总原则是：离门远、面对门的一侧是上座；离门近、背对门的一侧是下座。应该让客人坐在离门远、面对门的上座。具体还要根据门的方位与桌子的摆放来确定上座和下座：进门后，桌子横摆，那么离门远、面对门的是上座，应该让客人坐。进门后，桌子竖摆，即桌子的窄端面对门的时候，以进门后面对桌子窄端的右手一边为上座。如果在办公室接待来访者，那么离办公桌远、靠窗户近、比较安静的座位是上座。

③ 自由式。自由式即宾主自由选择座位，不事先安排座次。这种位次方式通常用于宾客比较多，不便于排座次时；或宾主双方关系比较密切，不需排座时。这种座次方式也能营造出一种轻松的谈话氛围。

（3）会谈的座次。

会谈是由主客双方或多方就共同关心的问题交换意见和看法，寻求解决办法的一种沟通形式。会谈的氛围一般比较严肃，座次安排要求更加规范。

① 相对式。相对式一般使用长形或椭圆形谈判桌，宾、主各自列于桌子两侧，主谈人员居中，其他人员按以右为尊原则，依职位高低由近而远分坐于主谈人员两侧。根据谈

判桌的摆放和门的方位，通常有两种座次安排方法：一是谈判桌的窄端面向门，进门后右侧为上，是客方所坐；左侧为下，是主方所坐。二是谈判桌横放，面对正门的一方是上座，为客方所坐；背对门的一侧是下座，为主方所坐。

② 主席式。这种形式适合三方或三方以上的多边会谈。在会场里面设一个主席台，发言人轮流到主席台上发表意见、陈述观点。

③ 自由式。这种形式适合多方(三方或三方以上)会谈，可以不排列顺序，随意而坐。会场通常是圆桌式的会场布置，表明各方平等的关系。一般东道主坐于背靠门的下座，表明对客方的尊重。

④ 商务宴请的座次。商务宴请的座次，人们讲究以右为尊，即离主人近为尊，离门远为尊。中餐座次，习惯让男性和女性各坐一边。男主宾坐在男主人右边，女主宾坐在女主人右边，其他来宾按职务高低依次排列。如有翻译，翻译可坐在主宾的右侧。

另外，也可按"之"形排列法或对角线排列法排列座次。人数较多的正规宴请，应该事先在桌上摆放名牌，主人就可示意大家按名牌入席。如果未放置名牌，主人就要邀请客人坐上座。假设主宾身份甚高或主人十分敬重他，就可以请主宾坐在正中，自己向左移一位(按中国传统礼节，主宾此时应该推辞、谦让一番，在主人坚决请求下再入座。不过现代人已经不需要过多的客套，略略谦让一下即可，如果老是推辞，大家都不能入坐)。这样的移动会影响到整个座次的安排，但是不论怎样坐，背靠门口的座位一定要让主人一方的人来坐，因为这是个下座。

(4) 乘车的座次。

在接待工作中，我们常常为来宾安排乘坐轿车等事宜，乘车座次如何安排也是一项体现工作人员工作是否周密、对来宾的尊重程度如何的一个重要方面。由于各国交通规则不同，在不同的国家，轿车座次礼仪也不相同。英、美等国是靠左行驶，我国是靠右行驶。以我国为例，乘坐轿车的位次原则如下：右高左低，后高前低。另外，情况不同，也有不同的安排。我们既要按原则办事，又要尊重他人的选择。

① 驾驶者是专业司机时。双排五座轿车，除司机外其他人员的尊卑位次是：后排右座，后排左座，后排中座，前排副驾驶座。若非常讲究座次的话，则后排只安排两人。

② 驾驶者是主人时。当主人开车时，位次尊卑顺序不同。双排五座轿车，其他人员的尊卑位次是：副驾驶座，后排右座，后排左座，后排中座。主宾应该坐在前排副驾驶的座位，与身份相当的主人并排而坐，也表示了对主人的尊重。若非常讲究坐次的话，则后排只坐两人即可。

3) 不同场合的次序礼节

(1) 行走的次序礼节。

行走次序是指人们在步行中的位次排列顺序。商务人员经常陪同领导、宾客时，要特别注意这个问题，不可违反，否则有不礼貌之嫌。行走原则一般有如下几条。

① 二人行。前后行：前为尊，后为次；左右行：右为上，左为下；沿路行：内侧为上，外侧为下。

第十二章 社交礼仪

② 三人并行：中为尊，右为次，左为下。
③ 男女同行：女在右，男在左；或女在内侧，男在外侧。
④ 主客同行：主人应让客人走在内侧，主人走在外侧；若路况不好或路灯不明时，主人应走在客人前面，照顾、提醒客人。

(2) 乘坐电梯的次序礼节。

有电梯工值守时，应让尊者、客人先进或先下。没有电梯工值守时，接待人员应先进电梯，按住电钮，请尊者、客人后进或先下，防止被门夹住。

(3) 上下楼梯的次序礼节。

上楼梯时，应让上司、客人、年长者、女士走在前面，秘书、随员走在后面。下楼梯时，男性、年轻人、主人应走在前面，上司、年长者、客人、女士走在后面。这种次序礼节是使尊者、需要照顾者总处在上方，万一他们不小心踏空摔倒，走在下面的人能很快将他们扶住。如果接待的是女士，而她又穿着短裙，上楼梯时接待人员要走在前面，这是为防止女士所穿短裙高高在上，有"走光"的危险。

(4) 进出门的次序礼节。

在接待工作中，商务接待人员经常要引导客人进出房间。如果房间门朝内推，接待人员应走到前面，进门后把房门推开，扶持好，等尊者进门后，再把门关好；如果房间门朝外拉，接待人员也应走上前去把门拉开，扶持好，等尊者进门后，自己再跟进来，并把门关好。

(资料来源：王芬. 商务活动中的方位次序礼仪. 商场现代化，2008(15))

社交中应努力戒除的不良举止

一个人的举止端庄、行为文明、动作规范，是良好素养的表现，它能帮助个人树立美好形象，也能为组织赢得美誉；反之，则会损害组织形象。

《人民日报》有过这样一则报道：中国长江医疗机械厂经过艰难的谈判即将与美国客商约瑟先生签订"输液管"生产线的合同。然而在参观车间时，厂长陋习难改，在地上吐了一口痰。约瑟看后一言不发，掉头就走，只留给厂长一封信，"我十分钦佩您的才智和精明，但您吐痰的一幕使我彻夜难眠。一个厂长的卫生习惯可以反映一个工厂的管理素质。况且我们合作的产品是用来治病的，人命关天。请原谅我的不辞而别，否则上帝都会惩罚我的。"

一口痰毁了一项合同，可见，日常举止是优美仪态的一个重要组成部分。端庄的举止、文明的行为体现在日常生活的方方面面，社交中也要求人们对举止有一定的约束。以下不受欢迎的坏习惯和不良举止就应在社交中努力戒除。

1) 冒冒失失的行为

行为冒失的人，往往是"目中无人"，以自我为中心，不考虑自己的行为是否会对他人造成影响。行为冒失的人的行为特征是手脚太"快"，动作太"硬"，幅度太"大"。有些人是手脚冒失，如在庄重肃穆的场合，冒失的人往往会蹿来蹿去；展览会上的展品他会随便去摸；进别人的房间时，往往忘了敲门；由于手脚冒失经常将物品损坏。有些人是语言冒失，他们常常说话不看对象、不分场合、不讲分寸，结果常常闹出笑话或得罪人。如初次相识，冒失的人便会对对方提出一些不恰当的问题或要求；连别人是否结了婚都没闹清楚，便贸然问人家的孩子是男孩还是女孩；一不小心言语就伤害了别人的自尊心等。有人认为这是性格粗犷、豪爽仗义，其实这些冒冒失失的行为举止，正表现出其在礼仪方面的修养很不成熟。

  2) 公共场合大声说话

  在公共交通工具上、餐厅里、剧院、电梯等地方经常可以看到一些人大声交谈，即使是一些很隐私的问题，他们也旁若无人地大声地交流。这必将影响周围人的心情、思绪，有时甚至让听到者感到难堪。所以，在公共场合应注意控制自己说话的音量，以免干扰别人。如果可以找到一个不影响他人的区域，则最好到这样的区域去谈话。

  3) 随便吐痰，乱扔垃圾

  吐痰是最容易直接传播细菌的途径，随地吐痰是非常没有礼貌而且绝对影响环境、影响我们的身体健康的行为。如果要吐痰，应该把痰吐在纸巾上，丢进垃圾箱，或去洗手间吐痰，但不要忘记清理痰迹和洗手。随手扔垃圾也是应当受到谴责的最不文明的举止之一。

  4) 当众搔痒

  搔痒的举止很不文雅，但瘙痒的原因很多，出现这些情况时，要按所处场合来灵活掌握。如果处在极严肃的场合，应稍加忍耐，如果实在是忍无可忍，则只有离席到较为隐蔽的地方去挠一下，然后赶紧回来。一般来说在公共场合不得用手抓挠身体的任何部位，因为不管怎么注意，抓挠的动作都是不雅的。

  5) 当众嚼口香糖

  有些人必须当众嚼口香糖以保持口腔卫生，那么，应当注意在别人面前的形象。咀嚼的时候闭上嘴，不能发出声音，并把嚼过的口香糖用纸包起来，扔到垃圾箱里。

  6) 当众挖鼻孔、掏耳朵

  有些人用小指当众挖鼻孔或用钥匙、牙签、发夹等当众掏耳朵，这是一个很不好的习惯。尤其是在餐厅或茶坊，别人正在进餐或饮茶，这种不雅的小动作往往令旁观者感到非常恶心。

  7) 当众挠头皮

  有些头皮屑多的人，因为头皮发痒往往在公共场合忍不住挠起头来，顿时头皮屑飞扬四散，令旁人大感不快。特别是在庄重的场合中，这样是很难得到别人谅解的。

  8) 在公共场合抖腿

  有些人坐着时会有意无意地抖动双腿，或者让跷起的腿像钟摆似的来回晃动，而且自我感觉良好，以为无伤大雅，其实这会令人觉得很不舒服。记住，这不是文明的表现，也不是优雅的行为。

第十二章 社交礼仪

9) 当众打哈欠

在交际场合，打哈欠给对方的感觉是对所讲话题不感兴趣，表现出很不耐烦了。因此，如果控制不住要打哈欠，一定要用手盖住嘴，并说"对不起"。

10) 体内发出各种声响

生活经验告诉我们，任何人对发自别人体内的声响都不欢迎，如咳嗽、喷嚏、打嗝、响腹、放屁等。总之，大庭广众之下一定要注意克服。

11) 公共场合吃零食

公共场合吃零食，既不雅观也不卫生，为了维护自身的良好形象，在人来人往的公共场合，最好不要吃零食。

12) 在大庭广众之下行为要稳妥

在大庭广众之下要保持行为举止的稳重大方。如不要趴在或坐在桌子上；不要在他人的面前躺在沙发里；遇到急事时，要沉住气，不要慌张奔跑，表现出急不择路的样子。这些不稳妥的举止都会影响自身的交际形象。

此外，参加正式活动前吃带有刺激性气味的食品，公共场合对别人品头论足等也是必须克服的不良举止。

(资料来源：张岩松，罗建华. 社交与家庭礼仪. 北京：北京大学出版社，2010)

思考与训练

1. 3～5人一个小组，每组设计一个见面场景，将称呼、介绍、握手等见面礼、问候、递接名片等交际礼仪，连贯地演示下来，学生对各组的表演进行评价，最后教师总结。表演之前，每组应就设计的场景和成员的角色进行说明。

2. 设计出用于商务场合的富有个性的名片，然后相互之间练习名片的递接。选出最具特色的名片，进行一次名片展览。

3. 请纠正以下电话礼仪中的错误并用正确的礼仪语言重说一遍。

"喂，王芳在吗？"

"对不起，她不在，您有什么需要……"

"不在？算了，算了。"

4. 模拟训练赠送与受赠礼物的礼节。

5. 赴宴应注意哪些礼仪？

6. 进行拜访礼仪实践。学生2～4人为一组，利用业余时间，到亲朋好友家进行拜访。拜访的目的可以是社会调查、礼节性拜访或是请教问题等。拜访结束后，每个人写出详细的拜访过程，在教师的指导下，在全班进行拜访总结。

7. 办公室的天地虽小，可这天地之间方寸皆讲礼仪，你知道办公室礼仪都包括哪些方面吗？假如你要去一个办公室实习，你该做哪些准备？

8. 在职场你认为哪些礼仪是我们需要特别关注的？

9. 怎样展示自己的良好形象并取得面试的成功？
10. 案例分析。

自我介绍不到位

著名礼仪专家金正昆曾谈到这样一件事：有一次去参加春节联欢会，节目开始前我们几个朋友在嘉宾休息室聊天。我们在那儿聊普京和布什这两个总统，讨论到底哪个人口才比较好，哪个人外形比较好，哪个人个人魅力指数比较高，当然这是大家在那儿说笑话了，有的说普京，有的说布什。说着说着来了个小伙子，听清了我们聊的内容就说，我看他们俩都不行，然后自顾自地说了普京的不行，布什的不行。我们大家都误认为他是我们这四五个人中间一个人的熟人，他走之后我们就问，这个是谁的朋友？大家都说不认识，结果在场的四五个人没有一个人认识他。

思考题
(1) 案例中的小伙子的行为存在哪些礼仪错误？
(2) 在交际场合如何避免自我介绍不到位的情况？
(3) 应该怎样进行自我介绍？

电话里的女高音

某杂技团计划于下月赴美国演出，该团团长刘明就此事向市文化局作请示，于是他拨通了文化局局长办公室的电话。

可是电话响了足足有半分多钟的时间，不见有人接听。刘明正纳闷着，突然电话那端传来一个不耐烦的女高音："什么事啊？"刘明一愣，以为自己拨错了电话："请问是文化局吗？""废话，你不知道自己往哪儿打的电话啊？""哦，您好，我是市歌舞团的，请问王局长在吗？""你是谁啊？"对方没好气地盘问。刘明心里直犯嘀咕："我叫刘明，是杂技团的团长。"

"刘明？你跟我们局长什么关系？"

"关系？"刘明更是丈二和尚摸不着头脑。

"我和王局长没有私人关系，我只想请示一下我们团出国演出的事。""出国演出？王局长不在，你改天再来电话吧。"没等刘明再说什么，对方就"啪"地挂断了电话。

刘明感觉像是被人戏弄了一番，拿着电话半天没回过神来。

（资料来源：http://www.liyi360.com/2009/11/27/ajgkv.htm，009-11-27）

思考题
(1) 本案例中"女高音"接电话时哪些地方不符合礼仪规范？
(2) 接电话与塑造组织形象有怎样的关系？

小张错在哪

一位刘小姐和一位姓张的男士在一家西餐厅就餐，男士小张点了海鲜大餐，刘小姐则点了烤羊排。主菜上桌，两人的话匣子也打开了，小张边听刘小姐聊起童年往事，一边吃

第十二章 社交礼仪

着海鲜，心情愉快极了。正在陶醉的当口，他发现有根鱼骨头塞在牙缝中，让他不舒服。小张心想，用手去掏太不雅了，所以就用舌头舔，舔也舔不出来，还发出啧啧喳喳的声音，好不容易将它舔吐出来，就随手放在餐巾上。之后他在吃虾时又在餐巾上吐了几口虾壳。刘小姐对这些不太计较，可这时男士想打喷嚏，拉起餐巾遮嘴，用力打了一声喷嚏，餐巾上的鱼刺、虾壳随着风势飞出去，其中的一些正好飞落在刘小姐的烤羊排上，这下刘小姐有些不高兴了。接下来，刘小姐话也少了许多，饭也没怎么吃。

(资料来源：谢迅. 商务礼仪. 北京：对外经济贸易大学出版社，2007)

思考题
(1) 请指出本例中小张的失礼之处。
(2) 本案例对你有哪些启示？

如何用西餐

老张的儿子留学归国，还带了位洋媳妇回来。为了讨好未来的公公，这位洋媳妇一回国就诚惶诚恐地张罗着请老张一家到当地最好的四星级饭店吃西餐。

用餐开始了，老张为在洋媳妇面前显示出自己也很讲究，就用桌上一块"很精致的布"仔细地擦了自己的刀、叉。吃的时候，学着他们的样子使用刀叉，既费劲又辛苦，但他觉得自己挺得体的，总算没丢脸。用餐快结束了，吃饭时喝惯了汤的老张盛了几勺精致小盆里的"汤"放到自己碗里，然后喝下。洋媳妇先一愣，紧跟着也盛着喝了，而他的儿子早已是满脸通红。

老张闹了两个笑话，一个是他不应该用"很精致的布"(餐巾)擦餐具，那只是用来擦嘴或手的；二是"精致小盆里的汤"是洗手的，而不是喝的。

随着我们对外交往越来越频繁，西餐也离我们越来越近。只有掌握一些西餐礼仪，在必要的场合，才不至于"出意外"。

(资料来源：陈光谊. 现代实用社交礼仪. 北京：清华大学出版社，2009)

思考题
(1) 吃西餐的礼仪有哪些？
(2) 你对此案例有何评价？

糟糕的应聘者

以下是某企业人力资源经理对求职者的忠告。

面试从你接到电话通知的那一刻就已经开始了。也许是等待就业的心情比较迫切吧，我在通知有资格参加下一轮面试的面试者时，一般从电话另一头听到的都是一些浮躁的声音，这里摘了一些我们的对话，供大家参考。

"喂！"

"喂，您好，请问是×××先生吗？"

"你是谁啊？"(当时，我的心里已经不高兴了，但是不会表露出来) "我是××公司的，请问您参加了我们公司的招聘吗？"

"哪个公司？"(肯定是撒大网了)

"我们把您的面试时间安排在了明天的×××，地点在×××。"

"我记一下，你们是什么公司？"(噢，我的天)……

这样我就会把我的看法写在他(她)的简历上，供明天面试的时候参考，影响可想而知！

(资料来源：李扬. 招聘看好什么样的面试者. 中国大学生，2002(7))

思考题

(1) 应该怎样接通知你参加面试的电话？

(2) 你认为面试是从什么时候开始的？为什么？

11. 自我测试。

请你完成下面的选择题，看看自己在办公室是否受欢迎。

(1) 是否经常早到10分钟？(　　)

　　A. 经常　　B. 很多次　　C. 偶尔　　D. 从不

(2) 是否经常打水、扫地？(　　)

　　A. 经常　　B. 很多次　　C. 偶尔　　D. 从不

(3) 是否经常翻人家的东西？(　　)

　　A. 经常　　B. 很多次　　C. 偶尔　　D. 从不

(4) 是否传小道消息？(　　)

　　A. 经常　　B. 很多次　　C. 偶尔　　D. 从不

(5) 是否经常打断别人的谈话而自己浑然不知？(　　)

　　A. 经常　　B. 很多次　　C. 偶尔　　D. 从不

(6) 是否经常向人得意洋洋地夸耀在哪儿进餐、在哪儿购物？(　　)

　　A. 经常　　B. 很多次　　C. 偶尔　　D. 从不

(7) 是不是经常"一杯茶，一根烟，一张报纸看半天"？(　　)

　　A. 经常　　B. 很多次　　C. 偶尔　　D. 从不

(8) 有没有借同事的钱没有还的事情发生，即使数额不多？(　　)

　　A. 经常　　B. 很多次　　C. 偶尔　　D. 从不

参考答案：如果回答 A 项居多，就要好好反省了，因为测试表明你很可能在同事中不怎么受欢迎。如果回答 D 项居多，那说明你很懂得办公室里的礼仪，应该是很受大家欢迎的人物。

第十三章 气 质 培 养

做一个杰出的人，光有一个合乎逻辑的头脑是不够的，还要有一种强烈的气质。

——[法]司汤达(Stendhal)

气质之美与其说是来自内心的修养，不如说它是来自一种对美好事物的欣赏能力。这份欣赏力就使一个人的言谈举止不同流俗。

——[法]罗曼·罗兰(Romain Rolland)

本章提要：

- 气质概述。
- 气质的培养。

第一节 气 质 概 述

1. 气质的概念

气质是个人心理活动的稳定动力特征。它是指在人的认识、情感、语言、行为中，心理活动发生时力量的强弱、变化的快慢和均衡程度等稳定的动力特征。即气质是心理活动表现在强度、速度、稳定性和灵活性等方面的动力性质的心理特征。

心理活动的动力特征主要是指心理过程的速度和稳定性，例如，直觉的速度、思维灵活程度、注意力集中时间的长短；心理过程的强度，又如，情绪的强弱，意志努力的程度；心理活动的指向性，再如有人倾向外部事物，有人倾向内心世界等。

这些相对稳定的心理动力特征的相互联系和相互作用，使人的日常活动带有一定的色彩，形成一定的风貌。世上为什么没有两个完全相同的人，犹如树上没有完全相同的两片叶子一样。气质影响个体活动的一切方面，具有某种气质特征的人，在内容完全不同的活动中显示出同样性质的动力特点。它仿佛使一个人的整个心理活动都涂上个人独特的色彩。例如，一个学生每逢考试就表现出激动，等待朋友时坐立不安，参加比赛前沉不住气，并且经常抢先回答教师的提问，这个学生具有情绪激动的气质特征(我们常常说这是一个情绪化的人)。气质相当于人们日常生活中所说的脾气、秉性或性情。

英国的一些心理学家将"气质"看作"人格"的同义词，但大多数心理学家将气质看作人格的一个组成部分。人们对气质的含义主要有以下三种意见。

(1) 强调个体的情绪方面。西方一些心理学家认为气质是个体的习惯性的情绪反应。

(2) 偏重生理因素。有些心理学家认为，气质是个体生理特征的表现。这种看法与气质的原始含义极为接近。例如，麦独孤(McDougall)认为气质是"体内的新陈代谢或化学变化对心理活动产生的总效应"。

(3) 强调动作反应。有些心理学家认为气质是个体反应的独特模式。奥尔波特(Allport)指出："气质指与个体的情绪有关的各种现象，包括个体对情绪刺激的敏感性、习惯的反应强度与速度以及主导心境的特性、强度与变化等特点，这些个人情绪上的特有现象常随体质而定，因此大部分起因源自遗传。"

我们在这里将气质视为人格的一部分，将气质、性格与能力融合为一体的个性心理倾向表现的形式作为气质来分析。

2．气质的特性

1) 气质的动力特性

气质的动力特性体现为：①心理过程的强度：情绪的强弱、心理体验的程度。②心理过程的速度：知觉速度(反应快慢)、思维灵活度和反应敏捷度等。③心理活动的稳定性：注意力集中的程度和意志力的强弱。④心理活动的指向性：人倾向于外界获得的印象，或倾向于内部，体验自己的情绪，分析自己的思想和感觉等。

2) 气质具有天赋性和遗传性因素

每个人都具有先天性的心理特征，这些特征构成了个人独特的心理活动基础。与生俱来的心理特征是稳定的，是人生固有的，它决定了个人的心理活动动力方面的自然属性，因而使每一个人独具自己特有的色彩。例如，"诚实与虚伪、勤奋与懒惰、公正与自私"等都是天生的，这些天赋的心理活动特性是很难改变的，正如俗语所言："江山易改，禀性难移"。但是在环境和教育的影响下，气质特点并非一成不变，只是这种变化较为缓慢和困难。

3．气质学说

1) 四液说

古希腊著名的医生、哲学家希波克拉底(Hippocrates)认为，每一个人之所以独具特色，是因为在他们身上具有四种体液：血液、黏液、黄胆汁和黑胆汁，这四种体液构成了人体的性质。这四种液体的对应关系见表13-1。

表13-1　四种液体的对应关系

四　液	生理基础	气质类型	特　点
黄胆汁	生于肝	胆汁质	热烈易怒
血液	生于心脏	多血质	热情易变
黑胆汁	生于脾(胃)	抑郁质	稳慎迟缓
黏液	生于脑	黏液质	细微抑郁

希波克拉底认为，四种液体在人体中配合协调人就健康，比例失调人就生病，人的气质取决于这四种液体的混合比例，哪一种液体在人体内占优势，其人就属于哪一种气质类型。他的学说在现实生活中和我们观察到的四种气质类型的典型特点极为一致，相当吻合，所以他的学说对后人关于气质类型的研究有较为深远的影响，受他的影响，气质类型

的名称一直沿用了 2000 多年。

2) 阴阳五行说

我国早在《内经》医学典籍中对阴阳五行学说就有深刻的研究，《周易》、《尚书》等哲学著作中也对阴阳五行说进行过探讨。可见，我国对人类体型、体液的研究迄始是很早的。按阴阳之强弱将人分为：太阳、少阳、太阴、少阴、阴阳平衡。阳即为兴、强、活之意；阴则为抑、弱、冷之说。五行思想是古代的医学家把五行"金、木、水、火、土"与五脏、五色联系起来。其对应关系见表 13-2。

表 13-2 阴阳五行说对应关系

五 行	五 脏	五 色	阴 阳	特 点
金	肺	白色	太阳	刻板
木	肝	青色	厥阴阳	安静
水	肾	黑色	少阴	善欺
火	心	赤色	少阳	实效
土	脾	黄色	太阴	忠厚

小知识 13-1

五 行 人

《黄帝内经》中的《灵枢经》中根据五行和五形进行"人格五分法"。如，对五行人作了如下的描述。

"木形之人，其为人苍色，小头、长面、大肩背、直身、小手足……为才、好劳心、少力、多忧劳于事"，是说木形人，肤色苍白，头小面长，两肩宽阔，背部挺直，身体弱小，体力不强，手足灵活，有才智，好用心机，多忧劳于事物，非常劳心。这一类人属于足厥阴肝经，它的特点是柔美而安静。

"火形之人，其人赤色，广今、锐面小头、好肩背髀腹，小手足，行安地，疾心，行摇，肩背肉满……有气、轻财、少信、多虑、见事明、好颜、急心"。这一类人皮肤呈赤色，齿根宽广，脸型尖瘦，头小，肩背髀腹匀称，手足小，行路步履急速摇动，脊背肌肉宽厚。有气魄，轻财，缺乏信心，多忧虑，对事物观察和分析很敏锐、明白、清楚，爱美，性情急躁。这一类人属于少阳心经，他们的特征是讲求实效，对事物的认识很深。

"土形之人，其为人黄色，圆面，大头，美肩背，大腹，美股胫，小手足，多肉，上下相称，行地安，举是浮……安心、好利人、不喜权势、善附人也"。他们肤色略黄，面圆头大，肩背丰满而健美，腹大，从大腿到足胫都很健壮，手足小，肌肉丰满，全身上下各部分都很匀称，步履稳定，举足很轻。这一类人很安静，不急躁，做事足以取信于人，助人为乐，不喜欢权势，爱结交人。这种人属于太阴脾经，他们的特征是诚恳而忠厚。

"金形之人，其人方面，白色，小头，小肩背，小手腹，小手足，如骨发踵外，骨轻……身清廉，急心，精悍、善为吏"。他们的特征是面方，皮肤白，小头，小肩背，小腹，小手足，足跟坚厚大，其骨如生在足踵的外面一样，骨轻……他们行动轻快，禀性廉洁清白，性情急躁刚强，不动则静，动时则猛悍异常，果断利索，办事认真。这种人属于太阴肺经，他们的特点刻薄寡恩，对任何事物都不肯徇私。

"水形之人，其人为黑色，面不平，大头，广额，小肩，大腹，动手足，发行摇身，下长，背延延然……不敬畏，善欺坑人……"水形人的特点是，皮肤黑色，面部多皱不光整，头大，额部宽阔，两肩小，腹部大，手足好动，骨和脊背很长，行路时摇摆身体。对人的态度既不恭敬又不畏惧，善于欺诈。此种人属于少阴肾经，他们的特征是人格卑下。

我国的阴阳五行学说与体液说源出一辙，颇有异曲同工之妙。

3) 高级神经活动类型说

苏联著名生理学家巴甫洛夫(Pavlov)认为：人类高级神经活动过程就是兴奋与抑制的过程，兴奋与抑制过程的强度、平衡性与灵活性决定人类特有的高级神经活动类型，也称之为兴奋、抑制学说。

兴奋过程是跟有机体的某些活动的发动或加强相联系的；抑制过程是跟有机体的某些活动的停止或减弱相联系的。二者相互依存、相互转化。如，清醒时兴奋占优势，睡眠时抑制占优势。

神经过程的强度，是指大脑皮层经受强烈刺激或持久工作的能力。强刺激引起强兴奋，弱刺激引起弱兴奋。但是，刺激物很强时，并不是所有的有机体都能以相应的兴奋对它发生反应，兴奋过程强的人，对很强的刺激仍能形成和保持条件反射；兴奋过程弱的人，对很强的刺激不能形成条件反射，并且抑制和破坏已经建立的条件反射，甚至会导致神经活动的"分裂"。抑制过程较强的动物可以耐受不间断的内抑制 5～10 分钟，而抑制过程弱的动物则不能耐受持续 15～30 秒钟的内抑制，甚至会导致中枢神经系统的病变。

神经过程的平衡性，指兴奋过程和抑制过程之间力量的对比。兴奋过程的强弱和抑制过程的强弱大体上相近即是平衡的，其兴奋过程和抑制过程的强弱出现较大的差势则是不平衡的。

神经过程的灵活性，是指对刺激物的反应速度以及兴奋过程与抑制过程相互转换的速度。如有的人灵活，有的人不灵活。我们把神经系统的特性看作"天赋的特性"，研究表明，神经过程的三个特性是变化的，例如，兴奋过程强抑制过程弱的动物，经过训练有可能使抑制过程增强而与兴奋过程相平衡。

巴甫洛夫根据神经活动系统的三种特性将高级神经活动分为四种类型。

(1) 强、平衡而灵活的类型。健康、坚强、充满活力的神经活动类型。这是一种最完善的类型，这种类型的人比其他类型的人能较好地与环境维持平衡。这种类型的人受刺激时活泼、灵敏，没有受刺激时倾向于昏沉。他们很容易建立抑制性条件反射。在不良的环境中，这种类型的人也难出现神经性疾病。

(2) 强、平衡而不灵活的类型。能够良好地适应环境。这种类型的个体兴奋过程和抑制过程都强，而且平衡，这是一种坚韧而行动迟缓的类型。由于神经过程不灵活，这种类型的个体很难适应快速变化的环境。即使生活在不良的环境中，也很难出现神经性疾病。

(3) 强而不平衡的类型。个体兴奋过程强于抑制过程，这是一种容易兴奋、不受约束的类型，所以也称为不可遏制型。在特别强的抑制情境中，这种类型的个体倾向于抑郁和昏沉，或者产生难以遏制的行为或攻击性行为。

（4）弱型。这种类型的个体需要特殊的环境才能生存，他们难以建立条件反射。这种类型的个体神经细胞很弱，所以正常强度的刺激也会引起他们的保护性抑制，在新刺激作用下，会产生错乱，甚至衰竭。这种类型的个体常见于神经官能症，他们也很难对抑制性刺激做出反应。环境中的快速、经常性的变化会引起行为错乱。弱型具有一定的保护性，他们只有在特定的环境中生活才有价值。

强、平衡而灵活的类型称为活泼型；强、平衡而不灵活的类型称为安静型；强而不平衡的类型称为兴奋型；弱型称为抑郁型。这些高级神经活动的类型，是人的气质形成的生理基础，得到了人们的认可与接受。

高级神经活动类型与气质类型对应关系见表 13-3。

表 13-3　高级神经活动类型与气质类型对应关系

高级神经活动类型			气质类型	参 照 系
强型	不平衡型(不可遏制型)		胆汁质	常见
	平衡型	灵活(活泼型)	多血质	最常见
		不灵活(安静平衡型)	黏液质	常见
弱型(抑制型)			抑郁质	少见

4．四种典型的气质类型

现代心理学研究了人身上一些共同的或近似的心理活动动力特征的规律，根据人的感受性、耐受性、敏捷性、兴奋性以及内倾、外倾等特征不同程度的结合，按其规律，组织分类，并参照或者说沿用了古希腊著名医生希波克拉底的学说，将这些心理活动的动力特征分门别类地归纳出了四种气质类型，虽说科学依据尚显不足，但是得到了心理学界的普遍认可。气质可分为如下四种典型类型。

1) 胆汁质

胆汁质的特点是强烈的兴奋过程，较弱的抑制过程，情绪难以自制，反应敏捷，行动果断，明显的外倾型。此类人精力充沛，敢说敢干，热情直爽，勇往直前，敢冒风险，冲动莽撞，易怒易躁，激动热烈。

2) 多血质

多血质的特点是情绪兴奋度强，具有灵活性和较高的可塑性，适应性强但稳定性较差，具有外倾性。此类人活泼好动，思维敏捷，情绪易变，朝气蓬勃，注意涣散，兴趣易变，聪明伶俐，善与人交，天真活泼。

3) 黏液质

黏液质的特点是兴奋和抑制过程比较平衡，感情不易兴奋，不易激动，有较强的稳定性和持续性，反应较慢，不易外露，较为内倾。此类人沉着冷静，反应缓慢，坚韧练达，老练，态度稳重，交际适度，注意稳定，埋头苦干，忍耐力强，沉默稳重。

4) 抑郁质

抑郁质的特点是较强的抑制过程，较弱的兴奋过程，反应得缓慢迟钝，感情细腻、深刻，严重内倾。此类人沉默寡言，敏感多疑，意倦，审慎小心，观察力强，注意细节，不善交际，喜欢独处，行动缓慢胆小心细，孤僻冷漠。

以上四种类型的人在对待同一事物中，他们的心理活动、言语表现、行为方式会各不相同。例如，工作中遇到挫折失败，胆汁质的人会暴躁易怒，不问青红皂白与人争斗；多血质的人则会问明问题的症结，在接受教训的同时，他会很风趣地回敬别人，很快地把不愉快的事转移；黏液质的人则会蹲在一旁生闷气，不肯轻易发表意见；而抑郁质的人则经受不住打击，会多疑别人瞧不起自己，可能一蹶不振，成为精神负担。这是比较明显的四种气质类型的不同表现。但是在现实生活中，一个人往往是同时具有几种气质类型特点的混合型。

气质类型特征具体见表13-4。

表13-4　气质类型的具体特征

气质类型	高级神经活动类型	气质心理特征的组合	行为方式的典型表现
胆汁质	强而不平衡型(不可遏制型)	感受性低，有一定耐受性，反应快而不灵活，情绪兴奋性高，抑制能力差，外倾性明显，行为有一定的可塑性	直率、热情、精力旺盛、情绪激动、心境变换剧烈、脾气急躁
多血质	强而平衡灵活型(活泼型)	感受性低，耐受性高，反应快而灵活，情绪兴奋性高，外部表露明显，外倾性明显，行为可塑性大	活泼好动、敏感、反应迅速、喜欢与人交往，注意力转移，兴趣变化，缺乏持久力
黏液质	强而平衡(不灵活型)安静型	感受性低，耐受性高，反应迅速缓慢，具有稳定性，情绪兴奋性、倾性明显，行为有可塑性	安静、稳重、反应缓慢，情绪不易外露，注意力稳定，难转移，善于忍耐
抑郁质	弱型(抑制型)	感受性高，耐受性低，速度慢，刻板而不灵活，情绪兴奋性高而体验深，内倾性特别明显，行为可塑性小	情绪体验深刻，行动迟缓，能察觉他人不易察觉的事情，富于幻想，胆小

气质本身并无好坏之分。气质并不决定人的性格品德，任何气质类型的人，都既可能养成良好的品质和习惯，也可能形成不良的品质和习惯。不论哪一类气质类型都有其闪光的一面，也都有其晦涩的一面，即积极的一面和消极的一面。举例如下。

胆汁质：聪慧活泼——积极；注意涣散——消极。

黏液质：沉着稳重——积极；固执淡漠——消极。
抑郁质：观察细腻——积极；多疑多虑——消极。
多面质：热情敏捷——积极；急躁易怒——消极。

由此看来，不论哪一种气质类型的人都各有所长、各有所短，人生事业成败不在于气质本身，而在于驾驭气质的能力。

气质是与生俱来的心理动力特征，打上深深的遗传烙印，对于一个人来说没有选择的余地，重要的是了解自己，自觉地发扬自己气质中积极的方面，努力克服气质中的消极方面。

5. 气质与性格

气质、性格与能力是个性心理特征的三个重要方面，其中，气质与性格的关系尤为密切。"气质"这一概念与我们平常所说的"禀性"、"脾气"相近似。气质是人生来就具有的心理活动的动力特征。例如，情绪体验的强度、意志努力的强度；知觉的速度、思维的灵活程度、注意力集中时间的长短；有的人倾向于外部事物，从外界获得新印象；有的人倾向于内心世界，经常体验自己的情绪，分析自己的思想和印象等方面在行为上的表现。

性格是个人对现实的稳定的态度和习惯化了的行为方式。性格是人对现实的态度和相应行为方式中较为稳定的心理特征的结合。例如有的人谦虚谨慎，克己奉公；有的人狂妄自大，懒惰自私；有的人勤勤恳恳，认真负责；有的人马马虎虎，敷衍塞责；有的人真诚热情，团结友爱；有的人虚伪奸诈，对人冷漠。所有这些都表明人对周围事物、事业、同事的不同态度和行为方式，都属于性格特征。

性格是反映人的精神面貌的主要标志，一个人的兴趣爱好、行为习惯、知识技能，都以性格为核心而转化，所以，性格可以从本质上反映一个人的个性特征。

性格不是先天具有的，而是在长期的社会活动、劳动实践和环境教育中逐步形成发展的，遗传因素不起决定作用。

气质是先天形成的，在一生中都比较稳定，但气质也具有一定的可塑性，在极为恶劣的条件，或重大生活事件的作用下，气质也会发生显著变化，但是在适当的条件下还会复原。"江山易改，禀性难移"中的禀性就是指与生俱来的"气质"。

因此，气质是后期形成性格的基础，如冲动、暴躁就是气质，内外向就是性格。

1) 气质与性格的区别

气质与性格都是描述个人典型行为的概念。它们的区别主要表现在下列三个方面。

(1) 从起源上看，气质是先天的，一般产生在个体发生的早期阶段，主要体现为神经类型的自然表现。性格是后天的，在个体的生命开始时期并没有性格，它是人在活动中与社会环境相互作用的产物，反映人的社会性。

(2) 从可塑性上看，气质的变化较慢，可塑性较小；即使能改变，也很不容易。性格的可塑性较大，环境对性格的塑造作用是明显的。

(3) 气质所指的典型行为是它的动力特征而与行为内容无关，因而气质无好坏善恶之分。性格主要是指行为的内容，它表现为个体与社会环境的关系。从社会评价的角度来看，性格有好坏善恶之分。人们总是把正直、诚实、勤劳、勇敢、谦虚、认真等看成是良好的性格特征；而把阴险、狡诈、懒惰、怯懦、骄傲、马虎等看成是不良的性格特征。气质没有好坏之分，在评定人的气质时，我们不能说什么气质是好的，什么气质是不好的。因为，每一种气质都有其积极的方面和消极的方面。例如，多血质的人情绪丰富、工作能力强、容易适应新的环境，但注意力不稳定，兴趣容易转移。抑郁质的人感情比较细腻，做事审慎小心，观察力敏锐，善于察觉到别人不易察觉的细小事物，但耐受能力差，容易感到疲劳，容易产生慌张失措的情绪。黏液质的人容易养成自制、镇静、安宁、不急躁的品质，但也容易对周围事物冷淡、不够灵活。胆汁质的人精力充沛、态度直率，能以极大的热情投入工作，但易暴躁，在精力消耗殆尽时易失去信心，情绪易转为沮丧。

具备上述几点完善性格的人可能外向型的人多一点。不过，内向型的人也不必气馁，因为性格可以锻炼。您不妨从打招呼开始，见面点点头，问个好，日久天长以后人们也会觉得某某变了，他和人说话了，这样受到鼓励以后，他可能也增强了人际交往的信心和能力。不必把自己性格内向或外向作为一个包袱，因为每个人的性格和气质有所长也有所短，只要在实际生活中努力发挥自己的优点克服自己的短处，你就可能拥有成功的人生。

2）气质与性格的密切联系

从气质对性格形成的影响上来看。首先，气质会影响个人性格的形成。因为性格特征直接依赖于教育和社会相互作用的性质和方法。气质作为性格形成的一种变量在个体发生的早期阶段就表现出来。有些婴儿喜欢哭或笑，有些婴儿安静，另一些婴儿很好动，这些气质特征必然会影响家庭环境，影响父母或其他哺育者的不同行为反应。一个人的性格就是在这种不同性质的教育和社会环境的相互作用过程中逐渐形成的。其次，气质可以按照自己的动力方式，渲染性格特征，从而使性格特征具有独特的色彩。例如，同样是乐于助人的性格特征，多血质者在帮助别人时，往往动作敏捷，情感明显表露于外，情绪饱满、精力充沛；而黏液质者可能动作沉着，情感不表露于外，表现为踏实肯干、操作精细。同样是勇敢的性格特征，胆汁质的人可能表现为猛打猛冲、怒不可遏；而黏液质的人则可能表现为沉着应战、威武不屈。再次，气质还会影响性格特征形成或改造的速度。例如，要形成自制力，胆汁质的人往往需要作极大的努力和克制，形成之后也很不稳定；而抑郁质的人则比较容易形成，他不用特别抑制自己就能办到。再从性格对气质的影响上来看，性格也可以在一定程度上掩盖或改变气质，使它服从于生活实践的要求。例如，侦察兵必须具备冷静沉着、机智勇敢等性格特征。在严格的军事训练的实践活动中，这些性格特征的形成有可能掩盖或改造着胆汁质者易冲动和不可遏止的气质特征。

3）气质与性格的相互制约

由于性格更多地受社会生活条件的制约，它又是个性心理特征的核心，因而会在一定程度上掩盖和改造气质，即掩盖和改造神经活动类型的特性。例如，从事精细操作的外科医师所应具备的沉着的性格特征，在形成过程中就有可能改造操此职业的胆汁质者的容易冲动和不可遏止的原有气质特征。

第十三章　气质培养

气质类型相同的人，当然容易形成相同的性格倾向，但也可以形成不同的表现性格。气质类型不同的人，既易形成不同的表现性格，也可以形成相同的性格倾向。例如，胆汁质的人，既可以是热情、积极、朝气蓬勃的人，也可以是鲁莽粗暴、不能忍耐、爱发脾气的人。多血质的人，既可以是活泼、亲切而有生气的人，也可以是轻率肤浅而轻举妄动的人。黏液质的人，既可以是恬静、沉着、稳重的人，也可以是懒惰、萎靡不振、对一切事物漠不关心的人。抑郁质的人，既可以是情感深刻而善解人意的人，也可以是孤僻羞怯而郁闷的人。

通常，一个人的气质在童年期表现得比较明显。随着年龄的增长，积累的生活经验日益丰富，他的某种气质特点也就更多为后天获得的个性特征所掩盖。在成人身上，气质和性格往往是有机地交织在一起的，表现为一个人特定的态度体系和行为模式。在日常生活中，我们往往很难把气质和性格严格区分开来。

6. 气质与人格

人格是一个人区别于他人的独特的整体特性，包括气质、性格与能力。气质，是体现在高级神经活动类型上的差异；性格，是体现在社会道德评价方面的差异；能力体现人的综合素质与自我发展的差异。

人格是一个人与社会环境相互作用表现出的一种独特的行为模式、思维模式和情绪反应的特征，也是一个人区别于他人的特征之一。因此人格就表现在思维能力、认识能力、行为能力、情绪反应、人际关系、态度、信仰、道德价值观念等方面。一般地讲，人的形成与生物遗传因素有关，但是人格是在一定的社会文化背景下产生的，所以也是社会文化的产物。

从心理学角度讲，人格包括两部分，即性格与气质。性格是人稳定个性的心理特征，表现在人对现实的态度和相应的行为方式上。从好的方面讲，人对现实的态度包括热爱生活、对荣誉的追求、对友谊和爱情的忠诚、对他人的礼让关怀和帮助、对邪恶的仇恨等；人对现实的行为方式比如举止端庄、态度温和、情感豪放、谈吐幽默等。人们对现实的态度和行为模式的结合就构成了一个人区别于他人的独特的性格。在性格这个问题上，恩格斯曾说，人的性格不仅表现在做什么，而且表现在怎么做。做什么说明一个人在追求什么，拒绝什么，反映了人对现实的态度；怎么做说明人是怎么追求的，反映了人对现实的行为方式。性格从本质上表现了人的特征，而气质就好像是给人格打上了一种色彩、一个标记。气质是指人的心理活动和行为模式方面的特点，赋予性格光泽。同样是热爱劳动的人，可是气质不同的人表现就不同：有的人表现为动作迅速，但粗糙一些，这可能是胆汁质的人；有的人很细致，但动作缓慢，这可能是黏液质的人。气质和性格就这样构成了人格。

第二节　气质的培养

这里所提到的气质培养，实际上主要是人格(气质、性格、能力)的培养，因此，这里所讲的气质，是一种内在修养和外在形象的结合，是一种说不清、道不明却又让人真真切切感受到的美，是可以征服人的内心的一种形象，与漂亮不漂亮无关，是厚重的文化底蕴与素质修养的升华，是经得起时间考验的人格魅力与高雅气质。要想培养自身良好的气质，首先要明确良好气质的基本要求，然后掌握正确的培养方法，长期坚持，一定会达到完善原有气质特征，塑造完美形象的目的。

1. 良好气质的要求

良好的气质包括内在气质和外在的气质，是以其丰富的内在素养为底蕴，加上外在形象的塑造而构成的。内在的优良气质应该是：远大的理想和坚定的信念、高尚的道德品质、扎实的文化知识、良好的心理素质以及积极的创新精神和实践能力。外在的优良气质应该是：在待人接物、为人处世和日常外事等交往中行为得体、语言文明、礼仪庄重、着装得体大方。通过这种内在和外在的气质培养，塑造一个既有人格魅力又具有高雅气质的比较完整的优良气质形象。

如果一个人没有理想、缺乏道德、知识匮乏，就会造成内心空虚，那就无法表现出内在的气质美。而外在的气质又是通过在内在素养孕育的基础上，加上得体的行为举止、文明的语言、庄重的礼仪礼节、大方得体的着装等多方面体现出来，形成一个比较完整的优良气质形象。

良好气质的要求有以下几点。

1) 合适的感受性和灵敏性

感受性是指个体对外界刺激达到多大强度时才能引起反应；灵敏性是指个体心理反应的速度和动作的敏捷程度。感受性过高，势必造成精力分散，注意力不集中，影响正常工作；感受性太低，也会出现怠慢现象，必须随时调节感受性和灵敏性至合适状态。

2) 忍耐性和情绪兴奋性不能太低，可塑性强

忍耐性是指个体遇到各种刺激和压力时的心理承受力。情绪兴奋性是指个体遇到高兴和扫兴的事情时，是否能够控制自己的情绪。人在遇到挫折、压力、巨大挑战的时候，情绪都会有波动，如遇到尖酸刻薄的人、不可理喻的事、控制情绪，保持良好状态，体现出很高的素养就显得很重要。面对这样的问题时，要选择积极的、催人奋进的语言给自己打气，进行心理暗示，告诉自己一定可以战胜挫折。

3) 自信

自信就是相信自己，深信自己有能力去完成自己所负担的各种任务。自信心就像人的能力的催化剂，将人的一切潜能都调动起来，将各部分的功能推动到最佳状态。而高水平的发挥在不断反复的基础上，会逐渐巩固成为人的本性的一部分。自信的人表现在对工作的积极性和主动性上，会产生战胜困难的巨大勇气；缺乏自信是一个人性格软弱的表现，表现为缩手缩脚、犹豫不决，丧失勇气而自卑。

小故事 13-1

小泽征尔因自信而取胜

小泽征尔是世界著名的交响乐指挥家。在一次世界优秀指挥家大赛的决赛中，他按照评委会给的乐谱指挥演奏，敏锐地发现了不和谐的声音。起初，他以为是乐队演奏出了错

第十三章 气质培养

误，就停下来重新演奏，但还是不对。他觉得乐谱有问题。这时，在场的作曲家和评委会的权威人士坚持说乐谱绝对没有问题，是他错了。面对一大批音乐大师和权威人士，他思考再三，最后斩钉截铁地大声说："不！一定是乐谱错了！"话音刚落，评委席上的评委们立即站起来，报以热烈的掌声，祝贺他大赛夺魁。

原来，这是评委们精心设计的"圈套"，以此来检验指挥家在发现乐谱错误并遭到权威人士"否定"的情况下，能否坚持自己的正确主张。前两位参加决赛的指挥家虽然也发现了错误，但终因随声附和权威们的意见而被淘汰。小泽征尔却因充满自信而摘取了世界指挥家大赛的桂冠。

(资料来源：http://www.honggushi.com/Article/cgjl/200909/11344.html, 2009-09-21)

4）诚实

诚实待人和诚实待己。一是对人讲真话，忠诚老实，不弄虚作假，不阳奉阴违；二是要诚实地对待自己，如实地反映自己的优缺点，恰当地评价自己。相信别人，待人真诚，并能积极倾听别人的想法，从他们的行为中寻找优点。恰到好处地推崇赞扬别人。

5）谦虚

谦虚是一种公认的美德，是一种良好的个性品质。"满招损，谦受益"，"莫言人非，莫道己长"确实是一种境界和修养。

6）宽容

宽容，就是能够容忍，有气量，不过分计较和追究，能够谅解他人。做到：一是能以大局为重，不计较个人得失，在非原则问题上能够忍让；二是团结和自己意见不同甚至相反的人一道共事，求大同存小异，保持良好的人际关系；三是不嫉贤妒能，绝不能心胸狭窄。

宽容不是简单地忍受，而是理解、同情、练达、包涵，是因大而容，因容而大。无论遇到多么大的困难，都要认真解决，任何时候都不要为自己的错误找借口，诚恳地感谢指出自己错误的人，同时对他人做错事时要给予谅解与包容。保持心情愉快、舒畅，不为芝麻小事烦心，保持阳光心态。

7）具有较强的观察力和准确的判断力

具有敏锐的观察力，通过着装、表情、言谈举止对人和事进行准确的判断。

8）出色的表现能力和表达能力

通过自己的语言、行动和表情，完整、准确、恰当地表达自己的观点和思想。展示自身的魅力。

以上这些是很完善的人格特征，是人的一生中努力追求和完善一个目标，完美的人格，散发出无尽的气质魅力。

2. 良好气质的培养

举止得体、语言文明大方、人际关系和谐，是完美人格、高雅气质的展现，那么如何培养良好的气质，树立良好的个人形象呢？

1) 培养内在美

精神世界的美与丑是形成气质的内在根源。唯有美好的情操，才有照人的风采。长期的思想文化和道德品质的修养是形成良好气质的重要因素。为此要倍加珍惜自己的青春年华，立志高远，努力学习，加强道德文化修养。培根说过，"读史使人明智，读诗使人灵秀，数学使人周密，科学使人深刻，伦理学使人庄重，逻辑学使人善辩：凡有所学，皆成性格。"唯有内在美，才能导致外在美。而内在美的形成非一日之功，它需要不懈地努力，不断地积累，不断地进行思想文化和道德情操的修养，才能逐渐培养起来。

首先要树立崇高的理想信念。这是现代人培养气质美的基本前提。理想信念是人生奋斗的目标和指路明灯，没有理想信念的追求和支撑，人只能浑浑噩噩、内心空虚、萎靡不振，所以有人说：没有理想信念的青春是灰色的，没有理想信念的行为是盲目的，没有理想信念的生活是乏味的。现代人一旦树立了坚定的理想信念，就会朝气蓬勃、充满斗志、乐观向上，朝着明确的目标，以坚强的毅力，努力提高精神境界，塑造高尚的人格。这样，就会在工作和生活中塑造出美好、阳光的气质和风度。

其次要培养高尚的道德品质。道德品质的纯洁高尚或庸俗低下是一个现代人是否受欢迎的分水岭。道德高尚的人具有爱心、诚信、真心，以热爱祖国、服务人民、崇尚科学、辛勤劳动、团结互助、诚实守信、遵纪守法、艰苦奋斗为自己的道德准则，使自己成为引领社会主义道德风尚的楷模。

2) 培养语言美

古人云："言，心声也；书，心画也。"语言是心灵之窗，其粗俗与文雅，是一个人道德情操和知识水平的反映。因而大学生要在培养健康、文雅、深刻的语言上下功夫。首先，要有健康的语言，即语言所表达的内容要健康、高尚、清洁。健康的语言产生于美好的心灵。一个志向远大、品德高尚、内心充实的大学生，自然会将粗鄙的内容排斥于谈吐之外；相反，满嘴污言秽语的人，也正反映出他心灵深处的肮脏。因此，语言美首先要使语言的内容美。其次，要有文雅的语言，即语言要讲究艺术。语言是人与人交往的桥梁。俗话说："良言一句三冬暖，恶语伤人六月寒。"高雅优美的语言可以消除误会，增进友谊；相反会造成隔阂，甚至酿成大祸。再次，大学生的语言一定要有深刻性。无论是与人交谈、会上发言，还是写文章，都要有深度，有一定的见解和水平，切忌言之无物的空话。因此大学生要在培养健康、文雅、深刻的语言上下功夫。

3) 培养鲜明的个性

良好的气质还表现在鲜明的个性上。现代人要注意个人的涵养，遇事不急、不慌、不怒、不狂；待人接物有主见、有智慧、有度量、有修养，能体贴人、谦让人、帮助人。要做到：高雅但不高傲、自尊但不自负、温柔但不懦弱、活泼但不轻浮、开朗但不粗俗、天真但不幼稚、成熟但不世故。

4) 培养高雅的兴趣爱好

兴趣爱好的广泛也是气质美的内涵之一。作为现代人要努力做到一专多能。一专就是对自己所学的专业、所从事职业的相关知识、业务能力要刻苦钻研、专心致志、有所发明、有所创造。多能就是兴趣爱好广泛，培养爱美之心。如爱好文学、喜欢读书可以让你

第十三章　气质培养

了解人情世故，还可以提高语言表达能力，显得有书卷气；爱好音乐可以让你更热爱这个动感的世界；爱好美术可以让你感受色彩的美丽，享受这五彩缤纷的世界；爱好体育和舞蹈可以让你身健体美，让病痛远离你，让健康伴随你。总之，高雅的脱离了低级趣味的广泛的兴趣爱好，使人在其中学会欣赏美、追求美、创造美、表现美、演绎美，处处散发出特有的魅力，显示出与众不同的高雅气质。

5) 培养高雅的举止

高雅的举止不仅能在外观上给人以美感，而且有利于团结与合作，是气质美的重要标志。培养高雅的举止，应做到如下几点。

(1) 彬彬有礼。中华民族素称礼仪之邦，彬彬有礼的气质风度历来受人们的赞誉。待人彬彬有礼，获得的将是友谊和尊敬。

(2) 严守纪律。遵守纪律恰恰是有知识、有教养的表现。每个人都应该养成严守纪律的良好习惯。

(3) 豁达大度。豁达大度是一种性格、气质美，它表明待人接物通情达理颇有胸怀，有最大限度的理解和容忍，能够抛弃心胸狭隘和易怒的性格。有的人心胸狭窄，不能容人，常因一点小事就暴跳如雷，或出口伤人，或大打出手，这是个性修养上的一大缺陷。因此，应注意克服这些缺陷。

6) 培养美观的仪表

仪表是首先映入人们眼帘的气质表现。注重仪表美是热爱生活、积极向上的表现，而不修边幅、邋遢则是消极颓废的反映。对每个人来说，整洁、朴素、大方的仪表最美。苏联诗人马雅可夫斯基赞美说："世界上没有任何一件衣衫能比健康的皮肤和发达的肌肉更美丽。"每个人在珍惜自己的自然美的同时，如果能根据自身的形体特点和情趣爱好，恰到好处地锦上添花，使本来的自然美与修饰浑然一体、相映生辉，那就更美了。爱美是可贵的，但美并不等于浓妆艳抹。托尔斯泰(Lev Tolstoy)在《安娜·卡列尼娜》一书中描写了这样一个故事：年轻的姑娘吉堤为了和安娜争美，参加舞会前打扮了一整天，她穿上最华贵的衣服，连裙子的每一个褶皱都考虑过了，以为稳操胜券。可是到舞会上一看，安娜只穿了一件黑色天鹅绒长袍，未作任何修饰。然而在那些珠光宝气、浓妆艳抹、五光十色的贵夫人之间翩翩起舞，却显得冰清玉洁，光彩照人，使举座倾倒。这时的吉堤感到自己身上的装饰品和华贵的衣服是多么多余，那些贵夫人就更显俗气了。从这个故事中可以看出，过多的修饰只能破坏青春之美，而淡雅、朴素、大方的服饰却能起到绿叶映红花的作用。

总之，良好的气质不是生来就有的，而是经过后来努力、长期培养起来的。人的气质美是各具特色的，气质美的表现形式是因人而异的，不能生硬机械地模仿，只能长期培养。

拓 展 阅 读

形体训练与良好气质的培养

当今社会不仅拜金，也拜美。千姿百态的美激起了不同时代的人们对不同美的欣赏与追求。事实证明，形体之美胜于容颜之美，而气质之美是最高境界的美，历久弥芳。形体训练不仅可以增进健康，增强体质，改善和塑造人的体型与体态，陶冶美的情操，还可以培养良好的气质，从而达到外在的形体美与内在的气质美的完美统一。

1) 形体美与气质美

人体美包括两个方面：一是作为自然人外在的形体美；二是作为社会人内在的气质美。

形体是指人身体的形态，由体格、体型、姿态三个方面构成。形体美是一种综合的整体美，它既包含了人体外表形状、轮廓的美，又包含了人体在各种活动中表现出来的体态美。所谓形体美，就是健壮体格、完美体型、优美姿态融会而成的、展现出来的和谐的美。男性的粗犷强壮和女性柔美的曲线是人们不断追求的形体美的目标。

气质美，就是以充分反映出积极个性心理特点的个性美。气质美，属于一种内在美、精神美，是以一个人的文化、知识、思想修养、道德品质为基础的，通过对待生活的态度、情感、行为等直观地表现出来。人们观察、评价一个人的气质时，往往是"由表及里"，透过对方的眼光、神情、谈吐，才能观察到一个人的气质。在现实生活中，气质好的人，的确能给人以美的享受。例如外貌秀丽，举止端庄，性格温柔给人以恬静的静态气质美；身材魁梧、行动矫健、性格豪爽的人，给人以粗犷的动态气质美；外貌英俊、举止文雅、性格沉稳的人，给人以高洁优雅的气质美。但也有相当数量的人只注意穿着打扮，并不怎么注意自己的气质是否给人以美感。这种简单的外表美总是肤浅而短暂的，如同天上的流云，转瞬即逝。气质美看似无形，实为有形。它是通过一个人对待生活的态度、个性特征、言行举止等表现出来的。气质外化在一个人的举手投足之间。追求美而不误解美、亵渎美，这就要求我们每一个热爱美、追求美的人都要从生活中领悟美的真谛，把美的外貌和美的气质、美的德行与美的语言结合起来，展现出人格、气质、外表的一个完整的美好形象来。

形体训练可以强健身体、优化姿态，使动作准确，通过科学形体训练能够有效地塑造身体的健美姿态，还能在优雅的动作中学会正确地鞠躬、挺拔地走路、优雅地伸手。能让学习者的动作和姿态变得更为漂亮，能让学习者的形体和气质修养得到更好的完善。

2) 形体训练是培养良好气质的重要途径

良好气质的培养，有很多途径，例如得体的穿着、恰当的修饰、谨慎的小节、适中的言谈、高雅的品位、良好的品德等，而形体训练不失为培养良好气质的一个重要途径。

(1) 通过人体力学原理来改变人的体态。在当今社会，有相当一部分人都呈现弓腰驼背的体态。用人体力学的理论来解释这一不良体态，表现为脊柱弯曲，脊柱弯曲基本都是前后方向的，通常是弯腰驼背。腰弯一般都是向前弯，根本原因是在骨盆，因为骨盆是向前倾斜的。所以要从根本上矫正腰的弯度，就得矫正骨盆的前倾。人体重心位于骨盆的位置，重心前移和骨盆前倾同步。相对于脚的位置来说，脊柱挺拔者的重心位于脚跟部位，弯腰驼背者的重心在前脚。所以，要想让脊柱变直，只有把重心移到脚跟，才是最大的根源所在。形体训练的脚位训练方法有五种，其中"一位脚"的训练方法正是这样的，它要求把双脚横过来，呈"一"字站立，当双脚成一位站立时，人体重心后移，那么骨盆由前倾变为直立，腰部和脊柱的弯曲问题就解决了。所以，形体训练可以通过脚位的变化来调整人体的重心位置，从而调整人的体态，目的是"雕刻"外在体形，提升内在气质，丰富肢体语言。

第十三章 气质培养

(2) 通过芭蕾美学的原则来改变人的体态。芭蕾的美学可概括为"开、绷、直、立"四大原则,所谓"开",是指无论男女舞者均要从肩、胸、胯、膝、踝五大关节部位,左右对称地向外打开,尤其是两脚应该向外打开180°。每个正常人的肢体内都蕴藏着巨大的运动潜力,对正常人的运动潜力进行科学的和比较充分的开发,可使肢体原有的线条得到充分的延长。所谓"绷",指的是无论男女,均将肢体各个部位绷起,尤其是膝关节与踝关节及脊椎和颈椎诸关节。芭蕾是一种线条性、放射性的艺术,只有通过绷,才能将肢体的各个部位的肌肉能量向身体中心的垂线凝聚。所谓"直",指的是无论男女舞者,均要使背部像门板似的向上挺直。所谓"立",是指无论男女舞者,均要使头、颈、躯干和四肢作为一个整体,像古典的宫殿似的傲然挺立、气宇轩昂。通过长期的、定期的、科学的训练,达到姿态体态优美、大方,拥有与众不同的气质。可以说芭蕾美学的四原则是训练形体与气质的最佳手段之一。

(3) 通过规范各种姿态来完善形象,打造完美气质。姿态,指人的坐、立、行走等各种基本活动的姿势。优美的姿态不仅能充分表现体形美,弥补体形上的某些不足,还能反映出一个人的精神面貌与气质。优美的站姿使男子看起来挺拔刚健,女子亭亭玉立。站立姿态是一个很简单的动作,要求肩部下沉,从而突出胸部和颈部的美好线条;要求腿部收紧腰部直立,以使姿态挺拔仪态端庄。这个简单的动作除了美观,对健康和减肥也有直接的帮助。形体训练都是在极舒缓的音乐下进行的,轻缓柔韧、循序渐进地增加强度,形体中不雅的地方及身体上多余的脂肪,通过运动调节而变得柔和匀称。女子在训练中可把自己想象成一位公主,很清高,很美丽,通过这样的"内外兼修",形体与气质都练就出来了。优美的坐姿使男子看起来温文尔雅,女子端庄高雅。动作要求:女子两膝并拢,男子双膝可稍分开,略窄于肩宽。腰背要挺直,肩放松,挺胸收腹,脊椎与臀部成一直线,微收下颌,目视前方。优美的走姿使女子看起来轻捷自如,优美大方,男子自然稳健,风度翩翩。动作要求:以标准站姿为基础,走时头与躯干成直线,目视前方,步位正确,步幅基本一致,双臂自然摆动。

形体训练包括人的精神、气质、风度的培养,人们在训练中把握住精、气、神,就会逐渐形成一种高雅的气质和风度。健美的形体,端庄的仪表,优雅的举止,能够对人的心灵世界产生较大的影响,能够让练习者拥有优雅的气质。这种优雅的气质是外部形态与精神世界紧密结合的产物。正如儒家所认为:人的内在精神状况是通过外部的形体表现出来的,而人格美、精神美不应只是道德情操的美,而应该是内在的精神和外在的形体的统一的美。毋庸置疑,形体训练是纠正不良体态、塑造优美体形与优雅气质的最佳法宝。

(资料来源:杨超. 浅谈形体训练与良好气质的培养. 科学咨询(教育科研),2008(2))

气质测量表

指导语:认真阅读下列各题,对于每一题,你认为非常符合自己情况的记"+2",比较符合的记"+1",拿不准的记"0",比较不符合的记"-1",完全不符合的记"-2"。问题如下。

(1) 做事力求稳妥,一般不做无把握的事。

(2) 遇到可气的事就怒不可遏，想把心里话全说出来才痛快。
(3) 宁可一人干事，不愿很多人在一起。
(4) 到一个新环境很快就能适应。
(5) 厌恶那些强烈的刺激，如尖叫、噪声、危险镜头等。
(6) 和别人争吵时总是先发制人，喜欢挑衅别人。
(7) 喜欢安静的环境。
(8) 善于和别人交往。
(9) 是那种善于克制自己感情的人。
(10) 生活有规律，很少违反作息制度。
(11) 在多数情况下，情绪是乐观的。
(12) 碰到陌生人觉着很拘束。
(13) 遇到令人气愤的事，能很好地自我克制。
(14) 做事总是有旺盛的精力。
(15) 遇到事情总是举棋不定，优柔寡断。
(16) 在人群中从不觉得过分拘束。
(17) 情绪高昂时，觉得干什么都有趣，情绪低落时，又觉得干什么都没意思。
(18) 当注意力集中于一事物时，别的事很难使我分心。
(19) 理解问题总比别人快。
(20) 碰到问题总有一种极度恐怖感。
(21) 对学习、工作怀有很高热情。
(22) 能够长时间做枯燥单调的工作。
(23) 符合兴趣的事情，干起来劲头十足，否则，就不想干。
(24) 一点小事就能引起情绪波动。
(25) 讨厌那种需要耐心细致的工作。
(26) 与人交往不卑不亢。
(27) 喜欢参加热闹的活动。
(28) 爱看感情细腻、描写人物内心活动的文艺作品。
(29) 工作学习时间长了，常感到厌倦。
(30) 不喜欢长时间谈论一个问题。
(31) 愿意侃侃而谈，不愿窃窃私语。
(32) 别人总是说我闷闷不乐。
(33) 理解问题常比别人慢些。
(34) 疲倦时只要短暂休息就能精神抖擞，重新投入工作。
(35) 心里有话，宁愿自己想，不愿说出来。
(36) 认准一个目标，就希望尽快实现，不达目的，誓不罢休。
(37) 学习或工作同样一段时间后，常比别人更疲倦。
(38) 做事有些莽撞，不考虑后果。

第十三章 气质培养

(39) 老师或他人讲授新知识、技术时总希望讲得慢些，多重复几遍。
(40) 能够很快忘记那些不愉快的事情。
(41) 做作业或完成一项工作总比别人花时间多。
(42) 喜欢运动量大的剧烈体育活动，或者参加文艺活动。
(43) 不能很快地把注意力从一件事情上转移到另一件事情上去。
(44) 接受一个任务后，就希望把它迅速解决。
(45) 认为墨守成规比冒险些强。
(46) 能够同时注意几件事物。
(47) 当我烦恼时，别人很难使我高兴起来。
(48) 爱看情节起伏跌宕、激动人心的小说。
(49) 对工作认真严谨，始终保持一贯的态度。
(50) 和周围人的关系总是相处不好。
(51) 喜欢复习学过的知识，重复做熟练的工作。
(52) 喜欢做变化大、花样多的工作。
(53) 小时候会背的诗歌，似乎比别人记得清楚。
(54) 别人说我"出语伤人"，可我不觉得这样。
(55) 在体育活动中，常因反应慢而落后。
(56) 反应敏捷，头脑机智。
(57) 喜欢有条理而不甚麻烦的工作。
(58) 兴奋的事常使我失眠。
(59) 老师讲新概念，常常听不懂，但弄懂以后就很难忘记。
(60) 假如工作枯燥，就马上会情绪低落。

类 型	项 目	总 分
胆汁质	2、6、9、14、17、21、27、31、36、38、42、48、50、54、58	
多血质	4、8、11、16、19、23、25、29、34、40、44、46、52、56、60	
黏液质	1、7、10、13、18、22、26、30、33、39、43、45、49、55、57	
抑郁质	3、5、12、15、20、24、28、32、35、37、41、47、51、53、59	

得分情况：分别把属于每一种气质类型的题的分数相加，得出的和即为该气质类型的得分。最后的评分标准是：如果某种气质得分明显高出其他三种(均高出 4 分以上)，则可定为该种气质；如两种气质得分接近(差异低于 3 分)而又明显高于其他两种(高出 4 分以上)，则可定为两种气质的混合型；如果三种气质均高于第四种的得分且相接近，则为三种气质的混合型。由此可能具有 13 种类型：(1)胆汁；(2)多血；(3)黏液；(4)抑郁；(5)胆汁－多血；(6)多血－黏液；(7)黏液－抑郁；(8)胆汁－抑郁；(9)胆计－多血－黏液；(10)多血－黏液－抑郁；(11)胆汁－多血－抑郁；(12)胆汁－粘液－抑郁；(13)胆汁－多血－黏液－抑郁。

一般来说，正分值越高，表明该气质越明显；反之分值越低越负，表明越不具备该气质特征。

(资料来源：http://www.bokee.net/newcirclemodule/article_viewEntry.do?id=613122&circleId=115560，2007-03-18)

思考与训练

1. 什么是气质？气质具有哪些类型和特点？
2. 气质与性格是一成不变的吗？如何理解"江山易改，禀性难移"这句话？
3. 良好的人格具有哪些要求？
4. 如何培养良好的气质？
5. 案例分析。

周恩来语惊四座

看过《周恩来外交风云》的人不会忘记：在日内瓦会议和万隆会议上，周恩来以其卓越才智和个人魅力，为和平解决印度支那问题、促进亚非会议做出了历史性的贡献。他的举手投足，都展现出一个彬彬有礼、温文尔雅、和蔼可亲的东方美男子形象。1954年，当周恩来代表中国出现在日内瓦会议上时，他的风采，他的气质，他的落落大方、不卑不亢的外交才干令所有人为之惊叹、为之折服，令西方国家对新中国的总理刮目相看。在万隆会议上，周恩来又以其风度与个人魅力从会前需要"老前辈"介绍而变为会后公认的"外交明星"，他所倡导的"和平共处五项原则"、"求同存异"方针也产生了深远的影响，被广泛认可为处理国与国之间关系的基本准则。

周恩来那优雅的充满独特魅力的翩翩风度，倾倒了多少不同国度不同民族甚至不同信仰的人，令多少人为之惊叹与折服！

一次，周恩来东南亚之行，在告别前举行的记者招待会上，周恩来彬彬有礼地回答着每一位记者的提问。会场上，所有的记者即使不能得到满意的答复，也无法挑剔周恩来的风度。在记者招待会即将结束前，一个外国姑娘向周总理问道："周恩来先生，能不能问您一个私人问题？"

周恩来很坦诚地点头，微笑着说："可以。"

"您已经60多岁了，为什么仍然神采奕奕，记忆非凡，显得这样年轻、英俊？"

场内顿时响起友善的笑声和议论声，看得出：聪明的中国人很多都认为自己的总理配有长生不老药。

然而，这位素有"东方第一美男子"之称的周恩来总理，声音洪亮地回答道："因为我是按照东方人的生活习惯生活，所以我至今很健康。"顿时，场内掌声如潮！多少年来，东方人从来都是贫穷、落后、愚昧、病夫的代名词。而如今，有了受人尊敬的周恩来成为东方人的代表，顷刻间，不分国家、不分政见、不分肤色，只要是东方人都感到了荣幸与骄傲！

(资料来源：http://blog.sina.com.cn/s/blog_4e16931d0100coxp.html)

第十三章 气质培养

思考题

(1) 周恩来具有怎样的气质风度?

(2) 通过观看网上的关于周恩来的图片或者视频,体会其气质风度。

参 考 文 献

[1] 朱列文，李薇．服务礼仪与形体训练[M]．北京：中国轻工业出版社，2014．

[2] 赵晓玲，张潇云．形体塑造与训练[M]．重庆：重庆大学出版社，2014．

[3] 黄咏．形体训练[M]．武汉：武汉大学出版社，2013．

[4] 鲍日新．社交形象礼仪[M]．上海：上海浦江教育出版社，2012．

[5] 关洁．个人形象设计[M]．北京：中国戏剧出版社，2011．

[6] 张桂兰．形体训练[M]．北京：国防工业出版社，2010．

[7] 张华莹．浅谈形体训练的内容及常见的形体运动[J]．运动，2010(9)．

[8] 杨坤．芭蕾形体训练教程[M]．北京：高等教育出版社，2009．

[9] 钱利安，王华．金融职业礼仪[M]．北京：中国金融出版社，2009．

[10] 向智星．形体训练[M]．北京：高等教育出版社，2009．

[11] 贾梦喜，陈开梅．职业女性形象设计教程[M]．武汉：华中师范大学出版社，2009．

[12] 陈光谊．现代实用社交礼仪[M]．北京：清华大学出版社，2009．

[13] 徐桂云．形体训练教程[M]．济南：山东大学出版社，2009．

[14] 郑彦离．礼仪与形象设计[M]．北京：清华大学出版社，2009．

[15] 王芬．秘书礼仪实务[M]．北京：电子工业出版社，2009．

[16] 惠亚爱．沟通技巧[M]．北京：人民邮电出版社，2008．

[17] 吴雨潼．职业形象设计与训练[M]．大连：大连理工大学出版社，2008．

[18] 马志强．语言交际艺术[M]．北京：中国社会科学出版社，2008．

[19] 葛犀．形体训练的健心价值[J]．网络科技时代，2008(10)．

[20] 陈宝珠．形体训练与形象塑造[M]．北京：清华大学出版社，2008．

[21] 张澜．民航服务心理与实务[M]．北京：旅游教育出版社，2007．

[22] 谢迅．商务礼仪[M]．北京：对外经济贸易大学出版社，2007．

[23] 刘长凤．实用服务礼仪培训教程[M]．北京：化学工业出版社，2007．

[24] 吕维霞，刘彦波．商务礼仪[M]．北京：清华大学出版社，2007．

[25] 徐克茹．商务礼仪标准培训[M]．北京：中国纺织出版社，2007．

[26] 周庆．商务礼仪实训教程[M]．武汉：华中科技大学出版社，2007．

[27] 彭澎．礼仪与文化[M]．北京：清华大学出版社，2007．

[28] 杨茌，王刚．礼仪培训教程[M]．北京：人民交通出版社，2007．

[29] 杨丽敏．现代职业礼仪[M]．北京：高等教育出版社，2007．

[30] 科雯．瑜伽52式健康功效图谱[M]．北京：中国纺织出版社，2006．

[31] 李莉．实用礼仪教程[M]．北京：中国人民大学出版社，2006．

[32] 唐树伶，等．服务礼仪[M]．北京：清华大学出版社、北京交通大学出版社，2006．

[33] 杨海清．现代商务礼仪[M]．北京：科学出版社，2006．

[34] 冯玉珠．商务宴请攻略[M]．北京：中国轻工业出版社，2006．

[35] 韦克俭. 现代礼仪教程[M]. 北京：清华大学出版社，2006.

[36] 周彬琳. 实用口才艺术[M]. 大连：东北财经大学出版社，2006.

[37] 刘艳. 培养当代大学生风度美管见[J]. 辽宁教育行政学院学报，2005(2).

[38] 国英. 现代礼仪[M]. 北京：机械工业出版社，2005.

[39] 王伟伟. 礼仪形象学[M]. 北京：人民出版社，2005.

[40] 胡晓涓. 商务礼仪[M]. 北京：中国人民大学出版社，2005.

[41] 鲍日新. 社交礼仪：让你的形象更美好[M]. 上海：上海教育出版社，2005.

[42] 王建民. 管理沟通理论与实务[M]. 北京：中国人民大学出版社，2005.

[43] 张韬，施春华，尹凤芝. 沟通与演讲[M]. 北京：清华大学出版社，2005.

[44] 张惠萍，李建书. A-OK成功素质训练：演练成功心态[M]. 北京：人民日报出版社，2004.

[45] 李建书，曲艺. A-OK成功素质训练：引爆行动力[M]. 北京：人民日报出版社，2004.

[46] 陈柳. 职业人形象设计与修炼[M]. 上海：上海远东出版社，2004.

[47] 国英. 公共关系与现代交际礼仪案例[M]. 北京：机械工业出版社，2004.

[48] 孟慧清，孙立涛. 论健美操融入形体训练课的益处[J]. 化工高等教育，2003(3).

[49] 吕维霞，刘彦波. 现代商务礼仪[M]. 北京：对外经济贸易大学出版社，2003.

[50] 李杰群. 非语言交际概论[M]. 北京：北京大学出版社，2003.

[51] 邵守义. 演讲学教程[M]. 北京：高等教育出版社，2003.

[52] 潘肖珏. 公关语言艺术[M]. 上海：同济大学出版社，2003.

[53] 何浩然. 中外礼仪[M]. 大连：东北财经大学出版社，2002.

[54] 吴玮. 形体训练[M]. 大连：东北财经大学出版社，2001.

[55] 邱伟光. 公共关系礼仪文化[M]. 北京：高等教育出版社，2000.

[56] 杨眉. 现代商务礼仪[M]. 大连：东北财经大学出版社，2000.

[57] 张先亮. 语言交际艺术[M]. 北京：科学出版社，2000.

[58] 郭文臣. 交际与公关礼仪[M]. 大连：大连理工大学出版社，1998.

[59] 李兴国. 现代商务礼仪[M]. 哈尔滨：黑龙江科学技术出版社，1998.

[60] 郭军，等. 公关语言艺术[M]. 成都：四川大学出版社，1997.

[61] 武占坤. 实用公关语言学[M]. 北京：北京语言学院出版社，1996.

[62] 黎运汉. 公关语言学[M]. 广州：暨南大学出版社，1996.

[63] 姚宪弟，等. 公关交际艺术[M]. 北京：机械工业出版社，1995.

[64] 石俊杰. 应用心理学[M]. 北京：中国物资出版社，1993.

[65] 叶奕乾，孔克勤. 个性心理学[M]. 上海：华东师范大学出版社，1993.

[66] 吴绿星. 推销与口才[M]. 福州：福建科学技术出版社，1992.

[67] 要力勇，李秀华. 实用公关技巧大全[M]. 北京：北京师范大学出版社，1992.

[68] 张惠兰，柏忠言. 瑜伽气功与冥想[M]. 北京人民体育出版社，1986.

[69] 郭可愚. 形体美的训练[M]. 北京：人民体育出版社，1982.